《中国经济伦理思想通史》学术顾问（以姓氏笔画为序）

万俊人
清华大学人文学院原院长　文科一级教授
教育部“长江学者”特聘教授　中国伦理学会原会长

朱贻庭
华东师范大学教授　中国伦理学会“终身成就奖”获得者

华桂宏
南京师范大学校长　经济学教授
中华外国经济学说研究会副会长
教育部经济学类本科教学指导委员会委员

李建华
武汉大学特聘教授　教育部“长江学者”特聘教授
中国伦理学会原常务副会长

宋希仁
中国人民大学教授　中国伦理学会“终身成就奖”获得者

柯锦华
中国社会科学杂志社哲学部原主任　编审
第十至十二届全国政协委员　国务院原参事

唐凯麟
湖南师范大学教授
《伦理学研究》原主编　中国伦理学会原副会长
中国伦理学会“终身成就奖”获得者

章海山
中山大学教授　中国伦理学会“终身成就奖”获得者

中国经济伦理思想通史

王小锡 主编

〔宋元卷〕

刘可风 阮 航 解丹琪 著

江苏人民出版社

图书在版编目(CIP)数据

中国经济伦理思想通史.宋元卷/刘可风,阮航,解丹琪著.--南京:江苏人民出版社,2023.7

ISBN 978-7-214-24755-1

Ⅰ.①中… Ⅱ.①刘… ②阮… ③解… Ⅲ.①经济伦理学—经济思想史—中国—宋元时期 Ⅳ.①F092

中国版本图书馆 CIP 数据核字(2020)第 108138 号

中国经济伦理思想通史
王小锡　主编
宋元卷
刘可风　阮　航　解丹琪　著

责任编辑　曾　偲
装帧设计　刘亭亭
责任监制　王　娟
出版发行　江苏人民出版社
地　　址　南京市湖南路1号A楼,邮编:210009
照　　排　江苏凤凰制版有限公司
印　　刷　苏州市越洋印刷有限公司
开　　本　718毫米×1000毫米　1/16
印　　张　21　插页6
字　　数　326千字
版　　次　2023年7月第1版
印　　次　2023年7月第1次印刷
标准书号　ISBN 978-7-214-24755-1
定　　价　88.00元(精装)

总 序

《中国经济伦理思想通史》(全七卷)是国家社科基金重大项目“中国经济伦理思想通史研究”(11&ZD084)课题的最终研究成果。

本课题历时6年,经过艰苦努力和认真打磨,形成了《中国经济伦理思想通史》约280万字的最终研究成果。我们的课题研究宗旨是“全面、系统、创新、深刻、精当、可靠”,为此,误题组全体成员在课题研究期间始终坚持这一宗旨,努力朝着预期的目标前进。课题组充分利用集体力量,在科学分工及责任明确的基础上,平均每年至少召开一次由课题组全体成员参加的专题研讨、学术攻关会议。同时,不定期地召开了数十次子课题组研讨会,适时讨论和解决研究中遇到的学术问题。课题从开题到最终成果定稿,我们先后聘请了学术顾问和相关专家学者参加专题研讨会或课题工作座谈会,及时为课题的进展把脉并提出指导性意见。课题研究伊始,我们聘请图书管理专业人员与课题组成员一起收集了80多万字与课题研究内容和研究路径相关的资料目录,为本课题研究提供了较为全面的学术信息资料。课题研究虽然十分艰难,但推进有序。

本课题有7个子课题组,分别是:

一、中国经济伦理思想通史基本问题研究

负责人:王小锡

主要成员：郭建新、汤建龙、陶涛

二、先秦经济伦理思想研究

负责人：王泽应

主要成员：贺汉魂

三、汉唐经济伦理思想研究

负责人：葛晨虹、王文东

主要成员：任俊华、张霄、李兰芳、李朝辉、刘沛恩
郭子一、尹梦曦、唐春玉、刘昱均

四、宋元经济伦理思想研究

负责人：刘可风

主要成员：阮航、解丹琪

五、明清经济伦理思想研究

负责人：周中之

主要成员：苏令银、周治华

六、民国经济伦理思想研究

负责人：王露璐

主要成员：李明建、张燕、谢新春

七、新中国经济伦理思想研究

负责人：郭建新

主要成员：刘琳、张露、白雪菲

《中国经济伦理思想通史》在坚持马克思主义立场、观点、方法的基础上，本着不忘本来、借鉴外来、着眼未来的思维视角，努力讲好中国故事。《中国经济伦理思想通史》力图全面展示中华文化独特瑰宝的尊荣和魅力；梳理和挖掘中国经济伦理思想的历时性和共时性相统一的完整体系；揭示三千年中国经济伦理思想发展历程及其基本规律；以科学的理念给哲学、经济学、伦理学、经济伦理学等学科建设和经济建设以独特的启迪；用历时与共时兼容、传统与现代交融的客观、科学的中国话语的研究成就体现中国风格和中国精神；等等。期盼

《中国经济伦理思想通史》为中华文明的建设和发展发挥应有的作用。

《中国经济伦理思想通史》是“中国经济伦理思想通史研究”课题组全体成员共同努力的结果，是集体智慧的结晶。课题组全体成员参与了《中国经济伦理思想通史》写作过程中的各卷提纲、相关专题和书稿的研讨等工作；各子课题负责人在拟定《中国经济伦理思想通史》相关分卷的撰写提纲的基础上，主持了提纲斟酌、书稿撰写和初稿修改等工作，并完成了全书统改工作；课题组首席专家主持了《中国经济伦理思想通史》撰写工作全过程，并召集各子课题负责人在完成《中国经济伦理思想通史》各卷审改工作的基础上进一步统改、定稿。

在“中国经济伦理思想通史研究”课题的研究过程中，许多著名专家学者给予了重要的学术支撑。课题组学术顾问（以姓氏笔画为序）万俊人、朱贻庭、华桂宏、李建华、宋希仁、柯锦华、唐凯麟、章海山等始终关注课题研究进展，参与课题组研讨、审稿等系列学术活动；课题组特邀学者（以姓氏笔画为序）杨义芹、邵汉明、徐小跃、樊和平、薄洁萍等参加了课题开题报告会或相关主题研讨会议，他们为本课题研究的顺利、深入展开提供了可贵的学术指导。同时，课题研究参考、借鉴了国内外有关专家学者的研究成果。在此，对有助于本课题研究的专家学者和相关学术成果作者表示由衷的感谢。

“中国经济伦理思想通史研究”首席专家　王小锡

2021 年 6 月

目录

引 言

本卷旨在研究中国古代思想史中宋元两代的经济伦理思想，即由公元960年宋太祖赵匡胤建隆元年始，至公元1368年明太祖朱元璋洪武元年止，计400余年的经济伦理思想。

首先需要说明以下几个问题：

第一，为什么要把宋代和元代并作一卷，作为一部经济伦理思想的断代史？一般认为，宋元两代在经济、政治、军事、文化诸方面都是水火不容、势不两立的，似在漫长的中国历史中代表着文明和野蛮的两极，何以在经济伦理思想上能够前后相继、融为一体？特别是元代，在以往正史研究中，凡述及哲学、文学、科学、经济、政治等分类思想史，除元曲外几乎没有它的地位，人们习惯于把唐宋并提，或者宋明并列，或者单说两宋，而极少提到宋元。这主要是因为，从元灭南宋到明灭元，只有区区不到90年的时间，在中国历史长河中只是白驹过隙，在思想史上几乎没有留下什么痕迹。更何况按照正统的观点，元宋对峙乃至宋灭，是外族入侵的结果，是落后、野蛮的民族征服先进、发达的民族，是中华文明的倒退，甚至是亡国的耻辱。当然，这种观点是有所偏狭的。宋代的思想成果固然为学界所公认，辉煌且独树一帜，但是因此而忽略元代则显然不妥。且不说与元有一定渊源的辽金，其建国历史甚至早于北宋，就是元本身也与北南两宋并立了很长时期。宋元的对峙，是中国汉蒙两大民族、两种生产方式、两种社会生活方式、两种文化的对峙，不能简单地说宋代的文化与生产生活方式就一定是优秀的、先进的和文明的。可以说,宋元各有优劣,各有"生力"和"病态"(钱穆语)[①],相克相生。正是在元的强大的现实压力下,宋的,特别是偏安一隅的南宋的,许多思想才开始转向,由从先秦到汉唐越来越玄虚的趋势,转而务实,走向实学。南宋的覆灭,按照钱穆先生的解释,其主因在于不能自我解救的自身的病态。而元最终能够统一中国也不是偶然的,在"一代天骄"成吉思汗及其家族的统领下,元不仅成就了史上最大的中国版图,而且删繁就简、避虚就实,吸纳和融合了汉民族的许多有实用价值的思想,形成了自身的实学特征。

第二,宋元时期有没有经济伦理思想?这个问题实际上分两问:一是究竟什么是经济伦理思想,在宋元时期哪些人的哪些观点可以归于经济伦理思想?此问可谓治史中的求同。二是宋元的经济伦理思想与之前的汉唐和之后的明清相比较,有没有独到之处,是否值得研究?此问可谓治史中的求异。回答这两个问题都是有难度的。

难度之一,"经济伦理"作为一个明晰、独立的范畴,产生于20世纪60—70年代的美国,由当代经济与伦理的日益尖锐的冲突所引起。在中国古代思想史上,包括宋元思想史上,是没有这个概念的。换句话说,宋元的思想家们是没有关于"经济伦理"的自觉的认知和阐释的。这同"经济"与"伦理"这两个概念的情况还不一样。这两个各自独立的概念的现代释义也源于西方,由日本学者从古代汉语中找到相对应的词翻译过来,尽管同样的词在古今语境中已经大相径庭,但至少被中国学界认同并约定俗成下来。而"经济伦理"呢?几乎完全找不到近似的概念,我们所要做的,只能是以当代经济伦理的视角和方法,在古人的原始史料中,去爬梳、甄别、筛选、鉴识那些可能具有经济伦理价值的思想元素以及它们之间的联系。在这个探求过程中,我们还要特别注意还原到古人的语境,不能简单地用现代语意去牵强附会或者望文生义。

难度之二,宋学早已成显学。其中有关宋元特别是宋代的经济思想史和伦理思想史的研究,亦有大量的成果问世,再作经济伦理思想史研究,几乎没有未被涉猎的原典文献和史料了。所以本卷将不得不大量重复引用已经被多次论述过的文史资料,人还是那些人,话还是那些话,问题还是那些

---

① 参见钱穆《国史大纲》(修订三版)上册,香港:商务印书馆(香港)有限公司1995年版,第25页。

问题，观点还是那些观点，这就难免给人“炒现饭”的感觉，很容易就会写成经济思想史和伦理思想史二者稍稍加以相互点缀和拼接的翻版。这其实在学术上是了无旨趣的。要想克服这一点，就要下功夫探究宋元时期的社会经济政治生活究竟有什么变化，这种变化究竟造成了其经济关系与伦理关系之间怎样的相互冲突和影响，反映到思想理论上，形成了哪些既非单纯的经济观念或伦理观念，而是二者相互交融、浑然一体的经济伦理思想元素。

难度之三，宋元时期的经济伦理思想究竟有没有鲜明的特征以及有什么特征，足以区别于此前和此后的思想，并且成为中国经济伦理思想史中承前启后的历史与逻辑一致的有机环节和不可或缺的组成部分。这是不能仅凭想象而人为拔高的，只能严格依据一手的文本资料来评判。应该承认，思想史的延展是曲折逶迤的，并不是每个相继的历史时期都必然有更高的建树，当历史上出现一个出类拔萃的思想家后，他所达到的思想高度，可能几百上千年都无人企及，更不要说超越。因此，如果我们经过认真发掘和研究，并没有发现宋元经济伦理思想有什么超越前人的过人之处，那么，实事求是地说，本卷的研究将是没有太大学术价值和现实意义的，最多只是一些代表人物的罗列和他们的思想碎片的拼凑而已。

下面，本卷就是试图沿着解决以上问题的思路展开的。

一、宋元经济伦理思想的基本定位

依前所述，我们首先必须对宋元经济伦理思想，从求其同和求其异两个方面，做出基本定位。[①]

所谓求其同，也可以称为内涵定位。就是在宋元时期的思想史料中，发掘在整个中国经济伦理思想史中一以贯之的基本问题和核心范畴，这些问题和范畴在各个不同历史时代前后衔接、环环相扣、贯穿始终。它以若干共性体现了经济伦理思想的整体面和基本精神。按照这种理解，我们以宋元经济思想为经，以宋元伦理思想为纬，在二者的交织中，梳理出宋元经济伦理思想的基本观点和走向。换言之，我们把宋元经济伦理思想主要定位在

① 参见钱穆《国史大纲》（修订三版）上册，香港：商务印书馆（香港）有限公司1995年版，第11页。

宋元时期那些内含伦理价值取向的经济思想和与经济利益密切相关的伦理思想上，这些思想反映了宋元时期社会经济生活和经济关系以及由此决定的社会伦理生活和伦理关系的变化。具体说，就是义利之辨、王霸之辨、理欲之辨和主末之辨。

所谓求其异，也可以称为外延定位，这又可以分为纵横两个方面。纵的方面，就是宋元经济伦理思想与其先后历史朝代的不同之处；横的方面，就是宋元经济伦理思想与其同时期东西方各国的不同之处。纵向看，宋朝在经济领域，包括在农业、手工业、工商业诸领域，也包括在土地制度、贸易制度、金融制度诸领域，全面达到中国有史以来的高峰，总体成就超越了盛唐，也是后来明清所难以企及的。宋朝是中国古代史至近代史上唯一不抑制工商业并大力开拓发展对外贸易的朝代，相应地，其政治、科技、文化也都取得了灿烂辉煌的成就。横向看，宋元时期正值欧洲中世纪的中期，两宋的经济实力和富足程度世界第一，GDP 占世界总量的八成。北宋首都开封人口超过百万，成为最繁华的国际大都市，十万人口以上的大城市有七八个，而同时期欧洲最大都市只有十几万人口。在伦理关系及其道德观念上，中欧之间呈现出世俗伦理与宗教伦理的分野。反映到学术思想包括经济伦理思想上，两宋至元，均活跃在平民社会即学者及其书院中，而欧洲则垄断和禁锢在教会中。由此可以判断，无论从纵向还是横向看，北宋所兴起至元而式微的学术思想史，包括经济伦理思想史，是中国自先秦以后的第二个自由活泼的高潮，是中国经济伦理思想的波浪式发展的第二个浪尖。由经济繁荣、商业发达、人口众多和社会富裕所决定，并受禅宗对佛学革新和魏晋隋唐世族门第制度衰落的影响，这个时期涌现出若干大师级的思想家，在前人思想的基础上，以理学为理论轴心，提出了许多重要的经济伦理思想，因而是值得我们研究的。

没有内涵定位，我们讲的就不是经济伦理思想，而是妄言其他，就可能下笔千言，离题万里。没有外延定位，我们讲的就不是宋元思想家所特有的鲜明的思想，而是与其他时期雷同的东西，这样，我们的研究将没有多少意义。

二、宋元经济伦理思想的主要代表人物及其大致特征

在宋元学术思想史上公认是有学派的，如程朱学派，南宋时期的永嘉学

派、永康学派、金华学派等。但我们认为，在宋元经济伦理思想史上，却无法强行划分学派或流派。因为宋元时期的思想家们实在没有对经济伦理的自觉意识和系统认识，只是在他们丰富的经济思想、政治思想、伦理思想、哲学思想中蕴含或潜藏着有关经济伦理的有价值的命题和宝贵的思想元素。所以，如实地研究他们，必须还原到个人，而不是人为地去划分派别。

按照历史顺序，宋元经济伦理思想的主要代表人物是：

北宋周敦颐（1017—1073），理学的创始人之一。他从宇宙的根本"太极"范畴，推出"人极"概念，提出"人极"即"诚"，"诚"是"百行之源"，是通过"主静"与"无欲"所达的最高道德境界，这可以视为北宋经济伦理思想发端的基本元素。

北宋王安石（1021—1086），政治家、思想家、文学家，1070 年拜为宰相。他力主变法革新，推行政治改革和经济改革，在财政、农业、商贸、税务诸方面实施新法，以迅速改变经济积贫积弱、社会矛盾激化的局面。他提出为新法辩护的"王霸"说，并引起思想界激烈的论争，对经济伦理思想的丰富和发展产生了很大的影响。

北宋程颢（1032—1085）、程颐（1033—1107），并称"二程"。周敦颐的弟子，理学奠基人。他们的理论涉及"义利""王霸""理欲"等诸多辨析，是经济伦理的中心话题。

南宋朱熹（1130—1200），理学的集大成者。他把"天理"与"人欲"的对立推到了极致，以"存天理灭人欲"的方式观照和解决社会经济伦理生活中的一切问题和矛盾。

南宋陆九渊（1139—1193），心学的创始人之一。他对朱子的理欲观的辩难，对利益、功利、实效的肯定和阐发，都包含着宝贵的经济伦理思想。

两宋时期著名的学者还有张载、谢良佐、苏轼、陈亮、叶适等。

以郝经、许衡为代表的元代群儒。从学术角度说，元代没有产生如两宋时期那样高度的大思想家，对后世也没有带来什么大的思想影响。但是，蒙古族以游牧为主的生产方式及由其所形成的经济伦理关系，与汉族以农耕为主的经济伦理关系的现实冲突与交融，反映在经济伦理思想上，形成一种务实的转向，这是不能被忽视的。

宋元经济伦理思想有较为鲜明的特征：

第一，宋代经济、文化、科技的高度发达，耕地面积的扩大、农耕技术的革新、农作物和经济作物的开发、土地租佃制度的变迁及佃农地位的变化，矿业、造船业、丝织业、制瓷业等工业手工业的兴盛，世界上最早的纸币的发行流通，商贸业特别是国际贸易、海上贸易的开拓，无不改善和发展了当时社会的经济伦理关系，使相应的经济伦理思想获得了更丰富深刻的内涵。

第二，宋代理学在当时所有学术思想中居于统摄地位，可以青史留名的宋代思想家几乎都是理学家，所以，宋元经济伦理思想的种种论点无不被打上了理学的烙印。

第三，由北宋到南宋，农村土地兼并愈演愈烈，大量农民失去土地，佃农负担趋重，对地主的人身依附关系固化；城市和市镇数量增加，城市规模扩大，市场繁荣，商业行会林立，竞争激烈；全国人口剧增，人口分布出现由北多南少到北少南多的结构性变化；宋金、宋元长期对峙，表现为两大生产方式、生存方式、生活方式的迥异，军事、政治的冲突，民族矛盾的激化。这些都反映出新兴经济与传统伦理的矛盾，也反映出不同民族间差异化经济与伦理的矛盾，这些矛盾，集中表现为义利之间的尖锐冲突，如何解决这些矛盾冲突，形成了宋元经济伦理思想所关注和辩论的核心问题。

第四，在理学的大的框架制约下的宋代经济伦理思想，不可避免地走向“虚空诞妄”的极致，而物极必反，宋亡之后，元代经济伦理思想开始“务乎实”，实现从务上务虚到务下务实的转向。

三、宋元经济伦理思想研究的意义

研究宋元经济伦理思想，与其说有什么直接的功利性意义，毋宁说主要是一种学术旨趣。即通过厘清宋元时期有价值的经济伦理思想，来把握自古至今中国经济伦理思想的发展脉络和起伏曲线。可以说，关于通史，关于宋学，关于宋元的一般学术思想史，已经有丰硕的权威性的研究成果了，而有关思想家如朱熹的经济伦理思想，有关主题如宋代的义利之辨，也都有不少论文著作面世，更有中国经济伦理思想史的专著为宋代辟出了专门的章节。但是，把宋元时期的经济伦理思想作为相对独立的一个整体加以系统研究，仍然是一项具有补白性的工作。特别是当发现宋元经济伦理思想可能是整个中国经济伦理思想波浪式发展中的一个承前启后的波峰，它完成了经济伦理由虚转实的转向时，这个研究就更有价值了。

以史为鉴，可以知兴替。宋朝时期的中国，是史上最强盛发达的国家，为什么会盛极而衰，被相对落后的元朝所灭？元朝时期的中国，是史上最幅员辽阔的国家，为什么不足百年而亡？史学家们已经总结了很多原因，但是，对宋元的兴亡作经济伦理分析，不失为一个新的角度。我们是否可以得出这样的结论：在任何时代，如果没有经济的强大是不行的，而如果只有经济的强大，忽略了经济背后包括伦理的其他因素，则是不可持续的。当经济与伦理相融洽的时候，国家就稳定和谐、兴旺发达，反之，当经济与伦理相冲突，社会秩序就紊乱，国家就潜藏着衰败的危机。这是我们研究宋元经济伦理思想得出的一条历史经验。

当然，对于建立和维护当代中国和世界的经济伦理新秩序来说，我们更需要的是现代意义上的旨在谋求制度合理性的经济伦理学，而不能过于沉迷于偏重个人德性与修养的传统经济伦理思想。时代已经巨变，宋元经济伦理思想毕竟是基于自然经济条件，在以农耕和游牧为主的小生产方式和以血缘、家族为纽带的封建宗法制度的基础上产生的，这注定了它不可能解决今天在科学技术发展日新月异、现代化大生产突飞猛进、多种所有制并存、市场化信息化高度发达、经济全球化势不可当的条件下，层出不穷、错综复杂的经济伦理问题。说到底，经济伦理问题是现代性问题。我们不再可能用宋元的经济伦理思想观点来告诉今天的经济人、企业人应该怎么做，不应该怎么做。我们所要做的，只是思想领域的追根溯源，为建立有中国特色的经济伦理学提供学术思想资源。

第一章

宋元经济伦理思想概论

对于中国经济伦理思想的发展来说，宋元是一个重要的转变期，由此转向中国经济伦理思想的近代形态[①]。其经济伦理思想的主题及思考方法，与先秦乃至汉唐时期都有了显著的区别，这与其时社会政治经济的发展状况是分不开的。要理解这种转变，先须了解宋元时期社会政治经济的基本状况。

第一节　宋元时期社会政治经济的基本状况

中国传统社会的演进从来都是以政治问题为主轴的，宋元时期亦不例外。要了解宋元经济伦理思想的社会背景，当先了解其政治动向。

一、社会政治的新动向

明代学者陈帮瞻在《宋史纪事本末叙言》中指出：

> 宇宙风气，其变之大者有三：洪荒一变而为唐虞，以至于周，七国为极；再变而为汉，以至于唐，五季为极；宋其三变，而吾未睹其极也。

这就是说，有宋乃开时代新风的一个朝代，为一重大转折期。上述立论首先是就政治风气而言的。宋代政治的新动向，总体上说是开辟了中央集权和君主专制的新形式，就社会治理而言是开启了中国文人政治的新局面，逐步形成了较完备的文官制度体系。其大略可梳理如下。

首先，这种政治架构的初衷在于防范内患。宋太祖曾提出“事为之防，曲为之制”的宗旨，也就是防微杜渐的意思。这既是鉴于唐代内乱以及唐五代王朝短命之教训，也是基于宋太祖自己的政治经验而做出的选择。而宋初一系列的政治事件，进一步凸显了防范内患的重要性[②]。这一宗旨落实到政治导向上说，是重文抑武。一方面依靠文人主导的行政力量来维持社会秩序的和谐。另一方面相对降低武将的地位，并削弱地方的军事力量和影响力。

---

① 参见陈来《中国近世思想史研究·序》，北京：商务印书馆2003年版，第1—2页。

② 参见邓小南《祖宗之法》，北京：生活·读书·新知三联书店2014年版，第261—268页。

其次，这种政治架构的指导思想，其特点表现在对“祖宗之法”的强调。“祖宗之法”这个提法在唐代即已出现，指的是“较为具体的前代帝王施行之律令条法”[①]。而宋代强调“祖宗之法”，意在“保持对于意外事变的戒惕心态，强调防范纤悉，同时以制度的平缓调适保证政治的稳定”[②]。在这种指导思想之下，一方面宋代政治的整体形态是保守的。它围绕中央集权而展开，行政制度日趋完善[③]。另一方面是书院的复兴与民间议政的兴起。

再次，这种指导思想贯彻下来，就形成了一种倚重文臣来维持中央集权的行政制度框架。据考证，宋太祖有轻易不杀大臣及言官的密约[④]。太祖立国之初，命朝廷文臣出守列郡，号“知州军事”；继而置诸州通判；朝官兼摄县令，称“知县”[⑤]。地方长官重用文臣，由此基本形成了以文官为主导的行政管理与社会治理体系。宋太宗更重“文治”，对太祖草创的制度多有完善；同时加强各种防范之法，不仅削武将之兵权以防军阀割据，而且通过扩大科举、设立崇文院等措施进一步贯彻重文抑武的思路[⑥]。表面上看，这种体系的特点是优待和重用文官，用以监督与制衡地方权力与军事力量；其精神实质则在于，通过制度重建来加强中央集权与君主专制。

最后，整体上看，宋代文官制度的枢纽在于士大夫阶层与君权之间的张力[⑦]。与秦汉以降、宋代之前的传统政治做个粗略的比较，可以看得更分明。

就政道而言，秦朝政治与宋代政治同为中央集权制；但在治道上，秦朝为“吏治”，宋代为“文治”。“吏治”的指导思想是法家的，“文治”的指导思想则是儒家的。与之相应，“吏治”中的大臣多为法家，“文治”中的大臣则多为儒家。在一定意义上，可以把秦至宋的传统政治看作一个由“吏治”向“文治”连续演化的谱系，两汉魏晋南北朝乃至唐五代可视为这一谱系的中间地带。其中，汉武帝以降的两汉时期虽有“尊儒”的指导思想，但其实是典型的“儒表法里”。

宋代政治虽然由来有自，但就其本身而言代表着一种新政治格局的形

---

① 参见邓小南《祖宗之法》，北京：生活·读书·新知三联书店2014年版，第38页。

② 同上，第284页。

③ 参见[美]刘子健《中国转向内在——两宋之际的文化转向》，赵冬梅译，南京：江苏人民出版社2012年版。

④ 参见朱瑞熙、程郁《宋史研究》，福州：福建人民出版社2006年版，第19—20页。

⑤ 参见钱穆《国史大纲》（修订本），北京：商务印书馆2005年版，第525—526页。

⑥ 参见朱瑞熙、程郁《宋史研究》，福州：福建人民出版社2006年版，第23—24页。

⑦ 参见余英时《宋明理学与政治文化》，长春：吉林出版集团有限责任公司2008年版，第11—13页。

成，或者说一种新形式的集权专制[①]。其中的"新"，突出表现在如下两点。

一是相权的衰落。宋代以前，宰相的权力仅次于君主。而宋代政治的一系列安排，使相权削弱到了秦汉以来最低的程度。如曾繁康所指出的，宋代宰相已不再议政，无过问兵事及国家财政的权力[②]。

二是新的士大夫阶层的形成。士大夫阶层在汉代即已出现[③]，但宋代的士大夫阶层有着不同于此前的特点：其一，此前的士大夫多兼有儒法两家的性格，宋代的士大夫则以儒家为主。其二，此前尤其是魏晋时期的士大夫多为贵族出身，往往有着门阀士族的背景；宋代的士大夫多出身平民，科举是其主要途径。

应该说，这两点新动向，起初都和中央集权与君主专制的考虑直接相关，但最终造成了多方面的复杂效果。整体上说，一方面宋代政治是内敛的，文治有余而武功不足，给后世留下对外孱弱的印象[④]。另一方面，宋代重科举取士、削相权等举措，其本意是吸取前朝教训，瓦解门阀士族及地方势力，但它们与不轻杀文臣的密约相结合，逐步促成了儒家式的士大夫阶层的精神自觉，使"他们已隐然以政治主体自待"[⑤]。范仲淹"先天下之忧而忧，后天下之乐而乐"的说法，鲜明地表达了士大夫"以天下为己任"的政治意识；文彦博更有君主"与士大夫同治天下"的说法；程颐则指出"天下安危系宰相"。进一步说，北宋理学的发展与士大夫的政治革新运动隐然相应，而发展至朱熹而成熟的"道统"说，其政治作用表现在"一方面运用上古'道统'的示范作用以约束后世的'骄君'，另一方面则凭借孔子以下'道学'的精神权威以提高士大夫的政治地位"[⑥]。这样一来，现实的政治制度安排是要削弱相权乃至整个士大夫阶层的权力，以达尊君专制之效；而士大夫阶层随着其政治主体意识的提升，又有着提高其政治地位和权力，乃至以道统约束君权

---

① 也有学者称宋代为"王权再建时代"。参见陶希圣《中国政治思想史》，北京：中国出版集团2011年版。

② 转引自朱瑞熙、程郁《宋史研究》，福州：福建人民出版社2006年版，第130页；另参见钱穆《国史大纲》（修订本），北京：商务印书馆2005年版，第554—555页。

③ 参见阎步克《士大夫政治演生史稿》，北京：北京大学出版社2015年版，第365页。

④ 参见朱瑞熙、程郁《宋史研究》，福州：福建人民出版社2006年版；另参见钱穆《国史大纲》（修订本），北京：商务印书馆2005年版，第527—533页。另，按钱穆的观点，宋代对外积弱的一个主要原因在于其募兵制。

⑤ 余英时：《宋明理学与政治文化》，长春：吉林出版集团有限责任公司2008年版，第13页。

⑥ 同上，第37页。

的理想要求。可以说，这两者之间的紧张关系，逐步成为宋代文治的一个主要特征。这种政治新动向，在制度层面和个人生活层面对于宋元经济伦理思想的发展都产生了重要影响[①]。

二、经济发展的基本状况及格局

宋代是一个积贫积弱的朝代，这几乎成为20世纪中国学界的共识。从外在的效果或表现看，这种说法或可成立。但如果细究，这种笼统的说法其实是成问题的，需要作具体分析。就其本身而言，宋代经济有了高度的发展，而其是否落实为国家的经济繁荣、民众生活水平的提高，则受到多种复杂因素的影响。其大体状况可梳理为如下几个方面。

第一，土地制度与赋税制度。与唐代相较，宋代的土地所有制发生了重要变化。唐代前期主要采取北魏延续下来的均田制，唐中叶以后采取屯田制、营田制。用现代的话来说，这些土地制度都属于土地国有制。宋代则主要采取“不抑兼并”的土地政策，虽然时而出台一些效果不佳的限田令，但宋代的土地私有化有愈演愈烈之势[②]。土地私有化虽有加剧土地垄断和贫富分化之弊，但对于提高劳动者的生产积极性进而提高农业生产效率起了重要作用。

关于税制，宋代沿用唐中叶以来的两税法。“公元780年杨炎创制的两税法之取代租庸调制是唐中叶以来税制上的一个重大变化。这个税制历五代两宋元明清，施行达千年之久”；“两税法是‘以见居为簿’，‘以贫富为差’……根据土地的多少（亦即土地的变动量）而加以征收……它征收货币，后来虽然又回到征收实物……后来的两税法，从宋到明清，都征收一定数量的货币”[③]。

与税制相配合，还有赋役之法。这方面的名目颇多，如田赋、丁赋、募役、差役、夫役、义役等，且各个时期多有损益，不尽相同。但如有些学者所指出的，宋代田赋“其制度本身及其征收方式，利少弊多”，“综其弊端，有弊在法制

---

① 关于这一点，将在本节结尾部分集中讨论。

② 参见漆侠《宋学的发展与演变》，北京：人民出版社2011年版，第50—63页。关于土地私有化与限田令的研究概况，参见朱瑞熙、程郁《宋史研究》，福州：福建人民出版社2006年版，第176—177页。

③ 漆侠：《宋学的发展与演变》，北京：人民出版社2011年版，第66—67页。

者，有弊在国用者，有弊在官吏者，有弊在人户者”[①]。当然，这只是就其经济合理性而言。要具体历史地判断其效果，必须联系宋代所面临的主要政治问题。

第二，经济举措与政治问题之间的关系。宋代虽立朝之初就重点关注“内忧”，却是“外患”不断，至南宋则不得不偏安一隅，终为元所灭。宋太祖和太宗时期征战不断，以图统一；而自真宗起即有西夏、契丹入侵，此后国势转弱而一发不可收。由于政权不稳，宋代的诸多具体经济政策，都是围绕备战制定的。可以说，宋代经济的发展一直受制于较深厚的战时经济背景。两宋期间，军费开支一直是最大的财政支出。而在分析宋代积贫积弱的原因时，当代不少史学家归之于宋代的募兵制[②]。

第三，宋代农业生产技术有了长足的进步，农作物的推广以及农业经营水平都有了较大的提高。南宋陈旉的《农书》是我国有史以来第一部总结南方农业生产经验的著作，并在中国农学史上第一次提出土地利用及其规划的技术。稻麦两熟制、水旱轮作制等得到了较广泛的推广。南宋还出现了大量的植物谱录，如《橘录》《菌谱》《全芳备祖》等[③]。这些农业经济理论与实践上的进步，推动了宋代生产力的发展，并影响到经济关系和经济制度及其相应的伦理关系的变迁。

第四，地域经济的格局。关于宋代经济发展的格局，张家驹于1957年提出“经济重心南移”说。他指出，自唐中叶“永嘉之乱”起，南方经济快速发展，逐渐形成了新的经济中心，以前中国经济北强南弱的格局逐渐改变，发展至“安史之乱”而隐然有南北经济中心平衡之势。其后至宋之南渡，经济重心开始向南方转移。随着宋王朝的南渡、政治中心的南移，南方经济文化空前发展，中国传统社会由此进入南盛北衰的新阶段[④]。

对于张先生的观点，学界虽然在时期划分等具体细节上不乏争议，但对

---

① 赵雅书：《宋代的田赋制度与田赋收入状况》(1956)，转引自朱瑞熙、程郁《宋史研究》，福州：福建人民出版社2006年版，第1490页。

② 参见邓广铭《宋史十论》，北京：中华书局2015年版，第75—97页。另参见钱穆《国史大纲》(修订本)，北京：商务印书馆2005年版，第527—539页。

③ 参见王国平《以杭州(临安)为例还原一个真实的南宋》，载周梦江、陈凡男《叶适研究·代序》，北京：人民出版社2008年版，第18页。

④ 参见张家驹《两宋经济重心的南移》，武汉：湖北人民出版社1957年版；转引自朱瑞熙、程郁《宋史研究》，福州：福建人民出版社2006年版，第225页。

其立论与基本观点大多是认同的。近代中国传统思想的产生与发展带有明显的地域特征①。在此意义上，要理解和诠释宋元经济伦理思想，经济文化重心南移就是必须考虑的背景因素。

第五，民间的经济形式。宋代也是民间组织取得重大发展的时期，有些民间组织如书院、乡约、社仓乃至元代的义仓等承担着一定的经济互助、社会救济的功能。从现代的观点看，这些民间组织带有社群的性质，是按照儒家价值观来建立的②。从一个侧面看，其经济功能的运作也承载着宋元儒家的经济伦理思想。

三、商业与科技的发展

宋代的商业和商品经济得到了前所未有的重大发展，其繁荣发达明显超过汉唐③。第一，宋代“首次建立了一套系统的商税征收制度，商税成为重要的财政收入”④。第二，宋代的官府专卖制度有所变革，对于其特点，20 世纪的学者形成了这样的共识：“一是在制度上完成了由直接专卖向间接专卖为主的过渡；二是在专卖商品结构中，传统的大宗专卖品铁的比重逐步减少，新的商品茶、香、矾、醋被纳入专卖轨道；三是专卖收入逐渐赶上并超过两税，促成了财政结构的深刻变化。”⑤制度上的变化尤其是第一点对商业的发展起到了一定的促进作用，而专卖收入的迅速增加从一个侧面说明了宋代商业的兴盛。第三，宋代逐步恢复了由于战乱而遭破坏的商业交通枢纽，并大力发展漕运业，以前没有的私营漕运也逐渐兴起⑥。第四，货币经济发达。宋仁宗时期发行的“交子”，被认为是世界上最早的纸币。货币经济的发达，对于促进宋代商品经济的发展、加快商品流通具有重要的意义。第

---

① 关于这一点，由《宋元学案》对于学派的划分以及师承流传的解说可见一斑。对这一点的当代研究，参见杨念群《儒学地域化的近代形态》(增订本)，北京：生活·读书·新知三联书店 2011 年版。

② 参见[美]田浩《旁观朱子学：略论宋代与现代的经济、教育、文化、哲学》，上海：华东师范大学出版社 2011 年版，第 21—54 页。

③ 参见姜锡东《宋代商人与商业资本》，北京：中华书局 2002 年版，第 4 页。

④ 朱瑞熙、程郁：《宋史研究》，福州：福建人民出版社 2006 年版，第 196 页。

⑤ 同上，第 205—206 页。

⑥ 参见陶希圣《中国政治思想史》，北京：中国出版集团 2011 年版，第 753—756 页；另参见朱瑞熙、程郁《宋史研究》，福州：福建人民出版社 2006 年版，第 210—214 页。

五,商业组织发达。宋代的都市多设邸店与行会。“邸店兼有旅舍、牙人及买卖的业务。商贩(估客)及小生产者到了都市,邸店便争相延揽。”[①]邸店虽有盘剥小商贩、垄断交易等消极作用,但无疑也为商品交易的顺利进行提供了各种便利;同时通过规模的扩大,整体上促进了宋代商业的繁荣。都市里的商业、手工业乃至普通劳动者多有行会来组织,这也是商品经济发展到一定程度所必需的。第六,海外贸易繁荣。由于西夏建国,陆上“丝绸之路”被阻断,海外贸易成为宋代中外经贸的主要通道。宋代的海外贸易具有对外贸易港口众多(至南宋已近20个)、贸易范围扩大(宋以前约20个通商国家或地区,南宋发展至60多个)、出口商品附加值高等特点[②]。或许正是由于宋代商品经济的高度发展,20世纪下半叶国内学界曾出现两次关于“宋代资本主义萌芽”的大讨论。

宋代也是中国古代科技发展的重要时期。英国学者李约瑟的一段话曾被广为征引:“每当人们在中国的文献中查找一种具体的科技史料时,往往会发现它的焦点都在宋代,不管在应用科学方面或纯粹科学方面都是如此。”[③]在中国古代四大发明中,活字印刷术、指南针和火药在宋代得以完善并得到了更广泛的应用。宋代“在农业、数学、医药、纺织、制瓷、造船、冶金、造纸、酿酒、地学、水利、天文历法、军器制造等方面的技术水平都比过去有很大进步。可以这样说,在西方自然科学没有东传之前,南宋的科学技术在很大程度上代表了中国封建社会科学技术的最高水平”[④]。

四、宋元经济伦理思想的发展与其社会政治经济背景之间的关系

宋元经济伦理思想的发展,是在以上多重背景因素的影响下展开的。这些社会政治经济的背景因素并非孤立地发生作用,而是彼此间有着复杂的互动,以此形成影响经济伦理思想发展的合力。但为了便于理解,我们还

① 陶希圣:《中国政治思想史》,北京:中国出版集团2011年版,第775页。

② 参见王国平《以杭州(临安)为例还原一个真实的南宋》,载周梦江、陈凡男《叶适研究·代序》,北京:人民出版社2008年版,第13页。

③ 转引自同上,第17页。

④ 徐规:《叶适研究·序言》,北京:人民出版社2008年版,第39页。

是应该略作分析，以说明这两者之间的关系。

首先，传统经济伦理思想的发展是以政治问题为主轴展开的，这一点在宋元时期表现得尤为突出。如前所述，宋元鲜有和平时期，中央政权大多数时候都处于动荡不稳的状态。关于社会经济制度的安排，曾发生多次变革和大讨论。这集中体现在北宋时期，从范仲淹的庆历新政到王安石的熙宁变法，再到由于党争而变法失败，重回保守。这在经济伦理思想方面表现为"本末之辨"、抑兼并与否（或与民争利与否），其更复杂、更理论化的形式则表现为"王霸之辨"。其中都贯穿着安内攘外的问题意识，也蕴含着"道统"与"势""君""师"（"相"）的紧张关系[①]。

其次，作为贯穿整个中国传统经济伦理思想史的"义利之辨"，在宋元时期得到了更深入的探讨且明确指向个人生活选择的层面，这主要受到政治与经济两方面的影响。政治上说，同为典型的集权专制，秦政采取法家的铁腕政策，通过技术官僚来强制推行而"刻薄寡恩"；两宋则名义上以儒家"德治"为主，恩威并举，通过以儒者为主的文官系统来实施。其"威"表现在权力的上移，制度上的各种相互牵制，从而官僚系统的内部控制更严密；其"恩"表现在优待文臣的政策以及平民通过科举等渠道晋升的机会，从而促成了士大夫阶层的精神自觉。因此，宋元时期的"义利之辨"有着不同于此前的讲法。如秦汉之际的《大学》讲"国以义为利"，其着眼点其实在政治经济政策的层面。朱熹说"义利之说，乃儒者第一义"[②]，强调的则是士大夫阶层在生活中的自我修养。经济上说，宋元儒者的"义利之辨"其实暗含着以基本生存需要得到满足为前提，这是与优待文臣以及宋代经济有了相当的发展有关的。孔孟在这方面讲得较含糊，二程朱子则讲得很清楚："义利云者，公与私之异也"[③]；"饮食者，天理也；要求美食，人欲也"[④]。这是将之贯穿于公私之辨、理欲之辨，清楚地指出"义利之辨"建立在个人基本生存需要得到满足的基础上。

最后，正是在这种政治不稳定、商业与科技推动生产力获得前所未有之

---

① 参见余英时《宋明理学与政治文化》，长春：吉林出版集团有限责任公司2008年版，第31—37页。

②《朱子文集》卷二十四。

③ 程颢：《二程粹言》，《论道篇》。

④ 黎靖德编：《朱子语类》卷十三。

发展的背景下，宋元经济伦理思想开辟了更广阔的发展前景。一是随着政治问题的突出、经济自由度的提高与商业的兴盛，政治与经济的关系在伦理思想的背景中得到了集中探讨。北宋的几次改革运动以及相关文化运动，其焦点即在于国富或国家财政的问题。如后世有不少思想家将王安石的经学及其变法措施指斥为"荀学"、非儒家正统，可以说正是看到了其中蕴含着明显的政治经济学思路①。如果与西方近代经济伦理思想相对照，就可以看到，政治经济学在18世纪成为显学，至斯密的《国富论》而形成其理论体系，也是与其时英国经济的发展和商业的兴盛紧密相关的。二是拓展出宗教经济伦理思想的维度。在政治经济文化等各方面的刺激下，佛道两家向俗世化的方向发展，儒家伦理则试图建立（抑或重建）其宗教向度，三教在彼此对立的同时呈合流的趋势。由此带有宗教色彩的经济伦理思想逐渐兴起。

第二节 宋元经济伦理的基本问题及其主要观点

宋元经济伦理思想的基本命题有义利之辨、理欲之辨、王霸之辨、重本抑末等。其中理欲之辨是程颢（1032—1085）提出天理概念以后才出现的。其他三方面的命题则自先秦就有，在宋元时期得到了丰富和发展。分述如下。

一、义利之辨

义利问题在西周即已发端，在先秦得以明确提出。重视义利之辨则是儒家的老传统，孔孟荀都有不少相关论说。北宋立国之初，学者主要关注基本制度的建立，对《春秋》《周礼》《易》等经书多有阐发，义利之辨未受特别重

① 荀子的经济伦理思想类似于政治经济学的思路。参见阮航《儒家经济伦理研究》，北京：中国社会科学出版社2013年版，第117页。

视。至欧阳修(1007—1072)、李觏(1009—1059)开始论及义利关系。

欧阳修和李觏主要从政治或制度安排方面来讨论义利关系。欧阳修以义利之辨严君子小人之分,意在贬斥朋党[①]。李觏则强调财利、富国对治国的重要意义,认为孟子"何必曰利"乃过激之论,当言"利""欲",以制定强国富民的国策[②]。这种意义上的义利之辨往往与王霸之辨多有交集,发展至王安石(1021—1086)熙宁变法时期达到高峰。以王安石为代表的变法派与以司马光(1019—1086)为代表的保守派之间围绕变法的合理性展开了激烈的论争,对义利王霸的解读被他们作为论争的重要论据[③]。

随着宋代新儒学的兴起,对义利之辨的论说,转向了个人生活的层面。新儒学的奠基人周敦颐(1017—1073)教导后学,每令寻"孔颜乐处"。程颢说:"昔受学于周茂叔,每令寻颜子、仲尼乐处,所乐何事。"[④]寻"孔颜乐处",是以认定"圣人可学而至"为前提,要求儒者学做圣人。这可以说是宋代新儒学的基本旨归。由此展开的义利之辨,多是就理想人格的养成以及儒者的自我修养方法来讲的。周敦颐并未直接论说义利关系,但强调学者当学习孔子和颜回的安贫乐道精神,要"身安为富","尘视金玉"[⑤],由此奠定了宋代新儒学诠释义利之辨的基本方向。二程极重视义利之辨,沿着新儒学的方向对此多有论述。《宋史·程颢传》记载:"自安石用事,颢未尝一语及于功利。"程颢本人更是强调,"大凡出义则入利,出利则入义。天下之事,惟义利而已"[⑥]。二程不仅在解经和教导弟子中对义利之辨多有阐发,而且身体力行,力图将其义利观贯彻于自身的道德修养。理论上,他们将之贯穿于公私之辨与理欲之辨。作为宋代新儒学的集大成者,朱熹将义利之辨推至新的高度。他强调义利之辨对儒者至关重要,在经解中对相关经义的解读细致入微,在与同时代思想家的讨论以及与弟子的问答中对义利观也多有阐发。可以说,朱子对义利之辨做出了全面深入的探讨,其层次之分明、理解

---

① 参见《欧阳修全集·朋党论》。

② 参见李觏《直讲李先生文集》卷十六,《富国策》。

③ 参见叶坦《传统经济观大论争——司马光与王安石之比较》,北京:北京大学出版社1990出版;另参见赵益《王霸义利:北宋王安石改革批判》,南京:南京大学出版社2000年版。

④ 《二程集》,北京:中华书局2004年版,第16页。

⑤ 周敦颐:《周子通书》第三十三,《富贵》。

⑥ 程颢:《明道先生语一》,《二程遗书》卷十一,上海:上海古籍出版社2000年版,第171页。

之透彻以及对细微之处的辨别，都达到了前所未有的高度。同时代的陆九渊，虽在其他方面的思想与朱子颇多抵牾，但对义利观的理解则彼此极为契合。与朱陆同时期的陈亮、叶适等颇重事功，反对程朱一派严辨义利、轻视功利的态度。陈亮主张兼重义利，但未作专门论述，与朱子的论争主要集中于王霸问题[①]。叶适则明确指出重"利"之必要："既无功利，则道义乃无用之虚语耳。"[②]一般认为，他们的主张在当时不占主流。两者的分歧主要在于侧重不同，根本观点之间的分歧则并非表面看来那么大。

朱子之后的宋元儒家也注重义利之辨，但他们的观点大抵未出朱子的范围[③]。同时必须强调的是，新儒学意义上的义利之辨并非泛指对一般人的要求，而是有其特定的适用对象，即儒者，更确切地说是士大夫阶层。在此意义上，它是精英式的，而不是面向大众的生活伦理[④]；其内容多是理想式的，讲到极处则带有一定的宗教色彩。

要之，宋代是儒家思想发展的又一个高峰期，义利之辨作为儒家经济伦理的价值核心，也得到了逐步深入和展开。如果按照儒家的"内圣外王"之理想来分析，那么宋代新儒学之前的义利之辨主要集中于外王层面，是从治道的角度展开讨论。随着新儒学的兴起与展开，关注点越来越集中于内圣层面，且在这方面多有创获和发挥；外王层面的讨论也愈益以内圣方面的观点为背景[⑤]。儒家思想讲求通贯，由此在程朱一派那里，义利之辨实际上通往两个方向：内圣的层面通向理欲之辨，关系着儒者个人生活方式与行为的选择；外王的层面通向王霸之辨，关系着儒家的社会政治理想。当然，这两者之间也应该是贯通的。但是，就由内圣开外王的次序看，新儒学的主流看法以前者为基础，为重心；后者为扩展，为次要。

---

① 参见傅良《答陈同甫三》，转引自余英时《宋明理学与政治文化》，长春：吉林出版集团有限责任公司 2008 年版，第 25 页。另参见[美]田浩《功利主义儒家：陈亮对朱熹的挑战》，姜长苏译，南京：江苏人民出版社 2012 年版，113—128 页。

② 黄宗羲原著，全祖望补修：《水心学案》，《宋元学案》卷五十四，北京：中华书局 1986 年版，第 1774 页。

③ 对此的一个范例，参见陈淳《义利》，《北溪字义》，北京：中华书局 1983 年版，第 53—56 页。

④ 关于这一点，参见吾淳《中国社会的伦理生活——主要关于儒家伦理可能性问题的研究》，北京：中华书局 2007 年版，第 13—16 页。

⑤ 参见余英时《宋明理学与政治文化》，长春：吉林出版集团有限责任公司 2008 年版，第 16—32 页。

二、理欲之辨

理欲之辨由二程明确提出，"理""欲"指天理与人欲。程颢曾言，"吾学虽有所受，天理二字却是自家体贴出来"[①]。虽然先秦儒家尤其是在孟子那里就有相关的观念，但理欲之辨成为儒家经济伦理思想的一个基本论题，却是自二程开始的。二程及其开辟的程朱理学的基本主张是"存天理，灭人欲"。这是一个后世争议较多也不乏误解的主张。易为人误解，也与二程在这方面留下的话头太多、不够明确有关。但大体说来，二程是从心性的角度提出的。就其观念内容来说，是对孟子"养心莫善于寡欲"乃至周敦颐"无欲"说的发挥，讲的是"尽心"之道，儒者追求理想境界的修身之道。形式上看，与《礼记·乐记》"人生而静"一段[②]及"十二字心传"有很大的关系。二程说，"人心，私欲也，危而不安；道心，天理也，精而难得。灭私欲则天理明矣"[③]。这一段显然是紧扣"十二字心传"来谈天理人欲之分。观其初衷，当不出心、性、情之间关系的范围。用现在的话说，是讲心志以及心理动机的问题。与二程的义利之辨对比来看，理欲之辨往形而上的方向深进了一层，基本属于内心活动的范围。当然，对于"存天理，灭人欲"与儒者个人的生活方式之间到底是怎样的关系，二程虽有公私之说，但交代得不是很分明。

朱熹更强调天理人欲之辨。他指出，"人之一心，天理存，则人欲亡；人欲胜，则天理灭，未有天理人欲夹杂者。学者须要于此体认省察之"[④]；又联系公私之别来谈："仁义根于人心之固有，天理之公也；利心生于物我之相形，人欲之私也"[⑤]；落到生活来说："天理人欲，同行异情。循理而公于天下者，圣贤之所以尽其性也；纵欲而私于一己者，众人之所以灭其天也"[⑥]。要之，理欲之辨在朱熹这里已有了较为充分的展开，尽管仍存在不少值得进一步讨论的问题。不过对于程朱一派理欲之辨的主要观点，宋元时期鲜有质

---

① 《二程集·河南程氏外书》卷十二，北京：中华书局 2004 年版，第 424 页。

② 参见程颢《答横渠张子厚先生书》(亦称《定性书》)。

③ 《二程集·河南程氏粹言》卷二，北京：中华书局 2004 年版，第 1261 页。

④ 黎靖德编：《朱子语类》卷十三。

⑤ 《孟子集注·梁惠王上》。

⑥ 《孟子集注·梁惠王下》。

疑。即使朱熹认为与之抵牾的一些观点，如朱熹概括出的胡宏说法："天理人欲同体而异用，同行而异情。进修君子宜深别焉"[①]，衡之以胡宏其他各处的表述，与程朱的主张也没有根本冲突。陆九渊虽然反对朱熹关于天理人欲的说法，但并非反对其中蕴含的观念，而是反对"天理"的提法，要求将"心""性""理"等组成的形上世界收束于"心"[②]。但在后世儒家尤其是明清实学那里，宋元的理欲之辨遭受的质疑颇多，而自20世纪以来已几乎成为宋代新儒学最受诟病的命题。这些都需要通过进一步的具体分析来判断。

三、王霸之辨

王霸之辨也是在先秦儒家那里就有的论题。孔子力举王道政治，但并没有与霸道对比来讲。因而严格地说，王霸之辨始于孟子。孟子"言必称尧舜"，贬斥霸道而倡导王道，代表着儒家理想主义的一面。荀子承认王道优于霸道，但认为霸道亦可取，为次优的政治选择[③]。孟荀关于王霸的不同观点，在一定意义上为宋代儒家内部的王霸之辨提供了最初的样板。

宋代儒家的王霸之辨，似乎有着类似于先秦的发展历程。宋初的儒家最重视《周礼》与《春秋》，力图从中追寻儒家理想的王道政治，亦即三代之治。人称"宋初三先生"的胡瑗（993—1059）、石介（1005—1045）、孙复（992—1057），通过阐发经义来倡导王道，恢复古制。如孙复、石介对井田制的解读，胡瑗对《洪范》的阐释等。同时期也有反对的声音，如李觏反对孟子首倡的王霸之辨，并且在这个问题上比荀子走得更远。他说："霸，诸侯号也。霸之为言，伯也，所以长诸侯也"[④]；"所谓王道，则有之矣，安天下也。所谓霸道，则有之矣，尊京师也"[⑤]。这就是说，王道与霸道并无道德高下之别，只是由于推行者即天子与诸侯的政治地位不同而得名。不过，李觏主要从"正名"的角度来反对王霸之辨，没有做出多少义理方面的说明。他更多地

① 《胡宏集·宋朱熹胡子知言疑义》，北京：中华书局1987年版，第329页。

② 参见陈来等《中国儒学史·宋元卷》，北京：北京大学出版社2011年版，第443页。

③ 参见《荀子·王霸》，另参见阮航《儒家经济伦理研究》，北京：中国社会科学出版社2013年版，第173页。

④ 李觏：《直讲李先生文集》卷三十二，《常语上》。

⑤ 李觏：《直讲李先生文集》卷三十四，《常语下》。

是要为其反对复古的态度张目。李觏的观点在当时不占主流。

王霸之辨引起宋代学者的广泛关注，与王安石的相关观念及其主持的熙宁变法有很大的关系。王安石本人极重视王霸之辨，指出王道与霸道的根本区别在于用心不同，其效亦相异；但王安石对此的观点表面上看基本因循孟子，没有多少新意；若稍加追究，则隐然有认可霸道的社会功用之意[①]。王安石、王雱父子的《三经新义》一度成为科举取士的标准，其新学也成为一时显学，一直到南宋初期都发挥着重要影响[②]。但宋代对后世产生影响的儒家学者，对王安石的评价却是毁大于誉[③]。也正是在这种评价的产生过程中，北宋儒者对王霸之辨的思考和讨论得以逐步深入。这些负面评价可分两层看。

第一层是就其变法措施而言，主要表现为司马光为代表的保守派的观点分歧与提出的非议。变法期间，社会经济政策必须有所改变，其实已成为士大夫阶层的共识，两者的分歧主要在于是采取激进改革还是渐进改良的方式。据司马光以"策问"形式向神宗的指证，王安石曾提出"三不足"的说法，即"天变不足畏，祖宗不足法，人言不足恤"。这在一定程度上体现了王安石变法的基本精神，也说明其所侧重的是荀学或外王的一面，强调要顺应时变，因而难免遭受"言王者之事，行霸者之实"的讥讽。另外，保守派的负面评价多少掺杂着党争的因素。

第二层则针对王安石本人的思想。北宋理学家与王安石的分歧在于"'内圣'的性质及其与外王的关系"。程颢、张载起初是变法运动的参与者，但不久就与王安石关系破裂，其深层原因在于对"王道"或"内圣"的理解不同。程颐认为，王安石的见解虽高于世俗之儒，但大抵支离。程颢在回答神宗时也说"安石博学多闻则有之，守约则未也"；"王安石之学不是"[④]。发展至后来，二程认为"新学"已成大患："如今日，却要先整顿介甫之学，坏了后

---

① 参见黄宗羲原著，全祖望补修《荆公新学略》，《宋元学案》卷九十八，北京：中华书局 1986 年版，第 3239—3240 页。

② 参见余英时《宋明理学与政治文化》，长春：吉林出版集团有限责任公司 2008 年版，第 44 页。

③ 参见黄宗羲原著，全祖望补修《荆公新学略》，《宋元学案》卷九十八，北京：中华书局 1986 年版，第 3246—3250 页。

④ 参见黄宗羲原著，全祖望补修《荆公新学略》，《宋元学案》卷九十八，北京：中华书局 1986 年版，第 3246 页。"不是"指不正确。

生学者”;其患在于“不排释、老”[①]。也就是说,北宋理学家们认为王安石对儒家“王道”的理解不纯粹,与佛教和道家的观点杂糅。可以说,受荆公新学及其变法之激发,北宋理学家的“王霸之辨”已深入到对王道本身性质与内容的辨别,以区别于佛教与道家。这种辨别更多的是联系内圣之学来讲,关于王道与霸道之间的差异,则基本因循此前的说法。

“王霸之辨”在朱熹与陈亮那里有了新的发展。他们就王霸之道展开了多次论辨,其论辩的焦点在于王霸之别到底是根本性质的不同,还是程度上的差异。他们各自提出的论据涉及历史、道德、政治等多个方面,形上之道与形上之器、永恒价值与现实的事功等多个层次,由此推进了宋代“王霸之辨”的全面展开与深入探讨[②]。

四、本与末:农业与商业在国家经济中的地位

在中国传统经济中的“本”与“末”分别指农业与工商业。这一组相对待的概念本身就说明,农业作为本业是基础、是重心;工商业作为末业是从农业派生出来的,对于中国传统经济来说是辅助性的。晚周以降,各家各派都不乏如何适当安排国家经济中本末关系亦即农商关系的论述,其中最显眼的提法是“重本轻末”或“重农抑商”。作为一种农业经济,“重农”无疑是必要的。各家各派所争论的只是:其一,是否应该以“抑商”的方式“重农”? 其二,若是,应该以何种方式抑制工商业? 其三,若否,又应该给工商业以怎样的定位? 如何在“重本”的同时适当发展工商业? 按照先秦各大派的一般观点,“重农抑商”最初是法家基于“农战”而提出的典型主张;儒、墨两家在“重本”的同时承认工商业的作用,主张适当发展工商业,当然在如何算是“适当”的问题上各个思想家还有分歧;道家的观点不甚明朗或不重视本末关系,似乎持根本否定商业的态度,但其“无为而治”“为而不争”似乎也不反对商业的自然发展[③]。同时经济中的本末关系安排,还与是否“与民争利”等思想多有交集。无论如何,它们所反映的都是国家经济政策层面的经济伦理思想。

① 《二程集·河南程氏遗书》,北京:中华书局2004年版。
② 参见[美]田浩《功利主义儒家:陈亮对朱熹的挑战》,姜长苏译,南京:江苏人民出版社2012年版。
③ 参见王大庆《本与末——古代中国与古代希腊经济思想比较研究》第一章,北京:商务印书馆2006年版。

宋元时期基本延续了先秦各家关于本末关系的观点，但与宋元的社会政治经济状况相结合有了一定的发展，呈现出新的特点。总的说来，宋代对工商业较少抑制，轻商的态度也得到了较大的缓和。这是唐代以来的一般趋势[①]，但宋代的表现更复杂，可分几个方面来考察。

首先，在社会政策的层面，作为宋代思想主流的儒家对工商业一般持较宽容的态度，不主张采取直接针对商人的不利政策。但随着商业的兴盛，宋代商人的构成也发生分化而趋于复杂，并且产生了一些商业性质的行会。如姜锡东提出，可从若干个角度来划分宋代的商人[②]：从与宋律的关系看，可分为合法商人和非法商人[③]；与之相应，商人组织也有合法与否的区别，获政府认可的为合法组织，而一些组织严密的私贩团伙和组织松散的私贩、市霸团伙为非法组织。从所有权的角度，可分为官商、准官商（承包商和代理商）、民间商人。从商业资本的规模看，可分为大商人、中等商人和小商贩。对于是否抑商，也应该分门别类地考察才能予以明确的说明。其一，对于合法商人及其组织，政府采取了保护的政策，并有针对性地颁布了一些法令法规以维护其正当的权益。但与此同时，宋代商税科目繁多，并时有摊派。因此，遵纪守法的合法商人往往要背负沉重的经济负担。对于非法商人及其组织，政府则采取一系列措施，予以取缔和打击。其二，对于官商、准官商或大商人，王安石一派采取抑制的态度，并在熙宁新法中有相应的安排。王安石的初衷是要“抑兼并”[④]，但对这些商人的利益产生了很大的伤害。以理学家为代表的宋儒则反对这样的政策举措，认为是“与民争利”的表现。以上所考察的是在社会政策层面是否抑商，其理由主要出于政治考量。

其次，从伦理尤其是个人道德的层面看，宋儒之中，理学家与功利一派的态度有很大的分别乃至对立。理学一派有明显的轻商倾向。他们认为，商业活动本身以求利为主导，与道德追求相违背，因而给予较低的评价。功利学派尤其是陈亮、叶适则对“抑商”持根本反对的态度。他们认为，商业是

---

① 参见姜锡东《宋代商人和商业资本》，北京：中华书局2002年版，第367页。

② 以下划分及相关论述参考了姜锡东的论述。参见同上，第353—360页。

③ 如南宋曾发生伪造纸币会子的重大违法案件，参见[美]杨联陞《中国制度史研究》，彭刚、程刚译，南京：江苏人民出版社2007年版，第174—180页。

④ 如其“兼并”诗所言：“赋予皆自我，兼并乃奸回。奸回法有诛，势亦无自来。”节选自王安石《临川集》卷四。

富国裕民的必要活动，视之为应予抑制的“末”业并不合理；王霸之道并非绝然分别，义利亦非根本对立，因而无论是在政策还是个人道德方面，都应给予商业以正面的评价。

最后，结合前两点的梳理，可以说，宋儒对于商业及商人的活动总体上是宽容的，并不“抑商”。不过，要明确其中蕴含的经济伦理思想，还有必要在这种宽容态度的基础上做出细致的辨别。其一，对于商业的态度，有消极的容许和积极的倡导之分别。功利学派不仅不“抑商”，而且还积极倡导大力发展商业，有“重商”的倾向。其他儒学家则大体只是消极的容许，不“抑商”的同时也不“重商”。一方面，他们大多认为，商业是配合农业发展的副业，后者才是关系国计民生的根本。在此意义上，他们仍是“轻商”的，予之以远远轻于农业的定位，只是出于“不与民争利”、适度发展是社会分工的需要等儒家传统观念，而认为国家不应干涉合法的商业活动。另一方面，他们给予商人以负面的道德定位，认为其求利活动无益乃至有损于人们的道德追求。其二，宽容也有限度之别。王安石一派实际上是主张有限的宽容，也就是说，即使是合法的商业活动也有必要限制其发展规模。这实质上是一种将现实的政治考量优先于伦理考量的态度，属于荀学的路数。理学家的主张是不对合法的商业活动做额外的限制，容许其自由发展。这与孟子“不得罪于巨室”“通功易事”的思路是一贯的。其三，宋儒的本末观，显见于社会政策主张，隐含于对王道政治与圣贤之学的探讨，关涉政治、经济与伦理的各个层面。因此，它在观念上与上文所述的三个基本论题是纠结在一起的。另外，宋代政治的指导思想为儒家所主导，因而宋代道家与佛教在本末观上没有提出有影响的主张。在此从略。

第二章

北宋时期的经济伦理思想

从儒家思想发展的角度看，北宋是儒学重建转型与新儒学兴起的时期，这一儒学转型实际上自唐中叶就开始酝酿启动；而从整个中国传统思想发展的角度看，这一转型实际上意味着一次重要的思想突破，余英时称之为“一次明确的‘入世转向’的精神运动”。虽然说新儒学的兴起在这一运动中处于中心位置，对后世来说也是最具影响的思想成果，但是，“这次转型的‘发起人’不是儒家，而是惠能(638—713)创建的新禅宗。新禅宗开始了‘入世转向’的整个过程，然后先是将儒家，其后是道教卷入了这一运动”[①]。

余英时先生这一基于史实的判断极为确当，对于宋元经济伦理思想史的研究颇有启发。我们所要考察的内容，仍应以新儒学的相关思想为主，但这个时期新禅宗的经济伦理观点虽居其次也不容忽视。有鉴于此，本章拟先集中考察北宋新禅宗经济伦理思想的趋向，然后重点说明北宋儒家经济伦理思想的发展。

第一节　北宋新禅宗经济伦理思想的趋向

佛教的传入至迟在东汉初年，魏晋之后开始发生重大影响，至隋唐时期而大兴[②]。佛教特有的宗教伦理逐渐渗入中国传统经济思想，与儒学糅合，成为中国经济伦理的精神导向之一。其中尤以北宋新禅宗经济伦理思想为典型。

要考察北宋新禅宗经济伦理思想的趋向，须先对此前禅宗的经济状况以及相关的伦理思想有一个概要的把握，在此基础上方可说明佛教经济伦理思想的转变。

一、寺院经济的发展状况与佛教经济伦理思想的转变

寺院经济自两晋时期开始发展出实体经济的形态，至唐代已具有相当的规模。仅就耕田而言，有学者据相关史料推测，至唐开元年间，“僧、尼应

① 余英时：《人文与理性的中国》，程嫩生、罗群等译，上海：上海古籍出版社2007年版，第51页。

② 参见钱穆《国史大纲》(修订本)，北京：商务印书馆2005年版，第360—365页；另参见余英时《士与中国文化》，上海：上海人民出版社2003年版，第402页。

受田得三万余顷";"道士、女冠应受田约合一万余顷。此外,寺观还有常住田";"开元二十五年,天下寺观总计约七千所,常住田约得四万顷左右"[①]。这虽然与实际耕田面积有出入,但也可说明寺院具有稳定的实体经济。同时,寺院还拥有一定的地产,发展长生库、放贷等金融业务,雇佣劳工等。中唐以前,僧尼、寺院经济还享有减免一些税费的特权[②]。但寺院经济自产生起就不乏批评的声音,且往往成为排佛的一个理由。如对于北朝富有代表性的排佛理由,任继愈总结为"奉佛造寺,使国贫民穷;僧尼激增,承担赋役者减;僧尼弃亲,违背纲常名教;佛理虚妄,欺骗民众"[③]。此后历代的排佛理由也大体如此,其中前两点显然是针对寺院经济而言的。

自中唐起,寺院经济的发展由盛而衰。究其因,缘于政府不仅逐步取消寺院拥有的一些经济特权,且出于各种现实的原因而不时予以抑制或打击。迄及北宋,寺院除按一般政策缴纳税费之外,通常还额外负担一些苛捐杂税。如余英时所言,"在南北朝至安史之乱之前,佛教在经济方面是靠信徒的施赐(包括庄园)、工商业经营以及托钵行乞等等方式来维持的。安史之乱以后,贵族富人的施舍势不能如前此之盛,佛教徒便不能不设法自食其力了"[④]。也就是说,在寺院经济的兴盛期,佛教徒享有较优裕的经济条件,原则上可以不事农业生产,采取雇佣劳工的庄园经济形式来满足基本的生活需求。中唐以后寺院经济趋于衰败,佛教徒迫于生存的压力,便不得不直接从事劳作。北宋时期这种情况更为明显。如有学者通过考察宋初敦煌僧人的日常活动,指出"敦煌寺院并不供应僧人的日常饭食,僧人只有在参加法事活动、为寺院提供劳动力、从事寺院事务与部分节日时才能得到寺院供应的饭食"[⑤]。

北宋寺院经济的上述发展状况,对于佛教看待经济事务乃至现世生活的态度产生了重要影响。这种影响自唐代即已显现,但从经济伦理的角度看,至北宋才得到较为全面的展现。佛教传自印度,其原始教义是极端出世类型的,主张不劳动。如梁武帝时荀济的上疏:"佛家遗教,不耕垦田,不贮

---

① 汪籛:《隋唐耕地面积问题研究》,载陈苏镇、张帆编《中国古代史读本》,北京:北京大学出版社 2006 年版,第 517 页。

② 参见朱瑞熙、程郁《宋史研究》,福州:福建人民出版社 2006 年版,第 380—381 页。

③ 任继愈主编:《中国佛教史》第三卷,北京:中国社会科学出版社 1988 年版,第 52 页。

④ 余英时:《士与中国文化》,上海:上海人民出版社 2003 年版,第 406 页。

⑤ 朱瑞熙、程郁:《宋史研究》,福州:福建人民出版社 2006 年版,第 384—385 页。

财谷，乞食纳衣，头陀为务。”[①]这种极端出世的教义，与中国主流文化强调入世的性格本是格格不入的。佛教能够成功地在中国本土化，当然涉及多方面的复杂因素，如其传播之初的时代背景、对中国本土思想的迎合、有限度地适应和吸纳儒道思想以求相容，等等。但这些因素并未触动其根本教义。可以说，只有惠能创立新禅宗，对佛教极端出世的教义做出根本意义上的调整，才是佛教本土化的最关键因素。这种根本意义上的调整是突破性的，涉及多个方面，因而有学者将惠能比作中国的马丁·路德。从经济伦理的角度看，重要的是新禅宗对原始佛教的教义改革，改变了其极端出世的性格，在一定意义上可以转出肯定现世的态度。而这种教义的改革与北宋寺院经济的发展状况相结合，又使禅宗对于经济活动乃至经济生活有了一种全新的伦理态度，从而产生了一种迥异于原始佛教的经济伦理。

必须交代的是，这里所谓新禅宗的经济伦理是在特定的意义上讲的，属于韦伯所谓宗教经济伦理的范围，而不同于一般意义上讨论的经济伦理[②]。首先，严格说来，它关注的是宗教伦理对于人们经济生活的实践效果，而不是新禅宗的具体宗教理念。新禅宗的终极理念仍然属于出世类型，但并不妨碍由此理念可以转出积极参与经济活动的态度。这种看似悖论的“转出”，其关键在于佛教徒的宗教理念与经济活动互动而产生的经济心态。其次，这种经济伦理是针对宗教信徒而言的，更宽泛地说，它是个人性的，不直接关涉经济组织和社会经济政策的层面。最后，新禅宗的这种经济伦理虽然限于特定的范围，但对于宋元经济伦理尤其是新儒学的经济伦理思想产生了重要的影响，也是中国经济伦理思想史上的大事件。

二、新禅宗：看待此世的态度与工作伦理[③]

惠能[④]创立新禅宗，是中国佛教思想史上的大事件，具有宗教改革的意

① 转引自余英时《士与中国文化》，上海：上海人民出版社2003年版，第405页。

② 详见阮航《儒家经济伦理研究》，北京：中国社会科学出版社2013年版，第35—48页。

③ 所谓工作伦理，是韦伯宗教社会学的术语，意指看待经济活动的态度以及由此生发出的经济行为方式。其相关著作最初由台湾学者迻译为中文，该术语对应的中文概念亦为大陆相关研究所通用。

④ 关于惠能的生平，可参见释赞宁《宋高僧传》卷八。

义。可分三点来看。

其一，不假外物，直指本心。《六祖坛经》说："自修性是功，自修身是德。善知识！功德须自性内见，不是布施供养之所求也，是以福德与功德别。"[①]这样的说法更强调宗教信仰的个人性质，而不是凭借各种宗教中介或师传。对教义的这种解释，也突出了功德与福德之别，促使禅宗向平民化的方向发展。此前佛教在中国的发展更多地局限于中国上层社会，往往与贵族名士颇多交集；新的教义解释则有利于新禅宗的普及，无论是农、工、商还是士人都可以借此解决个人的安身立命问题。新禅宗终于成为中国佛教之大宗，与此有很大的关系。从宗教实践的角度说，这也可理解为其入世转向的一个基本方面。

其二，自由解经的方法。解佛经的传统方式是格义，也就是把印度梵文译为中文。魏晋玄学时期，"言意之辨"大兴，而立"得意忘言"之宗旨。其初，王弼用之为解《易》的基本方法，转而对佛经研究产生了较大影响，研究佛经之方法由格义转为以会通为主[②]。重会通而取得意忘言之宗旨，"故通释佛典者只需取其大意，略其名相，自不害其弘旨"[③]。得意忘言，强调的是不拘文句，根据个人的理解来把握和解释经典。

惠能在此基础上更进了一步，由此自由解经成为禅宗对待佛教经典的通法。一方面，他认为，成佛之关键在于个人本心之觉悟，经典中的佛理亦为佛之智慧的表现，根本上说与文句无关。因此，他说，"三世诸佛，十二部经，在人性中本自具有，不能自悟，须求善知识，指示方见。若自悟者，不假外求……若识自性，一悟即至佛地"；"诸佛妙理，非关文字"；"本性自有般若之智，自用智慧，常观照故，不假文字"[④]。另一方面，惠能指出，佛经之作用在于帮助信徒觉悟，根本上说是要信徒领会其意以开辟自己内心即有的知见，经文只是经典之外表或载体。他说，"口诵心行，即是转经；口诵心不行，

① 陈秋平、尚荣译注：《金刚经·心经·坛经》，北京：中华书局2007年版，第173页。这里采用的是《坛经》的后世通行本，而不是一般学术研究采用的敦煌本。这主要是考虑到，宗教经济伦理是从实践效果的角度来考察的，采用通行本可能更适合这一要求。

② 参见汤用彤《魏晋玄学论稿》，北京：生活·读书·新知三联书店2009年版，第25—46页。

③ 同上，第46页。

④ 参见陈秋平、尚荣译注《金刚经·心经·坛经》，北京：中华书局2007年版，第164页、第213页、第160页。

即是被经转”[①]。

其三，修行不必出家。惠能说，“善知识！若欲修行，在家亦得，不由在寺。在家能行，如东方人心善；在寺不修，如西方人心恶。但心清净，即是自性西方”[②]。这种不出家亦可修行的观点，不仅突出了个人的觉悟在乎其本心，而不必定要借助寺庙等宗教中介，而且隐含着在俗世生活中也可修行的意思。这层意思在其《无相颂》中讲得更明白：“佛法在世间，不离世间觉。离世觅菩提，恰如求兔角。”[③]

总体上说，惠能对禅宗的改革，“是以一个具体的现实的人心去代替一个抽象玄奥的，经过佛教学说百般打扮的‘如来藏自性清净心’。这一替换使得惠能实际上把一个外在的宗教，变成了一个内在的宗教，把对佛的崇拜，变成对自心的崇拜”[④]。可以说，惠能创立的新禅宗直接推动了唐宋之际中国宗教的入世转向，进而对佛教徒的经济伦理观念产生了重要影响。

惠能之后，新禅宗逐渐与神秀的北禅宗相区别而独立为南禅宗，并分出沩仰、临济、曹洞、云门、法眼五宗，由此发展为禅宗主流。新禅宗的经济伦理实践以及其中透出的经济伦理观念，也是在惠能之后的发展过程中才逐渐显发的。这一过程与新禅宗清规的建立有密切的关系[⑤]。

所谓清规，意指清净的法度，为唐代佛教界通用术语，不限于禅门。新禅宗清规的订立始于百丈山的怀海禅师。不过，从百丈怀海的塔铭及后世的记述看，怀海当时所立的清规可能并不系统，并且在12世纪才在禅门得以普遍流传并产生影响。《释门正统·卷四》(1137)记载：“元和九年，百丈怀海禅师始立天下禅林规式，谓之清规。”《隆兴佛教编年通论·卷二十一》(1164)最早使用百丈清规的说法。百丈清规的内容大多经过后人的整理，这里简要论述其中与经济伦理相关的内容。

① 参见陈秋平、尚荣译注《金刚经·心经·坛经》，北京：中华书局2007年版，第221页。

② 同上，第181页。

③ 同上，第168页。

④ 赖永海：《中国佛性论》，上海：上海人民出版社1988年版，第219页。

⑤ 以下有关新禅宗清规的论述，参考了湛如法师的论文：《唐宋时期的禅宗教团与清规之研究》，2010年2月23日，中国佛教网，http://www.zgfj.cn/lifec/xly/yjj/2012-07-02/902.html。

《宋高僧传・卷十》说，怀海“博约折中设规务归于善焉，乃创意不循律制。别立禅居……朝参夕聚饮食随宜，示节俭也。行普请法，示上下均力也”。“集众作务曰普请”。(《禅林象器笺・丛轨门》)坐禅与作务的结合，是自五祖弘忍以来就有的禅门修行传统。怀海的百丈清规赋予这一传统以新的内涵，呈现出新的特点：一是包括自己在内，上下人等同时集体劳动；二是以丛林规制的形式，将之突出为禅门生存和发展的原则之一。后人结合怀海的日常生活方式，将清规在这方面所体现的精神概括为“一日不作，一日不食”。这种精神意味着，运水搬柴、给食行茶的禅门作务，不仅具有非生产性的修行意义，而且赋予了生产性的经济意义，由此维持禅门自给自足的生存与发展。必须指出，作务的这种生产性意涵，在小乘戒律中是被禁止的。

“一日不作，一日不食”的勤劳精神与节俭相结合，构成了新禅宗入世苦行性格的一个基本方面。其中“苦行”指向彼岸的终极关怀，“入世”则被新禅宗肯定为达到彼岸的必要途径。对“入世”的这种肯定，必须从经济生活入手才能根本上站得住脚，进而成为常法。结合上一部分关于经济背景及排佛观点的论述，可以更清楚地看出这一点。

理论上说，百丈清规中的普请法，是对儒家排佛之经济理由的有力回应。实践上看，它促成了禅林自给自足的耕作方式，这不仅缓解了新禅宗的经济压力，而且使禅宗教团逐渐具备了经济及物质生活方面的独立性，促进了北宋禅风的鼎盛。因此，湛如法师说，百丈禅师的普请法“是中国禅宗的大德。在完善教制方面，它突破印度佛教戒律的束缚与限制，根据中国佛教的实际情况进行了具有划时代意义的探索”。其社会意义在于“耕田作务的实践，缓和了佛教所存在的敏感性问题，也是佛教超越精神的具体体现”[①]。

此后至元代的东阳德辉，禅宗清规不断问世，其中主要的有：长芦宗赜的《禅苑清规》(1103)，无量宗寿《入众日用清规》(1209)，惟勉《丛林校订清规总要》(1274)，泽山弌咸《禅林备用清规》(1311)。中峰明本《幻住庵清规》

① 湛如法师：《唐宋时期的禅宗教团与清规之研究》，2010年2月23日，中国佛教网，http://www.zgfj.cn/lifec/xly/yjj/2012-07-02/902.html。根据此处行文需要，引文略有调整。

(1317),东阳德辉《敕修百丈清规》(1338)等。这些清规往往是将禅宗教团的实际需要与儒家的礼制结合,形成结构严谨的禅林制度。它们既是禅僧修学的指导方法,也是禅宗的生活规范。在此意义上,清规已成为宋代禅宗教团的灵魂。而新禅宗的真正崛起,也以清规的创建为主要标志。

第二节 北宋儒学的经济伦理思想

从思想史的角度看,禅宗清规尤其是其中普请法的经济实践及其透出的经济伦理精神,使惠能"不离世间求佛法"的教义变得切实可行。这不仅从根本上缓解了禅宗在出世与入世之间的紧张关系,而且让禅宗与现实生活建立紧密的关联,与社会各阶层以及中国思想界有了更频繁的互动,从而真正融入中国本土的思想传统。在这一互动与融入的过程中,新禅宗的经济伦理对于宋元经济伦理思想的发展产生了深刻的影响。

一、宋代儒学对佛教的排斥与吸收以及儒学经济伦理思想的转向

宋代是新禅宗的兴盛期,同时也是儒家排佛最激烈的时期。儒家排佛的意识,自佛教传入时就有所显露,至唐代已非常明显。其中思想史上最著名者当数韩愈,其排佛的主要原因在于坚守本土文化的主导地位,而视外来的佛教为异端。

在《谏迎佛骨表》中,韩愈说:

> 伏以佛者,夷狄之一法耳。自后汉时始流入中国,上古未尝有也……佛本夷狄之人,与中国言语不通,衣服殊制。口不道先王之法言,身不服先王之法行,不知君臣之义、父子之情。

这里韩愈从夷夏之辨的角度立论,认为佛教属于未开化的夷狄传统。因此,对之的宣扬必然对中国优越的伦理文化传统造成不利影响。但对于佛教的具体弊端,韩愈多从其效果上说,并未指出佛教观念本身的不当之

处。在此前的《原道》篇中，他提出了儒家“道统”说：

夫所谓先王之教者，何也？博爱之谓仁，行而宜之之谓义。由是而之焉之谓道……

斯吾所谓道也，非向所谓老与佛之道也。尧以是传之舜，舜以是传之禹，禹以是传之汤，汤以是传之文、武，周公，文、武、周公传之孔子，孔子传之孟轲，轲之死，不得其传焉。荀与扬也，择焉而不精，语焉而不详。

这是视儒家之道为中国思想之正统，其中又以孔孟之学为儒家正统，荀学为旁枝歧出，而视佛老为异端。然而，此前的儒家并没有圣贤以道相传的说法。韩愈在此正是针对佛教衣钵相传的宗教形式，提出儒家之道亦有其传承，以抗衡佛教之影响。

深一层看，韩愈的“道统”说正体现了儒学发展所面临的危机。汉唐儒学重在发展儒家“修、齐、治、平”的“外王”路线，甚少关注个体安身立命的“内圣”一面，因而难以满足人们尤其是精英阶层的智识兴趣与信仰追求。魏晋玄学虽然大多认同儒家，但偏于形而上的层次，就其思想内容及其性格而论，其实偏于佛老。可以说，魏晋南北朝时期思想界的风流人物，大多深受佛老之影响[①]。值得注意的是，韩愈因谏迎佛骨而被贬潮州期间，与灵山寺的大颠禅师过从甚密，并且随着相互交流以及对禅宗思想的了解逐步深入，而有了向佛之心。

韩愈的弟子李翱也力图复兴儒学，虽持排佛主张但不像韩愈那么激烈，并且与佛教高僧的交往更为密切。据《宋高僧传》记载：李翱在任朗州刺史期间，“闲来谒俨，遂成警悟……无何翱邂逅于俨顿了本心。末由户部尚书襄州刺史充山南东道节度使，复遇紫玉禅翁，且增明道趣。着复性书上下二篇，大抵谓本性明白为六情玷污，迷而不返今牵复之，犹地雷之复见天地心矣。……韩柳览之叹曰：‘吾道萎迟，翱且逃矣’。俨陶炼难化护法功多”[②]。也就是说，李翱与其时另一位禅宗大师药山惟俨（为大颠禅师的师兄弟，同为惠照禅师的弟子）来往甚密，经常坐而论道；其后又与紫玉山马祖系的僧

① 参见钱穆《国史大纲》(修订本)，北京：商务印书馆2005年版，第360—365页。

② 释赞宁：《宋高僧传》卷十七。

人来往甚密[①]。其代表作《复性书》则深受禅宗之影响。

韩愈师徒一面坚持儒家道统而排佛，另一面却不排斥与禅宗高僧交往，并自觉地加深对佛教的认识，在发展儒学的过程中暗中对佛教的一些观点有所借鉴和吸收。这也是宋代大儒通行的做法。欧阳修、李觏等虽尊儒排佛，但同样与禅宗高僧交往密切，并吸取佛法之长而援佛入儒。王安石在变法失败退居金陵期间，也对佛教的态度也由批判转向认同，并著作《楞严经疏解》与《维摩诘经注》。

尤其值得注意的是，宋代的新儒学大师大多与佛学有很深的渊源。如开山祖师周敦颐曾从学于润州鹤林寺的寿涯禅师，参禅问道于黄龙慧南、晦堂祖心，谒庐山归宗寺佛印了元等。张载曾在研习《中庸》之后，“又访诸释、老，累年究极其说”。(《宋史·卷四百二十七》)程颢自称“自十五六时……泛滥于诸家，出入于老、释者几十年”。(《二程文集·卷十一》)宋代新儒学的集大成者朱熹也自承“出入释老者十余年”(《朱子全书·卷三十八》)；并且“于释氏之说，盖尝师其人，尊其道。求之亦切矣。然未能有得”。(《朱子全书·卷三十》)朱熹至少与三位高僧有交往，即圆悟肯庵、大惠宗杲和大惠的门人开善道谦；其中大惠宗杲最著名，而朱熹与道谦交往最多。直至二十四岁遇其师李侗，朱熹才在老师的开导下走上“逃禅归儒”之路。朱子的理学思想或多或少受到了禅宗的影响[②]。

可以说，宋代新儒学就是以这种“入室操戈”的方法，从佛教中吸取滋养，并与自身的思想资源相结合，转而建立可与佛教抗衡的儒家信仰。在这一过程中，宋代新儒学受到了禅宗的深刻影响，其经济伦理思想也发生了具有根本意义的转向，其主要发展方向由社会制度及其规范的层面转向个人德性层面。

新儒学将孔子之后的儒家正统归于孟子一系，而不是汉唐更受重视也更着力发展的荀学一派。孟学与荀学可以说代表了儒学内部的两个基本发展方向。孟学强调个人德性及其社会作用，个人的道德信仰是根据，也是安身立命之所在；荀学则重在思考社会政治问题，力图提出现实的社会治理方

---

① 参见释道原《景德传灯录》卷七。

② 参见[加]秦家懿《朱熹的宗教思想》，曹剑波译，厦门：厦门大学出版社2010年版，第231—235页。

案，建立合乎礼义的社会秩序。

汉武帝"独尊儒术"以至于唐，其间荀学占据儒家的主导地位，在制度建设、学术思想等各方面都发挥了重要影响。如两汉经学、汉代的举孝廉、唐代的科举制等，其关切的基本问题及其解决思路都更接近荀学，而不是孟学。孟子的思想并不受重视，在汉唐儒学中的地位也不高。就作为儒学基础理论的人性论来说，汉唐占主导的主张，虽然不能说是荀子的性恶说，但其研讨的切入点是从才质的角度来理解人性，理论重心在于社会教化。这仍然是沿着荀子的思路展开的。孟子的性善论，则是从本源的道德能力来理解人性，带有形而上的背景，属于另一个方向。用宋明理学的话来说，荀学探讨的是气质之性，孟学则是以天地之性为根据。程颢说，"论性不论气，不备；论气不论性，不明"。(《二程遗书·卷六》)这虽是就如何恰当理解人性立论，但明确点出了孟荀人性论的上述特点。魏晋时期大兴的玄学，虽然关注的个人安身立命问题，更切合孟学的方向，但从其实际发展看，孟学几乎没有进入过玄学家的视野。其初讨论的主要问题为名教与自然。其中，玄学家把儒学定位为名教，其实是把荀学的方向视为儒家主流，从一个侧面反映了荀学在当时的影响与地位。玄学清谈，意在相互启发个人对道的感悟，关心个体的安身立命问题，但并没有借助孟学，而主要是吸取道家与佛教的思想资源及其方法。这种状况在经济伦理思想方面也有显著的表现。如后世颇有影响的《盐铁论》，其中贤良文学所代表的儒家观点，正是立足于儒家的义利之辨来反对盐铁国营及均输等经济政策。而汉代的义利之辨也重在政策指导思想及社会规范方面。如成书于秦汉之际的《大学》也强调要明辨义利，却是从"生财之道"亦即国家经济政策的指导思想方面讲的，其基本主张是"国以义为利"[①]。

受佛教之刺激与影响，宋代新儒学以孟学的方向为儒家主流，尊孔孟之道为儒家正统。这种观点由韩愈道统说发端，至新儒学之建立而成为宋代儒家之主导。孟学的方向，以个体道德人格的挺立为基础，指向生命意义等信仰问题。宋代新儒学正是沿着这一方向，吸取佛教之长，确立儒家的心性

---

① 对《大学》"国以义为利"的解读，参见阮航《儒家经济伦理研究》，北京：中国社会科学出版社 2013 年版，第 135—139 页。

论及修养方法，以抗衡佛教之影响而重建儒家思想在人生信仰领域的主导地位。也因此，宋代新儒学的经济伦理思想采取了与汉唐不同的角度，呈现出不同的特点；其重心由国家政策与社会规范的层面转向了个人道德以及相关的信仰问题。这在新儒学经济伦理思想各个基本论题中都有显著的表现。简述如下。

朱熹说，“义利之说，乃儒者第一义”[①]。对义利之辨的强调，不再像《大学》那样针对社会政策指导思想立论，而是从儒者的人生选择及人格塑造入手。由此往上追溯到人的内心活动，则有理欲之辨。在社会政治的层面，新儒学的王霸之辨其实也是从道德信仰的角度立论而力举王道。而本末之辨主要关涉具体的社会政治制度安排，新儒学在这方面没有新的发挥。

当然，这只是就新儒学的致思趋向和基本思路而言的。具体到新儒学思想家个人来说，他们的观点还是有所区别的。以下先说明北宋新儒学的经济伦理思想。北宋新儒学的主要代表人物有周敦颐、邵雍、张载、程颢、程颐，人称“北宋五子”。他们对于新儒学的确立有开创之功，为儒家思想的发展作出了重要贡献。其中邵雍的思想集中于周易象数学，在经济伦理思想方面鲜有发挥，故不论。

二、周敦颐“寻孔颜乐处”的经济伦理思想

周敦颐，原名惇实，字茂叔，号濂溪，别称濂溪先生，道州营道县（今湖南道县）人。十五岁丧父，随母移居京师开封，投靠舅父龙图阁直学士郑向，旋即随郑向入杭州。约二十岁出仕，在江西、湖南、四川、广东一带做过地方官，政声颇佳。程颢、程颐曾多次问学于周敦颐，以师礼事之。其主要哲学著作有《太极图说》和《通书》，后人将其著述编为《周子全书》。周子的学术思想，融合道佛，以儒家为依归，后人称之为濂学。

周敦颐通过对《周易》和《中庸》中宇宙生成论的互训与重释，肯定宇宙本源为实有，为新儒学信仰的建立提供了形而上的根据，为新儒学的道德形而上学提供了一套观念的框架。应该说，周子对于新儒学的建立确实做出

① 《朱子文集》卷二十四。

了开创性的贡献，故朱子推之为宋代道学宗师、理学开山。周敦颐的主要贡献在形而上的层面，但从中也折射出颇有启发的经济伦理思想，对于宋元儒学经济伦理思想的发展产生了重要影响。分述如下。

（一）寻孔颜乐处

程颢说，“昔受学于周茂叔，每令寻颜子、仲尼乐处，所乐何事”[①]。对于程颢的问学，周敦颐并没有直接给出答案，而是提示一个思考的方向，即“寻孔颜乐处”。对于孔子和颜回所乐何事、乐处如何，周敦颐当然有自己的见解：

> 颜子一箪食，一瓢饮，在陋巷，人不堪其忧，而不改其乐。夫富贵，人所爱也，颜子不爱不求而乐乎贫者，独何心哉？天地间有至贵至富、可爱可求而异乎彼者，见其大而忘其小焉尔。见其大则心泰，心泰则无不足。无不足则富贵贫贱，处之一也；处之一则能化而齐，故颜子亚圣。[②]

在周子看来，颜回身处贫困仍不改其乐，并非由于贫困本身是可乐之事；而是颜回本人以追求孔子提示的儒家之道为至高至要，从而淡忘对富贵的追求。因此，即使物质条件极其贫乏，也不影响颜回的求道之乐。这体现了一种安贫乐道的精神，其中的焦点在于乐道。“安贫”并不意味着，富贵本身不是好事，不值得追求；而是说在真正的儒者看来，求道应该绝对优先于求富贵，求道带来的精神愉悦也远非物质享受所能比拟。因此，不应把“安贫”理解为周子要倡导的某种积极主张，而应作为衬托“乐道”的消极条件、为突出“求道之乐”而设置的一种极端情境。孔子也曾说：“饭疏食饮水，曲肱而枕之，乐亦在其中矣。不义而富且贵，于我如浮云。”(《论语·述而》)孔子的实际生活很难说是贫困的，但同样有这种安贫乐道的精神，有类似的体会和表现。可以说，周子“寻孔颜乐处”的提点，就是要引导问学者以自觉追求儒家之道为至要之事，重视精神愉悦而轻看物质享受。儒家之道的根本在于学做人，成就人格。周子说：

---

① 《二程集》，北京：中华书局2004年版，第16页。

② 周敦颐：《周子通书·颜子第二十三》，上海：上海古籍出版社2000年版，第38页。

圣希天，贤希圣，士希贤。伊尹、颜渊，大贤也。伊尹耻其君不为尧、舜；一夫不得其所，若挞於市。颜渊不迁怒，不贰过，三月不违仁。志伊尹之所志，学颜子之所学。过则圣，及则贤，不及则亦不失于令名。[①]

安贫乐道并非就一时一事而论，而是指示着一种理想的人格境界，这必须联系儒家之道来理解。志于儒家之道，就要通过不断的为学与修养，挺立自身的道德人格。在儒家看来，道德人格有境界之分。个人必须通过毕生的努力，不断提高人格境界，才可能达成理想的圣贤人格。结合其宇宙生成论看，周子关于圣贤的人格理想表现出明确的形而上维度，带有人文宗教的色彩，不难想象其达成的困难程度。但周子所建立的新儒学信仰正在于肯定人人都具有继善成性的能力，圣人可学而至。这是一种入世的人文信仰，虽然其理想高远，却立足于现实人生；志于儒家之道者只要沿此方向努力，总能有所得，对其人生当乐之处有所觉解，最起码可以做到“不失于令名”。这是在儒家的范围内说的。如果与道德平庸之人相较，还可以有另一种说法。

实胜，善也；名胜，耻也。故君子进德修业，孳孳不息，务实胜也。德业有未著，则恐恐然畏人知，远耻也。小人则伪而已矣。故君子日休，小人日忧。[②]

这里将君子与小人对举，是从儒家道德的意义上讲的。其中的“小人”，不一定指道德恶人，或许恰当的理解应该是指缺乏道德感、无意于表现其道德能力之人。君子与小人之别，在于其人生方向的选择不同。君子着意于自身的道德修养，其人格得以逐步完善，故“日休”，“休”意指“心安”；小人则汲汲于外在的名利，其追求难以满足且根本上说与其内在的道德生命不发生关系，无益于人生意义的追寻。

那么，从经济伦理的角度看，周敦颐“寻孔颜乐处”的意义何在？需要通过进一步比较和分析来说明。

---

① 周敦颐：《周子通书·志学第十》，上海：上海古籍出版社2000年版，第35页。
② 周敦颐：《周子通书·务实第十四》，上海：上海古籍出版社2000年版，第36页。

首先，我们认为，周敦颐"寻孔颜乐处"的相关论述，可以归为儒家义利观的范围；或许更确切的说法是与后者有着紧密的关联，并沿着新儒学的基本方向而有所发挥，从而呈现出新的特点。

义利观在孔子那里就是从多个层次展开的[①]。但周敦颐之前儒家义利观的重心在于社会行为与一般意义上的人格分别。在社会行为方面，孔子有"见利思义"的提法。（参见《论语·宪问》）孟子说："非其义也，非其道也，一介不以与人，一介不以取诸人"（《孟子·万章上》）；"如其道，则舜受尧之天下，不以为泰"（《孟子·滕文公下》）。荀子也说："荣辱之大分，安危利害之常体。先义而后利者荣，先利而后义者辱。"（《荀子·荣辱》）这都是就具体行为中的动机取舍来说的。孔子说："君子喻于义，小人喻于利。"（《论语·里仁》）孟子说："欲知舜与跖之分，无他，利与善之间也。"（《孟子·尽心上》）荀子说："好利恶害，是君子小人之所同也；若其所以求之之道则异矣。"（《荀子·荣辱》）这都是在一般意义上讲人格分别。

周敦颐的"寻孔颜乐处"则属于义利观的最高层次。其中的"安贫乐道"精神，把"义"置于绝对优先于"利"的位置，表现出近乎宗教意识的道德信念。这样的义利选择只能针对儒者的自我修养，不适合来要求别人，也不适用于社会行为。它虽然是就人格选择立论，但重心在于理想的圣贤人格。究其实，周敦颐所关心的主要是儒者能否以及如何"学以至圣人"。因此，他并没有关注社会行为中的义利关系，也很少在一般意义上论说君子与小人的人格之分。

其次，周敦颐"寻孔颜乐处"的相关论述，可视为儒家义利观在最高层次的拓展。这里所谓"最高层次"，指的是道德信仰的层次。这一点在《通书》的另一段中看得更分明：

> 君子以道充为贵，身安为富，故常泰，无不足，而铢视轩冕，尘视金玉。其重无加焉尔[②]。

这种欲摆脱世俗富贵的束缚、一意求道的姿态，正是要向自身偏转、指向形而上的信仰层次。拈出信仰的层次来谈君子的义利选择，这是周敦颐

---

① 参见阮航《儒家经济伦理研究》，北京：中国社会科学出版社2013年版，第126—128页。

② 周敦颐：《周子通书·富贵第三十三》，上海：上海古籍出版社2000年版，第41页。

对儒家义利观的发挥，包含了他对其时代问题的回应，其中不无佛教之刺激与影响：其一，就其形式看，“寻孔颜乐处”的说法，与其说是儒家的，不如说更接近佛道。古典儒家的问答，很少采取仅提供思考线索的委婉方式，大多是正面回应。相比之下，“寻孔颜乐处”的回答方式，更类似禅宗通行的做法。其二，新儒学与佛教之所争在于信仰的层次。拈出信仰层次来发挥义利观，在一定程度上也是对佛教的回应。其三，“寻孔颜乐处”是就理想人格立论，也是联系个体的安身立命来谈君子的义利选择，而如何安身立命，其实也是佛道所关注的焦点问题。可以说，周子“寻孔颜乐处”的说法，虽然内容和立场是儒家的，但蕴含着要回应和抗衡佛道的问题意识，因而其论题、致思趋向、论说方式等各方面都受到后者之影响。

最后，周敦颐“寻孔颜乐处”的提法，对宋元新儒学义利观之发展产生了深刻的影响。二程、朱子等虽然在此基础上做了推进，但大多就儒者人格发展来谈义利，且往往是在讨论个体如何安身立命的背景中展开。在此意义上，周敦颐“寻孔颜乐处”的提法，奠定了新儒学义利观发展的基本方向。

（二）无欲

在如何学以至圣人的问题上，周敦颐提出了“无欲”的主张。他说：

> “圣可学乎?”曰：“可。”曰：“有要乎?”曰：“有。”“请问焉。”曰：“一为要。一者，无欲也。无欲则静虚动直。静虚则明，明则通；动直则公，公则溥。明通公溥，庶矣乎!”①

这里的“无欲”，与佛教所主张的“无欲”显然不同，否则无以“静虚动直”，进而达至“明通公溥”。需要联系其后面的说法来理解。“静虚”与“明通”是专就人的内心而言，“无欲”则隔离外来的欲望，故专注于内心而“静虚”；“静虚”并非“空无”，而是去蔽而“明”其生命所本有，故“通”向人生的意义之源。“动直”与“公溥”则是由内而外地说，“动直”是指由本心来主宰行为，是一种内外合一的行为方式；按照新儒学的性善观点，人人都享有共同

① 周敦颐：《周子通书·圣学第二十》，上海：上海古籍出版社2000年版，第38页。

的价值之源，在此意义上，这种内外合一的行为方式是出自公心，而非出自形体之私。“溥”有“普遍”“通行”的意思，也就是说，“动直”的行为方式乃人可共由之道。由此看来，周子的“无欲”并不是要求根除人的一切欲望，而是指祛除后天由外物牵引而来的欲望，或者说一己之私欲。人所本有的或者说维持生存的基本欲望，并不包含在要祛除的范围。根本上说，这种“无欲”的主张之所以不同佛道，是因为它肯定生命之中有其自身的价值根基，表现于人即是其继善成性的能力，而不是佛教所认定的“空无”“虚幻”。那么周子所肯定的“本有”从何而来呢？从其另两段论说可见端倪。

> 公于己者公于人。未有不公于己，而能公于人也。明不至则疑生。明无疑也。谓能疑为明，何啻千里！
>
> 圣人之道，至公而已矣。或曰：“何谓也？”曰：“天地，至公而已矣。”①

公于己者之所以必公于人，是因为这里的“公”是从生命的价值本源这一意义上讲的。也就是说，自我与他人在价值意义上同出一源，同等地享有天地赋予的道德能力。也正是在人的本源道德能力为同等的意义上，天地是至公的。

从以上分析看，周子的“无欲”说，已具备理欲之辨的雏形，只不过没有使用天理与人欲的说法。但“无欲”说中的“欲”已蕴含类似“人欲”的意思，“公”则对应于“天理”。当然，其后程朱理学的理欲之辨讲得更分明，也更具影响。

三、张载“周道止是均平”的经济伦理思想

张载（1020—1077），字子厚，凤翔郿县（今陕西眉县）横渠镇人。仁宗嘉祐二年（1057）进士，曾先后任祁州司法参军、丹州云岩令、著作佐郎、渭州军事判官等职。神宗熙宁初年（1068）召为崇文馆校书。熙宁二年辞归，居乡讲学。十年春，复召还馆。同年冬告归，返乡途中卒于临潼，年五十八。因

---

① 分见周敦颐《周子通书》，上海：上海古籍出版社 2000 年版，《公明第二十一》，第 38 页；《公第三十七》，第 42 页。

张载长期在横渠镇讲学，人称横渠先生。

张载的思想发展颇多波折。他少年时喜欢谈兵，在范仲淹的劝导下读《中庸》，转而习文；《中庸》读后犹以为未足，又累年推究佛道之说；知佛道之蔽，故返诸六经，其间与二程于京师交游论学，遂坚信儒家之道[①]。可能也正是由于其曲折的思想经历，张载在宋代新儒学大师中独树一帜，自成一家。张载及其弟子大多为关中人，故张子学派也被人称作"关学"。张载的主要哲学著作是《正蒙》《易说》，还有讲学记录《经学理窟》《语录》等，明代学者编为《张子全书》。

张载的主要贡献在于其气论，为构建新儒学的道德形而上学提供了一条独特的思想体系，其经济伦理思想也较为丰富且颇有特色。分述如下。

（一）理欲之辨

张载坚持理学"存天理，灭人欲"的基本主张。他说：

> 上达反天理，下达徇人欲者与！[②]
>
> 烛天理如向明，万象无所隐；穷人欲如专顾影间，区区于一物之中尔[③]。
>
> 今之人灭天理而穷人欲，今复反归其天理。古之学者便立天理，孔孟而后，其心不传，如荀扬皆不能知[④]。

"天理"的说法，为二程所首创。张载是二程的叔父且与二程交游甚密，但由于其曲折的思想经历，在新儒学上的学术起步晚于后者。因此，张载采取类似二程的说法并不奇怪。不过，若作进一步分析，或许只应将之理解为形式上的因循，因为张载对其中"天理"的理解不同于程朱理学。他说：

> 德不胜气，性命于气；德胜其气，性命于德。穷理尽性，则性天德，命天理，气之不可变者，独死生修夭而已。故论死生则曰"有命"，以言

① 参见陈来等《中国儒学史·宋元卷》，北京：北京大学出版社2011年版，第130—131页。

② 张载：《诚明篇》，《张载集·正蒙》，北京：中华书局2010年版，第22页。

③ 张载：《大心篇》，《张载集·正蒙》，北京：中华书局2010年版，第25页。

④ 张载：《义理》，《张载集·经学理窟》，北京：中华书局2010年版，第273页。

其气也;语富贵者则“在天”,以言其理也……所谓天理也者,能悦诸心,能通天下之志之理也[①]。

这里所理解的“天理”,以“气”为本,都是落在“气”的表现上说的。在张载看来,宇宙的一切都是由“气”生成的。从本源讲,“太虚无形,气之本体,其聚其散,变化之客形尔”[②];就变化而言,“天地之气,虽聚散、攻取百涂,然其为理也顺而不妄。气之为物,散入无形,适得吾体;聚为有象,不失吾常。太虚不能无气,气不能不聚而为万物,万物不能不散而为太虚”[③]。有形者固然是由“气”聚而成,无形者亦为“气”散所化。“德不胜气,性命于气;德胜其气,性命于德。”其中的“德”,指得之于天者,是在天地之性的意义上说,可理解为人本有的道德能力;“气”是专就其聚敛状态而言,具体说是指形体气质的欲求;“命”是“听命”的意思。也就是说,现实的人性如何发展,要看“德”与“气”谁占优势,谁做主宰。“穷理尽性”,则其人性发展为纯善而同于天德,其生命表现同于天理。总之,在张载这里,“天理”是落在生命表现上讲的,是能使人心安愉悦,得人心之认同的。这是要求落实、往下讲的“下学”方向,这与程朱理学对于天理的理解和讲法有着明显的区别。后者虽然也主张理不离气,但强调“天理”为人之所共有的本源,是往形而上的方向追溯,重在由此说明天地人物在价值本源上的共通性。可能正是由于这样的区别,张载的理欲之辨,更多时候并不着意于“天理”的观念,而是使用“道义”“理”“礼”等而与人欲相对。

天下之富贵,假外者皆有穷已,盖人欲无厌而外物有限,惟道义则无爵而贵,取之无穷矣。[④]

“道义”虽然也可与理学的“天理”相通,却是落在现实生活来说,在儒学的语境中是指在具体行为中表现出来的“理”。而在张载这里,“道义”往往是与富贵等人生际遇或者说“命”联系在一起来谈。

生直理顺,则吉凶莫非正也;不直其生者,非幸福于回,则免难于苟

① 张载:《诚明篇》,《张载集·正蒙》,北京:中华书局2010年版,第23页。
② 张载:《太和篇》,《张载集·正蒙》,北京:中华书局2010年版,第7页。
③ 同上。
④ 张载:《学大原下》,《张载集·经学理窟》,北京:中华书局2010年版,第282页。

> 也……“莫非命也，顺受其正”，顺性命之理，则得性命之正，灭理穷欲，人为之招也。[1]

吉凶祸福等各种人生际遇是否当得，其关键要看是否符合生命本有的气数，而不是看结果如何，由此才能表现自身真实的道德生命。“不直其生者”，即是受制于外在人为的因素，从而循着“灭理穷欲”的方向，要么以迂曲的方式取福，要么苟免于难。这都是与表现自身生命意义不相干的。从方法上看，张载强调“存理”“穷理”要切实做到，更关注具体的“理”亦即礼之作用。

> 尽得天下之物方要穷理，穷得理又须要实到。孟子曰：“万物皆备于我矣，反身而诚，乐莫大焉。”实到其间方能言知，未知者方且言识而已。既知之，又行之惟艰。万物皆备于我矣，又却要强恕而行，求仁为近。[2]
>
> 礼者理也，须是学穷理，礼则所以行其义，知理则能制礼，然则礼出于理之后。[3]

要之，张载的理欲之辨是沿着其气本论的思路而在道德修养层面展开的，其特点当在于落在道德性命上来讲，强调要在人的现实生活中践行。当然，他对理欲之辨的关注并不多，很多都只是大概的说法，未专门探究其内在的理路。

（二）井田论

张载不仅着力构建其独特的新儒学形而上的思想体系，而且颇为关注现实的政治经济与伦理。他曾提出要建立新宗族的主张，力图按照周礼的宗法精神来改造现实的社会伦理。[4] 对于基本的经济制度，他力举恢复井田制。他说：

---

① 张载：《诚明篇》，《张载集·正蒙》，北京：中华书局2010年版，第24页。

② 张载：《张载集·语录下》，北京：中华书局2010年版，第333页。

③ 同上，第326—327页。

④ 参见漆侠《宋学的发展和演变》，北京：人民出版社2011年版，第366—370页。

治天下不由井地,终无由得平。周道止是均平。[1]

在张载看来,井田制是最能体现公平的经济制度,应当作为治理天下的常法。对于井田制当如何实施,张载也有自己的理解:

井田亦无他术,但先以天下之地碁布画定,使人受一方,则自是均。前日大有田产之家,虽以田授民,然不得如分种、如租种矣,所得虽差少,然使之为田官以掌其民。使人既喻此意,人亦自从,虽少不愿,然悦者众而不悦者寡矣,又安能每每恤人情如此!其始虽分公田与之,及一二十年,犹须别立法。始则因命为田官,自后则是择贤……井田卒归于封建乃定。封建必有大功德者然后可以封建,当未封建前,天下井邑当如何为治?必立田大夫治之。[2]

也就是说,井田制的实施当始于丈量和划定土地、均田,由此授田于民;此前田地较多者则由地主转为田官,由享受地租转而食俸禄。当然,这只是转制时的权宜之计,长久地看,井田制要稳定下来必须重建封建制;有大功德者方可获封诸侯、建土地,田官则由贤者担任。张载认为,这样的井田方案定能得民心而获大多数人的拥护,即使是既得利益受损者,也可通过补偿和安抚而使之接受。因此,"井田至易行,但朝廷出一令,可以不笞一人而定"[3]。井田制既如此简便易行,为何它在晚周废弛之后就从未得到恢复?张载认为,这是由于后世缺乏充分发挥其性善而成就仁心的圣君贤相。他说:

人主能行井田者,须有仁心,又更强明果敢及宰相之有才者。唐太宗虽英明,亦不可谓之仁主;孝文虽有仁心,然所施者浅近,但能省刑罚,薄税敛,不惨酷而已。自孟轲而下,无复其人。[4]

但张载本人坚信,井田制是最适合发挥儒家伦理精神、实现儒家社会理想的制度。因此,他不仅与二程就恢复井田制进行过切实的探讨[5],而且还

---

① 张载:《周礼》,《张载集·经学理窟》,北京:中华书局2010年版,第248页。
② 同上,第250—251页。
③ 同上,第249页。
④ 同上,第251页。
⑤ 参见《洛阳议论》,《二程集》卷十,北京:中华书局2004年版,第110—111页。

打算买田做试验。吕大临(1040—1092)对此有记述:

> 先生慨然有意三代之治,望道而欲见。论治人先务,未始不以经界为急,讲求法制,粲然备具,要之可以行于今,如有用我者,举而措之尔。尝曰:"仁政必自经界始。贫富不均,教养无法,虽欲言治,皆苟而已。世之病难行者,未始不以亟夺富人之田为辞,然兹法之行,悦之者众,苟处之有术,期以数年,不刑一人而可复,所病者特上未之行尔。"乃言曰:"纵不能行之天下,犹可验之一乡。"方与学者议古之法,共买田一方,画为数井,上不失公家之赋役,退以其私正经界,分宅里,立敛法,广储蓄,兴学校,成礼俗,救灾恤患,敦本抑末,足以推先王之遗法,明当今之可行。①

作为新儒学大师,张载为何如此积极地主张要恢复这样一种早已于历史中消逝的经济制度?从以上论述看,他基本是沿着孟子的思路来发挥,其理由与其说是经济的,不如说是伦理的,抑或说是伦理优先于经济的。后世也有儒者提出类似的主张并不时引发争论,有必要对其中蕴含的经济伦理思想作进一步的分析与概括。

首先,在像张载这样的儒家学者看来,井田制是仁政之始,由此才能保障民生,体现基本的社会分配公平而得民心。民生有了基本保障,才有教化民众、淳化民风的可能。其次,井田制的实施就其本身看就有教化之功。孟子曾这样描述与井田制相应的民众生活:"死徙无出乡,乡田同井,出入相友,守望相助,疾病相扶持,则百姓亲睦。"(《孟子·滕文公上》)也就是说,这种经济运作方式有助于培养民众的协作互助精神,进而形成彼此亲善的伦理关系,达成和谐的社会秩序。再次,与井田制相应的基本政治制度是封建制,其中的选官制度是世卿世禄制,社会组织制度则是宗法制。张载也很清楚这一点,因而指出井田制要得以持久稳定,就必须恢复周礼记载的相关社会制度。最后,在孟子一系的儒家看来,井田制是发挥德治的根本经济制度,其理论依据则是性善论。

可以说,作为一种经济制度安排,井田制寄托着儒家伦理的基本精神与

① 吕大临:《横渠先生行状》,《张载集》,北京:中华书局2010年版,第384页。

社会理想，代表着孟子一系所主张的社会经济方案。在井田制下，经济和伦理的关系应该是和谐相融的。实际上，孟子的井田叙述很难说完全符合历史事实，其中哪些是周代井田制的实际情况，哪些经过了孟子的加工和修正，如今难以判定，但其中无疑蕴含着孟子的理论设想。在此意义上，我们讨论的是孟子的井田方案，这是一种以社会合作为根据和基础来设计的经济方案。从经济伦理的角度看，这一方案在制度设计上有其精妙之处。它通过人们的日常经济生活潜移默化地促进友善的人际关系，培育相应的伦理意识。在儒家看来，井田制的实施从理论上说是既可能也必要的。就其可能性看，人性善意味着人人都有本源性的道德能力。君主可以基于其仁心来推行井田制；民众的经济合作与互助，也是在井田制所提供的制度环境下顺其本心的自然发挥。就其必要性看，井田制是养民的根本途径，也是教民的前提条件，从而是实现仁政的必要准备。由此至少在儒家看来，恢复井田制在理论上是讲得通的。

虽理论上如此，但即使在儒家内部也不乏反对的声音。如同时代的王安石，其后的朱熹、王夫之等都认为"井田不可复"，其理由主要是政治的而不是伦理的。王安石执政前曾认同井田制，但执政后与神宗就此问题的一段对话表明，两者都否定实施井田制。宋神宗认为实施井田是致乱之道；王安石则以王莽实施王田失败的教训为鉴作了补充说明，认为重新分配民田不可行[①]。所谓"致乱之道"意味着，恢复井田将触及秦汉以来郡县制的根本，不从根本上改变政治制度是不可能实施的。王安石的补充，则是直接就现实的政治运作来说明均田不可行。究其实，井田制的施行离不开周代封建宗法制的背景。正如王夫之所指出的，秦汉以后封建不可复、井田不可行[②]。

令人惊讶的是，井田制虽然被视为一种基本经济制度，但历史上对它的讨论，其视角要么是政治的，要么是伦理的，却缺乏经济的。可以说，像张载这样主张恢复井田的儒学思想家是从伦理角度来考虑经济问题，似乎应作为典型的经济伦理论题来处理，但他们所考虑的只是伦理合理性，却没有考

---

① 参见漆侠《宋学的发展和演变》，北京：人民出版社 2011 年版，第 373 页。

② 参见王夫之《读通鉴论》，北京：中华书局 1975 年版，第 42、1113 页。

虑经济合理性。而反对者则主要从政治的角度来考虑其可行性,同样没有专门提出经济上的反对理由。当然,考虑到中国传统社会的特点,这样的表现也是可以理解的[①]。但要充分说明张载井田论的经济伦理意涵,还有必要从经济伦理的视角做进一步的考察。

首先,井田制虽然从伦理公平的角度看具有合理性,但缺乏经济效率。井田有阡陌、封疆等辅助设置,以便于相对封闭的管理[②],这不仅占用不少本来可用的耕地,而且不适合较大规模农业经济的经营与管理。其所适应的是古代地广人稀、封建分治和世卿世禄的社会背景。随着人口压力的增大、诸侯国安全及争雄等问题日益突出,其经济效率很难满足现实需要。因此,自战国时李悝提出"尽地力之教"、商鞅做出"废井田,开阡陌"的变法措施之后,各诸侯国纷纷仿效,以提高国家的军事与经济竞争力。秦汉以后实行的郡县制,政治权力由分散趋于集中,井田制就不仅是经济效率不能满足国民经济发展的需要,而且在管理上也缺乏相应的政治制度支持。

其次,按照孟子一系的解释,井田制的设计理念是以人际合作精神为起点和归宿的。这样一种以合作为主且贯穿始终的经济制度要有效率,必须解决其中经济活动者的生产积极性问题。孟子以性善论为依据来解释,但这最多只是提供一种可能的理论解释,不足以说明由此能让经济活动者保持长期稳定的生产积极性。结合现实的社会经济生活来分析,儒家心目中的周代井田制实际上是以人际情感纽带提供经济合作的动力,用以保持生产积极性[③]。按照儒家对周代宗法制度的解释,这样的人际情感纽带是以血缘和亲缘为基础逐步展开的,至于非亲缘的合作则在很大程度上取决于人们之间的相互熟悉。换句话说,生产积极性来自获取亲友的敬爱、互惠等物质与精神方面的回报;而消极怠工会得到亲友的负面伦理评价乃至惩罚,最

---

① 参见阮航《儒家经济伦理研究》,北京:中国社会科学出版社 2013 年版,第 18—22 页。

② 参见钱穆《国史大纲》(修订本),北京:商务印书馆 2005 年版,第 84—86 页。

③ 结合周代史料来看,西周井田制中的劳动者带有农奴的性质,其经济合作亦即"治公田"更可能是通过强制和监督而实现的。井田制的废弃,根本上说也是由于"公田不治""民不肯尽力于公田"。(参见岑仲勉《西周社会制度问题》,上海:上海人民出版社 1957 年版,第 39、73 页。)但这里所要讨论的是儒家的相关经济伦理思想,针对的其实是孟子传统中的井田方案;借用韦伯的话来说,我们要探究的是儒家的井田制"理想型",而不是历史中井田制的实际情况。唯如此,才存在生产积极性的问题。因为实际井田制中的劳动本身就是被动的,是通过外部强制和监督而促成的;生产积极性问题,对于这种经济来说反而是不相干的。

终被排除于团体之外[①]。这样的经济方式有很大的局限性：它依托于熟人社会的背景，其有效运作只能限定在小范围封闭式的农业经济；其基本指向是分配，以满足人们的基本生存需要，而不是生产效率。

最后，理论上看，经济活动本身要具有活力，就应该竞争与合作并存。井田方案单强调合作以落实儒家的公平理念，是一种忽视经济效率的制度设计，最终导致的很可能是共同贫穷。当然，倡导井田制的儒家式社会并不是要完全消除竞争，或许恰当的理解是它是要把人际竞争转移到政治领域。也就是说，个人富贵与否，主要取决于各种政治因素，而不是经济活动是否成功等经济因素。

秦汉之后的中国传统经济，仍然附属于政治考量，但井田制的经济效率也不能适应“大一统”的国家行政需要，经济制度指导思想的主要问题在于“抑兼并”与否以及本末之辨。宋代对于土地私有化采取相对宽容的政策，以张载为代表的新儒学思想家之所以重提恢复井田的问题，与此不无关系。

四、二程的经济伦理思想

程颢，字伯淳，河南洛阳人，人称明道先生。其弟程颐，字正叔，人称伊川先生。二程性格迥异，学术旨趣也有较大的差别。大程子为人随和，小程子则严肃刚直。在为学方法上，新儒学可分尊德性与道问学两个方面；大程子侧重尊德性，小程子侧重道问学。一般认为，南宋朱熹与陆九渊分别承接了小程子与大程子的理路。虽如此，后世往往二程并称，且将二者的著述编在一起。因二程祖籍洛阳且长期讲学于洛阳，故二先生之学亦称“洛学”。二程之学极为广博，是北宋后期唯一可以与王安石的新学抗衡的学派。也因此，对于前文所述的宋元经济伦理基本论题，二程均有所讨论。以下拟围绕这些基本论题来梳理二程的经济伦理思想。

---

① 《礼记·王制》：“命乡，简不帅教者以告。耆老皆朝于庠，元日，习射上功，习乡上齿，大司徒帅国之俊士与执事焉。不变，命国之右乡，简不帅教者移之左；命国之左乡，简不帅教者移之右，如初礼。不变，移之郊，如初礼。不变，移之遂，如初礼。不变，屏之远方，终身不齿。”就本文此处论题而论，这一段关于儒家教化之法的解释，可理解为从伦理上对待不合作者的矫正与处罚方法。《礼记》虽成书于汉代，但其制度设想更多的是解释周代的礼制。

（一）义利之辨

二程极注重义利之辨。程颐指出，“天下之事，惟义利而已。”（《二程遗书·卷十一》）这是就儒者日常的行事来说的。其中的“利”，指的是个人私利。因此，“义利云者，公与私之异也。较计之心一萌，斯为利矣”[①]；进一步说，“私利”之“私”主要体现于行事的动机。“义”，则往往与“理”联系起来说。

> 或问：理义何以异？子曰：在物为理，处物为义。[②]
>
> 曰：义者，中理之谓乎？子曰：中理见乎事，敬在心，义在方外，然后中理矣。曰：义与敬何以异？子曰：敬，所以持守也。有是有非，顺理而行者，义也。[③]

由此看，“义”的含义与“理”相通，有符合“理”（中理）的意思，但与“理”相比，“义”处于更具体的层次上，是要见于事的“理”。从作用看，“义”指向外在的行为，是要“方外”的，亦即规范外在的行为。这一点从“义”与“敬”的对比中看得更明白，“义”与“敬”，可以说都是与“理”的表现相关的，但指向不同；“敬”指向内在的态度，“义”指向外在的行为。

从大的方面说，二程讲义利之辨，是要求以道德追求为重，以“义”作为判断求富贵的正当方式。因此，程颢说：“无道而得富贵，其为可耻，人皆知之而不处焉，惟特立者能之。”[④]其中“惟特立者能之”意味着，要真正做到这一点，还要落实到个人的道德修养，养成高尚的道德人格。在此意义上，义利关系的处理恰当与否，根本上说表现的是人格之别。

> 君子之于义，犹小人之于利也。唯其深喻，是以笃好。[⑤]
>
> 君子循理，故常泰。小人役于物，故多忧戚。[⑥]

---

① 《二程集·河南程氏粹言》卷一，北京：中华书局2004年版，第1172页。
② 同上，第1175页。
③ 同上，第1188页。
④ 同上，第1174页。
⑤ 同上，第1270页
⑥ 同上，第1263页。

勇一也，而用不同。勇于气者，小人也。勇于义者，君子也。[①]

阴之道，非必小人也，其害阳则小人也，其助阳成物则君子也。利非不善也，其害义则不善也，其和义则非不善也。[②]

结合义利关系来谈君子小人之别，其关键在于辨别君子小人一贯的性情取向或偏好。以“义”为上，是君子的人格特点；以求利为重，则是小人人格的表现。这体现于个人生活的各个方面。第二段是从心态上说的。“循理”在事上说也就是“取义”；“常泰”与“多忧戚”恰成对照，前者是精神安宁的状态，后者则是精神为物质追求所困扰的状态。第三段则是从取义与求利行为的动机特点来说的。其中的“气”与“义”代表不同的指向，“气”是生理层面，“义”则代表精神层面。从第四段看，二程并没有把“取义”与“求利”看作绝对对立的关系：在君子看来，“利”本身与“和义”之“利”都并非不善，真正不善者在于“害义”而求利。也就是说，义利关系的处理，其焦点在于求利方式是否符合“义”，或者说道德上正当与否；其中发出的道德要求，既非否认物质利益也不是将求利视作不当，而主要在于个人是否以其道德感为主宰，使求利的方式与道德的方向保持一致。二程也从社会生活的角度谈论义利之辨：

利者，众之所同欲也。专欲利己，其害大矣。贪之甚则昏蔽而忘理义，求之极则争夺而致怨。[③]

欲利己者，必损人。欲利财者，必敛怨。[④]

君子好成物，故吉。小人好败物，故凶。[⑤]

这主要是讲“不义而取利”对社会生活和人际关系的危害。不过，对于这方面，二程讲得不多，显然并非其关注的重点。

总之，二程对于儒家传统的义利观做出了较为全面的论述。对照孔孟的相关论述看，他们的论题与基本观点未出孔孟的范围，其特别之处当在于以下三点。其一，联系“理”来理解“义”，可以说赋予其中的“义”以更丰富的

---

① 《二程集·河南程氏粹言》卷一，北京：中华书局2004年版，第1265页。

② 同上，第1170页。

③ 同上，第1187页。

④ 同上，卷二，第1267页。

⑤ 同上，第1270页。

含义。其二,将义利之辨的重心置于人格修养,鲜少涉及在孔子与荀子那里备受关注的社会行为方面。其三,在义理或理论的层面对传统的义利之辨做了更细致的辨析,同时与儒学的其他论题如"阴阳""吉凶"等建立关联。

(二) 理欲之辨

如果说二程的义利之辨只是在沿袭儒家传统义利观的基础上有所发挥,那么理欲之辨则体现了二程独到的创见。虽然说此前儒家也有类似的思想,但理欲之辨真正成为一个儒家的基本论题,则是从二程开始的。二程最先使用"天理"与"人欲"这两个特定的术语,来讨论这一基本论题,并成为后世儒家反复讨论的一个论域。而"存天理,灭人欲"也成为程朱理学的一个基本论点。程颢曾言,"吾学虽有所受,天理二字却是自家体贴出来"[①]。也就是说,"天理"是其独创的观念,更确切地说是基于对儒家观念的理解而提出的一个特定术语。"天理"有其形而上的维度:

> 人之所以为人者,以有天理也。天理之不存,则与禽兽何异矣?[②]

"天理"意味着人之为人的规定性,是人别于物之所在。联系其人性论来看,"天理"对应于天地之性,是人之道德能力的根本所在。因此,"性即理也。天下之理,原其所自,未有不善"。(《二程遗书·卷二十二》)从人禽之别来讲"天理",并非从根源上而是从表现能力上说的。根源上说,天地人物同出一源,同等地禀受天地之性。"天理"所彰显的人禽之别意味着:虽然人禽在根源处都享有天地之性,但只有人,才普遍具有充分表现这一纯善之能力,才能最终在现实生活中予以贯通。这一贯通的功夫即是"穷理"。

> 物我一理,明此则尽彼,尽则通。此合内外之道也。语其大至天地之所以高厚,语其小至于一草一木所以如此者,皆穷理之功也。[③]

大体说,"天理"的说法可以从两个方面来理解。从其共有性的意义上

---

① 《二程集·河南程氏外书》卷十二,北京:中华书局2004年版,第424页。

② 《二程集·河南程氏粹言》卷二,北京:中华书局2004年版,第1272页。

③ 同上。

说，“天理”是“公”，是“无私”。

天理无私，一入于私，虽欲善，其言行皆非礼。[①]

圣人无私无我，故功高天下，而无一介累其心。盖有一介存焉，未免乎私己也。[②]

二程的基本主张“存天理，灭人欲”，则主要是从作用、表现上讲的。这一主张似乎与《礼记·乐记》中的一段话颇有渊源：

人生而静，天之性也。感于物而动，性之欲也。物至知知，然后好恶形焉。好恶无节于内，知诱于外，不能反躬，天理灭矣。夫物之感人无穷，而人之好恶无节，则是物至而人化物也。人化物也者，灭天理而穷人欲者也。

不过，这一段话主要从人的心理动机与行为的关系立论。二程的“天理”显然更具形而上的意味，天理与人欲的对比更为鲜明。在此意义上，二程的理欲之辨有把“理”与“欲”的对立关系绝对化的趋向。但对于这一主张的经济伦理含义，还需要结合二程的其他论述做具体分析。

首先，二程的“存理灭欲”主张，并不意味着禁欲。相反，他们认为，人的基本生活需求属于“天理”的范围，是应该予以满足的。程颐说：

传曰：理者天下之至公，利者众人所同欲。苟公其心，不失其正理，则与众同利。无侵于人，人亦欲与之。若切于好利，蔽于自私，求自益以损于人，则人亦与之力争，故莫肯益之而有击夺之者矣。[③]

所要禁止的是一己之私欲，尤其是以损人的方式求私利的行为。“存理”与“灭欲”应该结合在一起看，所要灭者，是不合理的欲望；合理的欲望既不可能禁也不该禁，而应予适度的满足。

“礼仪三百，威仪三千”，非绝民之欲而强人以不能也，所以防其欲，戒其侈，而使之入道也。（《二程遗书·卷二十五》）

其次，“存理灭欲”，主要是就学者用心来说的。在此意义上，它针对的

---

① 《二程集·河南程氏粹言》卷二，北京：中华书局2004年版，第1271页。

② 同上。

③ 《二程集·周易程氏传》卷三，北京：中华书局2004年版，第917—918页。

并非一般民众，而是"学做圣贤"的儒者。"若志在富贵，则得志便骄纵，失志则便放旷与悲愁。"(《二程遗书·卷一》)"志在富贵"不能表现自身人格，也不可能得到心灵的安宁。进一步说，天理与人欲的选择在"志"上见，"存理灭欲"其实是要求儒者把道德追求置于绝对优先于经济追求的地位。因此，"饥而食，渴而饮，冬而裘，夏而葛。苟有一毫私意于其间，即废天职"[①]。

最后，二程的"存理灭欲"说，实际上是一种节欲的主张。其中的"节"，可以从多方面来看。在人生方向的选择上，它意味着将表现人生价值("天理")置于首位，并以这种考虑来约束对物质生活的追求("人欲")。在具体行为中，求利须有节度，不能以私害公、损人利己。就政治事务而言，"天下之害，皆以远本而末胜也。峻宇雕墙，本于宫室；酒池肉林，本于饮食；淫酷残忍，本于刑罚；穷兵黩武，本于征伐。先王治其本者，天理也。后王流于末者，人欲也。损人欲以复天理，圣人之教也"[②]。

总之，二程的理欲之辨，其基本要求是以伦理驾驭经济，以道德追求来约束物质欲望，其中强调的是物质欲望的合理节度。应该说，这一主张对于人格修养来说是有积极意义的。不过在二程的论说中，"天理"与"人欲"实际上被理解为分属于形上与形下两个维度，而二程又广泛用之于个人与政治各个层面，其中不乏模糊之处。因此，这一命题在理论上不尽融贯，易起误解，实践上也可能产生各种流弊。

（三）王霸之辨

作为王安石新政最初的支持者以及其后的反对者，二程对王霸之辨也颇为关注。程颢曾于熙宁初年上疏说：

> 得天理之正，极人伦之至者，尧、舜之道也；用其私心，依仁义之偏者，霸者之事也。王道如砥，本乎人情，出乎礼义，若履大路而行，无复回曲。霸者崎岖反侧于曲径之中，而卒不可与入尧、舜之道。故诚心而王则王矣，假之而霸则霸矣，二者其道不同，在审其初而已。故治天下

① 《二程集·河南程氏粹言》卷一，北京：中华书局2004年版，第1186页。

② 同上，第1170—1171页。

者，必先立其志，正志先立，则邪说不能移，异端不能惑，故力进于道而莫之能御也。苟以霸者之心而求王道之成，是衒石以为玉也。故仲尼之徒无道桓、文之事，而曾西耻比管仲者，义所不由也，况下于霸者哉？

陛下躬尧、舜之资，处尧、舜之位，必以尧、舜之心自任，然后为能充其道。汉、唐之君，有可称者，论其人则非先王之学，考其时则皆驳杂之政，乃以一曲之见，幸致小康，其创法垂统，非可继于后世者，皆不足为也。然欲行仁政而不素讲其具，使其道大明而后行，则或出或入，终莫有所至也。[①]

这一段集中表达了程颢关于王霸之辨的基本观点，其要有三：其一，王道与霸道虽表面相似，但本质上是绝然有别的。其二，这种区别在于两者最初的用心就是不同的。“王道如砥”，乃出自公心；霸道则出自谋一家一姓之利的私心。其三，王道可“创法垂统”，永续而传承不绝；霸道则由于出自私心而不可为常法，无法成为长治久安之道。因此，在程颢看来，只有王道才是理想的道德政治，是“极人伦之至”，王道之下的经济秩序才能长治久安；霸道则“依仁义之偏”，最多只能侥幸有所成，而且在其假借仁义之名且求形似王道的意义上是一种乱政之道，也必然陷于崎岖曲折。

在二程看来，必须对王道与霸道这两种政治做出根本的判别。要达成王道政治，其根本在于“审其初”，即要求出于仁心而成就德治。也就是说，君主的道德修养至为根本，当以道德的观点来展开政治部署，确立“君道”。

君道之大，在乎稽古正学，明善恶之归，辨忠邪之分，晓然趋道之正；故在乎君志先定，君志定而天下治成矣。所谓定志者，一心诚意，择善而固执之也。[②]

就王道政治的内容来说，二程基本因袭孟子的“仁政”主张[③]，鲜有创见。王道出于道德心；霸道则出于功利心，求一时之速成。从王霸之辨出发，二程对汉唐政治多有评述，认为汉唐所谓“治世”是典型的功利政治。“三代而后，汉为治，唐次之。汉大纲正，唐万目举。”[④]二程的王霸之辨，有很强的现

---

① 《二程集·论王霸札子》，北京：中华书局2004年版，第450—451页。

② 《二程集·上殿札子》，北京：中华书局2004年版，第447页。

③ 参见《二程集·论十事札子》，北京：中华书局2004年版，第452—455页。

④ 《二程集·河南程氏粹言》卷一，北京：中华书局2004年版，第1213页。

实针对性，对王安石的新政多有批评。

王氏之教，靡然而同是，莫大之患也。以彼之才之言而行其学，故其教易以入人始也。以利从久则心化之。今而既安矣，天下弊事一日而可革。若众心既定，风俗已成，其何可遽改也？[①]

新法将行，明道言于上曰：天下之理，本者简易，而行以顺道，则事无不成者。故曰：智者如禹之行水，行其所无事也。舍而行之于险阻，则不足以言智矣。自古兴治虽有专任独决，能就一时之功者，未闻辅弼之论，乖臣庶之心，戾而能有为者也。况于施置失宜、沮废公论、国政异出、名分不正、用贱陵贵、以不肖治贤者乎！凡此皆理不克成而智者之所不行也。设令由此侥幸就绪，而兴利之臣日进，尚德之风浸衰，非朝廷之福也。今天时未顺，地震连年，人心日益摇动，此陛下所宜仰观俯察而深念者也。[②]

在二程看来，王安石之学已偏离儒家正统，似是而非。见之于政治，则是求一时之事功的霸政，以王道之名而行霸道之实。

第三节　王安石变法及其经济伦理思想

王安石，字介甫，临川（今江西抚州市临川区）人。庆历二年（1042）得进士第四名，历任扬州签判、鄞县知县、舒州通判等职。熙宁二年（1069）任参知政事，次年拜相，主持变法。因守旧派反对，熙宁七年（1074）罢相。一年后，宋神宗再次起用，旋又罢相，退居江宁。遂保守派得势，新法俱废。元祐元年（1086），王安石病逝于钟山（今江苏南京），追赠太傅。王安石潜心研究经学，著书立说，创“荆公新学”。著述颇丰，有《文集》《三经新义》《春秋左氏解》《礼记要义》《论语解》《孟子解》《老子注》《字说》等近三百卷。荆公新学自成一派，对其后的宋代思想颇有影响，为一时显学。

王安石的经济伦理思想与其政治影响尤其是推行变法的过程是分不开

① 《二程集·河南程氏粹言》卷一，北京：中华书局2004年版，第1217页。

② 同上，第1222页。

的。以下围绕其新法及其政治主张，集中探讨其“王霸说”。

一、王安石新法及其“王霸说”

王安石于熙宁三年主持推行新法，史称“熙宁变法”，对此的历史评价褒贬不一。大体说，自变法失败至近代以前，儒学思想家多持否定态度，认为乃“急政”或“苛政”，更有甚者认之为申韩之术[①]。王夫之的评论颇具代表性：

> 国民之交敝也，自苛政始。苛政兴，足以病国疟民，而尚未足以亡……惟是苛政之兴，众论不许，而主张之者，理不胜而求赢于势。[②]

近代梁启超则指出：“如果要在三代以下寻求完人，那唯有王安石当之无愧”，“以非凡的才能，而蒙受天下人的诟骂，换了朝代也不能洗冤的”[③]。梁启超给予王安石及其变法以极高的评价，为之平反辩诬，不无为自己力举变法而张目的用意。梁氏以后，肯定王安石变法遂成主流。而从何种角度来肯定王安石变法，与现实政治的需要有紧密的关联[④]。

在我们看来，王安石变法的成败得失，是在北宋政治、经济与伦理等多种因素的互动中展开的。而王安石变法的主张及其理论依据中蕴含着丰富的经济伦理思想，其中首要的是“王霸说”，在一定意义上，它是其变法的指导思想。王安石说：

> 夫王霸之道则异矣，其用至诚以求其利，而天下与之。故王者之道虽不求利，利之所归。霸者之道必主于利，然不假王者之事以接天下，则天下孰与之。[⑤]

由此看来，王安石认为，王道与霸道的根本区别在于其用心不同。王道政治之用心至诚亦即出于公心，以求天下之大利，从而得天下人之拥护。霸

---

① 所谓申韩之术，指的是法家的治术。其中申韩，分别指称战国时期法家的代表人物申不害和韩非。儒家认为，法家之治术以严刑峻法的强制为特征，乃违背人性的社会治理之道。

② 王夫之：《宋论》卷六，北京：中华书局 2009 年版，第 129 页。

③ 梁启超：《王安石传》，任浩之译，武汉：武汉出版社 2013 年版，第 2 页。

④ 参见朱瑞熙、程郁《宋史研究》，福州：福建人民出版社 2006 年版，第 65—97 页。

⑤ 王安石：《临川集》卷六十七，《王霸》。

道政治则以功利心为主导，这样的政治只有借助与王者类似的事功，才能得到天下人之拥护。王者的至诚用心，是以儒家道德为旨归的：

> 王者之心，非有求于天下也，所以为仁义礼信者，以为吾所当为而已矣。做王者之治，知为之于此，不知求之于彼。霸者则不然，其心未尝仁，而患天下恶其不仁，于是示之以仁。其于义礼信亦若是。是故霸者之心为利，而假王者之道以示其所欲。[①]

这样看，王安石"王霸论"的基本主张似乎与二程一致，但其实有微妙的区别。王道为顺取天下；霸道则要通过王者事功，才能逆取天下。在此意义上，王道是理想状态，优于霸道；这一点与二程的主张无异。但在王安石这里，得天下与否的直接原因在于能否为天下谋利，就此而论，霸道政治虽然是以假借仁义的方式勉强而为，但如果能"接天下"仍可得以维持。进一步说，某种政治状态是否为民众所接受，其重点在于能否利天下。用心之别，在于能否顺理成章地利天下，或者说能否稳定地维持其利天下的社会政治形势。如果把儒家的德治分解为内圣和外王两个层面来理解，那么二程所主张的德治之重心在于内圣，王安石的重心则落在外王的事功。结合王安石的其他思想，可以更清楚地看出这一点。首先，王安石重视"时变"，强调要因时制宜。他说：

> 圣人所以贵乎权时之变者也。[②]
>
> 古之人以是为礼而吾今必由之，是未必合于礼。[③]
>
> 圣人之心不求有为于天下，待天下之变至焉，然后吾因其变而制之法耳。[④]

由此看，王安石虽然秉持儒家王道政治的理想，但注重把理想与现实条件相结合。因此，他反对复古，主张根据现实需要而革新。

王安石对于王道的理解，也与新儒学思想家有所区别。与新儒学的形而上趋向相比，王安石相对来说较趋向"下学"的路线，注重探讨"性情""性

---

① 王安石：《临川集》卷六十七，《王霸》。
② 王安石：《临川集》卷六十七，《非礼之礼》。
③ 同上。
④ 王安石：《临川集》卷六十七，《夫子贤于尧舜》。

命"关系。其中的"情"是就现实的心理情感而言的,"命"则侧重"天命"之意,指不可人为控制的因素。也因此,王安石把扬雄纳入儒家道统的谱系。

总之,王安石的"王霸说"更侧重事功的考量,而由于其特殊的政治经历,其所理解的王道与霸道虽有别,但在现实政治中保持着一定的张力。

二、"理财为急务"和"与民争利"

王安石在向神宗陈述其变法主张时说,"臣以理财为方今先急"。(《续资治通鉴长编》卷二二〇)神宗对此也是认同的,以为"当今理财最为急务"。(《宋史全文》卷十一)在《上仁宗皇帝言事书》中,王安石也讲道:"臣于财利,固未尝学,然窃观前世治财之大略矣。盖因天下之利,以生天下之财;取天下之财,以供天下之费……诚能理财以其道,而通其变,臣虽愚,固知增吏禄不足以伤经费也。"

王安石这一"理财为急务"主张,受到了司马光以及儒学思想家的广泛批评,而批评的理由主要是从伦理的角度出发的。据《宋史》记载:

> "善理财之人不过头会箕敛,以尽民财,如此则百姓穷困,流离为盗,岂国家之利耶?"安石曰:"此非善理财者也。善理财者,民不加赋而国用饶。"光曰:"此乃桑弘羊欺汉武帝之言……"(《宋史全文·卷十一》)

这段争论蕴含了儒家与法家在经济政策方面的分歧,其发端当始于汉武帝时儒法关于"盐铁"政策的争论,其中儒家是从伦理的角度来做评判。到了宋代,王安石"理财为急务"的主张引发了儒家更为复杂的经济伦理争论,争论的双方不乏彼此误解,但其中体现的儒家经济伦理思想则是多方面的,并且随着讨论的深入而有所发展。这里以此为线索予以说明。下文先对上一段争论的意思略加分析。

首先,作为著名的史学家,司马光的批评由来有自。为什么说"善理财之人不过头会箕敛"?其理由可见于《大学》"国以义为利"的一段论述:

> 未有上好仁而下不好义者也,未有好义其事不终者也,未有府库财非其财者也……长国家而务财用者,必自小人矣。彼为善之,小人之使

为国家，灾害并至。虽有善者，亦无如之何矣！此谓国不以利为利，以义为利也。(《大学·传十》)

这里的"府库财""财用"都是指王室之财，用现代的话来说，是指国家财政收入。《大学》的作者主要是从分配而不是生产的观点来看待国家财政收入状况的，这意味着国家财政收入增长的同时民众的财用就会减少。因此，从儒家的观点看，"务财用"者即是想方设法搜刮民脂民膏的小人，是"以利为利"，一心于一家一姓之私利而不关心民生，终将使民心不安而危及政治社会秩序。正是在这样的意义上，王安石"理财为急务"的主张，被司马光解读为《大学》的"务财用"，非国家之利而适以取祸。这种意义上的"务财用"也是典型的法家主张。因此，王安石变法也被指责为申韩之术。王安石的上述回应正是要指出，司马光误解了其"善理财"的含义。在王安石看来，善理财，并不意味着要用苛捐杂税等方式增加民众负担，以增加国家财政收入；而是认为，可以通过其他政策手段来进行，不必增税。

王安石变法措施，实际上主要有青苗、均输、市易、农田水利等新制度，其本意则是增加生产、减轻负担和抑制豪强[①]。他的一段话可从反面衬托其"理财"的指导思想："理财大抵无法，故虽俭约而民不富，虽忧勤而国不强。"(《王安石全集·卷四十一》)反过来看，理财得法则是从促进生产的角度看问题，寻求适当的方法强国裕民。但实际情况并非完全如安石这些理论上的说法。首先，宋神宗虽然口头认可王安石以"理财"为急务的主张，但其思路未必如安石的"理财"解释。王夫之评论说：

> 神宗有不能畅言之隐，当国大臣无能达其意而善谋之者，于是而王安石乘之以进。帝初莅政，谓文彦博曰："养兵备边，府库不可不丰。"此非安石导之也，其志定久矣……夫神宗之误，在急以贫为患，而不知患不在贫，故以召安石聚敛之谋，而敝天下。[②]

也就是说，神宗迫切想解决的只是"国用不足"或"府库不丰"的问题，至于是否以促进生产的方式进行则是不关心的，更没有王安石所解释的"以发

---

① 参见萧公权《中国政治思想史》，北京：新星出版社2005年版，第306页。

② 王夫之：《宋论》卷六，北京：中华书局2009年版，第118—119页。

展经济为急务"之意。在某种意义上,神宗所关心的仍然是聚敛的问题,希望王安石为"善聚敛"之臣。而司马光用来批评王安石的儒家经济伦理观点,在春秋时为"厚生"的主张;在孔孟那里为"养民"或重民生的思想;如果从《大学》以分配的观点来看,那就是有子"百姓足,君孰与不足"的意思,或可概括为"藏富于民"这一命题。

王安石变法的一大措施"抑兼并",同样饱受儒家的批评。在宋儒看来,这是要"与民争利",同样是危害民生的举措,在伦理上也是站不住脚的。按照王安石的解释,"抑兼并"的本意在于打击豪强。用现在的话来说,是要打击以不法不当手段聚敛财富的富人,是"夺豪民之利,生万民之利",以解决社会分配严重不公的问题。但在儒家看来,这不过是"务财用"的借口,不当地干涉正常的社会经济秩序。

王安石变法所引发的儒家经济伦理讨论,表面上看是从伦理的角度来评价经济政策的合理性,但其实都是在围绕尖锐的政治问题或是在非正常的政治生活背景下展开的。变法的主要原因还是要解决政权不稳和国家安全的燃眉之急,所讨论的经济政策其实从属于战时经济的考虑。但王安石变法,对于宋代经济伦理思想的发展产生了极其重要的影响。在相当程度上,它从反面刺激了宋代新儒学的发展。变法之后,党争日烈,王霸之辨、义利之辨、理欲之辨得到了儒家学者更集中深入的讨论,由此也促使对这些论题的探讨在南宋走向成熟。

三、苏轼对王安石新法的辩难

反对王安石新法最力亦最为激烈者,当数元祐党人。宋徽宗崇宁元年(1102),蔡京立党人碑于端礼门,以司马光为首,包括程颐、苏轼苏辙兄弟等共计 120 人姓名被刊于石上,以其反对新法及在元符年间有过激言行定罪,人称"元祐党人碑"。元祐党人不仅在政治上与以王安石为代表的变法派陷入党争,而且针对变法政策和主张展开了激烈的论辩,其中不乏经济伦理方面的考量。

关于司马光的辩难,上一部分已有所论述。需要补充说明的是:至少在变法前,他与安石私交甚笃;他虽然激烈反对变法,但变法启动后次年

(1070)他即申请离京，到地方任闲职，以潜心于历史著述[1]。可以说，他虽由于其政治声望而居元祐党人之首，但与王安石之间的论辩并不持久，也不深入。因此，这里不赘述司马光的辩难，而主要论述苏轼反对变法的观点[2]，以求更全面深入地了解围绕安石变法而展开的经济伦理思想。

苏轼(1037—1101)，字子瞻，又字和仲，号东坡居士，世称苏东坡。眉州眉山(今属四川省眉山市)人，祖籍河北栾城，北宋著名文学家。嘉祐二年(1057)，苏轼进士及第。宋神宗时曾历官凤翔、杭州、密州、徐州、湖州等地。元丰三年(1080)，因"乌台诗案"被贬为黄州团练副使。宋哲宗时，曾任翰林学士、侍读学士、礼部尚书等职，并历官杭州、颍州、扬州、定州等地。晚年因新党执政被贬惠州、儋州。宋徽宗时获大赦北还，途中于常州病逝。

作为杰出的文学家，苏轼在诗、词、散文、书、画等方面都取得了卓越的成就，为"唐宋八大家"之一。他在朝廷任职期间也提出了不少政治经济主张，其中蕴含着颇有特色的经济伦理思想。其传世之作主要有《东坡七集》《东坡易传》《东坡乐府》等，1986 年中华书局将其论文与文学作品编辑为《苏轼文集》(共六册)出版。

苏轼大多数的政治经济主张都针对荆公新法，其反对新法的态度极为坚决，认为"今日之政，小用则小败。若力行而不已，则乱亡随之"[3]。对于新法的各项政策，除免役法外，他无不坚决反对。这集中体现于熙宁四年(1071)向神宗上奏的《上神宗皇帝书》，其中他自述其意旨在于三点，即"结人心、厚风俗、存纪纲"。这三点都是由儒家价值观引申出的政治经济指导思想，是苏轼据以反对的道德依据；由此对于变法诸措施，除免役法之外，他逐条予以驳斥。

其一，对于制置三司条例司，他认为是失人心之举。他首先强调结人心

① 参见赵益《王霸义利：北宋王安石变法批判》第二章，南京：南京大学出版社 2000 年版。

② 在元祐党人之中，苏轼的反对观点最具代表性，也最为激烈，不乏专门针对新法的长篇大论。尤其是他在《上神宗皇帝书》中对新法予以逐一驳斥，可以说涵盖了元祐党人批评新法的基本论点，在当时也产生了巨大的影响。当然，其理论理由尚不充分，这一点可参考上一部分的内容以为相互补充。另外，其弟苏辙对新法也持反对态度，其要大概有三点，可作补充：其一，认为安石立新法不顺人心，而为政在顺人心，不可强人之所不欲。其二，为政之道当因势利导，任贫富之自然不均，不可横加干涉，而新法采取的大多是国家干涉乃至垄断的措施。其三，政治以仁义为重，不求功利。参见萧公权《中国政治思想史》，北京：新星出版社 2005 年版，第 324—326 页。

③《再上皇帝书》，《苏轼文集》卷二十五，北京：中华书局 1986 年版，第 749 页。

对于政治稳定的重要性，指出人心"聚则为君民，散则为仇雠。聚散之间，不容毫厘。故天下归往谓之王，人各有心谓之独夫。由此观之，人主之所恃者，人心而已"。他进而以商鞅变法为反面典型，指出以法家之政策虽能骤至富强，却失人心，为其本人招来杀身之祸。秦国"虽得天下，旋踵而失"，其原因在于"使其民知利而不知义，见刑而不见德"。而安石变法"制置三司条例司，求利之名也"，暗示乃采用法家之术，急于事功与国家富强，却离散人心，乃速亡之术。

其二，反对推行农田水利。他指出"汴水浊流，自生民以来不以种稻……下夺农时，堤防一开，水失故道……今欲凿空访寻水利，所谓'即鹿无虞'，岂惟徒劳，必大烦扰"。按王安石的设想，兴农田水利，可兴复废田、修成后可收取一定费用以增收。但苏轼认为只是劳民伤财之举：一方面不合乎农田的实际情况，且徒生各种事端；另一方面其筑堰坝、设堤防之费用，给国库增加额外的开支。这些弊端或可归入乱纪纲之类。

其三，反对募役法。他说：

> 又欲官卖所在房场，以充衙前雇直。虽有长役，更无酬劳。长役所得既微，自此必渐衰散，则州郡事体，憔悴可知。士大夫捐亲戚，弃坟墓，以从官於四方者，用力之馀，亦欲取乐，此人之至情也。若雕弊太甚，厨传萧然，则似危邦之陋风，恐非太平之盛观。陛下诚虑及此，必不肯为。且今法令莫严於御军，军法莫严於逃窜。禁军三犯，厢军五犯，大率处死，然逃军常半天下。不知雇人为役，与厢军何异？若有逃者，何以罪之？其势必轻於逃军，则其逃必甚於今日。为其官长，不亦难乎？

苏轼在此显然认为，募役法也是败风俗、乱纪纲之举。

其四，反对青苗法。他认为：

> 青苗放钱，自昔有禁，今陛下始立成法，每岁常行，虽云不许抑配，而数世之后，暴君污吏，陛下能保之与？异日天下恨之，国史记之曰，青苗钱自陛下始，岂不惜哉？……青苗不许抑配之说，亦是空文……纵使此令决行，果不抑配，计其间愿请之户，必皆孤贫不济之人家，若自赢馀，何至与官交易。此等鞭挞已急，则继之逃亡，逃亡之馀，则均之邻

保，势有必至，理有固然。且夫常平之为法也，可谓至矣……常平青苗，其势不能两立。坏彼成此，所丧愈多；亏官害民，虽悔何逮。

王安石推行青苗法，其本意在于抑兼并、振贫弱，另外政府可在兼收商业利息的同时打击民间高利贷。但苏轼认为，它一方面在实施中难免变形，导致事与愿违的结果；另一方面作为取代常平之法，青苗法贷放取息，借钱者多为赤贫之户，还钱困难，官府反多追索之责。质而言之，难以保障这一制度在其实施过程中达成预想的效果。因此，在苏轼看来，这是"亏官害民"之法，远不如原来的常平法。苏轼还以其在陕西的亲身经历为例，说明青苗法实行带来的乱象："见刺义勇，提举诸县，臣常亲行。愁怨之民，哭声振野，当时奉使还者，皆言民尽乐为。希合取容，自古如此。"由此看，青苗法的实施，完全是失人心、败风俗、乱纪纲的，因而苏轼对此的反对也最激烈。

其五，反对均输法。他指出：

> 昔汉武之世，财力匮竭，用贾人桑羊之说，买贱卖贵，谓之均输……不意今者此论复兴，立法之初，其说尚浅，徒言徙贵就贱，用近易远。然而广置官属，多出缗钱，豪商大贾，皆疑而不敢动，以为虽不明言贩卖，然既已许之变易，变易既行，而不与商贾争利，未之闻也。夫商贾之事，曲折难行，其买也先期而与钱，其卖也后期而取直，多方相济，委曲相通，倍称之息，由此而得。今官买是物，必先设官置吏。簿书廪禄，为费已厚；非良不售，非贿不行，是以官买之价，比民必贵；及其卖也，弊复如前，商贾之利，何缘而得？朝廷不知虑此，乃捐五百万缗以予之，此钱一出，恐不可复。纵使其间薄有所获，而征商之额，所损必多。今有人为其主牧牛羊，不告其主而以一牛易五羊，一牛之失则隐而不言，五羊之获则指为劳绩。陛下以为坏常平而言青苗之功，亏商税而取均输之利，何以异此？

王安石均输法之目的本在于救旧法直输其物于京师之弊、抑制富豪之兼并、通各地之物产、减输送之费用等。但在苏轼看来，这种经济政策实际上是与商贾争利，损害了豪商大贾参与商业活动的积极性。这种官与民争利的做法，是儒家伦理所不认同的。

另外，对于免役法，苏轼也不全然赞同。他虽然承认它可以维护品官形势之家的利益，但指责该法“欲使坊郭等第之民，与乡户均役；品官形势之家，与齐民并事”。在上述第一点中，苏轼实际上已说明“结人心”的主张，以下考察他关于“厚风俗、存纪纲”的正面论说。关于厚风俗，他说：

> 国家之所以存亡者，在道德之浅深，不在乎强与弱；历数之所以长短者，在风俗之厚薄，不在乎富与贫。道德诚深，风俗诚厚，虽贫且弱，不害於长而存；道德诚浅，风俗诚薄，虽强且富，不救于短而亡。人主知此，则知所轻重矣……愿陛下务崇道德而厚风俗，不愿陛下急于有功而贪富强，使陛下富如隋，强如秦，西取灵武，北取燕蓟，谓之有功可也，而国之长短，则不在此。夫国之长短，如人之寿夭。人之寿夭在元气，国之长短在风俗……愿陛下爱惜风俗，如护元气……惟陛下以简易为法，以清净为心，使奸无所缘，而民德归厚，臣之所愿厚风俗者，此之谓也。

这是一种道德教化优先的观点，粗看是对理学王霸之辨的进一步发挥。但稍加分析，苏轼的这一论说与古典儒家乃至理学关于治道的观点都不尽相合，毋宁说是儒家内圣之一面与道家观点的融合。在古典儒家那里，孔孟荀都是主张养民与教民相结合的，孔孟主张先富后教或养而后教，荀子主张先教后养或寓养于教[①]。无论如何，养民的主张意味着儒家是要讲求社会事功的。在此意义上，古典儒家在社会政治的层面虽然强调要以道德目的为基础，但并非唯道德论。理学虽然更注重内圣的一面，但并不否认社会事功的意义，而只是强调必须出于道德的动机。苏轼在此的讲法却是完全内向的，基本上收束为道家的立场，“护元气”“以清净为心”的讲法更是表现出典型的道家趋向。“以简易为法”蕴含着“无为”的意思。儒道两家都把“无为”之治视为政治理想，但含义有根本区别。儒家的“无为”政治，虽讲君主“恭己正南面而已”，有不必亲力具体政治事务而专注于自身道德修养的意味，但这种道德修养却包含着社会性的指向。从消极的要求看，它包含君主应该扮演好作为政治领袖的角色，即所谓“君君臣臣、父父子子”，作为国君就

---

① 参见阮航《儒家经济伦理研究》，北京：中国社会科学出版社 2013 年版，第 106—108 页。

得有做国君的样子，即必须尽君主的本分。从积极作用看，无为之君对于德治的根本意义还在于“新民”，发挥其道德人格魅力，以感化民众进于道德。因此，他虽可说“以简易为法”，却不能“以清净为心”，而是“必有事焉”(《孟子·公孙丑上》)，蕴含以德化民的政治考虑。道家的“无为”政治，根本上是个人性质的；“以清净为心”属于典型的道家说法，它蕴含着“心”的本真状态是无定向的意思。这种政治理想，在老子那里是一种治术，在观念上可能走向庄子式的无政府主义，结合一定的条件也可能疏通为以个人主义为基础的自由主义政治[①]。从经济伦理的角度看，苏轼“厚风俗”的主张是一种重义轻利的观点，给出的理由则源自儒道的融合。

关于“存纪纲”，则主要就政治权力的分配及相互制衡而言。苏轼说：

> 古者建国，使内外相制，轻重相权，如周，如唐，则外重而内轻。如秦，如魏，则外轻而内重，内重之末，必有奸臣指鹿之患。外重之弊，必有大国问鼎之忧。圣人方盛而虑衰，常先立法以救弊，我国家租赋籍於计省，重兵聚於京师，以古揆今，则似内重。恭惟祖宗所以深计而预虑，固非小臣所能臆度而周知，然其委任台谏之一端，则是圣人过防之至计……
>
> 今者物论沸腾，怨讟交至，公议所在，亦可知矣。而相顾不发，中外失望。夫弹劾积威之后，虽庸人亦可奋扬风采，消委之馀，虽豪杰有所不能振起。臣恐自兹以往，习惯成风，尽为执政私人，以致人主孤立。纪纲一废，何事不生？[②]

苏轼关于权力制衡的主张，理论上说是强调台谏一职发挥平衡权力的作用，实际上是针对王安石的相权过重，蕴含指责其刚愎自用而罔顾众议之意。

不可否认，上述反对观点，在很多方面确实切中了变法措施存在的弊端。但任何制度都不可能完美无缺，有利必有其弊。在此意义上，一种制度存在弊端，并不足以导出否定该制度的态度。可能更合理的评价态度是与

---

① 参见牟宗三《中国哲学十九讲》，上海：上海世纪出版集团2005年版，第81—83页。

② 以上关于讨论万言书的引文，均出自苏轼《上神宗皇帝书》，《苏轼文集》卷二十五，北京：中华书局1986年版，第730—742页。

可取代的其他制度尤其是此前的类似制度做比较，并给予相应的评价，由此得出的结果方为公允。就此而论，苏轼断然否定变法的态度过于偏激，有失中和。另一方面新法的推行有一个逐步完善的过程。若暂且搁置其欲全然废除新法的立场，则苏轼的批评当有助于新法之完善与改进。若将废除新法的立场纳入考虑，则未必妥当，这也是王安石不予接受并采取针锋相对之态度的主因。

不过，从经济伦理的观点看，更当关注的是其中关于道德风俗与国家富强之间的义利取舍。如上所述，苏轼的这种观点乃出于儒道的融合，但鉴于其基本认同仍在于儒家[①]，也可以把他的这种观点视为把理学王霸义利观推往极致的说法。在其他地方，他把王霸义利之辨的意思讲得更清楚明白："今欲严刑妄赏以去盗，不若捐利以予民。衣食足而盗自止。夫兴利以聚者人臣之利也，非社稷之福。省费以养财者社稷之福也，非人臣之利。何以言之？民者国之本，而利者民之贼。兴利以聚财，必先烦刑以贼民。国本摇矣，而言利之臣先受其赏。"[②]这是对《大学》社会经济指导思想的重申，其中暗含贬斥法家之旨。

要之，苏轼的反对观点有其合理的一面，既指出了仓促推行新法所产生的各种弊端，以及在经济伦理思想上的某些不合理之处，及其对于社会秩序和民众生活的不良影响，也揭示出推行新法的动机过于急功近利的偏弊。但其全盘否定的态度以及将安石变法斥为申韩之术，则有失公允；而他把理学王霸义利观推往极致的价值观，很难说是指导社会经济政策的适当观点，在北宋面临外敌威胁的形势下尤其显得不切实际。

① 苏轼持人性善的观点，对道家法家多有批评。可见他在基本价值观方面仍认同于儒家。

② 《上初即位论治道二首》，《苏轼文集》卷四，北京：中华书局 1986 年版，第 135 页。

第三章
南宋朱熹及其学派的经济伦理思想

南宋是宋代新儒学的全面成熟期，在朱熹那旦，新儒学各方面的思想得到了系统的整理和总结，并建立了一个较为全面的理论体系，同时开启了进一步发展的可能。可以说，朱熹是理学发展史上承上启下的集大成者。而陆九渊的心学作为理学的一支，也初具雏形。在社会政治方面，以陈亮、叶适为代表的功利学派也提出了具有独创性的观点。从南宋的整个思想发展看，儒学进入了全面兴盛期，在思想界占据了绝对主导地位。因此，南宋也可说是儒家经济伦理思想的成熟期，不仅各个基本论题得到了全面深入的探讨，而且与之相对的各种儒家非主流观点也在萌发成长。其中朱熹的经济伦理忌想最具代表性，对后世的影响也最大。

朱熹(1130—1200)，字元晦，又字仲晦，号晦庵，晚年称晦翁，世称朱文公。祖籍江南东路徽州府婺源县(今江西省婺源)，出生于南剑州尤溪(今属福建省尤溪县)。宋代理学的集大成者，世尊称为朱子。朱熹是程颐的三传弟子李侗的学生，历仕江西南康、福建漳州知府、浙东巡抚，做官清正有为，振举书院建设。官拜焕章阁侍制兼侍讲，为宋宁宗皇帝讲学。基于朱子在宋代经济伦理思想以致中国经济伦理思想通史中的重要地位，我们单辟一章阐述朱子及其学派的基本论题和观点。

朱熹一生遍注群经，《四书章句集注》为其中的代表作，在明清被钦定为教科书和科举考试的标准。后人将其著述辑为《朱子大全》《朱子语类》等。朱子不仅为一代儒学宗师，而且有着心怀天下的需者情怀。因此，他在阐发儒学各经济伦理命题的同时，对其时的社会经济问题也有着较为深入的观察与思考。

第一节　对南宋社会经济问题的观察与论述

朱熹所处的时代，正是中国由强而弱、由盛而衰、由统一到分裂的历史时期。朱熹思想体系中的经济伦理思想正是源于他对这个时期社会经济政治问题的深刻考察与剖析。

一、论社会治理之道

有感于南宋偏安一隅的社会政治状况，朱子力举社会改良，对荆公变法抱同情态度。朱子所拟的改革方案，其要为“变科举、均田产、振纲纪、罢和议”[①]。其中“均田产”的主张，颇具经济伦理的内涵。他说：

> 夫土地者，天下之大本也，《春秋》之义，诸侯不得专封，大夫不得专地。今豪民占田，或至数百千顷，富过王侯，是自专封也。买卖由己，是自专其地也。[②]

这是以春秋大义，批评土地兼并、贫富不均之不合理。因此，他力举均田以救其弊。不过，他并不主张复古或恢复井田制，认为时世不同，不能沿袭古法。他说：

> 封建井田，乃圣王之制，公天下之法，岂敢以为不然！但在今日恐难下手。设使强做得成，亦恐意外别生弊病，反不如前，则难收拾耳[③]。
>
> 居今之世，若欲尽除今法，行古之政，则未见其利，而徒有烦扰之弊。又事体重大，阻格处多，决然难行。[④]

不能沿袭古法，并非古法本身不好，而是时世迁移，必须予以变通。换言之，可用古法之精神，结合现实条件重立新制。因为“若是时节变了，圣人又自处之不同”。展开来说：

> 大抵立法必有弊，未有无弊之法，其要只在得人。若是个人，则法虽不善，亦占分数多了；若非其人，则有善法，亦何益于事！[⑤]

在朱子看来，没有一劳永逸、一成不变的完美制度，必须因时而损益。该如何损益，则在于个人对制度精神的把握，而不在于制度本身。这一观点看似与孟子以及如二程、张载之类新儒学的主张不合，但其实暗合儒家的基

---

① 参见萧公权《中国政治思想史》，北京：新星出版社 2005 年版，第 337 页。

②《朱文公集·井田类说》。

③ 黎靖德编：《朱子语类》卷一百零八，北京：中华书局 2007 年版，第 2680 页。

④ 同上，第 2682 页。

⑤ 同上，第 2680 页。

本观念，如孟荀的“有治人无治法”、《春秋》“新王必改制作乐”的精神。因此，在朱子看来，制度该如何改良，如何能够有效地实施，以实现井田蕴含的德治精神，其关键还在于正人心。他说：

> 今世有二弊：法弊，时弊。法弊但一切更改之，却甚易；时弊则皆在人，人皆以私心为之，如何变得！嘉祐间法可谓弊矣，王荆公未几尽变之，又别起得许多弊，以人难变故也。
>
> 今日之法，君子欲为其事，以拘于法而不得骋；小人却徇其私，敢越于法而不之顾。①

因此，朱子的观点是，立法须简易，给人以可根据具体情况予以变通的余地；而要达到理想的效果，其关键在于不徇私的善治之人。他据此对今法提出批评：

> 立一个简易之法，与民由之，甚好。夏商井田法所以难废者，固是有圣贤之君继作，亦是法简，不似周法繁碎。然周公是其时不得不恁地，惟繁故易废。使孔子继周，必能通变使简易，不至如是繁碎。今法极繁，人不能变通，只管筑塞在这里。②

要之，朱子对于制度变迁有着自己独到而深刻的观察，虽力举改革，却不走极端，持论中正平和；亦非人云亦云，必求有自己的理据。也因此，朱子的改革主张必求具体，往往能结合实际情况而发他人之所未发。如对于抑兼并、均贫富的方案，考虑得较细致，以各项措施配合而次序井然：先以适当的方法均田，辅之以平赋税、济农急之法；丈量田亩以定经界，就田计税以缩小贫富之差，立社仓以济贫等③。

二、论人才

对于社会政治经济的重要事务，朱子也有较深入的观察，提出了不少颇

① 黎靖德编：《朱子语类》卷一百零八，北京：中华书局2007年版，第2688页。

② 同上，第2683页。

③ 参见萧公权《中国政治思想史》，北京：新星出版社2005年版，第337—338页。

有见地的观点。首先，对于其时的科举取士状况，朱子深感忧虑。他认为，宋代科举自仁宗开始日渐衰败，终至有名而无实。

祖宗时，科举法疏阔。张乖崖守蜀，有士人亦不应举。乖崖去寻得李畋出来举送去。如士人要应举时，只是着布衫麻鞋，陈状称，百姓某人，今闻朝廷取士如何如何，来应举；连投所业。太守略看所业，方请就客位，换襕襆相见，方得请试。只一二人，试讫举送。旧亦不糊名，仁宗时方糊名。

"商鞅论人不可多学为士人，废了耕战。此无道之言。然以今观之，士人千人万人，不知理会甚事，真所谓游手！只是恁地底人，一旦得高官厚禄，只是为害朝廷，何望其济事？真是可忧！"因云云云。"旧时此中赴试时，只是四五千人，今多一倍"。[①]

这就是说，宋代立朝之时，虽然科举考试形式简陋，应者寥寥，但取士皆讲究真才实学，考官也认真甄别而不敷衍。自仁宗时起，科举重形式而轻内容，逐步沦为谋取功名之途、国家笼络英雄之法[②]。在朱子看来，作为选拔人才的基本途径，宋代科举是每况愈下的。他曾因邵雍之言而大发感慨："康节谓：'天下治，则人上行；天下乱，则人上文。'太祖时，人都不理会文；仁宗时，人会说。今又不会说，只是胡说。因见时文义，甚是使人伤心！"[③]发展到朱子所在的时期，科举规模之大前所未有，而所取之士多为热衷利禄之徒，不仅无德，亦无处理政事之实才。

对于其时的考题意旨及士人应试之法，朱子也大加贬斥：

今人作经义，正是醉人说话。只是许多说话改头换面，说了又说，不成文字！今人为经义者，全不顾经文，务自立说，心粗胆大，敢为新奇诡异之论。方试官命此题，已欲其立奇说矣。又，出题目定不肯依经文成片段，都是断章牵合，是甚么义理！[④]

---

① 黎靖德编：《朱子语类》卷一百零九，北京：中华书局2007年版，第2692—2693页。

② 这也可能是宋代科举考试的一种考虑。如苏轼认为，科举不过是人主笼络天下英雄的一种方法。参见苏轼《续欧阳子朋党论》。

③ 黎靖德编：《朱子语类》卷一百零九，北京：中华书局2007年版，第2693页。

④ 同上。

科举虽衍生诸多弊端，但朱子认为不能因噎废食，故不主张废除，而是提出应予整顿以去时弊①。其内容大体有：其一，调整考试内容以选拔可应事之人才。他基本赞成吕大临的主张，以德行、明经、政事、文学这四科取士，并各自采取相应的选拔之法。对于其中的具体措施如明经的项目、政事的考核之法等，朱子又提出进一步的调整意见②。其二，整顿学校以振兴培养人才之体制。对其门人林择之"今士人所聚多处，风俗便不好。故太学不如州学，州学不如县学，县学不如乡学"的说法，朱子深以为然③。在朱子看来，其时学校教育功能之衰败，呈从上至下的蔓延之势。要予以彻底整顿，也当从上至下地进行。鉴于衰败之严重，朱子甚至主张"太学可罢"。其三，在朱子看来，要根本革除科举之弊，其关键不在于去弊之法，而在于治理之人。因此，他主张，对于教育科举体系各环节的主事者如太学教导之官、各学官、考官、遣试官等予以严格的选拔和考核，必选德才兼备者方可④。只有掌权者树立道德榜样，尽职尽责地行使相应的权力，才能收束人心，根本上扭转浮躁不实的学风。

人才一项，在现在看来似与经济伦理无直接关联，但在宋代，人才之选拔，却是与管理社会经济事务直接相关的。在此意义上，也可将其归为宋代经济伦理思想的一个环节。

三、论民生

朱子关于民生的主张，大体可概括为立田制、轻赋税、重赈济这三项。分述如下。

第一，立田制。朱子说：

> 今上下匮乏，势须先正经界。赋入既正，总见数目，量入为出，罢去冗费，而悉除无名之赋，方能救百姓于汤火中。若不认百姓是自家百

① 黎靖德编：《朱子语类》卷一百零九，北京：中华书局2007年版，第2697页。
② 同上，第2692页。
③ 同上。
④ 同上，第2693—2701页。

姓，便不恤。[①]

这是依循孟子"仁政必自经界始"的思路。田地乃制民之恒产的根本，由此百姓才有稳定的生活来源。立田制，也让国家赋税之征收有据可循，不致巧立名目而使百姓遭受盘剥之苦；因为当时"砧基簿，只是人户私本；在官中本，天下更无一处有。税赋本末，更无可稽寻处"[②]。在此，朱子还强调君主要有仁民之心，由此才能体恤民情，确立合理的分田制度。朱子的这一主张也是针对时弊的。宋代的土地政策宽松，兼并现象严重。因而他对当时的土地分配现状极为不满，并引荀悦之言曰："田制须是大乱之后，方可定。"[③]

第二，轻赋税。朱子认为，当时的赋税太重，使民生日困。对此他大加抨击：

> 今说为民减放，几时放得到他元肌肤处！且如转运使每发十万贯，若大段轻减，减至五万贯，可谓大恩。然未减放那五万贯，尚是无名额外钱。须一切从民正赋，凡所增名色，一齐除尽，民方始得脱净，这里方可以议行古制。如今民生日困，头只管重，更起不得。为人君，为人臣，又不以为急，又不相知，如何得好！这须是上之人一切埽除妄费，卧薪尝胆，合天下之智力，日夜图求，一起而更新之，方始得。某在行在不久，若在彼稍久，须更见得事体可畏处。不知名园丽圃，其费几何？日费几何？下面头会箕敛以供上之求。[④]

这是针对当时空言减轻民众负担而不落实的严厉批评。在他看来，要关心民生，就必须废除一切额外的苛捐杂税，减轻赋税。另一方面，为上者应去除不必要的财政开支，尤其是应当节制其奢侈的生活，减轻财政负担。其矛头不仅指向奢侈之君，也指向聚敛之臣。

其轻赋税的具体主张，则大体有三：其一，取民有制，不可巧立名目、横征暴敛。为此，他对当时福建、浙中、浙西、浙东、江东、江西征收赋税的状况

① 黎靖德编：《朱子语类》卷一百一十一，北京：中华书局 2007 年版，第 2714 页。

② 同上。

③ 同上。

④ 同上，第 2713 页。

做了具体的比较和评论，指出其中不合于制的诸多问题[①]。其二，对于当时的赋税规定，建议酌情减轻其中较重者，且不可再增税。如对于赋役，他主张“今之赋，轻处更不可重。只重处减似那轻处，可矣”[②]。其三，通过有效的监察，革除地方性的摊派。他说：“今日有一件事最不好：州县多取于民，监司知之当禁止，却要分一分！此是何义理！”[③]

第三，重赈济。赈济乃安民之策。在朱子看来，其指导思想应该是防患于未然，预先做好济贫救难的安排，而不是待凶荒出现之后临时救急。他说：

> 尝谓为政者当顺五行，修五事，以安百姓。若曰赈济于凶荒之余，纵饶措置得善，所惠者浅，终不济事。[④]

但赈济之事极为琐细，很难做到尽善尽美。因此，朱子主张权衡利弊而后行，但不必求全：“今赈济之事，利七而害三，则当冒三分之害，而全七分之利。不然，必欲求全，恐并与所谓利者失之矣！”[⑤]也正因此，朱子主张，赈济之事只在把握大体思路之后，便当力行，具体细节则需要主事者在行动中灵活处理。他说：

> 赈济之策，初且大纲；一细碎，便生病。屯田亦然，且理会大处。如薛士龙辈皆有一定格子，细细碎碎，皆在我手，尚得。只一出使委人，如何了得！又此等事，须是上下一心方行得。
>
> 直卿言：“辛幼安帅湖南，赈济榜文祇用八字，曰：‘劫禾者斩！闭粜者配！’”先生曰：“这便见得他有才。此八字，若做两榜，便乱道”。又曰：“要之，只是粗法”。[⑥]

重赈济的主张，体现了朱子关心民生疾苦的儒者情怀。由此他还对当时的义仓、役法多有讨论，其宗旨则在于安民生，这也是儒家经济伦理思想的一个重要方面。

---

① 黎靖德编：《朱子语类》卷一百一十一，北京：中华书局2007年版，第2714—2715页。
② 同上，第2714页。
③ 同上，第2716页。
④ 同上。
⑤ 同上。
⑥ 同上，第2717页。

第二节　对传统儒家经济伦理观点的解读

朱子遍注群经，而以《四书章句集注》的影响最大。其经解对传统儒家伦理思想多有阐发，不乏独到的理解。《集注》主要是朱子对其他儒家思想家之相关解读的选择和编辑，《章句》则以朱子本人的解读为主。须指出，《四书》所呈现的只是朱子认为可靠且不易起流弊的解释；对于注解存疑之处以及为何做出如此解读，其《四书或问》及《朱子语类》还记载了他和弟子关于注解的大量讨论。以下以他对《四书》的解读为主，辅以《四书或问》的相关论点，力求从侧面观察朱子经济伦理思想的特点。

一、《大学章句》

就其诠释《四书》的工作而言，朱子对《大学章句》着力最多、用力最勤，故对其中的观点阐发得极为细密。《大学》的篇幅不长，其经济伦理观点集中表达于最后一段，朱子编排为《传十》：

> 是故君子先慎乎德。有德此有人，有人此有土，有土此有财，有财此有用。德者本也，财者末也。外本内末，争民施夺。是故财聚则民散，财散则民聚。是故言悖而出者，亦悖而入；货悖而入者，亦悖而出。
>
> 生财有大道。生之者众，食之者寡，为之者疾，用之者舒，则财恒足矣。仁者以财发身，不仁者以身发财。未有上好仁而下不好义者也，未有好义其事不终者也，未有府库财非其财者也。孟献子曰："畜马乘，不察于鸡豚；伐冰之家，不畜牛羊；百乘之家，不畜聚敛之臣。与其有聚敛之臣，宁有盗臣。"此谓国不以利为利，以义为利也。长国家而务财用者，必自小人矣。彼为善之，小人之使为国家，灾害并至。虽有善者，亦无如之何矣！此谓国不以利为利，以义为利也。

朱子的经解，对《大学》的经济伦理观点做出了较为全面而恰当的阐释。

可分几点来看：

第一，朱子把这一段安排在《大学》篇末，是基于对文本的整体理解而做出的精心安排。在朱子看来，《大学》是一篇较为全面地阐述儒家政治之道的论文。这种政治之道，理念上说是表现为内圣外王的德治，落到具体的政治途径上讲则是絜矩之道。而这一段则是絜矩之道在经济方面的具体化，是经济政策的指导思想。也就是说，在朱子看来，《大学》的经济伦理思想并非孤立地表现的，而是以伦理为根基，以政治问题为焦点，同时也是政治之道的一个有机组成部分。这一点在《朱子语类》以及《大学或问》中有较细致的讨论，而在经解中也点明了这一理解的线索。即对于"外本内末，争民施夺"的注释："人君以德为外，以财为内，则是争斗其民，而施之以劫夺之教也。盖财者人之所同欲，不能絜矩而欲专之，则民亦起而争夺矣。"絜矩之道，是忠恕之道在政治领域的表现，或者说是结合政治经济等社会公共领域的特点，而提出的一种更具体的说法。按照前面的注解，絜矩之道更突出"恕"的一面，强调为政者要有容人之量、为公之心。在这一背景下，"德本财末"也就是出于"公心"去求天下之利，在求利的同时要能容他人之利。以一己之私心求利，则是与民争利，必致祸乱。

第二，正是由于以第一点对整体背景的解读为基础，这一段的各种经济观念才得以贯通，且显得井然有序。其中可提炼出的经济伦理观念依次为："德本财末""务本节用""不与民争利""生财之道""藏富于民""国以义为利"。这些观念都是从社会经济政策的层面讲的。

第三，对一些可能起歧义或吃紧处，点出理解的基本方向和线索，其中贯穿着朱子独到的理解。如将"悖"解作"逆"，把"有人"解作"得众"等。

应该说，朱子对《大学》经济伦理思想的解读，乃基于《大学》文本的整体特点，其基本方法则是以简明扼要的解释提点出理解的基本线索和方向。

二、《中庸章句》

《中庸》是儒家道德形而上学的经典，与经济伦理相关的论述不多，仅有两个片段。第一段是第十四章：

> 君子素其位而行，不愿乎其外。素富贵，行乎富贵；素贫贱，行乎贫贱；素夷狄，行乎夷狄；素患难，行乎患难：君子无入而不自得焉。在上位不陵下，在下位不援上，正己而不求于人，则无怨。上不怨天，下不尤人。

第一句表达了这一段的核心观念，朱子的解释是："言君子但因见在所居之位而为其所当为，无慕乎其外之心也"；并点出对其中关键字的理解："素，犹见在也"。这就是说，君子所追求的是内在精神境界的提升，对自身价值根源的体贴，对于外在的富贵等物质条件只是消极接受，而无意于此。这是一种随处而安、安贫乐道的精神境界，也是儒家义利之辨在最高层次的表现。朱子对"素"的诠释，对此意提点得尤为亲切。而接下来两句，分别解作《中庸》对"素其位而行"与"不愿乎其外"的进一步解说。朱子对这一段的解读，言简意赅，而又清晰地说明了其内在的意义脉络。

第二段是第二十章的一个片段：

> 凡为天下国家有九经，曰：修身也……子庶民也，来百工也……修身则道立……子庶民则百姓劝，来百工则财用足……时使薄敛，所以劝百姓也；日省月试，既禀称事，所以劝百工也。

这里讲的是治国之道，但《中庸》本身侧重于形而上的层面。因此，这段叙述虽然名义上讲治国之九经，意义的重心却落在其起始处，即强调要以修身为本，九经却讲得极简略。朱子针对《中庸》以及这一段所要表达的主题，采取了不同于此前的解读策略。此前的解读都是简明扼要的提点，而这里却是详加说明，多有发挥。如对"来百工则财用足"的解释是："来百工，则通功易事，农末相资，故财用足"。对"子庶民"的解释："视群臣犹吾四体，视百姓犹吾子，此视臣视民之别也"。通过这样的补足，其经济伦理的蕴含更完整。

三、《论语集注》

与《大学章句》和《中庸章句》不同，朱熹《论语集注》的注解特点是，"先训读，次解释大意，次引程子及程门谢氏、游氏、杨氏、尹氏等说，其中引程子最多，最后以‘愚谓’‘愚按’补足之”[①]。《论语集注》中的经济伦理思想非常丰富且头绪繁多，这里仅选取其中具有代表性的叙述及其注解，分类予以说明。

第一，关于社会治理的经济伦理思想。在《论语》的经济伦理思想中，这部分所占的比重最大，尚可细分为三个方面。以下各举一显例以说明。

其一，关于社会治理的总体指导思想。

子适卫，冉有仆。子曰：“庶矣哉！”冉有曰：“既庶矣，又何加焉？”曰：“富之。”曰：“既富矣，又何加焉？”曰：“教之。”[②]

朱子的集注辑要：

庶，众也。庶而不富，则民生不遂，故制田里，薄赋敛以富之。富而不教，则近于禽兽。故必立学校，明礼义以教之。胡氏曰：“天生斯民，立之司牧，而寄以三事。然自三代之后，能举此职者，百无一二。汉之文、明，唐之太宗，亦云庶且富矣，西京之教无闻焉。明帝尊师重传，临雍拜老，宗戚子弟莫不受学；唐太宗大召名儒，增广生员，教亦至矣，然而未知所以教也。三代之教，天子公卿躬行于上，言行政事皆可师法，彼二君者其能然乎？”

这一段对孔子“先富后教”思想的解说，补充了关于“如何富”和“如何教”的制度解释，以及孟子关于为何要教民的观点。由此使孔子的这一思想更为丰满。

其二，有关社会政治经济的安排与策略。

子曰：“道千乘之国，敬事而信，节用而爱人，使民以时。”[③]

朱子的集注辑要：

道，治也。敬者，主一无适之谓。敬事而信者，敬其事而信于民也。言治国之要在此五者，亦务本之意也。程子曰：“此言至浅，然当时诸侯果能此，亦足以治其国矣。圣人言虽至近，上下皆通。此三言者，若推

① 陈来、杨立华、杨柱才、方旭东：《中国儒学史・宋元卷》，北京：北京大学出版社2011年版，第372页。

②《论语・子路》第九。

③《论语・学而》第五。

其极,尧、舜之治亦不过此。若常人之言近,则浅近而已矣。”杨氏曰:“上不敬则下慢,不信则下疑。下慢而疑,事不立矣。敬事而信,以身先之也。《易》曰:‘节以制度,不伤财,不害民。’盖侈用则伤财,伤财必至于害民,故爱民必先于节用。然使之不以其时,则力本者不获自尽,虽有爱人之心,而人不被其泽矣。然此特论其所存而已,未及为政也。苟无是心,则虽有政,不行焉。”胡氏曰:“凡此数者,又皆以敬为主。”愚谓五者反复相因,各有次等,读者宜细推之。

与上一段有所不同的是,这一段是讲如何以德治的方式处理政事。对“敬”的诠释显然表达了理学的观念,表现出高度哲学化的特点。同时,朱子撷取的理学解释,还注重各要义之间的义理贯通。最后朱子以“五者反复相因,各有次第”作结,提点出理解的方向,起画龙点睛之用。值得注意的是朱子在《四书或问》中的一个观点:“夫子之所言者,心也,非事也”[①]。这是对孔子这段论说之义理特点的高度概括。德治在社会治理中的具体呈现,乃是以德主事,于事中见德。也就是说,其重心在人,在人心之德,事功乃由德之表现而来,道德与事功由此融为一体。

其三,涉及社会经济分配的伦理考量。

季氏将伐颛臾。颛臾,国名。鲁附庸也。**冉有、季路**按《左传》《史记》,二子仕季氏不同时。此云尔者,疑子路尝从孔子自卫反鲁,再仕季氏,不久而复之卫也。**见于孔子曰:“季氏将有事于颛臾。”孔子曰:“求!无乃尔是过与?**冉求为季氏聚敛,尤用事。故夫子独责之。**夫颛臾,昔者先王以为东蒙主,**东蒙,山名。先王封颛臾于此山之下,使主其祭,在鲁地七百里之中。**且在邦域之中矣,是社稷**社稷,犹云公家。**之臣也。何以伐为?**是时四分鲁国,季氏取其二,孟孙、叔孙各有其一。独附庸之国尚为公臣,季氏又欲取之以自益。故孔子言颛臾乃先王封国,则不可伐;在邦域之中,则不必伐;是社稷之臣,则非季氏所当伐也。此事理之至当,不易之定体,而一言尽其曲折如此,非圣人不能也。”**冉有曰:“夫子欲之,吾二臣者皆不欲也。**夫子,指季氏。冉有实与谋,以孔子非

① 朱熹撰,黄坤点校:《四书或问》,上海:上海古籍出版社,合肥:安徽教育出版社2001年版,第117页。

之,故归咎于季氏。"孔子曰:"求!周任周任,古之良吏。有言曰'陈力就列,不能者止'。危而不持,颠而不扶,则将焉用彼相矣?陈,布也。列,位也。相,瞽者之相也。言二子不欲则当谏,谏而不听,则当去也。且尔言过矣。虎兕出于柙,龟玉毁于椟中,是谁之过与?兕,野牛也。柙,槛也。椟,匮也。言在柙而逸,在椟而毁,典守者不得辞其过。明二子居其位而不去,则季氏之恶,己不得不任其责也。"冉有曰:"今夫颛臾,固固,谓城郭完固。而近于费。费,季氏之私邑。今不取,后世必为子孙忧。此则冉求之饰辞,然亦可见其实与季氏之谋矣。"孔子曰:"求!君子疾夫舍曰欲之,欲之,谓贪其利。而必为之辞。丘也闻有国有家者,不患寡而患不均,不患贫而患不安。盖均无贫,和无寡,安无倾。寡,谓民少。贫,谓财乏。均,谓各得其分。安,谓上下相安。季氏之欲取颛臾,患寡与贫耳。然是时季氏据国,而鲁公无民,则不均矣。君弱臣强,互生嫌隙,则不安矣。均则不患于贫而和,和则不患于寡而安,安则不相疑忌,而无倾覆之患。夫如是,故远人不服,则修文德以来之。内治修,然后远人服。有不服,则修德以来之,亦不当勤兵于远。既来之,则安之。今由与求也子路虽不与谋,而素不能辅之以义,亦不得为无罪,故并责之。相夫子,远人远人,谓颛臾。不服而不能来也;邦分崩离析分崩离析,谓四分公室,家臣屡叛。而不能守也。而谋动干戈干,盾也。戈,戟也。于邦内。吾恐季孙之忧,不在颛臾,而在萧墙萧墙,屏也。之内也。言不均不和,内变将作。其后哀公果欲以越伐鲁而去季氏。谢氏曰:"当是时,三家强,公室弱,冉求又欲伐颛臾以附益之。夫子所以深罪之,为其瘠鲁以肥三家也。"洪氏曰:"二子仕于季氏,凡季氏所欲为,必以告于夫子。则因夫子之言而救止者,宜亦多矣。伐颛臾之事,不见于经传,其以夫子之言而止也与?"[①]

这一段是理解孔子政治观以及经济分配观的重要文献[②],篇幅较长,而朱子的注解较详且是结合整个事件来理解。为恰当把握文义及义理,避免

① 《论语·季氏》第一。

② 对这一段较详细的解读和分析,可参见阮航《儒家经济伦理研究》,北京:中国社会科学出版社 2013 年版,第 192—197 页。

注解之间混淆，这里不繁具引，并采取不同于前两条的表示方法。朱子的集注有如下特点：(1) 注重说明这段对话发生的事件背景，以求准确把握孔子论此事之中表现出的观念。在《四书或问》中，朱子说："诸家之说，皆随文释义，而未尝考其事实，故其言若有无所当者。"[①]可以说，不清楚事件发生的背景，很难切实贯通孔子言语中表达的义理。由此可见为何朱子注重厘清事件背景。(2) 详解关涉义理的关键字，如"寡""贫""均""安"等，并结合事件背景加以说明。这一点在《四书或问》中还有更详细而完整的说明[②]。(3) 撷取谢氏与洪氏之说，以发明义理。要之，这一段的义理关涉甚广，而孔子又是就事论理，因而也极易起误解。必须基于孔子政治经济思想的基本精神，并结合具体情境来分析，方能取得较恰当的理解。实际上，今人学者曾有意无意地曲解了孔子这一段的思想，将之解读为平均主义的分配观，从而误读了孔子乃至儒家的经济公平观念。朱子对此的注解及其提出的理解方法，是其强调"道问学"进路的体现，对于我们恰当把握儒家在这方面的经济伦理观当有借鉴意义。

第二，关于个人生活的经济伦理思想。其比重虽少于社会治理方面，但似乎层次更多。为简明起见，这里还是分为三个层次[③]，并各举一显例。

其一，人格方向的选择。

> 子曰："富与贵，是人之所欲也。不以其道得之，不处也。贫与贱，是人之所恶也。不以其道得之，不去也。君子去仁，恶乎成名？君子无终食之间违仁，造次必于是，颠沛必于是。"(《八佾·第五》)

朱子的集注辑要：

---

① 朱熹撰，黄坤点校：《四书或问》，上海：上海古籍出版社，合肥：安徽教育出版社 2001 年版，第 362 页。

② 同上，第 362—363 页。

③ 若作更细致的区分，至少还可析出两个层次：一是一般的社会意义上谈论义利选择。参见阮航《儒家经济伦理研究》，北京：中国社会科学出版社 2013 年版，第 127—128 页。二是政治家的经济道德。这一分类或有模糊之处，大体包含两种意谓：一是这些论说大多是谈论政治家应当具备怎样的道德，而经济道德为其中的一个基本方面。二是从"事"或行为情境的角度说，它们也可理解为针对如下问题而发，即政治家在处理经济事务时应该表现出怎样的道德。这两种意谓是交织在一起的，很难予之以简要的标识，或许只能采取一个笼统的说法。它们显然不能简单归为前面的任何一类，而《论语》中这样的论述不少，如对子产之君子之道的评论、孔子对子张从政之德的提示、事君之德和享俸禄与否的考虑，以及士之出处的道德讨论等。但笔者对这一分类的考虑尚不成熟，故搁置。

言君子所以为君子，以其仁也。若贪富贵而厌贫贱，则是自离其仁，而无君子之实矣，何所成其名乎？……盖君子之不去乎仁如此，不但富贵、贫贱取舍之间而已也。言君子为仁，自富贵、贫贱取舍之间，以至于终食、造次、颠沛之顷，无时无处而不用其力也。然取舍之分明，然后存养之功密；存养之功密，则其取舍之分益明矣。

此段集注[①]，一反朱子于众说中撷取义理的方式，转而以提出自己的理解为主，其原因可见于《四书或问》："旧说之意，而范、谢、游、杨氏皆用之，惟程子意异，而侯、尹氏独守其说。愚尝考之，以文义则旧说胜，以意味则程子深。然平心以观，程子之说，于文义间有甚费力而卒不可通者，恐不若从旧之为安也。"[②]也就是说，旧说与程子之说各有优长与偏弊，朱子通过比较与融合而提出新解。朱子之说，紧扣"君子去仁，恶乎成名"这一吃紧处，由此彰显君子人格之选择在于道德方向优先于富贵追求。后面关于修养君子人格的说明，则是从理学立场对孔子思想的拓展。这段注解也表明，朱子的集注方式并非墨守成规，而是根据发明义理的需要和具体情况有所调整。

其二，个人行为中的义利取舍。

子华使于齐，冉子为其母请粟。子曰："与之釜。"请益。曰："与之庾。"冉子与之粟五秉。子曰："赤之适齐也，乘肥马，衣轻裘。吾闻之也，君子周急不继富。"原思为之宰，与之粟九百，辞。子曰："毋！以与尔邻里乡党乎！"[③]

朱子的集注辑要：

……言常禄不当辞，有余自可推之以周贫乏，盖邻、里、乡、党有相周之义。程子曰："夫子之使子华，子华之为夫子使，义也，而冉子乃为之请。圣人宽容，不欲直拒人，故与之少，所以示不当与也；请益而与之亦少，所以示不当益也。求未达而自与之多，则已过矣，故夫子非之。

---

① 关于人格方向的义利选择，《论语》中对后世影响最大的，当属"君子喻于义，小人喻于利"一段。这里之所以以此段取而代之，主要是考虑到：宋代对君子小人之义利选择一段的诠释，更多的是沿着孔子提出的线索，发挥理学的义利观。故拟置于下一节朱子的义利之辨中论述。

② 朱熹撰，黄坤点校：《四书或问》，上海：上海古籍出版社，合肥：安徽教育出版社 2001 年版，第 175—176 页。

③ 《论语·雍也》第三。

盖赤苟至乏，则夫子必自周之，不待请矣。原思为宰，则有常禄。思辞其多，故又教以分诸邻里之贫者，盖亦莫非义也。"张子曰："于斯二者，可见圣人之用财矣。"

这一段的文义较为浅显易懂，义理方面也没有特别的疑难。因此，朱子的注释也较为简短，最后予以简要的点评，并引用程子与张子之说作结。在他看来，二先生之说已将其中的义理阐发详尽无遗[①]。孔子此段所表现的义利观，可以说具体而明确地表达了"义者，宜也"的意思。冉有不当之请粟，固为不义之举；原思辞让当得之粟，亦不合儒家之义。

其三，义利观的表现与人格境界的层次。如下的例子是通过比较而显出义利相关的人格层次[②]。

子贡曰："贫而无谄，富而无骄，何如？"子曰："可也。未若贫而乐，富而好礼者也。"子贡曰："《诗》云：'如切如磋，如琢如磨。'其斯之谓与？"子曰："赐也，始可与言《诗》已矣！告诸往而知来者。"[③]

朱子的集注辑要：

谄，卑屈也。骄，矜肆也。常人溺于贫富之中，而不知所以自守，故必有二者之病。无谄无骄，则知自守矣，而未能超乎贫富之外也。

凡曰"可"者，仅可而有所未尽之辞也。乐则心广体胖而忘其贫，好礼则安处善，乐循理，亦不自知其富矣。子贡货殖，盖先贫后富，而尝用力于自守者，故以此为问。而夫子答之如此，盖许其所已能，而勉其所未至也。……往者，其所已言者。来者，其所未言者。愚按：此章问答，其浅深高下，固不待辨说而明矣。然不切则磋无所施，不琢则磨无所措。故学者虽不可安于小成而不求造道之极致，亦不可骛于虚远，而不察切己之实病也。

这一段师徒问答，亲切有味，发人深省。由看待贫富的态度显出的人格境界，并非非此即彼、非善即恶的截然两分，而是呈现为渐进的、多层次的道

① 参见朱熹撰，黄坤点校《四书或问》，上海：上海古籍出版社，合肥：安徽教育出版社2001年版，第215页。

② 宋儒讲得最多的还是孔颜乐处中透出的安贫乐道精神，但前文在论述周敦颐经济伦理思想时已有较充分的讨论。因此，这里选取孔子另一处富有启发的对话。

③《论语·学而》第十五。

德境界。"贫而乐，富而好礼"的理想境界，则须通过切磋琢磨的修养过程才能达到。朱子的注解，重在点出人格的修养须循序渐进，并强调要下切实的修养功夫。这一诠释重心的选择，不仅切合这一段对话的义理，而且将子贡的性格特点纳入诠释的前见①。从当代经济伦理的角度看，还可沿着朱子点出的线索拓展出如下两点：其一，经济活动与道德追求并不必然矛盾，而是可相容的。经济活动者（如子贡）在取得经济成就的同时，也可表现其道德人格。按照儒家的一贯观点，做人与做事应该是统一的。这也可适用于经济生活的领域，只是应结合经济活动的特点而讲得更具体。其二，与人格境界的多层次相应，经济道德也可有多层次的表现。

四、《孟子集注》

朱子的《孟子集注》，其注解风格与《论语集注》类似但略有区别。其类似之处在于：重视训诂、音读而旨在发明义理；通过比较和筛选，引用理学家的相关解释以辅助理解，在关键处提出自己的见解以求文义贯通、补足义理。其区别在于：发明义理以及朱子自己见解的比重明显增大。这应该与理学乃沿着孟学之路发展有较大的关系。但也因此，朱子注解较详者，为孟子的心性仁义之说；对于其经济伦理思想解说较略，且主要集中于仁政及义利之说。另，《孟子》七篇蕴含丰富的经济伦理思想，且相关论说多有长篇大论，但层次似不如《论语》细密分明。有鉴于此，这里仅于有代表性的篇章之中节选若干论述及其集注，以考察朱子的注解及其思考经济伦理问题的特点。略分两大类。

第一，社会层面的经济伦理思想。先考察国家治理之中的义利观。

> 孟子对曰："王何必曰利？亦有仁义而已矣。[1]……未有仁而遗其亲者也，未有义而后其君者也。[2]王亦曰仁义而已矣，何必曰利？"[3]②

---

① 参见朱熹撰，黄坤点校《四书或问》，上海：上海古籍出版社，合肥：安徽教育出版社 2001 年版，第 129 页。

② 《孟子·梁惠王上》第一。

朱子的集注辑要[1]：

[1]仁者，心之德、爱之理。义者，心之制、事之宜也。此二句乃一章之大指，下文乃详言之。后多放此。[2]此言仁义未尝不利，以明上文亦有仁义而已之意也。遗，犹弃也。后，不急也。言仁者必爱其亲，义者必急其君。故人君躬行仁义而无求利之心，则其下化之，自亲戴于己也。[3]重言之，以结上文两节之意。此章言仁义根于人心之固有，天理之公也；利心生于物我之相形，人欲之私也。循天理，则不求利而自无不利；徇人欲，则求利未得而害已随之。所谓毫厘之差，千里之缪。此孟子之书所以造端托始之深意，学者所宜精察而明辨也。太史公曰："余读孟子书至梁惠王问何以利吾国，未尝不废书而叹也。曰嗟乎！利诚乱之始也。夫子罕言利，常防其源也。故曰'放于利而行，多怨'。自天子以至于庶人，好利之弊，何以异哉？"程子曰："君子未尝不欲利，但专以利为心则有害。惟仁义则不求利而未尝不利也。当是之时，天下之人惟利是求，而不复知有仁义。故孟子言仁义而不言利，所以拔本塞源而救其弊，此圣贤之心也。"

朱子的集注着重于两点：一是对仁义观念的义理解释，采取的是朱子本人对仁义的界定。二是阐发君主发政用心上的义利选择，而以理学的天理人欲之辨来展开说明，最后辅以司马迁和程子之说。将重心置于此并不惜以本人及理学的观点大加阐发，乃出于朱子的基本判断：它不仅是《孟子》首章之"大指"，也是"孟子之书所以造端托始之深意"。按照朱子的这种理解，"何必曰利"乃孟子仁政之发端，也是王霸之道相别的根本。在此意义上，它不应视为君主个人性的义利选择，而应视为对政治当利天下之道德目的的强调。其中君主之所以"何必曰利"，主要是由于他不仅处于政治权力的顶端，而且是各种社会经济政策的发起者与决策者。由此来看这种义利选择，其所彰显的是孟学的人文主义精神与人道政治的理想。但即便如此，这种观念仍然与儒家的事功精神存在着紧张关系，从而面临儒家内部事功一派的诘难。

---

① 为简明起见，这里将节选部分的注解重新编号。

再看朱子如何解释孟子关于社会治理的指导思想。

> 无恒产而有恒心者，惟士为能。若民，则无恒产，因无恒心……是故明君制民之产，必使仰足以事父母，俯足以畜妻子，乐岁终身饱，凶年免于死亡。然后驱而之善，故民之从之也轻。今也制民之产，仰不足以事父母，俯不足以畜妻子，乐岁终身苦，凶年不免于死亡。此惟救死而恐不赡，奚暇治礼义哉？①

朱子的集注辑要：

> 恒，常也。产，生业也。恒产，可常生之业也。恒心，人所常有之善心也。士尝学问，知义理，故虽无常产而有常心。民则不能然矣。轻，犹易也。此言民有常产而有常心也。此所谓无常产而无常心者也。赡，足也。治，平声。凡治字，为理物之义者，平声；为己理之义者，去声。后皆放此。
>
> 此章言人君当黜霸功，行王道。而王道之要，不过推其不忍之心，以行不忍之政而已。齐王非无此心，而夺于功利之私，不能扩充以行仁政。虽以孟子反复晓告，精当如此，而蔽固已深，终不能悟，是可叹也。

朱子对此段的注解，仍在于强调君主推其仁心，发为仁政，而“为民制恒产”乃仁政的一个基本方面。由此其最终点评落到王霸之别。而孟子这段话中要求“先养后教”的意思并不为朱子所看重，对于相关论说如“此惟救死而恐不赡，奚暇治礼义哉”蕴含的强烈的次序意识，朱子的解释较为平易，也无意就此发挥。《四书或问》中对此段的讨论篇幅较长，但均集中于王霸之辨以及王道之道德用心②。由此可见，对于孟子“先养后教”的着手次序，朱子或不以为然，或虽然不必如荀子一般主张“先教后养”，但确实不认为“养民”当优先。结合朱子将《大学》的“亲民”解为“新民”来看，其上述解释或许是有意为之。后来的“阳明心学”对此提出了批评，并重申孟子“先养后教”之次序的重要性③。但无论如何，朱子对孟子关于社会治理指导思想的解

① 《孟子·梁惠王上》第七。

② 参见朱熹撰，黄坤点校《四书或问》，上海：上海古籍出版社，合肥：安徽教育出版社2001年版，第419—422页。

③ 参见阮航《略论儒家“以修身为本”的观念》，载《价值论与伦理学研究(2011)》，北京：中国社会科学出版社2012年版。

读，代表了理学的一派重要立场。

另外，对于孟子的王霸之辨以及井田制，朱子在《孟子集注》中也作了大量的注解与讨论。关于井田制的讨论，前文已有较详细的探讨；王霸之辨将在后面的章节详论。故在此均略去不提。

第二，个人层面的经济伦理思想。先看人格方向上的选择。

> 鸡鸣而起，孳孳为善者，舜之徒也。鸡鸣而起，孳孳为利者，跖之徒也。欲知舜与跖之分，无他，利与善之间也。①

朱子的集注：

> 孳孳，勤勉之意。言虽未至于圣人，亦是圣人之徒也。跖，盗跖也。程子曰："言间者，谓相去不远，所争毫末耳。善与利，公私而已矣。才出于善，便以利言也。"杨氏曰："舜跖之相去远矣，而其分，乃在利善之间而已，是岂可以不谨？然讲之不熟，见之不明，未有不以利为义者，又学者所当深察也。"或问："鸡鸣而起，若未接物，如何为善？"程子曰："只主于敬，便是为善。"

朱子对这一段的注解，基本采用程子及其门人之说。程子拈出"间"字，指出其中蕴含着做人方向选择上的紧张关系，这一点尤为朱子所认同。用现在的话来说，成为什么样的人，是成为有德者还是成为恶人，往往在于最初选择的一念之间：是想以尧舜为榜样、以追求精神卓越为重，还是以盗跖榜样、以追求物质享受为要。另外，孟子此段可与孔子"君子喻于义，小人喻于利"对照，可相互发明。

再看行为中的义利选择。

> 大人者，言不必信，行不必果，惟义所在。②

朱子的集注：

> 必，犹期也。大人言、行，不先期于信、果。但义之所在，则必从之，卒亦未尝不信、果也。尹氏曰："主于义，则信、果在其中矣。主于信、

---

①《孟子·尽心上》第二十五。

②《孟子·离娄下》第十一。

果，则未必合义。”王勉曰：“若不合于义而不信、不果，则妄人尔。”

非其义也，非其道也，一介不以与人，一介不以取诸人。[①]

朱子的集注：

言其辞受取与，无大无细，一以道义而不苟也。

朱子的注解相当简明。第一段紧扣“必”与“不必”来阐发义理。对于达至理想道德境界的行为者（“大人”）来说，“言之信”与“行之果”只是其外在表现，“不必”正是说明取舍的标准并不在此，而在于“义”。以心中之“义”来裁制行为，故行为之取舍不在于所得所失的多少，而在于是否符合“义”所做出的是非判断，即“一以道义而不苟”。这里的关键是要理解孟子的“仁义内在”说。孟子将“义”解为是非之心，来自人的道德生命，为性善之一端[②]。用现在的话来说，孟子的“义”，大概可理解为人格尊严[③]。

第三节　对宋儒经济伦理命题的阐发

作为理学的集大成者，朱子对宋儒的经济伦理命题都有深入的阐发。以下分述之。

一、对义利之辨的推重

朱子极重义利之辨，推之为“儒者第一义”，也就是说当为儒者的首要关切。在朱子这里，“利”的含义相对固定，按照儒家通行的理解，一般指个人

---

① 《孟子・万章上》第七。

② 关于孟子之“义”的诠释，可参见阮航《儒家经济伦理研究》，北京：中国社会科学出版社2013年版，第129—131页。

③ 参见孟子“鱼我所欲也”一节及其关于“四心”“四端”一节。要之，孟子之“义”是活物，近于阳明所说的良知判断，并非抽象的理论观念，更不是外在的社会规范。

私利;“义”则可在不同的层面上讲,其含义亦有详略深浅之别,由此义利之辨呈现出不同的面相。

首先,从根源处说,“义”是人对自身价值的自觉,体现人之为人的尊严。

> 义者,心之所以制事而合宜之谓也。事物之来,无不以义裁之,而必合其宜焉,是则所谓集义者也。①

在朱子看来,“义”并非某个外在于人的社会标准,而是来自人内在的道德生命。用孟子的话来说,即是“羞恶之心”,同时“义”又是“心”用来“制事”的。进一步说,“义”是指“心”的裁制作用,用以判断处事是否得当。若得当,则体现人之为人的尊严,亦即“集义”。自己处事不当则感到羞耻,见他人行事不当则感到厌恶。在此意义上,“义”就是人的本心之中裁断行事的尺度。

其次,“义”虽内在,来自道德生命的本源,却是用于“接事”的,在此意义上,“义”的作用方向是向外的。人生之大事首先是要生存,进而要求优裕的物质生活条件,这些都表现为人对于富贵或利益的追求。朱子强调义利之辨的重要性,首先表现在这一方面。朱子说:

> 众人固欲富贵矣,然立位以行道,亦君子之所欲也。众人固恶贫贱矣,然身困则道否,亦君子之所恶也。欲富贵而恶贫贱,人之常情,君子小人,未尝不同。君子所以异于人者,特以非义而得富贵则不处,不幸而得贫贱则不去耳。②

欲富贵而恶贫贱,乃人之常情。君子不忘其价值本源,发挥“义”的裁制作用,“义”以为上,以决定富贵贫贱的取舍,以成就其道德人格。小人则反之,将富贵看得比自己的人格尊严还重,利以为上。

再次,从人格或者用心上说,“君子喻于义,小人喻于利”。朱子对孔子的这一命题作了较为充分的发挥。他说:

> 喻,犹晓也。义者,天理之所宜。利者,人情之所欲。(《论语集注》)

---

① 朱熹撰,黄坤点校:《四书或问》,上海:上海古籍出版社,合肥:安徽教育出版社2001年版,第431页。
② 同上,第174页。

经过朱子的发挥，从义利之辨上讲，君子与小人人格表现出绝然相反的方向。“喻于义”指向天理，表现为形而上的意义追求；“喻于利”则指向物欲，陷于外物之牵引而无法自拔。

最后，在理想的道德人格即圣贤那里，“义”无时无刻不发挥裁制作用，从而对人生价值的追求绝对优先于物质上的满足。朱子说：

圣人之心，无时不乐，如元气流行天地之间，无一处不到，无一时之或息也，岂以贫富贵贱之异，而有所轻重于其间哉！夫子言此，盖即当时所处，以明其乐之未尝不在乎此，而无所慕于彼耳。且曰亦在其中，则与颜子之不改者，又有间矣。必曰不义而富贵，视如浮云，则是以义得之者视之，亦无以异于疏食饮水，而其乐亦无以家尔。[①]

总之，朱子的义利之辨表现出丰富的层次，各个层次的含义也较为通贯。

二、对理欲之辨的省察

朱子对理欲之辨也多有论述。与二程的讲法不同，朱子并不把天理与人欲看作对立的关系。他说：

有个天理，便有个人欲。盖缘这个天理须有个安顿处。才安顿得不恰好，便有人欲出来。[②]

天理人欲分数犹多少。天理本多，人欲便也是天理里面做出来。虽是人欲，人欲中自有天理。[③]

天理人欲，正当于其交界处理会，不是两个。[④]

朱子之意，天理与人欲类似于“理”与“气”的关系，不过是低一层来说。毕竟人欲指的是具体的物质欲望，而“气”的含义较抽象。天理并非孤悬而高高在上的。它虽然有形而上的意味，却须在人欲上体现，表现为欲望之适

① 朱熹撰，黄坤点校：《四书或问》，上海：上海古籍出版社，合肥：安徽教育出版社2001年版，第242页。

② 黎靖德编：《朱子语类》卷十三，北京：中华书局2007年版，第223页。

③ 同上，第224页。

④ 转引自钱穆《朱子学提纲》，北京：生活·读书·新知三联书店2002年版，第84页。

度、合乎自然。因此，他说："饮食者，天理也。要求美味，人欲也。"[①]也因此，朱子不赞成离开人事来谈天理。他说：

> 圣人平日，也不曾先说个天理在那里，方教人做去凑。只是说眼前事，教人平平恁地做工夫。要先见个天理在前面，方去做，此正是病处。若把这天理放不下，相似把一个空底物，放这边也无顿处，放那边也无顿处，放这边也恐颠破，放那边也恐颠破。那天理说得荡漾，似一块水银，滚来滚去，捉那不着。又如水，不沿流溯源，合下便要寻其源，凿来凿去，终是凿不着。[②]

当然，朱子还是赞成存理去欲的基本论点。他说：

> 颜子之问，夫子特以克己复礼告之，盖欲其克去有己之私欲，而复于规矩之本然，则夫本心之全德，将不离乎此而无不尽也。然人但患于不为耳，诚能一旦用力于此，则本心之全德在我，而天下之善将无不由是而出，天下虽大，亦孰有不与其仁者乎？然己者，人欲之私也，礼者，天理之公也，一心之中，二者不容并立，而其相去之间，不能以毫发，出乎此则入乎彼，出于彼则入于此矣。[③]

不过，朱子的说法不像二程说得那般斩截，下语较为平和。就"克己复礼"而言，克己之"己"并非人欲，而是人欲之私；而以"礼"来指代"天理之公"。这样的说法，蕴含着其特殊的用意，而自觉避免像二程那样把天理与人欲讲成两截。他说：

> 说复礼，即说得着实。若说作理，则悬空是个甚物事。[④]

总之，从道德修养的角度说，朱子也主张节欲。在此意义上，对于二程理欲之辨蕴含的基本观点他还是认同的，不过他更注意落实到人事上说，讲法也更周延。

---

① 黎靖德编：《朱子语类》卷十三，北京：中华书局2007年版，第224页。

② 转引自钱穆《朱子学提纲》，北京：生活·读书·新知三联书店2002年版，第86页。

③ 朱熹撰，黄坤点校：《四书或问》，上海：上海古籍出版社，合肥：安徽教育出版社2001年版，第295—296页。

④ 转引自钱穆《朱子学提纲》，北京：生活·读书·新知三联书店2002年版，第87页。

三、对王霸之辨的深化

朱子的王霸之辨很大程度上是在与陈亮的学术交往中引发的，两者由交流、讨论最终发展为一场对后世产生深远影响的论辩。在此之前，朱子对王霸之辨的关注并不多。在弟子问王霸之辨时，他答道：

> 董子、程子、范氏、杨氏之言备矣，然推其意，则犹有可言者。古之圣人，至诚心以顺天理，而天下自服，王者之道也。后之君子，能行其道，则不必有其位而固已有其德矣。故用之则为王者之佐，伊尹、太公是也；不用则为王者之学，孔、孟是也。若夫齐桓、晋文，则假仁义以济私欲而已，设使侥幸于一时，遂得王者之位而居之，然其所由，则固霸者之道也。故汉宣帝自言汉家杂用王霸，其自知也明矣。但遂以为制度之当然，而斥儒者为不可用，则其见之谬耳。若尹氏直以为本末为言，则固有所不尽也。[①]

在朱子看来，王霸之别在于用心不同，效果亦异。其观点并未超出二程等北宋儒学家论述的范围，且讲得比他们更简略。而此段之后，朱子有数千字的长篇大论专门探讨王道。由此可见，在与陈亮交往之前，朱子并未特别留意这一论题。陈亮来信质疑新儒学将王霸二分的观点。随着两者的学术讨论逐渐深入，并日益尖锐，朱子对王霸之辨的论题有所展开。其要可概括如下。

其一，沿袭孟子的王霸说，说明王霸之别在于二者的出发点不同，王道出于道德动机，霸道则出于功利的考虑。而且霸道假借仁义之名，造成了搅乱视听的不良影响。朱子的这一观点只是因循的说法，并无新意。

其二，随着讨论的深入，朱子的王霸之辨对历史评价与道德评价的关系做了剖析，由此认定汉唐政治与儒家理想的三代政治存在本质上的差距。对于陈亮的观点，他评论道：

> 其大概不过推尊汉唐以为与三代不异，贬抑三代以为与汉唐不殊。

① 朱熹撰，黄坤点校：《四书或问》，上海：上海古籍出版社，合肥：安徽教育出版社 2001 年版，第 419 页。

而其所以为说者，则不过以为古今异宜，圣贤之事不可尽以为法。[①]

从前述朱子关于社会经济的观点看，他可能接受陈亮提出这一观点所依据的理由，却不会接受其结论。作为新儒学宗师，朱子坚持儒家政治理想的纯粹性，相信三代的黄金时代体现了永恒的道德价值。三代政治有迹可循，有道可承，不可能存在陈亮所谓汉唐政治本合于道的情况。朱子认为陈亮的错误在于：

故又须说天地人并立为三，不应天地独运而人为有息。今既天地常存，即是汉唐之君，只消如此，已能做得人底事业，而天地有所赖以至今。[②]

从宋代新儒学发展的角度看，朱子在历史评价上对王霸之辨有所发展。而其在思想史上更深远的意义，可能要在梳理陈亮等功利学派的相关观点之后，才能充分说明。

第四节　朱子门人的经济伦理思想

作为理学的集大成者，朱熹终生致力于讲学与著述，门徒甚众。朱子的思想体系庞大严密，代表了宋代理学发展的高峰。因此，其门人以守成为主，创见不多，但往往能就某些方面的观点来发挥。这对于朱子学的传承与发展起到了非常重要的作用，在经济伦理思想方面亦如此。

一、黄榦的经济伦理思想

黄榦(1152—1221)，字直卿，号勉斋，闽县(今福建闽侯县)人。早年曾求学于刘清之，清之奇其才，令从朱子受业。在朱子门下，黄榦勤学审问，孜

① 朱熹:《朱文公文集》卷三十六。
② 同上。

孜不倦。朱熹语人曰："直卿志坚思苦，与之处甚有益。"其后将次女嫁给黄榦。绍熙五年（1194），黄榦出仕授迪功郎，后先后担任江西临川令、新淦知县、汉阳知军、安庆知军等。嘉定十一年（1218）讲学江西白鹿洞书院，嘉定十三年（1220）辞官专事讲学和著述，次年病逝。

黄榦得朱子之正统。朱子所编《礼书》，以其中《丧》《祭》二编归为黄榦编撰。朱子病重，以深衣及所著书授之曰："吾道之托在此，吾无憾矣。"①朱子殁，黄榦持心丧三年。其主要著作有《勉斋集》《四书通释》《仪礼通解》等。

作为朱子殁后朱子之门的领袖，黄榦常与同门辨疑解惑，以维护师门和朱学的正统地位为务。全祖望援引袁桷之言："朱子门人当宝庆、绍定间，不敢以师之所得为别录，以黄公勉斋在也。"②在经济伦理思想方面，黄榦谨守朱子关于义利理欲之辨的基本观点，在此基础上有所发挥而力求贯通。

第一，黄榦对义利之辨的重视，较朱子犹有过之。他说：

> 学者人生最难克是利欲，利欲之大是富贵贫贱。吾夫子只许颜渊子路两个。若是行处打不过，便教说得天花乱坠尽是闲话也。吾辈勉之……方明父来此相聚累月，其于义理大端讲之甚明而志气高尚，尤切于义利之辨，殊不易得。③

由此可见，黄榦继承了朱子"义利之说，乃儒者第一义"的思路，并贯彻于日常的为学与体察。值得注意的是，他强调，学者对义利之辨的理解当落实于"行"，也就是要化为自己做人的指导，否则只是空谈。

第二，在学理上，他所讲的义利之辨，总是联系理欲之辨来谈。他说：

> 义利之间，君子小人之所由分，而天下国家治乱之所关系也。义者，天理之公；利者，人欲之私。循天理之公，则辞受出处，惟义之从，惟命之安，足以全吾此心之德矣；以之治人，则必能立懦而激贪；以之事君，则必能仗节而死义。循人欲之私的惟利之趋，既以丧其本心矣，则伤风败教，欺君误国皆斯人为之也。④

---

① 脱脱：《宋史》卷四百三十，北京：中华书局1977年版，第12778页。

② 黄宗羲原著，全祖望补修：《勉斋学案》，《宋元学案》卷六十三，北京：中华书局1986年版，第2037页。

③ 黄榦：《复甘吉甫》，《勉斋集》卷十三，上海：上海古籍出版社1989年版，第142页。

④ 黄榦：《勉斋集》卷二，上海：上海古籍出版社1989年版，第26页。

这一段关于义利理欲的论说，层次井然，大致可分出如下几层意思：其一，义利之辨关系重大，它不仅是区分君子小人人格高下之所在，而且是社会治乱的关键。其二，义与利，就层次讲，分别出自天理与人欲；就性质说，为一公一私。其三，结合对己、对他人，以及以臣事君来谈，取义之举即是道德的，趋利则是不道德的。在这一论说之中，理学的义利之辨与理欲之辨已然一气贯通。

第三，更重视从天理人欲之辨的角度来谈儒者的人格修养。对于《孟子》"有天爵者，有人爵者"一章及"欲贵者，人之同心也"一章，他评论道：

> 富与贵是人之所欲也，圣贤之论乃独重理义而轻富贵，何哉？理义，天之所赋也，富贵，人之所予也。人之所予，人得而夺之；天之所赋，根于人心不可易也。一轻一重，盖有不难辨者。然闾巷之人，知有富贵而不知有理义；学士大夫则知理义矣，然未有不为富贵所移而忘其所可重。若夫真知富贵之为轻，理义之为重，非知道者孰能识之？……故善学者要当深明夫内外轻重之分，在内者重，在外者轻。在外者愈轻，在内者愈重，真积力久，胸中泰然，天理流行，一毫物欲不能为之累。[①]

黄榦的义利理欲之辨，都是在研读儒家经典的心得中表达的。也因此，他更注重义理的贯通，不知不觉之中偏于形而上的上达理路。他往往是从义利问题讲起，理论重心却已落到理欲之辨，从而上接二程从心性工夫讲天理人欲的思路。这既是黄榦相关论述的特点，就其进一步从义理上疏导义利理欲之辨而言，这也是对朱子思想有所发挥处。如《宋元学案》所引的一段也呈现类似的讲法和特点：

> "浴沂"一章，终是看不出喟然而叹夫子"与点"之意深矣。《集注》云："日用之间，无非天理流行之妙。曾皙有见于此，故欲乐此以终身。如此却是乐天理之流行，而于本文曾皙意旨恐不相似。"窃意恐须是如此。天理方流行，中心斯须不和不乐，则与道不相似，而计较系恋之私入之矣。夫子无意、必、固、我，"老者安之，朋友信之，少者怀之"，正是此意，直与天地相似。《易》曰："贞吉悔亡，憧憧往来，朋从尔思。"夫子

① 黄榦：《勉斋集》卷二，上海：上海古籍出版社1989年版，第23—24页。

传之曰："天下何思何虑。"圣人岂教人如死灰槁木，旷荡其心，徜徉其身哉！张子曰："湛一性之本，攻取气之欲，物各付物，而无一毫计较系恋之私，则致广大而极高明，虽尧、舜事业，亦不能一毫加益于此矣。"后来邵康节先生全是见得此意思。明道先生诗中，亦多此意。[①]

在此，天理人欲之辨已融汇于道德形而上的论述，成为理解人格境界的线索。在对道德修养工夫的论说中，他也强调天理人欲之辨的重要性。他指出，"虽然寡欲固善矣，然非真知天理人欲之分，则何以施其克治之功哉？格物致知又所以为寡欲之要"[②]。这就是说，"寡欲"固然是进德之方，但必须先知其所以然，明白为何要寡欲，也就要真正理解天理人欲之辨的重要。在黄榦看来，格物致知为穷理之法，因而又为寡欲之要。

第四，虽然黄榦的旨趣在于推究义理而偏于上达的方向，但并不否认应该在与道德相一致的前提下讲求事功。他说：

儒术之不见用于世，以其空言而无实用，故功利之说常易以求售于人。不知夫功利者乃空言，而儒术则皆实用也。为功利者则曰：兵可强，国可富也。然挟区区之小数，而不知为国之大体；相倾、相诈、相戕、相贼，不惟为敌国之病，而吾国之民固亦不得安其生矣。岂不谓之空言乎？儒术则不然。自五亩之宅、百亩之田，使民养生丧死而无憾，然后教之以孝、弟、忠、信。不惟吾之民皆知尊君亲上，而天下之人亦皆引领而望之。其为实用孰过于此？夫元后者，民之父母也。父母之于子，必先有以养之而又有以教之，然后为之子者得以全其父母之身。今也为民父母，听其自生、自死、自愚、自智而莫之问也，又倡为功利之说以斲丧之。岂为民父母之道哉？《虞氏》《九官》《周官》《六典》，无非儒者已试之效。孰谓其皆空言而无实用，必待管商之术而后可以为国乎？故孟子论王道必曰仁政，论仁政必曰井地，断断乎其不可易也。[③]

这就是说，儒学并非不讲功利，而是要以王道的方式追求能够普泽众生的大利，养民与教民并重，实现一种人道的政治、文明的社会。可以说，黄榦

---

① 黄宗羲原著，全祖望补修：《勉斋学案》，《宋元学案》卷六十三，北京：中华书局 1986 年版，第 2034 页。

② 黄榦：《勉斋集》卷二，上海：上海古籍出版社 1989 年版，第 22 页。

③ 同上，第 26 页。

的义利理欲之辨虽有形上化的倾向，但仍然坚持道德与事功相结合的立场，“尤非朱学末流空谈心性者可比。亦足见洛、闽设教之初，尚具有实际，不徒以峨冠博带，刻画圣贤矣。其文章大致质直，不事雕饰。虽笔力未为挺拔，而气体醇实，要不失为儒者之言焉”[①]。对于黄榦的这一评论可谓公允，在相当程度上也可适用于黄榦对于朱子义利理欲之说的继承与发挥。

二、陈淳“严辨义利”的经济伦理思想

陈淳(1159—1223)，字安卿，漳州龙溪(今福建龙海)人，亦称北溪先生。朱熹晚年的得意门生，朱子多次对人说，“南来，吾道喜得陈淳”。其主要著作有《北溪字义》两卷、《北溪大全集》五十卷。

陈淳的思想以思辨见长，对于理学的基本观念多有阐发，达到了相当的理论深度。在《北溪字义》中，他专门就“义利”作了较为全面深入的论说。

首先，陈淳明确指出了“义”“利”的基本伦理涵义及其理论关涉。他说：

> 义与利相对而实相反。才出乎义，便入乎利，其间相去甚微，学者当精察之。自文义而言，义者，天理之所宜；利者，人情之所欲，欲是所欲得者。就其中推广之，才是天理所宜底，即不是人情所欲；才是人情所欲底，即不合于天理之所宜。天理所宜者，即是当然而然，无所为而然也。人情所欲者，只是不当然而然，有所为而然也。天理所宜是公，人情所欲是私。如货财、名位、爵禄等，此特利之粗者。如计较强弱多寡便是利，如取己之便宜亦是利，如求名觊效，如徇己自私，如徇人情而为之，如有外慕底心，皆是利。然货财名位爵禄等，亦未可便做利，只当把一件事看，但此上易陷于利耳。[②]

这一段是提纲挈领地总说“义”与“利”。“义”与“利”是相对待的关系，而就其价值取向而言又是对立的。就其基本伦理涵义而言，“义”出自天理，有“恰当”“适宜”之意；“利”则出自人之常情，乃对外物的欲求。就其性质来说，“义”与“利”、天理与人欲是人生中非此即彼的两种选择。前者出于自

① 见《四库全书》编者对《勉斋集》的评论。

② 陈淳：《北溪字义》，北京：中华书局 2009 年版，第 53 页。

然，归于应然；后者则出于后天之人为，归为不当。也正是在此意义上，“义”的性质是“公”，属于人性共有之自然；“利”的性质是“私”，属于个人对功名利禄等的不当欲求。也正因此，“利”作为个人性的欲求，其表现形式多种多样；“义”则是应然而必然之理，根本上是一贯的。由此可见，陈淳讲“义利”，其中的“利”并非指利益，而是指利欲，是指个人性的功利追求或者说功利心。因此，他特别强调，“货财名位爵禄等，亦未可便做利，只当把一件事看，但此上易陷于利耳”。换句话说，各种物质性的条件乃人性之外者，其本身无所谓当与不当；但这些条件却是易引发利欲者，也就是说人们不当的取舍选择，往往是在此发生的。要之，陈淳将“义”解为“天理之所宜”，将“利”解为“人情之所欲”。如此，“义”与“利”是人生经常要面临的两大既相对待又在价值取向上相对立的选择。对“义”与“利”关系的理解，可贯通天理人欲之辨、公与私的辨别、个人的精神追求与物质享受之分。

其次，从社会治理与个人生活两个层面分别论说“义利”。在社会治理的层面，他指出，“古人取民，惟以井田什一之赋。此是取以为天下国家经常之用……盖圣人出来君天下，姑以应天下之望，不以天下为己利。所以凡事皆公天下之大义而为之，分天下之地为万国，与有德有功者共之”[①]。这就是说，圣君出自为天下而非利己之心，与天下人共谋福利；而自己只是得其应得的一份，并将赋税作为公用，这是“义”。而“以天下为己私，己是利了，及做一切事都是利……秋夏取税，名色至多，至茶盐酒酤，民生公共急切之用，尽括为己有。凡此等大节目处，都是自利之私，无一点义”[②]。出自利己而非利天下之心，巧取豪夺民众的财利以归己有，这是“利”。

在个人生活方面，“义”与“利”的分别，是一种追求利益的方式是否恰当以及是否适度的区别。“货财亦是人家为生之道，似不可阙，但当营而营，当取而取，便是义。若出于诡计左道，不当营而营，不当取而取，便是利。”[③]以正当的方式谋取物质生活资源，是“义”；若谋取方式不当，则是“利”。“有一般人已自足用，又过用心于营殖，固是利。又有一般人生长富足，不复营殖，

① 陈淳：《北溪字义》，北京：中华书局2009年版，第53页。

② 同上。

③ 同上，第54页。

若不为利，然吝啬之意笃，计较之心重，合当切用，一毫不拔，此尤利之甚者。”[①]。在基本生活富足的情况下仍以求利为重，这是将求利本身视为目的，属于过度，在陈淳看来属于“利”；而生活富裕之后不再从事商业经营和生产活动，却“吝啬之意”太过而一毫不拔，这属于“不及”，也是“利”。

再次，陈淳讲“义利”，注重对发念处或义利动机的辨别。他说：

> 如名位爵禄，得之以道，非出于私意计较，是当得而得，便是义。若得之不以道，出于私意计较，是不当得而得，如鬻爵鬻举，左道图荐，章苞苴、营差遣等类，皆是利……
>
> 有所为而为，如有所慕而为善，有所畏而不为恶，皆是利。如为获而耕，为畲而菑，便是利。于耕而望获，利；于菑而望畲，亦是利。易曰：不耕获，不菑畲。是无所为于前，无所觊于后，此方是义。[②]

“义”与“利”的分别，其关键在于看是否“出于私意计较”。其中“出于私意”指为了满足己之利欲而得其所“不当”得，“不当”则是指由于以己利为重，而不考虑他人或公共利益，或者将对后者考虑从属于己之利欲，由此追求超出自己“应得”的份额，如“鬻爵鬻举，左道图荐，章苞苴、营差遣等类”。“出于计较”，则是指急于功利，专注于效果而轻于检查自己追求这一效果的动机是否道德、得到这一效果的过程和方式是否恰当。

最后，陈淳还特别注意严辨义利之精微处。他指出：

> 义利界分最要别白分明。若不别白分明，则有义之似利，利之似义，便都含糊没分晓了，末稍归宿只堕在利中去，更无复有义矣。[③]

为此，他列举了一些著名历史人物的义利选择，并做出了相应的判断。

> 原思为宰，义当受常禄之粟九百，他却以为多而辞之，便是利，不是义。
>
> 求名之私。如好名能让千乘之国；如以德报怨，欲求仁厚之名，仲子避兄离母居于陵，欲沽廉洁之名；微生高乞醯，掠美市恩以归于己，都

① 陈淳：《北溪字义》，北京：中华书局2009年版，第54页。
② 同上。
③ 同上，第56页。

是利于美名。

> 如刘琮以荆州降曹操，则是魏之荆州矣。是时先主未有可据之地，孔明欲取之，以为兴王业之本，此正大义所当然。先主不决以大义，却顾恋刘表之私情，而不忍取，是利也。[①]

在他看来，辞让已之当得的让利之举，以德报怨或市恩以求名的做法，都违背了“义之宜”而出自人情之欲，因而都属于“利”，而不是“义”。他的这些判断或与人们的常识相左，或从常识的眼光看是模棱两可的。就此而论，他对于义利之精微处的辨别，有以春秋之法“决嫌疑”的意味。对于不“义”的做法，只要动机有丝毫不纯，他都认为属于“利”，应予道德谴责：“如齐王好色好货，不与民同，亦是利。凡处父子君臣夫妇兄弟朋友之间，才有一毫自私之心，而不行乎天理之当然，皆是利”[②]。

应该说，陈淳对朱学义利之辨的基本观点作了较为全面的梳理，使之义理畅通、层次分明、条理明晰。辨析之谨严清晰，当为其义利之辨的特色，是其优长，但难免有过于理想、悬之过高之嫌。这种倾向在他关于天理人欲之辨的论说中也有鲜明的表现。如他论“仁”时说：

> 盖人心所具之天理全体都是仁，这道理常恁地活，常生生不息。举其全体而言则谓之仁，而义礼智皆包在其中。自为仁言，才有一毫人欲之私插其间，这天理便隔绝死了，便不得谓之仁。须是工夫至到，此心纯是天理之公，而绝无一毫人欲之私以间之，则全体便周流不息，无间断，无欠阙，方始是仁。[③]

这里陈淳以天理人欲之辨来论仁，这对于发明儒家义理、维护其道德理想的纯粹性都颇有意义。但这是道德形而上的“上达”方向，偏于形而上的义理认取，很难落到生活实际来说。在其道德修养论说中，他有一段话值得注意：

> 人有淡然不逐物欲者，而亦不进于天理，盖其质美而未学，所云者，

① 分见陈淳《北溪字义》，北京：中华书局 2009 年版，第 54 页，第 55 页，第 55—56 页。

② 陈淳：《北溪字义》，北京：中华书局 2009 年版，第 55 页。

③ 同上，第 18—19 页。

止其粗，而未及精，止其显，而未及隐。其不复天理处，便是人欲之根尚在，潜伏为病，未能去之净尽，而犹有阴拒天理于冥冥之间。正如疟疾，寒热既退，而精神不爽，病犹在隐而未全退，盖形气尚为主，天理尚为客也。①

虽淡泊物欲而未达天理，陈淳分析其原因在于“人欲之根尚在”，病根未除，故“形气尚为主，天理尚为客”。这是以理学形而上体系中的“理”“气”关系，来解释未达理想道德境界的原因。这种由形上之论说而指向道德信仰的理路，表现出高度思辨的特点，开辟出相当的哲学深度；但由此生发出的道德要求，无论对人还是对己，都显得陈义过高而难以落实。这种理路可以说是陈淳沿着程朱理学方向的进一步发展。用现在的眼光来看，或许可以给予这样的评价：一方面它是对儒家核心价值的有力辩护，也有利于维护儒家道德理想的纯粹性；其所达到的哲学深度使之具有高度的理论价值，表现出相当的理论解释力。另一方面，它以“圣人可学而至”的新儒学信仰为前提和旨归。信仰本身要求人们切实践行，对于儒者来说就是要通过细致入微的修养工夫去接近乃至达到信仰。这就难免呈现出偏于追求精神境界而忽视事功之弊；而且这种道德要求对一般人来说过于严苛，尤其是在后来程朱理学成为显学的情况下，其适用范围就不再限于持有儒家志向的士人，而是有意无意地被误解或误用为对一般人、对他人的道德要求。这可以说是这种理路进一步发展会产生的实践流弊。陈淳这里已表现出这种倾向，仅就其除去人欲之根的主张而言，它是否会导致“非生人之行，而至死人之理”②的结果呢？

三、程端蒙的经济伦理思想

程端蒙（1143—1191），字正思，号蒙斋，鄱阳（今江西鄱阳）人。起先为江介之高徒，后赴婺源问学于朱熹，领悟理学要旨，著有《性理字训》等。

《性理字训》为启蒙读物。它阐发做人的道理，以诱导存善去恶为目标，

---

① 黄宗羲原著，全祖望补修：《北溪学案》，《宋元学案》卷六十三，北京：中华书局1986年版，第2226页。
② 《庄子·天下篇》。

对于理学观念的普及和传播起到了重要的作用。《性理字训》共428字，从《四书》及朱熹《四书集注》中提炼出命、性、心、情、才、志、仁、义、礼、智、道、德、诚、信、忠、恕、中、和、敬、一、考、悌、天理、人欲、谊、利、善、恶、公、私等三十个范畴，对理性的心性论、道德论、基本德目、工夫论等都作了简明扼要的介绍。这一蒙学读物之中具有经济伦理意义的观念主要是天理人欲之辨、义利公私之说：

> 天命流行，自然之理，人所禀受，五性具焉，是曰天理。人性感物，不能无欲，耳目鼻口，斯欲之动，是曰人欲。无为而为，天理所宜，是之谓谊。有为而为，人欲之私，是之谓利。纯粹无妄，天理之名，是之谓善。凶暴无道，不善之名，是之谓恶。物我兼照，扩然无私，是之谓公。蔽于有我，不能大公，是之谓私。①

短短数语，浅显易懂地介绍了理学中天理、人欲的基本含义以及由此而来的善恶分别，进而与义利、公私的观念相贯通，表达了理学关于天理人欲之辨、义利公私之说的基本立场。这对于普及理学尤其是朱学的相关思想、发挥其社会影响，都具有重要的意义。朱子给予《性理字训》高度评价，认为它“言语虽不多，却是一部大《尔雅》”②。

他与同为朱子门人的董铢(1152—?)合编的《学则》，对于儒者的日常生活提出了具体的规范，其中一些规范更具经济伦理实践的意义。《学则》凡十二条：居处必恭，步立必正，视听必端，言语必谨，容貌必庄，衣冠必整，饮食必节，出入必省，读书必专一，写字必楷敬，几席必整齐，相呼必以齿。每一条又附以简短的说明。不难看出，这些日常生活规范，大多依据《论语》中的孔门记述，加以提炼而来，可以说是儒家基本价值观的具体化。而结合宋代理学的发展及其与禅宗的关系看，《学则》不啻为儒家之“清规”。其中有些规范，虽不是直接针对经济生活而发，却也适用于经济活动的德行，比如：

> 言语必谨。致详审，重然诺，肃声气。
>
> 饮食必节。毋求饱，毋贪味。食必以时，毋耻恶食。非节假及尊命

① 程端蒙：《性理字训》，转引自黄宗羲原著，全祖望补修《沧洲诸儒学案上》，《宋元学案》卷六十九，北京：中华书局1986年版，第2280页。

② 同上。

不得饮，饮不过三爵，勿至醉。

几席必整齐。位置有伦，简帙不乱，书笥衣篋，必谨扃钥。

读书必专一。必正心肃容，以计遍数。遍数已足，而未成诵，必须成诵。遍数未足，虽已成诵，必满遍数。一书已熟，方读一书，毋务泛观，毋务强记。非圣贤之书勿读，无益之文勿观。[①]

就以上数条稍作分析，可概括出如下德行：其一，克制。注重自我约束，可以说是贯穿于以上各条的基本德行，如“致详审”“饮食必节”“简帙不乱”“正心肃容”等。其二，诚信。言语条中的“重然诺”即是言出必行之意。其三，节制。这集中体现在“饮食必节”一条之中。值得注意的是，节制之中也蕴含着节俭的意思，如“毋求饱，毋贪味”“毋耻恶食”等。不过，儒家显然更强调“适度”的意思，而不仅仅是在物质享受方面对量的控制。其四，勤谨敬业。这集中体现在“几席”“读书”这两条。儒者之职为学业，读书一丝不苟，对学习环境和学习用具的整饬和爱护，正是儒者勤谨敬业精神的体现。这些规范都是结合儒者的为学及修养的具体论说，但由此养成的德行如果转而运用于经济活动，就可以在经济生活中体现儒家道德，塑造道德人格与经济成就相结合的“儒商”形象。尤其是考虑到，程董的《学则》同样属于“小学”，是洒扫应对之节，带有普及的性质，那么其中蕴含的这些德行或价值观也可以对经济活动者产生影响。

历史上看，宋代儒家的蒙学已有相当的发展，其“对象不是已受教育的知识阶层，教授者又是社会基层的俚儒，所以虽然蒙学读物和蒙养实践的终极取向是向民众灌输儒家的价值观念，但其传播方式与内容调适无不发生一种转化，从而使得这些蒙学读物的内容混杂不纯，在整体上呈现出一种世俗儒家伦理的形态。在这种世俗儒家伦理之中，伦理训诫与世俗智慧合而为一，使得伦理世俗化，习俗伦理化”[②]。陈来的这一概括，虽不限于宋代而沿至明清，却也说明蒙学价值观的现实影响已逸出儒门范围，扩展至整个社会。而宋代商业兴盛，自此直至明清，“士魂商才”的儒商逐渐兴起并在商业

① 程端蒙：《性理字训》，转引自黄宗羲原著，全祖望补修《沧洲诸儒学案上》，《宋元学案》卷六十九，北京：中华书局1986年版，第2281—2282页。

② 陈来：《中国近世思想史研究》，北京：商务印书馆2003年版，第421页。

领域取得突出成就[1]，其中不无蒙学之影响。

朱子本人也极为注重蒙学，著有《童蒙须知》等。在此意义上，程端蒙的《性理字训》以及程董合编的《学则》，也是对朱子面向世俗方向之思想的继承与发展。对于《学则》的内容，朱子也是极为赞赏的，并为之作跋曰：

> 道不远人，理不外事，故古之教者，自其能食能言，而所以训导整齐之者，莫不有法，而况家塾党庠术序之间乎。彼其学者，所以入孝出弟，行谨言信，群居终日，德进业修，而暴慢放肆之气，不设于身体者，由此故也。是书盖有古人小学之遗意焉。凡为庠塾之师者，能以是而率其徒，则所谓成人有德，小子有造者，将复见于今日矣。于以助成后王降德之意，岂不美哉！[2]

① 参见余英时《士与中国文化》，上海：上海人民出版社 2003 年版，第 445—455 页。

② 黄宗羲原著，全祖望补修：《沧洲诸儒学案上》，《宋元学案》卷六十九，北京：中华书局 1986 年版，第 2282 页。

第四章

南宋其他思想家的经济伦理思想

如前所述，南宋始终处于战争和外族入侵威胁下，经济政治式微，但这似乎正好成为思想界群星璀璨的温床，呈现出思想异常活跃的状况。《宋元学案》指出，“乾、淳诸老既殁，学术之会，总为朱、陆二派，而水心断断其间，遂称鼎足”[①]。也就是说，南宋学术，大体呈三足鼎立之势，分别以朱子、陆九渊和叶适为代表。陆九渊为心学开山，叶适则为事功学派的集大成者。以下分别论述这两派的经济伦理思想。

第一节 陆九渊的经济伦理思想

陆九渊(1139—1193)，字子静，号象山，抚州金溪(今属江西)人；南宋著名的理学大师，宋明“心学”的开山祖师。后人将其著述编为《象山先生全集》。

作为“心学”祖师，陆九渊与朱熹齐名，同属宋代新儒学的范围，但见解多有不合。朱子主“性即理”；陆九渊则“心即理”，其中的“心”指本心。两者在进学方法以及对儒学经典的处理方式上也存在明显的差异。鹅湖之会后，朱陆异同成为理学发展史上颇受关注的论题。陆九渊的经济伦理思想，与朱子也是同中有异。以下分述之。

一、对义利之辨的阐发

陆九渊颇重义利之辨，《语录》的一段记载可资佐证：

> 傅子渊自此归其家，陈正己问之曰：“陆先生教人何先？”对曰：“辨志。”正己复问曰：“何辨？”对曰：“义利之辨。”若子渊之对，可谓切要。[②]

这段记载表明，陆九渊对弟子的教导，是从引导其志向入手，其内容则是义利之辨。所谓“志”，在理学中的基本解释是“心之所之”。在陆九渊这

① 黄宗羲原著，全祖望补修：《水心学案》，《宋元学案》卷五十四，北京：中华书局1986年版，第1738页。

② 《语录上》，《陆九渊集》卷三十四，北京：中华书局2010年版，第398页。

里,"志"与"心"的联系尤为紧密。他反复申言,学者当"先立其大者";还曾说,"志小不可以语大事"[①]。结合这些说法来看,陆九渊重在从学者用心的角度来谈义利之辨,与其心学的基本思路是一致的。其留存下来的义利论说,集中体现在对孔子"君子喻于义,小人喻于利"的阐发:

> 非其所志而责其习,不可也;非其所习而责其喻,不可也。义也者,人之所固有也。果人之所固有,则夫人而喻焉可也。然而喻之者少,则是必有以夺之,而所志所习之不在乎此也。孰利于吾身,孰利于吾家,自声色货利至于名位禄秩,苟有可致者,莫不营营而图之,汲汲而取之,夫如是,求其喻于义得乎?君子则不然,彼常人之所志,一毫不入于其心,念虑之所存,讲切之所及,唯其义而已。夫如是,则亦安得而不喻乎此哉?然则君子之所以喻于义者,亦其所志所习之在是焉而已耳。[②]

陆九渊的这段阐发,与其说是对孔子名言的义理解释,不如说是围绕"君子为什么喻于义"这一问题,通过层层追问来说明其中的义理,鲜明地体现了其"六经注我"的风格。其脉络可分析如下:其一,先通过层层追溯点出"义利之别"的关键在于"所志":由"所喻"溯因至"所习",进而"所志"。其二,指出"喻于义"的可能性或者说能力来自人自身,即"义为人之所固有"。其三,转而说明现实生活中少有"喻于义"的君子,正在于常人志在世俗名利,为求利之心所驱使。这也从反面突出了"君子喻于义"虽为义理之应当、本有之可能,但必须对之有必要的自觉。其四,最后指出君子如何做到"喻于义",亦即由立志、践习而一贯地表现于其人生各方面。应该说,陆九渊从君子小人之别的角度对义利之辨的内在理路做出了细致入微的阐释。针对不同的论说对象及其实际情况,他的这一理路还可呈现为更为具体生动的说法。在应朱子之邀于白鹿洞书院讲演时,陆九渊先申明对于"君子喻于义"的解说,接着说道:

> 科举取士久矣,名儒钜公皆由此出。今为士者固不能免此。然场

---

① 《语录下》,《陆九渊集》卷三十五,北京:中华书局2010年版,第433页。

② 《语录上》,《陆九渊集》卷三十四,北京:中华书局2010年版,第377页。

屋之得失，顾其技与有司好恶如何耳，非所以为君子小人之辨也。而今世以此相尚，使汩没于此而不能自拔，则终日从事者，虽曰圣贤之书，而要其志之所乡，则有与圣贤背而驰者矣。推而上之，则又惟官资崇卑、禄廪厚薄是计，岂能悉心力于国事民隐，以无负于任使之者哉？从事其间，更历之多，讲习之熟，安得不有所喻？顾恐不在于义耳。诚能深思是身，不可使之为小人之归，其于利欲之习，怛焉为之痛心疾首，专志乎义而日勉焉，博学审问，慎思明辨而笃行之。由是而进于场屋，其文必皆道其平日之学、胸中之蕴，而不诡于圣人。由是而仕，必皆共其职，勤其事，心乎国，心乎民，而不为身计。其得不谓之君子乎。[①]

这一段义利之辨的说法，正是针对儒生的实际。它指出，要做君子，不在于求仕途之成功，而在于发挥本心之作用，将儒家所谓人之为人的价值体现于其为学及其现实的政治社会生活。陆九渊关于义利之辨的白鹿洞讲演，取得了很好的效果，听者深受感动；朱子也对之评价道："至其所以发明条畅，则又恳到明白，而皆有以切中学者隐微深痼之病，盖听者莫不悚然动心焉。"[②]必须指出的是，其义利之辨，所要排斥的并非现实的事功，而是利欲之心与习。换句话说，是先要立起做人的精神方向，以人主事，则事功恰所以体现做人之精神。而且在社会政治方面，陆九渊也颇重事功。详见第三部分。

当然，陆九渊还从其他方面谈论义利关系，如有"尝以义利二字判儒释，又曰公私，其实即义利也"[③]"义之所在，非由外铄，根诸人心，达之天下"[④]"若已汩于利欲，蔽于异端，逞志遂非，往而不反，虽复鸡鸣而起，夜分乃寐，其为害益深，而去道愈远矣"[⑤]等说法，但大多较简略，也鲜少发挥。

要之，陆九渊对义利之辨的阐发，侧重"志"的角度；其中阐发的义理深切明白，体现了他对儒家义利观的独特贡献，在后世也产生了较大的影响。

---

① 《大学春秋讲义》，《陆九渊集》卷二十三，北京：中华书局2010年版，第276页。

② 同上。

③ 《与王顺伯》，《陆九渊集》卷二，北京：中华书局2010年版，第17页。

④ 《大学春秋讲义》，《陆九渊集》卷二十三，北京：中华书局2010年版，第279页。

⑤ 《与赵然道》，《陆九渊集》，卷十二，北京：中华书局2010年版，第156页。

二、对理欲之辨的诘难

对于程朱学派的理欲之辨，陆九渊明确表示反对。他说：

天理人欲之言，亦不是至论。若天是理，人是欲，则天人不同矣。此其原盖出于老氏。《乐记》曰："人生而静，天之性也；感物而动，性之欲也。物至知之，而后好恶形焉。不能反躬，天理灭矣。"天理人欲之言盖出于此。《乐记》之言亦根于老氏。且如专言静是天性，则动独不是天性耶？《书》云："人心惟危，道心惟微。"解者多指人心为人欲，道心为天理，此说非是。心一也，人安有二心？自人而言，则曰惟危；自道而言，则曰惟微。罔念作狂，克念作圣，非危乎？无声无臭，无形无体，非微乎？①

谓人欲天理，非是。人亦有善有恶，天亦有善有恶，岂可以善皆归之天，恶归之人。此说出于《乐记》，此说不是圣人之言。②

人生而静，天之性也；感物而动，性之欲也。是为不识艮背行庭之旨。③

在陆氏看来，理学的天理人欲之辨是有问题的，其从根本上说并未站在儒家立场上说话，而是暗合道家意旨。从这几段论说看，其理由可梳理如下：首先，他指出理欲之辨的最初出处是《礼记·乐记》中的一段。虽然一般认为《礼记》属于儒家典籍，但按照陆氏"六经注我"的风格，并不以为然，而是认为至少这一段不是"圣人之说"而属于道家观点。其次，之所以做出如此判定，是因为他认为这不符合儒家的根本精神。按照他的理解，人之"动"与"静"都应该出于天性，而不当分立为二截。按其前后语意，"动"与"静"很可能在他看来相当于《中庸》所谓行为之"外"与"内"。再次，从最后一段看，之所以认定其意旨是道家的，是因为他认为，《乐记》的这一段根本上否定了现实生活的价值，而落到"虚""静"上说，这一理由可归结为"不识艮背行庭之旨"。有必要对这一理由做进一步解释，以明确陆九渊的意思。按照其

① 《语录上》，《陆九渊集》卷三十四，北京：中华书局2010年版，第395—396页。
② 《语录下》，《陆九渊集》卷三十五，北京：中华书局2010年版，第463页。
③ 《语录上》，《陆九渊集》卷三十四，北京：中华书局2010年版，第425页。

《语录》记载："复斋看伊川《易传》解'艮其背'，问某：'伊川说得如何？'某云：'说得鹘突。'遂命某说，某云：'"艮其背，不获其身"，无我；"行其庭，不见其人"，无物。'"[①]程颐对"艮"之卦辞的解释，正是要突出"去欲"的意思；陆氏对此的评价是"鹘突"，即模糊不清，认为这是将其解说成一种"无我无欲"的虚无状态，故判定为道家之意旨。最后，天理人欲说，其义理不通之根本在于将"心"析之为二，即人心与道心，由此善之根源在天，恶之根源则归于人。总之，在陆氏看来，天理人欲说不仅义理之来源不当，而且贯穿其中的根本精神并非儒家，而是道家。

但陆九渊所反对的，未必就是理欲之辨蕴含的经济伦理主张。按照此前对二程及朱熹理欲之辨的解说，其主要主张还是"寡欲"，而不是根本否定人的基本物质欲望。在解释孟子"养心莫善于寡欲"时，陆九渊也说：

> 将以保吾心之良，必有以去吾心之害。何者？吾心之良吾所固有也。吾所固有而不能以自保者，以其有以害之也。有以害之，而不知所以去其害，则良心何自而存哉？故欲良心之存者，莫若去吾心之害。吾心之害既去，则心有不期存而自存者矣。
>
> 夫所以害吾心者何也？欲也。欲之多，则心之存者必寡；欲之寡，则心之存者必多。故君子不患心之不存，而患夫欲之不寡。欲去则心自存矣。[②]

由此可见，就天理人欲说而言，陆九渊不反对程朱理学的主要主张，所反对的只是天理人欲的提法，而要求依循孟子传统中将"养心"与"寡欲"相对待的说法。根本上说，其所反对的是：程朱理学从形而上的维度对"心"或"本心"作进一步分析，由此剖出人心与道心、天理与人欲。这种立场乃其心学之根本观点，即"心即理"。由是之故，他反对"天理"的提法，而只提"理"或"公理"；对于"欲"，也不提"人欲"，而只说"利欲"或"私欲"。从他对于

---

① 《语录上》，《陆九渊集》卷三十四，北京：中华书局 2010 年版，第 419 页。另附程颐解"艮"："人之所以不能安其止者，动于欲也。动牵于前而求其止，不可得也。故艮之道，当艮其背。所见者在前，而背乃背之，是所不见也。止于所不见，则无欲以乱其心，而止乃安。不获其身，不见其身也，谓忘我也。无我则止矣。不能无我，无可止之道。行其庭不见其人：庭余之间，至近也。在背，则虽至近不见，谓不交于物也。外物不接，内欲不萌，如是而止，乃得止之道，其道光明。"（见《二程集·周易程氏传》第四，北京：中华书局 2004 年版，第 968 页。）

② 《养心莫善于寡欲》，《陆九渊集》卷三十二，北京：中华书局 2010 年版，第 380 页。

“理”的解说可见一斑。他说：

四端者，即此心也；天之所以与我者，即此心也。人皆有是心，心皆具是理，心即理也。[1]

盖心，一心也。理，一理也。至当归一，精义无二，此心此理，实不容有二。故夫子曰：“吾道一以贯之。”孟子曰：“夫道一而已矣。”又曰：“道二，仁与不仁而已矣。”如是则为仁，反是则为不仁。仁即此心也，此理也。求则得之，得此理也；先知者，知此理也；先觉者，觉此理也；爱其亲者，此理也；敬其兄者此理也；见孺子将入井而有怵惕恻隐之心者，此理也；可羞之事则羞之，可恶之事则恶之者，此理也；是知其是，非知其非，此理也；宜辞而辞，宜逊而逊者，此理也；敬此理也；义亦此理也；内此理也，外亦此理也。故曰：“直方大，不习无不利。”孟子曰：“所不虑而知者，其良知也；所不学而能者，其良能也。此天之所与我者，我固有之，非由外烁我也。”故曰：“万物皆备于我矣，反身而诚，乐莫大焉。”此吾之本心也。所谓安宅、正路者，此也；所谓广居、正位、大道者，此也。[2]

由此可见，陆九渊所谓“心即理”，是紧扣孟子所谓“四端”来说的。这种意义上的“心”，是就人之道德本源而言的，亦即其所谓“本心”，是指人本有的道德能力。“理”则为本心所表现的四个基本方面，即恻隐、羞恶、辞让、是非。也就是说，“理”无非“心”之表现，就其道德特点讲有“四端”之名，总体上说则为“心”之表现的一体之四面；在此意义上，“理”为“心”所涵摄，“心”为体，“理”为用。这种本源性的道德能力是每个人都具备的，也都可有上述四个基本方面的表现。因此，他说，“人皆有是心，心皆具是理。”“一心”“一理”“不容有二”，一方面是强调人之性善能力同出一源而无高下之别，现实中的善恶不一，只是其是否发挥或是否愿意以“心”为主宰的问题；另一方面也彰显了儒家即体即用、体用不二之宗旨，进而知行合一之精神。从道德表现或实践上说，“四端”之“理”既为一“心”之表现，也应该是统一的，即可涵摄于“仁”。重心落在此“仁”此“理”实为人之共有而言，则是一以贯之之“人道”。由此观点来看，程朱学派“天理”的提法，恰是认定，存在着某种可脱离

---

① 《与李宰》，《陆九渊集》卷十一，北京：中华书局2010年版，第149页。

② 《与曾宅之》，《陆九渊集》卷一，北京：中华书局2010年版，第4—5页。

"心"来表现的"理",而且此"理"在价值本源的次序上优先于"心"。在陆氏看来,这是脱离"心"体的虚说,乃道家而非儒家之趋向。而发生这一问题的根本原因则在于,为了强调人之道德本源的共有性,及其表现方式"道"之共性,离"心"而言"理",离"体"而言"用"。因此,陆九渊说:

以理处心,以理论事。[①]

理之所在,固不外乎人也。而人之生,亦岂能遽明此理而尽之哉?[②]

学者求理,当唯理之是从,岂可苟私门户?理乃天下之公理,心乃天下之同心,圣贤之所以为圣贤者,不容私而已。[③]

"理"内在于人的道德生命,必须由人来表现;而人对于"理"的体认与表现,则有尽与不尽之别,需要一个通过人事历练而逐步深入和展开的过程。质而言之,人人都有表现"理"的能力,但表现到何种程度、是否充分,其关键在于在现实生活中是否"不容私",即不以私意去表现,但容许人所共有之"理"做主宰,予之以优先的地位。这样来谈"理",讲求的是体现于人生的"实理",而不是虚悬的"天理"。因此,陆九渊说:

古人自得之,故有其实。言理则是实理,言事则是实事。德则实德,行则实行。吾与晦庵书所谓"士人质实,不尚智巧,言论未详,事实先著,知之为知之,不知为不知。所谓'先知觉后知,先觉觉后觉'者,以其事实觉其事实,故言即其事,事即其言,所谓'言顾行,行顾言'。周道之衰,文貌日胜,事实湮于意见,典训芜于辨说。揣量模写之工、依放假借之似,其条画足以自信,其习熟足以自安。以子贡之达,又得夫子而师承之,尚不免此'多学而识之'之见,非夫子叩之,彼固晏然而无疑,'先行'之训,'予欲无言'之训,所以觉之者屡矣,而终不悟。夫子既殁,其传固在曾子,盖可观矣"。况其不工不似,不足以自信、不足以自安者乎![④]

如果说前面的论说揭示的是"天理人欲"说在义理上的不当,那么这一段针对的就是"天理人欲"说在实践上的流弊。究其实,"存天理,灭人欲"是

① 《与黄循中》,《陆九渊集》卷十二,北京:中华书局2010年版,第169页。

② 《学古入官议事以制政乃不迷》,《陆九渊集》卷三十二,北京:中华书局2010年版,第379页。

③ 《与唐司法》,《陆九渊集》卷十五,北京:中华书局2010年版,第196页。

④ 《与曾宅之》,《陆九渊集》卷一,北京:中华书局2010年版,第5页。

对照着道德本源来净化心灵，是“上达”的路线，偏重形而上的体认。按照陆氏的理解，这很可能流入空谈性理而忽视实事的弊病，不足以挺立现实的道德人格。因此，在道德修养上，他要强调切“实”，讲求“实理”“实事”“实德”“实行”。

基于以上论述，对于陆九渊对程朱理学理欲之辨的诘难，可作进一步的概括与辨析：其一，认为其观点源自道家。必须注意的是，陆九渊指出这一点的目的，并不是要将道家排斥为异端[①]，而是反对理欲之辨蕴含的道家“虚静”之宗旨。其二，理论上说，他认为程朱的理欲之辨的缺点主要有二：一是析“心”与“理”为二，进而对于人心与道心、天理与人欲的解说陷入支离；二是重“上达”而失于一偏，其所论之“天理”流为空悬而难以与现实生活交涉。其三，实践上看，理欲之辨也容易产生空谈性理而忽视实事之流弊。

从现在的眼光来看，陆九渊的诘难虽不无基于其心学立场的主观认定，却也切中了程朱理欲之辨之中存在的一些问题。当然，这不意味着应该根本上否定理欲之辨的经济伦理蕴含及其理论与实践上的活力。在一定程度上可以说，一种理论观点要有活力，就必须在不断的理论质疑与实践背景的转换中予以推进；认定能够一劳永逸地完美解决某一理论问题，可能只是一种理论的乌托邦。如对于陆九渊的诘难，朱熹认为有粗疏之嫌，下语也有未莹之处。应该说，朱子的反驳也是有一定道理的。而后世尤其是近代以来对程朱理欲之辨多持否定与批判态度，其理由大多可追溯至陆九渊的诘难。

三、实学、实行以求实效的事功精神

陆九渊虽然颇重义利之辨，但也重视事功与社会经济的发展。这两者并不矛盾，其关键在于如何保持两者之间的张力，理清论说的层次与角度。这也是儒学的一个基本面向，即讲求实务，积极入世。它与宋代新儒学力求建立道德形而上学、确立儒家信仰的面向，是可以并行不悖的。这在陆九渊这里表现得尤其突出。

---

① 相反，在判教的问题上，陆九渊较程朱宽容。如他曾说：“天下之理但当论是非，岂当论同异。况异端之说出于孔子。今人卤莽，专指佛老为异端。”见《与薛象先》，《陆九渊集》卷十三，北京：中华书局 2010 年版，第 177 页。

首先，就个人而言，为学贵在践履，知必见之于行，学问应切实而付诸实际。他说：

为学有讲明，有践履。《大学》致知、格物，《中庸》博学、审问、慎思、明辨，《孟子》始条理者智之事，此讲明也。《大学》修身正心，《中庸》笃行之，《孟子》终条理者圣之事，此践履也……讲明之未至，而徒恃其能力行，是犹射者不习于教法之巧，而徒恃其力，谓吾能至于百步之外，而不计其未尝中也……然必一意实学，不事空言，然后可以谓之讲明。若谓口耳之学为讲明，则又百圣人之徒矣。①

讲明与践履，对应于"知"与"行"，乃为学一体之两面。换言之，为学必求知行合一，于"行"中求"知"，"知"亦必付诸"行"。就这段论述而言，陆九渊又意在强调"行"或者说践履的一面。"终条理"、射者应当考虑其是否切中鹄的，都透露出这样的意思：其所主张的践履是要讲求实效的。陆九渊以儒家经典为据正可以说明，重践履以求实效乃儒学的思想传统。

其次，就社会治理而言，"实行"是王者治天下的历史传统。故儒学也讲经世致用，力求"兼善天下"。他说：

圣人备物制用，立成器以为天下利。是故网罟、耒耜、杵臼作，而民不艰于食；上栋下宇以待风雨，而民不病于居；服牛乘马，刳舟剡楫，而民得以济险；弦弧剡矢，重门击柝，而民得以御暴。凡圣人之所为，无非以利天下也。二《典》载尧舜之事，而命羲和授民时，禹平水土，稷降播种，为当时首政急务。②

或言介甫不当言利。夫《周官》一书，理财者居半，冢宰制国用，理财正辞。古人何尝不理会利？但恐三司等事，非古人所谓利耳。③

古代圣王以利天下为急务，体现出追求事功的精神。而对王安石的评论表明，陆九渊的观点是，事功或功利本身是应当追求的，不过他强调应该出于发展社会经济的目的，而不是为了满足个人或一家一姓之私欲。

---

①《与赵咏道》，《陆九渊集》卷十二，北京：中华书局 2010 年版，第 160 页。

②《问策》，《陆九渊集》卷二十四，北京：中华书局 2010 年版，第 290—291 页。

③《语录下》，《陆九渊集》，卷三十五，北京：中华书局 2010 年版，第 442 页。

最后,在社会经济的层面,儒家的功利追求属于德治的一个基本方面,与法家的功利追求有着根本的区别。从他对王安石变法与商鞅变法的比较可见一斑:

> 或曰:"介甫比商鞅如何?"先生云:"商鞅是脚踏实地,他亦不问王霸,只要成事,却是先定规模。介甫慕尧舜三代之名,不曾踏得实处,故所成者,王不成,霸不就。本原皆因不能格物,模索形似,便以为尧舜三代如此而已。所以学者先要穷理。"[①]

商鞅变法体现的是法家的事功精神,以求功利为务,而不考虑其是否合乎道德。王安石虽追求儒家的王道政治,但仅求其名而无实,形似而神离。如果把两者分别视为法家与儒家追求事功之代表,那么由上述评论可见儒法事功精神之别:法家是以功利本身为目的,只求实效,而不论是否以道德的方式取得;儒家也追求功利,力图成事,但是以德为本,强调要以道德的方式求利。不过,在陆九渊看来,王安石并非醇儒,未得儒家德治之精神;毋宁说是摇摆于儒法之间的政治家,无法成就德治之事功。他说:

> 荆公之学,未得其正,而才宏志笃,适足以败天下。[②]
>
> 读介甫书,见其凡事归之法度,此是介甫败坏天下处。尧舜三代虽有法度,亦何尝专恃此。又未知户马、青苗等法果合尧舜三代否。[③]

陆九渊认为,"凡事归之法度",乃王安石败坏天下之处,也可说是其未得儒家德治要领的主要表现。尧舜之治代表着儒家德治的理想。其中法度虽具但所起的只是辅助作用,主要还是要依靠有德有才的社会治理者实施相关法度,根据具体情况来调整和运用;否则即使是好的法度只是徒具形式的空架子,无法落实。此即儒家"有治人,无治法"的基本蕴含。德治的另一方面则在于,法度本身的设计必须与道德的目的相一致,须服务于民生,而不是少数特权者谋利的资具。正是在此意义上,陆九渊指出,荆公新法不合"尧舜三代"。

---

① 《语录下》,《陆九渊集》卷三十五,北京:中华书局2010年版,第442页。

② 《与薛象先》,《陆九渊集》卷十三,北京:中华书局2010年版,第177页。

③ 《语录下》,《陆九渊集》卷三十五,北京:中华书局2010年版,第441页。

从经济伦理的角度看，陆九渊"实学、实行以求实效"的事功精神，力图把经济考虑与道德考虑相结合。在个人生活的层面，要求知行合一，并强调"行"不仅是"力行"，应付出切实的努力，而且要看实际效果。在社会经济的层面，根本上说是在坚持儒家的德治传统，一方面经济政策要出于利天下的道德目的，切实起到改善民生之效；另一方面，这样的经济政策要真正落实，其关键在于有德有才的社会经济管理者根据具体情况的恰当把握。在相当程度上，这些观点可视为对古典儒家德治传统的重申，但在宋代的思想背景下有着特别的意义，对于其时的两种重要趋向起着一定的纠偏作用：一方面，它针对程朱理学重讲明的趋向，而要求学问见诸践履，力求实效，避免沦为空疏之论辩；另一方面，它针对王安石变法及其影响，认为对于社会功用的追求应以德为本，相关政策的指导思想、推行及其实施都应以合乎道德的方式来进行。根本上说，它是要在儒家德治的范围内寻求道德考虑与功利追求的平衡。但究竟该如何平衡、在实践中如何操作，陆九渊很少关注，也没有提出具有建设性的观点。就此而论，他虽然切中了主流观点的一些弊病，但不说明这些问题，其所谓"实学、实行、实效"很大程度上就只是一厢情愿的想法，可视为折衷于程朱学派与下一节要讨论的功利学派之间的理论观点。

第二节　南宋功利学派的经济伦理思想

宋代之思想，就其发展以及对后世的影响看，新儒学无疑占据着最重要的地位。但新儒学的主要贡献在于哲学与伦理，或者说道德形而上学；其经济伦理思想主要表现在个人生活与修养方面，在社会政治经济方面的思想并不突出，基本上是沿袭传统儒家的观点，鲜少斩获。若从社会政治经济的角度看，则可能有不同的评价。萧公权指出：

> 宋代政治思想之重心，不在理学，而在与理学相反抗之功利思想。此派之特点在斥心性之空谈，究富强之实务。其代表多出江西浙江。北宋有欧阳修、李觏、王安石，南宋有薛季宣、吕祖谦、陈傅良、陈亮、叶

适等。而安石主持新法开“维新”之创局，尤为其中之巨擘。按经世致用，本为儒学之传统目的。然先秦汉唐之儒多注重仁民爱物、休养生息之治术。一遇富强之言，即斥为申商之霸术，不以圣人之徒相许。后汉王符、荀悦诸人虽针砭衰政，指切时要，然其所论亦不过整饬纲纪，补救废弛诸事。积极有为之治术，固未尝为其想像之所及。至两宋诸子乃公然大阐功利之说，以与仁义相抗衡，相表里，一反孟子、董生之教。此亦儒家思想之巨变，与理学家之阴奉佛老者取径虽殊，而同为儒学之革命运动。①

对于宋代儒家的功利学派，萧先生给予几乎与理学同等的思想地位，这固然不无民国时期中国备受列强欺凌而欲富强之考量，但主要还是基于功利学派对于儒学思想发展的独特贡献。按萧先生的观点，两宋之功利思想，为儒学政治经济思想前所未有之突破。究其突破之因，则与宋代社会政治经济发展之时势有莫大的关联。对此，本书第一章已有所说明，这里略作补充，以进一步说明宋代功利思想发生的时代背景。

宋太祖立国之初，中国实际上并未得到真正的统一，外患严重。燕云十六州一直未被收复，辽国势大，宋太宗为收复幽州与之多次交战而不克。真宗即位，有与辽议和之意；而辽国趁势反攻，一路攻之澶州(今河南濮阳)，真宗不得已而以向辽纳币帛为条件，缔结澶渊之盟，以求苟安。西夏也屡次内侵，仁宗庆历二年，“元昊请臣，朝廷亦已厌兵，屈意纳抚，岁赐缯茶增至二十五万。而契丹邀割地，复增岁遗至五十万”②。

另一方面，宋太祖鉴于唐五代王朝短命之教训，惩于兵强之弊，奉行“弱兵”的指导思想。“务弱其兵，弱其将以弱其民”，“悉变雄武可用之材为偷惰文弱之卒。内不足以为乱，则外亦不足以御侮”③。弱兵以防内乱，又不得不兴兵以御外患；这一进退失据之政策，却是以巨额的军费开支、岁贡资敌来支撑的，由此造成积弱积贫之局面。迄及南宋，这一局面并未改观，反成积重难返之势。主战无胜算，和议则加重局面之危急。

---

① 萧公权：《中国政治思想史》，北京：新星出版社 2005 年版，第 296 页。
② 《宋史》卷一七九，《食货志下》。
③ 萧公权：《中国政治思想史》，北京：新星出版社 2005 年版，第 296 页。

就思想界的状态而言，理学之兴，虽以其哲学之创进而重建儒家之信仰，但对于实际的政治经济问题则缺乏创新之贡献而于局势无补。宋代的功利思想，正是受此时势之激发。“南宋则受时势之刺激更深，而兼为理学之发动。”在南宋功利学派看来，“朱陆一切心性仁义之说，不啻儒家之‘清谈’，足以致中原之沦丧而莫可挽回。”[①]因此，他们多搁置心性修养之谈，而以富强之策略为重。

两宋功利之学，北宋以王安石为代表，南宋则以永嘉、永康诸子为杰出，其中蕴含丰富的经济伦理思想。须先交代的是，事功学派的经济伦理思想主要表现在社会政策的层面，而宋代的经济政策实际上附属于政治考量而缺乏独立性。用现在的眼光来看，他们的经济伦理思想在很大程度上属于政治经济学的范畴，必须以考察他们的政治主张为前提或背景，才能真正把握其经济伦理观念。因此，本节论述方式将有所调整，对于其各自政治主张的论述可能会占相当的篇幅。

本卷第二章已经论述王安石的经济伦理思想。本节主要论述永嘉、永康功利之学（亦可合称为浙东事功学派）的经济伦理思想。永嘉功利之学始于薛季宣，以叶适的影响最大；永康之学则以陈亮为代表，影响也最大。以下以这三位思想家为代表，分述其经济伦理思想。

一、薛季宣“利者义之和”的经济伦理思想

薛季宣（1134—1173），字士龙，永嘉（今浙江温州）人，号艮斋，学者称艮斋先生。历任鄂州武昌令、大理寺主簿、大理正、湖州知州，后改常州，未赴而卒。作为永嘉学派的创始人，薛季宣反对空谈义理，致力于田赋、兵制、地形、水利，以为经世致用之道。著有《春秋经解指要》《大学解》《书古文训义》《浪语集》等。史学家吕祖谦曾给予薛季宣很高的评价，在写给朱子的书信中提到，薛士龙“胸中坦易无机械，勇于为善，于世务二三条，如田赋、兵制、地形、水利甚曾下工夫，眼前少见其比”[②]。可以说，薛季宣是一位关心实务、

---

① 萧公权：《中国政治思想史》，北京：新星出版社2005年版，第297页。

② 吕祖谦：《东莱吕太史别集》卷七，《与朱侍讲》。

有志于建功立业的儒者，其经济伦理思想表现出鲜明的功利特色。

首先，薛季宣主张，学者当用心于事功，致力于改变贫弱之国势。其时程朱心性之学大兴，为一时显学。薛氏的主张不无针对这一趋向的用意。他说：

> 儒者喜言《中庸》《大学》，未为过当，然而陈言长语，谁不云然，朝夕纷纭，亦可厌也。[①]
>
> 古人以为洒扫应对进退之于圣人，道无本末之辨，《中庸》"曲能有诚"之论，岂外是哉？学者眩于"诚明明诚"之文，遂有殊途之间。且诚之者人之道，安有不由此而能至于天之道哉？今之异端，言道而不及物，躬行君子，又多昧于一贯，不行之叹，圣人既知之矣。[②]

这两段显然是针对偏重心性之谈而忽视实事的趋向而发。作为程门弟子，薛季宣并不否认心性之学的价值，但认为不能因此忽视"下学"的重要性。为此，他对《中庸》做出了迥异于理学的解读。按照理学的解读，"自诚明"乃"尧舜性之"，为"生而知之"者；"自明诚"乃"汤武身之"者，为"学而知之"者。前者为天生圣人，后者则是通过后天学养而变化气质、成就性善，其中暗含前者较后者高明的意思。薛氏一反理学陈说而认为，把"诚明明诚"理解为存在着不同路径的差别，其实是误读。在他看来，只存在"下学而上达"这一条途径，要确立性善之道德信仰，完成性善之人格，"下学"乃必经之路，因为"诚之者人之道"，达天道必经人道。他拈出"下学"亦即《中庸》"致曲"之路线，强调它与成就圣人人格这两者应该是结合在一起的，无本末高下之别。"言道而不及物"，亦即离开现实的人事而汲汲于形上之论，实际上是偏离儒家精神的异端。总之，他一方面批评理学忽视实事的倾向，另一方面强调"下学"与身体力行的重要性。这一立场，又与他对现实政治经济问题的关心紧密相关。对于南宋的政治局面以及"和"与"战"之争，他说：

> 某闻待敌之计，和与战，攻与守而已也。四者交修，可以无敌于天下，有其次者，择一而固守之，然后事功可立，未有四者并弃，苟安朝夕，

---

① 《与王枢密札子》，《薛季宣集》卷十七，上海：上海社会科学院出版社 2003 年版，第 205 页。

② 《抵沈叔晦》，《薛季宣集》卷二十五，上海：上海社会科学院出版社 2003 年版，第 332 页。

以待敌人以自毙，而事能克济以终得志于口原者……为今国家之计，和、攻之事盖难言也矣，惟战与守，皆不得已而后动，是特不可废者。[①]

薛季宣显然不满于南宋王朝苟安的态度，而力主积极有为之指导思想，在四种策略之间有所选择，由此成就事功。结合现实情况，他认为，当退而求其次，奉行“主战而固守”的策略，以徐图之。这一对外防御的战略，是以内部励精图治的事功精神为支持的。因此，他说，“中原机会，未有间隙可乘。为邦之道，自治为急，敌之强弱，非所当问”[②]。这就是说，当时南宋实力尚弱，要争得收复失地的机会，只有加强内政之治理，使自己变得富强。

其次，基于追求事功的精神，他提出“利者义之和”的义利观点。在评论《大学》的生财之道时，他说：

谋大者尚皆不暇谋小，况君子而可争利于民乎！聚敛之臣不知义之所在，害加于盗，以争利于民也。民争利而至于乱，则不可救药矣。言利而析秋毫，必非养其大者之人也。所见之小，恶知利义之和哉。唯知利者为义之和，然后可与其论生财之道。[③]

程朱理学及陆氏心学的义利之辨，是宋代儒家内部占主导的观点；它们多从道德修养的角度切入，就人格高下立论，属于内圣之学的范围。这里薛季宣提出“利者为义之和”的说法，则是要重申儒家关于社会经济分配的观点，属于外王的事功范围。形式上看，春秋时代也有“义所以生利”“义以建利”“义者，利之本”等说法；不过在这种义利统一观之中，“义”其实也是指“利”，即“大利”“宗室之利”，这是在西周宗法观念的背景下展开的[④]。薛氏的“利者义之和”，虽然形式上或许借鉴了春秋时期的一些说法，但结合《大学》此段之本义及以上引文看，表达的内容显然有别：它一方面要求儒者的道德修养化为廉洁的政治操守，心怀天下苍生，以民生为务，而不是服务于一己或王室之私利；另一方面从社会秩序的稳定来考虑，经济管理者不得利

① 《与汪参政明远书》，《薛季宣集》卷二十二，上海：上海社会科学院出版社2003年版，第279页。

② 《再上汤相》，《薛季宣集》卷二十一，上海：上海社会科学院出版社2003年版，第264页。

③ 《大学解》，《薛季宣集》卷二十九，上海：上海社会科学院出版社2003年版，第409页。

④ 参见阮航《儒家经济伦理研究》，北京：中国社会科学出版社2013年版，第122—126页。

用其特权，而与民众争利[1]。值得注意的是，薛氏的上述解释并没有拘泥于《大学》“国以义为利”的观点，“谋大者尚皆不暇谋小”等论述，蕴含着把“义”本身也看成是“大利”的意思，或者说政治生活的任务正在于为天下人谋利。在一定意义上，薛氏对《大学》义利观的诠释，融合了春秋时期义利统一的观点，富有新意，呈现为一种功利取向的社会价值观。

最后，薛季宣不仅秉持功利的价值取向，而且勤研实务，对社会政治、经济、军事等各方面治理方法都提出了自己的见解，开永嘉经制之学之先河。这里的“经制”，是指《周礼》《周易》《尚书》《春秋》等儒家典籍中记载的典章制度。薛季宣阐发其中的制度精神，形成了一套旨在用于实际的国家治理观念。叶适称之为“制度新学”。其中关于各种经济政策的观点，蕴含着丰富的经济伦理思想。大体可分为如下两个方面[2]：

其一，“重民生，薄赋税”的经济伦理思想，这集中体现于他对当时各项政策的评论之中。如对于宋代的杂税经总制钱，他指出这是一种不合理的摊派，给民众生活带来额外的负担。尤其是其分隶之法的施行，是“复于非法之外，又为非法之求”[3]。因此，他曾多次上书请求废除。另外，对于其时的武昌屋租、德安牛租、温州淹田租等，他同样也出于危害民生的理由而提出批评。他还评论了当时的多种商业制度。如对于永嘉太守推行的万户酒法，在推行之初，薛季宣是支持的，认为这种酒业专卖法可以避免私酿，有利于社会稳定；但推行之后，他发现这使得酒业定价权掌握在极少数富户手中，成为豪强敛财之途径，加剧贫富分化和社会矛盾。他说，“今以田赋酒禁之弛，惟市中游手与坊场之败阙者便之”[4]。针对税费征收中“科折不均”与“丁绢催扰”的弊端，他提出“添置飞子”的解决方法。由此使杂税的征收有证验可循，防止胥吏从中谋取私利而妨害民生。不难看出，薛氏的这些批评与主张，都是从关心民生出发，旨在防止社会贫富分化，维持社会秩序的稳定，其最终指向在于富民。

其二，“核垦田，尽垦辟”的土地管理思想。宋代的基本土地政策是“不

---

① 参见阮航《儒家经济伦理研究》，北京：中国社会科学出版社 2013 年版，第 138—139 页。

② 以下各点的具体内容，参考了陈安金的博士论文未刊稿《薛季宣思想研究》(2011 年浙江大学博士论文)。

③《湖州与曾参政书》，《薛季宣集》卷十八，上海：上海社会科学院出版社 2003 年版，第 226 页。

④《与王公明》，《薛季宣集》卷二十一，上海：上海社会科学院出版社 2003 年版，第 271 页。

立田制""不抑兼并"。这一宽松的土地政策加上连年战争,使得田地耕种及税籍情况极为混乱。对此,薛季宣提出的"核垦田"主张,正是考虑到:要在战时发展农业经济,建立稳定的农业基础,就必须以核实耕地数量以及相应的耕户为前提,并以相应的制度来保障现有耕地得到充分利用。同时他还提出应减免耕牛税,以鼓励农业生产,安置流民。"尽垦辟"的主张,则是要求耕地人数与耕地面积之间保持适当的比例,也就是苏轼"度地以居民"的意思。这是一种追求经济效率的社会功利观。它与其"义者利之和"的分配伦理观相结合,在一定程度上正是从儒家的事功观点来考虑经济的效率与公平问题。当然,如何平衡这两方面的考虑,则是他尚未深入思考的。

另外,他也极为重视当时军事农业的发展,通过分析其中的利弊,提出了新的解决方案。传统的军事农业主要采取屯田或营田制[①],南宋的屯田制始于建炎二年(1128)。对于屯田制本身,薛季宣予以充分的肯定。他说:

> 寓兵于民,古之大政也,周家之制,则《周官》《司马兵法》具存。[②]
>
> 边无旷土,则事力自强。[③]

屯田制始于曹魏,但寓兵于民之观念,则始于战国之耕战政策。薛季宣依托儒家和兵家经典来谈军用农业,表现出从道德角度予以肯定的用意。屯田制的安排,是让军队在休战期间从事农业生产,以自给自足的方式满足军队之物资供给,同时可节省运输成本。此为该制度有利之处。但薛季宣通过分析南宋军队的实际情况,认为简单因袭传统的屯田制并不可行,反而会严重危害民生。这主要是由于宋兵之弱或者说在基本素质上达不到传统屯田制之要求。他指出,与古代士兵能耕善战相比,宋兵普遍缺乏耕种技能,其屯田多采取强占民田而不是自己拓荒的方式,由此虽可救军队一时之急,但其实整体上会对社会经济造成严重的危害。而且南宋军队风气不佳,营田物资多被贪污,营田在很大程度上已成为官兵谋取私利的资具。因此,他主张,营田之地由善耕之佃户和老兵长期耕种。薛季宣对南宋屯田或营

① 屯田制是指利用士兵和农民耕种土地,以供养军队或作为税粮的补充。严格说来屯田与营田是有区别的,屯田以兵,营田以民。但现实的传统军用农业,往往是士兵与农民混在一起共同耕种。因此,屯田制有时也称营田制。

②《拟策问一道并问》,《薛季宣集》卷二十八,上海:上海社会科学院出版社2003年版,第368页。

③《与宋守论屯田利害》,《薛季宣集》卷二十,上海:上海社会科学院出版社2003年版,第271页。

田制的分析，乃基于考察南宋政治、经济、军事等各方面的现状，并从经济与伦理两方面来具体评价其制度实施情况，表现出鲜明的经济伦理色彩。

总之，薛季宣的经济伦理思想主要是在社会政治经济层面展开的，表现出浓厚的功利取向。黄宗羲对其思想评论道：

> 永嘉之学，教人就事上理会，步步著实，言之必使可行，足以开物成务。盖亦鉴一种闭眉合眼，朦瞳精神，自附道学者，于古今事物之变，不知为何等也。夫岂不自然而驯致其道，以计较臆度之私，蔽其大中至正之则，进利害而退是非，与刑名之学殊途而同归矣。此在心术，轻重不过一铢，茫乎其难辨也。[①]

这一评论大体指出了薛季宣思想之得失。其得在于突出儒学的事功精神，要求理论主张与现实相结合，反对不切实际、不知因时势而变通的空谈。至于其失，黄宗羲以为薛季宣的思想有落入法家之嫌。这一评论可能与黄宗羲坚持道学的立场有关，但不可否认，薛季宣作为永嘉之学的开辟者，思想观点尚有诸多不成熟之处，需要其后的学者来发展和完善。

二、陈亮“功成即是有德”的经济伦理思想

陈亮（1143—1194），原名汝能，后改名亮，字同甫，号龙川，学者称龙川先生。永康（今属浙江金华）人。明代思想家李贽作《陈亮传》，说陈亮“生而目光有芒。为人才气超迈，喜谈兵，论议风生，下笔数千言立就”。

陈亮的人生经历及思想发展颇多曲折。他的家族在东汉末至东晋时期曾为名门望族，但于唐末家道中落。陈亮少时有经世之志，18 岁时作《酌古论》，得婺州太守周葵赏识。周葵延请他为私人顾问，待之如上宾，并于 1162 年带他进京，向朝廷举荐。此后陈亮曾六次向朝廷上书，论恢复大计，引起了宋孝宗的注意。曾分别于孝宗淳熙十一年（1184）、光宗绍熙元年（1190）两次被诬入狱。绍熙四年（1193）状元及第，授签书建康府判官公事，未行而卒，年五十二。陈亮的著述由其子编为《龙川文集》，1987 年由中华书局辑校

① 黄宗羲原著，全祖望补修：《艮斋学案》，《宋元学案》卷五十二，北京：中华书局 1986 年版，第 1696 页。

为《陈亮集》(增订本)出版。

作为事功学派的代表人物,陈亮与吕祖谦、陈傅良等过从甚密。"功到成处便是有德,事到济处便是有理",是陈傅良对其事功观点的恰当概括,也可视为陈亮经济伦理思想的核心。

(一)事功思想的形成

《宋史·陈亮传》说,陈亮"志存经济,重许可,人人见其肺肝"[①]。这里的"经济",是经世致用的意思;也就是说,在时人眼中,陈亮表现出鲜明的事功取向,是一个典型的功利主义者。但陈亮早年并非如此,其成为功利主义者经历了一个曲折的发展过程[②]。

在其青年时代,陈亮虽慨然有经略四方之志,表现出雄迈的性格气质,但基本坚持宋代道学的价值立场。他致力于研读儒家经典,追随程门之学而以尧舜孔孟之道为圭臬。他说:

> 夫子之道即尧舜之道,尧舜之道即天地之道。天地以健顺育万物,故生生化化而不穷;尧舜以孝悌导万民,故日用饮食而不知;夫子以天地尧舜之道诏天下,故天下以仁义孝悌为常行,虽九夷之陋,南子之邪,阳货之奸,或接夫子之德容,或闻夫子之德音,而犹能变迁,况生乎其邦而浃洽乎圣人之德化邪?[③]

在此,陈亮追随宋儒的道统说,信仰尧舜孔孟之道,而以儒家道德为根本。这种态度几乎贯穿陈亮的青年时代。在其三十岁给友人的书信中仍自述研读儒家经典的心得,孜孜于儒家仁义之意溢于言表[④]。对于儒家的义利之辨,他说:"利害兴而人心动,计较作于中,思虑营于外。其始将计其便安,而其终至于争夺诛杀,毒流四海而未已。"[⑤]可见其早期的义利观并没有逸出

---

① 《宋史本传》,《陈亮集》(增订本)附录二,北京:中华书局1987年版,第547页。

② 关于其思想发展的进程,可参考[美]田浩《功利主义儒家:陈亮对朱熹的挑战》,姜长苏译,南京:江苏人民出版社2012年版,第59—97页。

③ 《汉论》,《陈亮集》(增订本)卷十九,北京:中华书局1987年版,第212页。

④ 参见《与应仲实》,《陈亮集》(增订本)卷二十七,北京:中华书局1987年版,第318—320页。

⑤ 《语孟发题》,《陈亮集》(增订本)卷十,北京:中华书局1987年版,第109页。

孔孟之范围。而对于治国之道，其观点亦无异于儒家正统，以为治道之本在于正人心。他说：

大抵治道有本原，不得其本而泛然求之于其末，则胸中扰扰，日见其多事矣。抑不思治原于一心，心既扰扰，则以刑罚，说者或以刑罚为务；以征伐，说者或以征伐为务；以聚敛进者，或以聚敛为务；否则心主乎嗜欲，主乎便佞，又否则主乎广宫室，广台榭，而天下不胜其扰矣。[①]

一人之心，万化之原也。本原不正，其如正天下何？是故人主不可不先正其心也。[②]

这里陈亮仍坚持儒家德治的立场，认为君主当以自身的道德修养为根本，作正心诚意的工夫，不能舍本求末，纠缠于具体的政治事务而无法自拔。也因此，他一如理学家的立场，反对秦皇汉武的功利政治，并以秦朝短命作为反面例证，说明急于功利而忽视德化所带来的恶果[③]。然而，至迟于1178年，陈亮已从儒家内圣之学的信徒转变为一名激进的功利主义者。促成这一转变的因素较复杂，但首先来自其科举的连续失败与仕途的挫折。在1178年为其《中兴论》所作的跋中，他说：

此己丑岁余所上之论也，距今能几时，发故箧读之，已如隔世，追思十七八岁时，慨然有经略四方之志。[④]

其中蕴含的壮志未酬之意、怀才不遇之感，在给吕祖谦的信中得到了更具体而鲜明的表达。他说：

亮本欲从科举冒一官，既不可得，方欲放开营生，又恐他时收拾不上；方欲出耕于空旷之野，又恐无退后一着；方欲俯首书册以终余年，又自度不能为三日新妇矣；方欲杯酒叫呼以自别于士君子之外，又自觉老丑不应拍。每念及此，或推案大呼，或悲泪填臆，或发上冲冠，或拊掌大

---

① 《汉论》，《陈亮集》（增订本）卷十七，北京：中华书局1987年版，第195页。

② 同上，第194页。

③ 参见[美]田浩《功利主义儒家：陈亮对朱熹的挑战》，姜长苏译，南京：江苏人民出版社2012年版，第76页。

④ 陈亮：《中兴论》跋，转引自[美]田浩《功利主义儒家：陈亮对朱熹的挑战》，姜长苏译，南京：江苏人民出版社2012年版，第84页。

笑，今而后知克己之功、喜怒哀乐之中节，要非圣人不能为也。[①]

在此，他向友人尽情倾诉了由科举和仕途挫折带来的精神苦闷，流露出对内圣之学的怀疑。可以说，自恃才学而不甘平庸的英雄主义气质、屡遭挫折的人生际遇，使他对内圣之学始于信仰而终于怀疑，从而促成其思想的根本转变，走向径直力举外王事功的立场。另有三点的催化作用也不容忽视[②]：其一，师友群体的变化带来的影响。1172—1174 年间，陈亮的几位信奉理学的师友相继去世；其后与之过从甚密的学友多为事功学派的代表人物，如陈傅良、吕祖谦等；1178 年与叶适以及爱国文人辛弃疾的交往，对其思想转变也可能产生了相当的影响。其二，1172 年陈亮开始授徒执教，向众弟子的传授，也可能促使他反省自身思想所蕴含的反传统因素。其三，1177 年他能够返回太学，得益于其经济条件的好转，而这又来自包括其弟子在内的多方资助。

了解其思想转变的历程，对于理解和辨析陈亮的事功思想及其特点是极为必要的。其中反映出宋代新儒学发展之中存在的一些问题，从经济伦理的观点看尤其如此。其一，陈亮的人生挫折及其思想转变，从一个侧面映射出儒家内圣之学与外王事功之间的紧张关系。在古典儒家那里，这个问题也曾引起关注，并给出了答案。如对于伯夷、叔齐宁饿死也不出山，孔子评论说，“求仁而得仁，又何怨?”孟子也有“穷则独善其身”的说法。从内圣之学的观点看，有德有才者能够坦然接受人生的不幸，正说明道德本身具有不为外在条件所左右的价值，可以表现高尚的人格境界而富有精神感染力。但从儒学整体的入世态度看，有德有才者志意不得伸张、才智不为社会所用，这种德福背反的现象，不仅对个人不公，也是社会本身的不幸。而在儒家所谓“天下无道”的传统社会中，这样的现象所在多有，甚至有时得到制度性的支持。儒家由内圣达外王的德治理想，与中国传统社会的现实之间存在着巨大的落差。尤其是南宋的文人政治，名义上是承认儒家的德治理想的，但南宋的社会政治现实却是偏安一隅，贫弱的现状与外王的目标相去甚

① 《与吕伯恭正字又书》，《陈亮集》（增订本）卷二十七，北京：中华书局 1987 年版，第 321 页。

② 关于辅助因素的详尽论述，参见[美]田浩《功利主义儒家：陈亮对朱熹的挑战》，姜长苏译，南京：江苏人民出版社 2012 年版，第 85 页。

远。就陈亮的人生经历而言，他早年对于内圣之学的坚持，并未让其才智得以发挥，反而屡受挫折。而在他看来，成为其时显学的理学，对于改变南宋的贫弱现状并没有产生明显的助益。其二，陈亮早年潜心于内圣之学且深得其时理学家之认可，也就意味着其功利主义的转向是从儒学内部发生的。在相当程度上，他对理学的反叛，乃基于对理学的深切理解；他由坚持内圣之学转向主张外王事功之学，可类比于理学家"逃禅归儒"，可视为另一种意义上的"入室操戈"。其三，或许正由于这种"入室操戈"式的反叛，陈亮的功利之学一方面对于理学的批评可谓切中痛处，尤为尖锐有力，另一方面其事功观点也显得激进而富有新意。

（二）事功思想的主要内容

陈亮的事功思想极其丰富，其大略可概括为如下四点。

第一，对理学空疏之流弊的批评。

陈亮的功利之学对于理学疏离社会现实之弊端，具有深切的认识，持激烈批评的态度。他说：

> 本朝以儒立国，而儒道之振独优于前代。今天下之士烂熟委靡，诚可厌恶。①
>
> 今世之儒士自以为得正心诚意之学者，皆风痹不知痛痒之人也。举一世安于君父之仇，而方低头拱手以谈性命，不知何者谓之性命乎！②

这两段批评都是结合宋代的社会现实来谈的。第一段是说，在宋代，儒学得到了官方的高度认可，在思想界也占据着前所未有的主导地位；但反观之下，儒士所发挥的作用却远远不能与其被赋予的地位相匹配，缺乏奋发有为的进取精神。第二段则直指理学偏于内圣之弊，在南宋苟安的政治局面之下，关心的仍然主要是道德性命的学问，而不是如何让国家富强以救危局。

---

①《上孝宗皇帝第三书》，《陈亮集》（增订本）卷一，北京：中华书局 1987 年版，第 14 页。

②《上孝宗皇帝第一书》，《陈亮集》（增订本）卷一，北京：中华书局 1987 年版，第 9 页。

昔祖宗盛时，天下之士各以其所能自效，而不暇及乎其他。自后世观之，而往往以为朴陋，而不知此盛之极也。其后文华日滋，道德日茂，议论日高，政事日新，而天下之士已不安于平素矣。众贤角立，相互是非，家家各称孔孟，人人自为稷契，立党相攻以求其说之胜。最后章蔡诸人以王氏之说一之，而天下靡然，一望如黄茅白华之连错矣。至渡江以来，天下之士始各出其能，虽更秦氏之尚同，能同其谀而不能同其说也。二十年之间，道德性命之说一兴，迭相唱和，不知其所从来。后生小子读书未成句读，执笔未免手颤者，已能拾其遗说，高自誉道，非议前辈以为不足学矣。世之为高者，得其机而乘之，以圣人之道为尽在我，以天下之事无所不能，能麾其后生以自为高而本无有者，使惟己之向，而后欲尽天下之说一取而教之，顽然以人师自命……吾深惑夫治世之安有此事乎，而终惧其流之未易禁也。[①]

陈亮对宋代学术风气之演变的上述回顾表明，随着理学的兴起，儒学已逐渐失去其朴实而切于实际的原有风格，转而以追求道德文章为务；北宋儒学的分化由此而起，虽借助官方力量统一于荆公新学，但由理学开出的旁支歧出仍层出不穷。迄及南宋，理学大兴而在短短二十年间占据儒学之主导地位，重心性之论而轻事功的偏向有愈演愈烈之势。在陈亮看来，宋代儒学的学风日下，已偏离儒学原本的精神，而在他所在的时代学风尤其令人担忧。陈亮的这一观察和判断，应该说也是依据宋学发展的大致脉络而做出的，但其叙述方式及其蕴含的批评态度以及总体上负面的评价，与后世儒学主流的判断截然不同。之所以如此，主要是因为观察与评判者所采取的价值立场与判断标准存在根本的区别。换言之，儒学的根本精神何在？道统传承如何？就这些问题的答案而论，陈亮在其思想发展的后期显然已走向与理学相反对的一面。在他看来，“圣贤之所谓道，非后世之所谓道”[②]；儒学的根本在于力求改良现实的事功精神，对于学风优劣的评判标准由此变为是否有益于社会、是否实用的功利标准，而不是内圣之学所秉持的道德标准。实际上，他对于理学弊端的抨击，也是对比儒学的事功精神来进行的，

① 《送王仲德序》，《陈亮集》(增订本)卷二十四，北京：中华书局1987年版，第270页。
② 《勉强行道大有功》，《陈亮集》(增订本)卷九，北京：中华书局1987年版，第102页。

不过这种对比在大多数时候是含而不露的。但在给朋友的一段送别赠言中，他对此做出了明确的表达：

> 往三十年时，亮初有识知，犹记为士者必以文章行义自名，居官者必以政事书判自显，各务其实而极其所至，人各有能有不能，卒亦不敢强也。自道德性命之说一兴，而寻常烂熟无所能解之人自托于其间，以端悫静深为体，以徐行缓语为用，务为不可穷测以盖其所无，一艺一能皆以为不足自通于圣人之道也。于是天下之士始丧其所有，而不知适从矣。为士者耻言文章、行义，而曰"尽心知性"；居官者耻言政事、书判，而曰"学道爱人"。相蒙相欺以尽废天下之实，则亦终于百事不理而已。[①]

在他看来，儒学的根本精神是"各务其实"的，是要结合自身的角色、能力，立足于实际情况做好分内之事，取得有益于社会的效果。从学理上说，这是"下学"的路线；从伦理上说，这是要求事功的责任伦理；是要"德"与"位"结合，表现的是"礼"的精神。理学则专注于个人的精神世界，究极于道德性命以求人生境界之提升、人格之完成，这本身无可厚非，亦为"仁"之一面的体现；但由此走向一偏而忽视自己现实生活中应尽之责任，而"终于百事不理"，则是无济于事、无益于社会的空疏之学，也不可能真正完成其道德人格。

应该说，陈亮对于理学空疏之流弊的批评，虽不无偏激之论、矫枉过正之嫌，却是鞭辟入里、切中要害，在南宋偏安、贫弱的现实形势下尤显其力度。

第二，对儒家之"道"的理解。

与其批评理学流弊相对待的另一面是，陈亮坚持激进的功利主张。这种功利主张首先以强调"道"不离人事为理论前提。他说：

> 夫道之在天下，何物非道？千涂万辙，因事作则。苟能潜心玩省，于所已发处体认，则知"夫子之道，忠恕而已"非设辞也。[②]

---

① 《送吴允成运干序》，《陈亮集》（增订本）卷二十四，北京：中华书局 1987 年版，第 271 页。

② 《与应仲实》，《陈亮集》（增订本）卷二十七，北京：中华书局 1987 年版，第 319 页。

夫道非出于形气之表，而常行于事物之间者也。[①]

在此陈亮所承认的儒家之道只是人道，而不言天道。这也就意味着，儒家之道一方面是不离日常人事来表现的，另一方面要把握和表现儒家之道，须切己体认，无须作形而上的玄思。在他看来，曾子所谓“夫子之道，忠恕而已”，正是这种理解的确证。陈亮还认为，即使从历史长时段的眼光来看，儒家所谓“道”也是在具体人事中表现的，不存在脱离人事、超时空的永恒之道。在与朱熹的书信论辩中，他明确表达了这样的观点：

人之所以与天地并立而为三者，非天地常独运而人为有息也。人不立则天地不能以独运，舍天地则无以为道矣。夫“不为尧存，不为桀亡”者，非谓其舍人而为道也。若谓之存亡非人所能与，则舍人可以为道，而释氏之言不诬矣。[②]

在陈亮看来，天地人三者是一体不分的，儒家之道正是在这三者不可分离之体中呈现的。这一观点要能成立，就必须突破思孟传统而回到荀子的经验立场，不承认（至少要搁置）存在脱离现实人事的天道，当然也不承认像朱子所说的那样三代之后虽从未真正呈现却无时不存的“王道”。在陈亮看来，承认这一点，就只能堕入佛教的“空无”之说。

第三，以富强为目标的治术。

陈亮反对为求苟安的和议以及宋代的中央集权制度，力举实行富国强兵的政策，并提出相应的改革措施。淳熙五年（1178），陈亮接连三次上书孝宗皇帝；淳熙十五年（1188）作《戊申再上孝宗皇帝书》，陈述春秋复仇之大义。这四次上书的主要内容在于，劝谏孝宗皇帝励精图治、抗金复国，申述中兴之义，旨在实现国家富强的功利目标，并围绕这一目标提出了一系列的政策建议。针对南宋与金人和议的政策，他说：

方南渡之初，君臣上下，痛心疾首，誓不与敌俱生，卒能以奔败之余，而胜百战之敌。及秦桧倡邪议以沮之，忠臣义士斥死南方，而天下之气惰矣！三十年之余，虽西北流寓，皆抱孙长息于东南，而君父之大

---

① 《勉强行道大有功》，《陈亮集》（增订本）卷九，北京：中华书局1987年版，第100页。

② 《又乙巳春书之一》，《陈亮集》（增订本）卷二十八，北京：中华书局1987年版，第345页。

> 仇，一切不复关念，自非海陵送死淮南，亦不知兵戈之为何事也。况望其愤故国之耻，而相率以发一矢哉！[①]
>
> 今丑虏之植根既久，不可以一举而遂灭；国家之大势未张，不可以一朝而大举。而人情皆便于通和者，劝陛下积财养兵以待时也。臣以为通和者，所以成上下之苟安，而为妄庸两售之地，宜其为人情之所甚便也……人才以用而见其能否，安坐而能者，不足恃也。兵食以用而见其盈虚，安坐而盈者，不足恃也。而朝廷方幸一旦之无事，庸愚龌龊之人，皆得以守格令，行文书，以奉陛下之使令，而陛下亦幸其易制而无他也。徒使度外之士，摈弃而不得骋，日月蹉跎而老将至矣。臣故曰：通和者，所以成上下之苟安，而为妄庸两售之地也。[②]

对于通和的妥协政策，陈亮是坚决反对的，认为这是忘记君父之仇的表现，不合春秋复仇之大义，亦非长治久安之策。因此，他劝谏孝宗皇帝"不可苟安以玩岁月"[③]。进而他驳斥了和议派的如下观点，即"通和"可以避免敌强之势，休养生息以待时；认为这种消极的策略只是"成上下苟安"的说辞，不积极有为则不可能成就光复中原之大业，盖"人心之不可堕，兵之不可废"[④]。要实行积极有为的政策，就必须以变通为指导思想，改革旧制。他说：

> 艺祖皇帝经画天下之大略，盖将上承周汉之治。太宗皇帝一切律之于规矩准绳之内，以立百五十年太平之基。至于今日，而不思所以变而通之，则维持之具穷矣……盖本朝维持之具二百年之余，其势固必至此，艺祖皇帝固已逆知之矣。使天下安平无事，犹将望陛下变而通之。[⑤]

宋代政治信守"祖宗之法"，这"不仅是一种政治行为模式，同时也是一种思想文化模式。所谓'祖宗之法'的轨范，广泛存在于宋代君王及士大夫的理念之中，对于现实政治发生着深刻的影响"[⑥]。值得注意的是，对于王安

---

① 《上孝宗皇帝第一书》，《陈亮集》(增订本)卷一，北京：中华书局1987年版，第2页。
② 同上，第3—4页。
③ 同上，第8页。
④ 同上，第4页。
⑤ 《上孝宗皇帝第三书》，《陈亮集》(增订本)卷一，北京：中华书局1987年版，第12页。
⑥ 邓小南：《祖宗之法》(修订版)，北京：生活·读书·新知三联书店2014年版，第13页。

石的熙宁变法，他也持否定态度，认为没有从根本上变通，以消除宋初政治制度固有的弊端[①]。陈亮一反宋代通行的政治思维与政策模式，基于明确的功利指向和现实目标，提出一系列富有新意的改革思路，如迁都建业（今南京），经营襄楚，以武昌作为攻防之重地；改革科举制度与人才任用制度，不拘一格选拔人才等。更详细的改革纲领则可见于其1169年所作的《中兴论》，纲领共24项，对行政、经济、财政、军事、法制、风俗等各方面都提出了改革建议。陈亮自信，纲领一旦得以实行，“不出数日纪纲自定，比及两捻，内外自实，人心自同，天时自顺”，“中兴之功，可跻足而须也”[②]。

在这些改革思路和措施中，尤其值得注意的是他对宋代中央集权制度之弊端的揭示。他说：

> 国家之规模，使天下奉规矩准绳以从事。群臣救过之不给，而何暇展布四体以求济度外之功哉！故其势必至于萎靡而不振。五代之际，兵财之柄倒持于下，艺祖皇帝束之于上以定祸乱。后世不原其意，束之不已，故郡县空虚而本末俱弱。今不变其势而求恢复，虽一旦得精兵数十万，得财数万万计，而恢复之期愈远，就使虏人尽举河南之地以还我，亦恐不能守耳。[③]

陈亮认为，宋太祖为防内乱而取一切军政集中于京师，只是针对当时特殊形势的做法，并非一成不变的一定之规。陈亮的观点是，这种集权的趋势一直发展至南宋，已造成严重的权力运用之失衡，乃至地方空虚而难以用事。因此，他主张扭转集权的倾向，采取分权的措施，也就是要改革“国家之规模”亦即进行政治体制改革。分权的改革可分两方面看。一方面他主张取消君主独断，分权于臣。他说：

> 臣窃闻陛下自践祚以来，亲事法宫之中，明见万里之外，发一政，用一人，无非出于独断；下至朝廷之小臣，郡县之琐政，一切上劳圣虑。虽陛下聪明天纵，不惮劳苦，而臣窃以为人主之职本在于辨邪正，专委任，明政之大体，总权之大纲，而屑屑焉一事之必亲，臣恐天下有以妄议陛

① 参见《上孝宗皇帝第一书》，《陈亮集》（增订本）卷一，北京：中华书局1987年版，第6页。

② 《中兴论》，《陈亮集》（增订本）卷二，北京：中华书局1987年版，第23页。

③ 《上孝宗皇帝第三书》，《陈亮集》（增订本）卷一，北京：中华书局1987年版，第13—14页。

下之好详也。[①]

陈亮认为，这种皇权独断、事必躬亲的独裁制度，必将造成“圣断裁制中外，而大臣充位；胥吏坐行条令，而百司逃责，人才日以阘茸”[②]的局面。在如此高度集权的体制下，群臣缺乏自主性、以但求无过为主，无以发挥各自才能，从而整个权力中枢缺乏活力，行政亦无效率。因此，他提出，应该明确君臣各自的职分，并赋予群臣以相应的决策权。具体说，他指出，应“重六卿之权”，一切政事“付之会议”。

另一方面，他主张要给予地方各机构相应的权力，以调动地方政府的积极性，充分发挥各级官吏的才能。他说：

择守令以滋户口，户口繁则财自阜；拣将佐以立军政，军政明而兵自强；置大帅以总边陲，委之专而边陲之利自兴；任文武以分边郡，付之久而边郡之守自固。[③]

给以州兵而更使其自募，与以州赋而纵其有用，使之养士足以得死力，用间足以得敌情。兵虽少而众建其助，官虽轻则重假其权。[④]

通过这样的分权改革，君主只须专注于“辨邪正，专委任，明政之大体，总权之大纲”，发挥统揽整个政治局面的作用，而具体事务的管理与决策权，则下放给群臣及地方。陈亮的这一思想极为敏锐，在相当程度上看到了宋代社会政治问题的症结，其分权的改革主张也极有针对性。可以说，宋初立朝防范内患的政治思路、重文轻武的行政策略，一旦被推崇为不可轻易变更的“祖宗之法”，必将造成权力过于集中、有效统治半径趋于萎缩的局面。毕竟，与现代科学技术的高度发达相比，宋代的军事、管理与监督等技术力量极为有限，在此情况下以权力分配严重失衡为特征的中央集权制，就很难实现大范围的社会治理，也难以对外部力量的入侵做出及时而有效的反应。明末清初的大儒王夫之对此有更深入的分析。他指出，宋代兵权集中：

牵帅海内以守非所自守之地，则漫不关情而自怠；奔走远人以战非

① 《论执要之道》，《陈亮集》（增订本）卷二，北京：中华书局1987年版，第27页。

② 《上孝宗皇帝第一书》，《陈亮集》（增订本）卷一，北京：中华书局1987年版，第7页。

③ 《中兴论》，《陈亮集》（增订本）卷二，北京：中华书局1987年版，第23页。

④ 同上，第24页。

> 所习战之方，则其力先竭而必颓。然而庸主具臣之谋，固必出于此者，事已迫，则不容不疲中国以争；难未形，则未恐将帅之倚兵而侵上也。[①]

陈亮于南宋危亡之前直陈其政治问题的症结，并提出相应的改革措施，确实富有卓见，也表现出敢于诤言的儒者风骨。进一步说，这一问题也是中国传统政治“家天下”格局的固有之弊，而宋代尤甚，在传统政治中不可能予以根本解决。也因此，其改革主张虽有意义却难实施，其中的条理也不可能明确[②]。

第四，农商相藉互补的经济发展思路。

不同于传统的重农轻商，陈亮给予工商业以几乎等同于农业的定位。他说：

> 古者官民一家也，农商一事也。上下相恤，有无相通，民病则求之官，国病则资诸民。商藉农而立，农赖商而行，求以相补，而非求以相病，则良法美意，何尝一日不行于天下哉！《周官》以司稼出敛法，旅师颁兴积，廪人数邦用，合方通财利。此其事甚且而其职甚微，所宜曲为之防，而周家则一切付之，使得以行其意而举其职，展布四体，通其有无，官民农商，各安其所而乐其生。夫是以为至治之极，而非徒恃法以为防也。后世官与民不复相知，农与商不复相资以为用，求以自利，而不恤其相病。故官常以民为难治，民常以官为厉己；农商盻盻相视，以虞其龙断而已。利之所在，何往而不可为哉！故朝廷立法日以密，而士大夫论其利害日以详，然终无补于事者，上下不复相恤也。[③]

从政治的角度看，传统社会可划分为官与民两大群体；从职业的角度看，又可称作“士、农、工、商”的四民社会。陈亮在此所讲的“商”当作宽泛的理解，涵盖了工商业；而宋代的“官”可纳入“士”这一群体。陈亮对《周官》的独特解释蕴含着这样的意思：农商只是职业分工的不同，其本身无轻重之别，亦非彼此对立的关系；相反，农商应该是互助互利的，共同服务于社会分

---

① 王夫之：《宋论》卷十五，北京：中华书局2009年版，第261—262页。

② 如清儒全祖望对陈亮改革主张的评论：“大言以动众，苟用之亦未必有成。”见《龙川学案》，《宋元学案》卷五十六，北京：中华书局1986年版，第1843页。

③《四弊》，《陈亮集》（增订本）卷十二，北京：中华书局1987年版，第140页。

工的需要。官吏之俸禄取之于国家财政，平民则以农商谋生；官吏从事社会管理，平民从事社会生产。由此国富（财政充足）与民富也应该是相辅相成的。在此意义上，社会治理的理想状态当是“通其有无，官民农商，各安其所而乐其生”。但后世却偏离了这样的分工格局和发展轨道，这里所谓“后世”显然是采取以古讽今的方式，意指陈亮所在时代的政治经济现实。仅就农商关系来说，两者呈对立的状态。重农轻商成为主流的态度，重农抑商则是不时采取的经济政策。如陈亮认为，王安石变法即是将官民、农商看成对立的关系。

> 王安石以正法度之说……括郡县之利尽入于朝廷，别行封桩以为富也。青苗之政，惟恐富民之不困也；均输之法，惟恐商贾之不折也。[①]

在陈亮看来，这种将官与民、农与商相对立的政策其实是短视的做法，必将动摇国民经济的根本。因此，对于南宋的抑商政策，陈亮予以尖锐的批评：“今之为官者，往往或以贿闻：居则争利于平民，而郡县不能禁也；出入则争利于商贾，而关、津不能谁何也。”[②]由此“民生嗷嗷，而富人无五年之积，大商无巨万之藏”[③]。他主张，“于文法之内”不应“折困天下之富商巨室”[④]；也就是说，对于合法经营的商人，不应采取任何额外的抑制政策，而应鼓励商人的正当经营，保护其合法权益[⑤]。

而对于商业活动与商人，陈亮不仅没有像传统观念那样采取轻视的态度，而且予以正面评价，并积极参与[⑥]。在送给朋友的一篇序文中，他充分肯定财富追求的积极意义。

> 夫一有一无，天之所为也。裒多增寡，人道之所以成乎天也。圣人之惓惓于仁义云者，又从而疏其义，曰若何而为仁，若何而为义。非以空言动人也，人道固如此耳。余每为人言之，而吾友戴溪少望

---

① 《上孝宗皇帝第一书》，《陈亮集》（增订本）卷一，北京：中华书局1987年版，第6页。

② 《问贪吏》，《陈亮集》（增订本）卷十三，北京：中华书局1987年版，第153—154页。

③ 《问古今财用出入之变》，《陈亮集》（增订本）卷十四，北京：中华书局1987年版，第161页。

④ 《上孝宗皇帝第一书》，《陈亮集》（增订本）卷一，北京：中华书局1987年版，第5页。

⑤ 参见《问汉豪民商贾之积蓄》，《陈亮集》（增订本）卷十三，北京：中华书局1987年版，第153页。

⑥ 参见漆侠《宋学的发展与演变》，北京：人民出版社2011年版，第512页。

独以为："财者人之命，而欲以空言劫取之，其道为甚左。"余又悲之而不能解也。虽然，少望之言，真切而近人情，然而期人者未免乎薄也。①

在他看来，人道应切实而近乎人情，不能"以空言动人"。他对其友之言的评论则蕴含着这样的意思：对财富或功利的追求乃人生必要之事；以理学的标准来评价他人的功利追求，则是强人所难，过于苛刻。其浓厚的功利主义取向，使他对发家致富者大加褒扬。由以下两段可见一斑：

始余闻东阳何君坚才善为家，积资至巨万，乡之长者皆自以为才智莫能及。②

往时东阳郭彦明徒手能致家资巨万，服役至数千人，又能使其姓名闻十数郡。此其智必有过人者。③

这两段对死者的悼词虽然由于体裁的原因可能存在溢美和夸大的因素，但不可否认其中蕴含着鲜明的功利立场。而陈亮为富人写墓志铭和哀辞这一行为本身，可能就蕴含着其本人的功利目的。④

（三）王霸义利：陈亮与朱熹的论辩

陈亮与朱熹的互访和书信往来始于1182年，其初为较和谐的学术交流和一般性的学者交往。他们关于王霸义利的论辩则始于1184年，持续近三年之久，是南宋思想界的一大事件，对于后世儒家伦理思想的发展也产生了很大的影响⑤。

---

①《赠楼应元序》，《陈亮集》（增订本）卷二十四，北京：中华书局1987年版，第272页。

②《何夫人杜氏墓志铭》，《陈亮集》（增订本）卷三十八，北京：中华书局1987年版，第499页。

③《东阳郭德麟哀辞》，《陈亮集》（增订本）卷二十六，北京：中华书局1987年版，第457页。

④ 余英时先生指出，文人谀墓取酬，收取润笔费以补贴生活费用，自古有之，为商人写碑传、寿序，则在明代开始盛行。参见余英时《士与中国文化》，上海：上海人民出版社2003年版，第535—538页。《陈亮集》中收录了大量为商人写的碑传、哀辞等，是否也可归入上述现象，虽不能肯定但显然不能排除这种可能性。

⑤ 关于论辩的发生与发展过程，可参考邓广铭《宋史十论》（附录二：朱陈论辩中陈亮王霸义利观的确解），北京：中华书局2015年版，第216—224页；另可参考［美］田浩《功利主义儒家：陈亮对朱熹的挑战》，姜长苏译，南京：江苏人民出版社2012年版，第98—112页。

按照邓广铭的观点，论辩的缘起不无私人因素。1184年春，陈亮被诬告入狱。朱熹闻悉后并未设法营救，却在风闻其获释时来信规劝道：

> 老兄高明刚决，非吝于改过者，愿以愚言思之，绌去"义利双行，王霸并用"之说，而从事于惩忿窒欲、迁善改过之事，粹然以醇儒之道自律，则岂独免于人道之祸，而其所以培壅本根、澄源正本、为异时发挥事业之地者，益光大而高明矣。[①]

朱子的这番劝告，蕴含着对陈亮过往言行的不满和批评态度，认为其言行多有违背理学基本价值之处。因此，他在信中暗示，不论陈亮入狱的具体原因如何，但其平日言行确实有过，这可能也是朱子未设法营救的主因。朱子的批评之中有两点是陈亮不认同的：一是暗示他并非醇儒，要求他按理学的路数做修养工夫；二是将"义利双行，王霸并用"归为其主要论点。这里要讨论的是陈亮对于第二点的辩解。他在给朱熹的回信中说：

> 自孟荀论义利王霸，汉唐诸儒未能深明其说。本朝伊洛诸公，辨析天理人欲，而王霸义利之说于是大明。然谓三代以道治天下，汉唐以智力把持天下，其说固已不能使人心服；而近世诸儒，遂谓三代专以天理行，汉唐专以人欲行，其间有与天理暗合者，是以亦能长久。信斯言也，千百年之间，天地亦是架漏过时，而人心亦是牵补度日，万物何以阜蕃，而道何以常存乎？故亮以为汉唐之君本领非不洪大开廓，故能以其国与天地并立，而人物赖以生息。惟其时有转移，故其间不无渗漏……诸儒之论，为曹孟德以下诸人设可也，以断汉唐，岂不冤哉！高祖太宗岂能心服于冥冥乎！天地鬼神亦不肯受此架漏。谓之杂霸者，其道固本于王也。诸儒自处者曰义曰王，汉唐做得成者曰利曰霸，一头自如此说，一头自如彼做；说得虽甚好，做得亦不恶；如此却是义利双行，王霸并用。如亮之说，却是直上直下，只有一个头颅做得成耳。向来十论大抵敷广此意，只如太宗亦只是发他英雄之心，误处本秒忽而后断之以大义，岂右其为霸哉！发出三纲五常之大本，截断英雄差误之几微，而来谕乃谓其非三纲五常之正，是殆以人观之而不察其言也。王霸策问，盖

① 《朱文公文集》卷三十六。

亦如此耳。[①]

略作分析，这段话的要点有三：其一，不认同程朱理学从天理人欲之别来区分王道与霸道，并提出反驳。其二，正面肯定王道与霸道并无根本的区别，只是时代不同而表现有差别。在此意义上，汉高唐太宗之治道，虽被理学家们称作杂霸之道，但在陈亮看来也本于王道。其三，陈亮暗示，所谓"义利双行，王霸并用"只是按照理学标准而呈现的理论结果，也就是说朱熹按理论上凭空设想的理想标准去判断现实。在陈亮看来，汉唐功业乃王道的现实呈现，虽然说细微处难免失误，但大体不差。由此，他认为，理学家在历史评价中所谓"义利王霸"，其实则一；所谓"双行、并用"只是由于理学家强设不切实际的理想标准而讲成如此。对于这一辩解，朱熹不以为然：

尝谓"天理""人欲"二字不必求之于古今王霸之迹，但反之于吾心义利邪正之间。察之愈密则其见之愈明，持之愈严则其发之愈勇。

老兄视汉高帝唐太宗之所为而察其心，果出于义耶？出于利耶？出于邪耶？出于正耶？若高帝则私意分数犹未甚炽，然已不可谓之无。太宗之心，则吾恐其无一念之不出于人欲也。直以其能假仁借义以行其私，而当时与之争者才能知术既出其下，又不知有仁义之可借，是以彼善于此而得以成功耳。若以其能建立国家、传世久远，便谓其得天理之正，此正是以成败论是非，但取其获禽之多，而不羞其诡遇之不出于正也。[②]

朱子的这一回复，仍是沿着理学的思路，从用心上谈义利王霸，同时暗含告诫，要求陈亮以儒家规范来约束自己。但他并未就两人分歧的焦点展开论说，当然可能也是由于未仔细琢磨陈亮的论点，因而有自说自话之嫌。陈亮则在回信中从"圣"与"王"之别、《孟子》中"获禽诡遇"的典故入手，进一步申述其义利王霸观：

惟圣为能尽伦，自余于伦有不尽而非尽欺人以为伦也；惟王为能尽制，自余于制有不尽而非尽罔世以为制也。欺人者，人常欺之，罔人者，

① 《又甲辰秋书》，《陈亮集》（增订本）卷二十八，北京：中华书局 1987 年版，第 340 页。

② 《朱文公文集》卷三十六。

> 人常罔之，乌有欺罔而可以得人长世者乎！不失其驰，舍矢如破，君子不必于得禽也，而非恶于得禽也。范我驰驱而能发必命中者，君子之射也。岂有持弓矢审固而甘心于空返者乎！御者以正，而射者以手亲眼便为能，则两不相值，而终日不获一矣。射者以手亲眼便为能，而御者委曲驰骤以从之，则一朝而获十矣。非正御之不获一，而射者之不正也。以正御逢正射，则"不失其驰"而"舍矢如破"，何往而不中哉！孟子之论不明久矣，往往反用为迂阔不切事情者之地。亮非喜汉、唐获禽之多也，正欲论当时御者之有罪耳。高祖太宗本君子之射也，惟御者之不纯乎正，故其射一出一入；而终归于禁暴戢乱、爱人利物而不可掩者，其本领宏大开廓故也。①

就"圣"与"王"来说，这里显然借用了荀子的说法："圣也者，尽伦者也；王也者，尽制者也。"（《荀子·解蔽》）荀子的说法或为对文，并未着眼于"圣"与"王"之别。陈亮则显然从强调两者之别的角度予以发挥，未必尽合荀子的原意。陈亮的解释或许蕴含着这样的意思：理想的帝王，其职分在于设计和推行卓有成效的社会制度，充分发挥制度之用；理想的思想家，其职分在于安排人伦日用之道。用现在的话来说，要求一名出色的政治家同时成为卓越的哲学家，这几乎不可能。儒家内圣外王、圣王一体的"哲学王"式的理想，只能寄托于三代的政治乌托邦。尤其是鉴于理学的高度哲学思辨，让本该忙于政治事业的帝王们也去做那种"惟精惟一"的修养工夫，养成仁者人格以为道德榜样，不啻为空谈。根本上说，政治家是要建功立业的，应该表现的是事功精神。在此意义上，汉高、太宗亦可归为"尽制"之类，故陈亮许之为"获禽"典故中的"正御者"。陈亮还从辩论的角度指出，"诡遇"的途径不可能持久有效，而在汉高、太宗治下达成的国家富强、社会稳定的效果，显然不可能通过这样一种机会主义的方式实现。从理学乃至古典儒家的政治理念说，陈亮的说法有些勉强，在儒家范围内其理路不是很融贯，但其切合现实且确有独到之见，符合对政治生活的经验观察。这一次朱熹做出了有针对性的回复：

---

①《乙巳春书之一》，《陈亮集》（增订本）卷二十八，北京：中华书局1987年版，第345页。

其大概不过推尊汉唐以为与三代不异，贬抑三代以为与汉唐不殊。而其所以为说者，则不过以为古今异宜，圣贤之事不可尽以为法。

以儒者之学不传，而尧舜汤文武以来转相授受之心不明于天下，故汉唐之君虽或不能无暗合之时，而其全体却只在利欲上，此其所以尧舜三代自尧舜三代，汉祖唐宗自汉祖唐宗，终不能合而为一也。[①]

在此朱子意识到：陈亮是落到现实而不是理想的儒家之道上看待历史评价的问题，从而采取的是具体的、因时而变的相对尺度，事功的而不是空疏的儒家道德标准。因此，朱子强调理学关于儒家道统的传承问题不容有误，由此汉唐之君与三代不可相提并论。可以说，这里方触及双方分歧的焦点。陈亮后来在回信中也和盘托出其基本立场和根本论点：

亮大意以为本领闳阔，工夫至到，便做得三代；有本领无工夫，只做得汉唐。而秘书必谓汉唐并无些子本领，只是头出头没，偶有暗合处，便得功业成就，其实则是利欲场中走。使二千年之英雄豪杰不得近圣人之光，犹是小事，而向来儒者所谓"只这些子殄灭不得"，秘书便以为好说话，无病痛乎？[②]

秘书以为三代以前都无利欲，都无要富贵底人，今《诗》《书》载得如此净洁，只此是正大本子。亮以为才有人心便有许多不净洁，革道止于革面，亦有不尽概圣人之心者。[③]

以上主要说明了三个论点：其一，坚持汉高祖唐太宗之治道本于王道，或者说与王道无本质的区别，只有程度之差。陈亮表面上承认，三代之治更全面，但重心却落在肯定汉唐之治的价值。其二，即使是这种程度的差别，陈亮对其实际存在也表示质疑。"正大本子"这一说法暗示，三代之治只是经过了儒家的理想化处理，陈亮并不相信这是历史的实际情况，因为就现实来看，人心中的利欲不可能根除。其三，批评理学以纯粹的道德标准来评价政治与历史人物，而全然不从事功上考量。在陈亮看来，这只是一场"好说话"，是不痛不痒的空谈。

---

① 《朱文公文集》卷三十六。

② 《又乙巳秋书》，《陈亮集》（增订本）卷二十八，北京：中华书局1987年版，第351页。

③ 同上，第352页。

应该说，朱陈之间的王霸义利之辨至此已全幅展开，双方都已明确表达了各自的立场、角度以及基本论点。此后直至1186年末，双方就此问题还多次书信往来，反复讨论，但都未能说服对方，甚至也不能使对方就实质性的观点做出任何妥协。因此，双方此后虽然仍保持着私人友谊，但就目前的相关资料看，再未就此问题作深入讨论[①]。但是，双方的反思以及当时思想界对这场争论的总结与讨论似乎仍在持续，从事功学派的另一代表人物陈傅良写给陈亮的信中可见一斑：

> 功到成处便是有德，事到济处便是有理。此老兄之说也。如此，则三代圣贤枉做工夫。功有适成，何必有德，事有偶济，何必有理，此朱丈之说也。如此，则汉祖唐宗贤于盗贼不远。以三代圣贤枉做工夫，则是人力可以独运；以汉祖唐宗贤于盗贼不远，则是天命可以苟得。谓人力可以独运，其弊上无兢畏之君；谓天命可以苟得，其弊下有觊觎之臣。[②]

陈傅良的这一评论，受到了后世思想史家的广泛关注，被认为是对双方论点及分歧的确当概括。但陈亮本人对此评论并不完全认同，他说：

> 亮与朱元晦所论，本非为三代、汉、唐设，且欲明此道在天地间如明星皎月，闭眼之人开眼即是，安得有所谓暗合乎！天理人欲岂是同出而异用？只是情之流乃为人欲耳，人欲如何主持得世界！亮之论乃与天地日月雪冤，而尊兄乃名以跳踉叫呼，拥戈直上；元晦之论只是与二程主张门户，而尊兄乃名之以正大，且占得地步平正，有以逸待劳之气。嗟乎冤哉[③]！

从南宋儒学的主流看，陈傅良的评论并无不妥，或许可用作对陈亮事功思想之特点的概括；但在陈亮看来却未针对双方争论与分歧的根本，也未触及其深层原因。信中表达的要点可概括为：令他不满的是朱子“只是与二程主张门户”，即坚持理学立场；反对的是“闭眼”说话，罔顾历史事实的空疏理

---

① 田浩对此有不同的观点，认为很可能在目前已散佚的陈亮后期信件中仍然不乏与朱子的学术讨论。参见[美]田浩《功利主义儒家：陈亮对朱熹的挑战》，姜长苏译，南京：江苏人民出版社2012年版，第110—111页。但无论如何，就本部分的讨论来说，将双方的论辩追溯至此，可能已经足够。

② 陈傅良：《致陈同甫书》，《陈亮集》（增订本）卷二十九，北京：中华书局1987年版，第393页。

③《与陈君举》，《陈亮集》（增订本）卷二十九，北京：中华书局1987年版，第390—391页。

想;反感的是“有以逸待劳之气”,即以儒学正统自居的姿态。这既可视为陈亮对这一辩论的交代,也可理解为一种题外的辩解。

但从朱子的角度看,这正表明陈亮的功利取向已非理学乃至古典儒学传统范围。对于陈亮本人及其学术,朱子平日也多有评论,仅摘数言如下:

> 陈同父纵横之才,伯恭不直治之,多为讽说,反被他玩。
>
> 同父才高气粗,故文字不明莹,要之,自是心地不清和也。
>
> 陈同父祭东莱文云:“在天下无一事之可少,而人心有万变之难明。”先生曰:“若如此,则鸡鸣狗盗皆不可无!”……又云:“同父在利欲胶漆盆中。”
>
> 陈同父读书,譬如人看劫盗公案。看了,须要断得他罪,及防备禁制他,教做不得。它却不要断他罪,及防备禁制他;只要理会得许多做劫盗底道理,待学他做!
>
> 陈同父学已行到江西,浙人信向已多。家家谈王伯,不说萧何张良,只说王猛;不说孔孟,只说文中子。可畏!可畏![①]

陈亮与朱熹由于同为吕祖谦的好友而结识,由此展开学术讨论,因而朱熹对陈亮的评论也多旁及吕祖谦。约其要:其一,对于陈亮的才智,朱子予以充分肯定,但不认同其学术的事功趋向。其二,批评陈亮以功利标准来评价人物及历史,不满其忽视心性修养的为学方法。其三,认为陈亮的学术观点造成了极为不良的影响,在此意义上或目之为异端[②]。朱子的评价显然基于其理学立场和儒家的道德标准。

略作总结:其一,朱陈的王霸义利之辨,之所以各执一词,难以达成共识,是因为双方的立场和基本观点都存在根本对立。朱子持理学或内圣之学的立场、儒家理想的道德标准。由此认为,王道与霸道的区别是根本性的;“义”与“利”则是从人心的层面来讲的,前者是规约者,后者则是被规约者。陈亮则持外王事功的立场、社会功效的标准。由此王道与霸道可合一;

① 黎靖德编:《朱子语类》卷一百二十三,北京:中华书局2007年版,第2965—2966页。

② 朱熹说:“江西之学只是禅,浙学却专是功利。禅学后来学者摸索一上,无可摸索,自会转去。若功利,则学者习之,便可见效,此意甚可忧!”参见同上,第2966页。这里不难看出,对于以陈亮为代表的功利之学,朱子认为其弊可比之于被视为异端的禅宗。

"义"与"利"的关系论述不多,但采取的是社会经济的视角,这一点应无疑问。可以说,双方除了讨论的论题之外,其他各方面都很难发生交集。因此,彼此分歧不可弥合,但对比之下,各自的理路也更为清楚明白,但也可能由于论辩的原因,不无推至极端的说法。其二,双方的理论面向也有根本的区别。朱子承接的是孟子的思路,以儒学理想作为评价标准,坚持道德信仰的纯粹性;陈亮则是就历史与时代的现实立论,面向实际,强调社会功用。在一定意义上,双方的分歧可视为孟荀之学在宋代的进一步展开。其三,从儒学发展的角度看,这表明,陈亮在其学术生涯后期已将外王的价值取向推至极端,有脱离内圣之学的倾向,这可能也是由于他专注于现实的社会政治经济问题。同时,陈亮在思想史上的影响也主要来自其后期的观点。黄宗羲之子黄百家的评论说:"陈同甫亮又崛兴于永康,无所承接。然其为学,俱以读书经济为事,嗤黜空疏随人牙后谈性命者,以为灰埃。亦遂为世所忌,以为此近于功利,俱目之为浙学。"[①]"无所承接""为世所忌",正说明其后期的学术取向已至儒学的边界地带,无怪乎朱子有视之为异端之意。但另一方面这也说明,陈亮是一位颇具创造力的儒者,一名特立独行、独树一帜的思想人物。

由于论辩双方的理论立场、面向、理路根本有别,即使以现在的眼光来看,也很难说孰是孰非,只能说各自代表儒学内部两个不同的方向,而朱熹与陈亮的论辩不是沿着将两个方向相互接近、妥协或融合的路数,而是相互背离,终至于双方的理论立场不可公度。不过,我们可以就双方所坚持的方向做些观察和思考。如今看来,朱子的立场是高度价值负载的,也就是说是以鲜明有力的儒家信仰作为理论前提的。这样的理路,对于儒学的信奉者极有说服力,也更易于达到相当的理论深度且条理严密,类同于现代信念伦理的思维,但对于不信奉儒学者却难有说服力,甚至不可接受。在此意义上,它有利于信仰的建立,却不太适合开放性的公开讨论。陈亮的论说虽理论未必严密,却是直接针对现实说话,如果说蕴含某种道德价值立场的话,那可能也只是诉诸道德直觉和经验观察。或许可以说,这样的观点虽然可错性较高,但可能在现时代的开放讨论中体现出其独特的意义。尤其是考

---

① 黄宗羲原著,全祖望补修:《龙川学案》,《宋元学案》卷五十六,北京:中华书局1986年版,第1833页。

虑到，这场辩论是针对作为政治家的帝王之评价，那么或许以事功标准来予以褒贬，也是适合现代责任伦理的思维的。

值得一提的是，陈傅良"功到成处便是有德，事到济处便是有理"的概括，虽然不适用于论辩中陈亮的主要论点，但用来描述其后期也是对后世产生重要影响的思想，则可能是恰当的。它简明扼要地概括了陈亮功利之学的特点。

三、叶适"实学以致用"的经济伦理思想

叶适(1150—1223)，字正则，永嘉(今浙江温州)人，晚年定居永嘉城外水心村讲学，故人称之为水心先生。淳熙五年进士，历仕孝宗、光宗、宁宗三朝，先后出任工部侍郎、吏部侍郎、建康府知府兼沿江制置使。叶适力主抗金，反对和议。宰相韩侂胄北伐金国失败，叶适以宝谟阁待制主持建康府兼沿江制置使，因军政措置得宜，曾屡挫敌军锋锐。金兵退后，进用为宝文阁待制，兼江淮制置使，曾上堡坞之议，实行屯田，均有利于巩固边防，后因依附韩侂胄被弹劾夺职。其后叶适潜心于研读经史子集，著书立说，作《习学记言序目》五十卷。除此之外，叶适的著作还有《水心文集》《水心别集》，1961 年中华书局将这两部著作合编为《叶适集》出版。

作为永嘉学派的集大成者，叶适的事功之学在薛季宣经制之学的基础上有所发展，使永嘉事功学派的思想达到了前所未有的广度和深度。叶适的经济伦理思想是其事功之学的一个重要方面。

（一）"实学以致用"的事功思想

在论说叶适的事功思想之前，有必要简要交代他与永嘉学派之间的关系。所谓永嘉学派，有广狭二义。广义地说，它泛指北宋以来出生于浙东永嘉地区的一批学者；狭义地讲，则指从薛季宣、陈傅良到叶适而形成的一个学派，其中叶适的思想对后世的影响最大。可以看出，广义的理解主要是按照地域来界定；狭义的理解则是就学术思想及其特点而言。正是在后一种意义上，全祖望在《宋元学案·水心学案》中说：

> 水心较止斋又稍晚出，其学始同而终异。永嘉功利之说，至水心始一洗之……乾、淳诸老既殁，学术之会，总为朱、陆二派，而水心龂龂其间，遂称鼎足。[①]

永嘉功利之学，亦称永嘉事功之学。要恰当理解和把握叶适的思想，就有必要对永嘉学派的广狭二义有所鉴别。在《温州新修学记》中，叶适记录了温州太守留茂潜在嘉定七年讲的两段话：

> 昔周恭叔首闻程、吕氏微言，始放新经，黜旧疏，挈其俦伦，退而自求……郑景望出，明见天理，神畅气怡，笃信固守，言与行应，而后知今人之心可即于古人之心矣。故永嘉之学，必兢省以御物欲者，周作于前而郑承于后也。
>
> 薛士隆愤发昭旷，独究体统，兴王远大之制，叔未寡陋之术，不随毁誉，必摭故实，如有用我，疗复之方安在！至陈君举尤号精密，民病某政，国厌某法，铢称镒数，各到根穴，而后知古人之治可措于今人之治矣。故永嘉之学，必弥纶以通世变者，薛经其始而陈纬其终也。[②]

叶适把留茂潜的这两段话收入其《水心文集》，显然是同意留茂潜把广义的“永嘉之学”分梳为两种不同的学术路向，且各有其发展线索[③]：一条是从周行己到郑伯熊，一条是从薛季宣到陈傅良。前者把关洛之学传至永嘉，并且在“元祐党禁”和秦桧禁二程之学的背景下，重振和发扬程门学说；但他们恪守师说，少有变通，根本上说仍是关洛之学的别传，理学的一个分支，未成独立的学派。后者则以“弥纶以通世变”为务，以研究礼乐制度为主要学术取径，以所学确有其用为宗旨；故具有独立于朱陆理学的学术意义，有其自身的师承关系和发展脉络：它始于薛季宣，发展于陈傅良，叶适则集其大成，由此在南宋儒学界与朱、陆鼎足为三。因此，这里是在狭义的意义上讲永嘉学派，叶适所代表的严格地说应该是永嘉事功学派，其“学以致用”的事功思想是在承接薛季、陈的基础上的进一步发展。

在叶适看来，儒学之根本精神在于经世致用。他说：

---

① 黄宗羲原著，全祖望补修：《水心学案》，《宋元学案》卷五十四，北京：中华书局1986年版，第1738页。

② 《温州新修学记》，《叶适集》卷十一，北京：中华书局1961年版，第178页。

③ 对此的详细鉴别与论述，可参考张义德《叶适评传》，南京：南京大学出版社1994年版，第111—112页。

古人勤心苦力为民除患致利，迁之善而远其罪，所以成民也，尧舜文武所传以为治也；苟操一致而已，又何难焉！故申商之术命尧禹曰桎梏。战国至秦，既已大败，而后世更为霸、王杂用之说，自以为甚恕矣；至于书传间时得其一若申商之类者，未尝不拊卷嗟惜，以为偶举而必效，当行而无疑也。[①]

读书不知接统绪，虽多无益也；为文不能关教事，虽工无益也；笃行而不合于大义，虽高无益也；立志而不存于忧世，虽仁无益也。[②]

不同于陈亮的事功取向，这是一种在儒学传统内部强调事功的态度，其讲法也与陈亮显然有别。他要求道德用心与事功精神相结合，固然不能如理学一般远离事功而作形而上的道德高论，但也不应忽视事功追求的道德目的。否则从社会层面说将沦为申韩之术即法家的技术性统治，非长治久安之策，亦非民生之幸，就个人而言则为小人治生之术。因此，这两段一方面强调实学实用以建事功，另一方面强调事功的建立必出于道德目的方成大治，从而着意于王霸之别。他对后一层意思讲得更多，暗含批评陈亮功利之学的偏颇。如他说：

古人于事变之际少干涉，不惟功名之心薄，诚恐雅道自此而坏，若后世则不然。[③]

文王不改物，始终一道而已，故孔子言“三分天下有其二，以服事殷，周之德其可谓至德也已矣”，此最论王伯之准的也。学必守统纪，不随世推迁，后学既讹伯为霸，而其道亦因以离。[④]

这虽然不一定针对陈亮的王霸本一观，但显然是与之反对的。也就是说，叶适不取陈亮激进的功利观点，而是在儒家德治的谱系内强调事功之学的重要性。这种融道德与事功于一体的主张，可概括为“实学以致用”。其中“实学”既包括道德修养，也包括事理之知乃至器物制度之用。他说：

学，实而已，实善其身，实仪其家。移以事君，实致其义，古今共之，

---

① 叶适：《习学记言序目》卷四十三，北京：中华书局1977年版，第639页。

②《赠薛子长》，《叶适集》卷二十九，北京：中华书局1961年版，第607—608页。

③ 叶适：《习学记言序目》卷十一，北京：中华书局1977年版，第150页。

④ 叶适：《习学记言序目》卷十四，北京：中华书局1977年版，第207—208页。

不可改也。[①]

在叶适看来，做人与做事乃一体之两面。对儒家道德价值的坚持与对事功的追求，不仅不矛盾，而且在社会治理的层面应该是一致的，亦为儒家之道的应有之义。这就涉及该如何理解儒家道统。儒家道统说始于韩愈，讲得较粗略，其传承脉络为尧、舜、禹、汤、文、武、周公、孔子、孟子[②]。朱熹认同韩愈的道统说，并在此基础上做了补充，兹引述如下以便比较：

> 夫尧、舜、禹，天下之大圣也。以天下相传，天下之大事也。以天下之大圣，行天下之大事，而其授受之际，丁宁告戒，不过如此。则天下之理，岂有以加于此哉？自是以来，圣圣相承：若成汤、文、武之为君，皋陶、伊、傅、周、召之为臣，既皆以此而接夫道统之传，若吾夫子，则虽不得其位，而所以继往圣、开来学，其功反有贤于尧舜者。然当是时，见而知之者，惟颜氏、曾氏之传得其宗。及曾氏之再传，而复得夫子之孙子思，则去圣远而异端起矣……自是而又再传以得孟氏，为能推明是书，以承先圣之统，及其没而遂失其传焉。则吾道之所寄不越乎言语文字之闲，而异端之说日新月盛，以至于老佛之徒出，则弥近理而大乱真矣。然而尚幸此书之不泯，故程夫子兄弟者出，得有所考，以续夫千载不传之绪；得有所据，以斥夫二家似是之非。盖子思之功于是为大，而微程夫子，则亦莫能因其语而得其心也。[③]

朱子的补充有三：一是在孔子之前补入皋陶、伊尹、傅说和召公，其用意或在于申明，辅佐之臣也可辅助或参与道统之传。二是在孔孟之间补入曾子和子思。三是二程接续“千载不传之绪”。其中后两点补充更是蕴有深意，一方面通过明确孟学之来源以进一步确立其正统地位，另一方面也是为二程理学得儒学之正宗而张目。

对于朱子的道统说，叶适并不完全同意，从其《习学记言序目》的标题及写作宗旨可见一斑：

---

① 《郭府君墓志铭》，《叶适集》卷十三，北京：中华书局 1961 年版，第 246 页。

② 参见本书第二章第二节第一部分。

③ 朱熹：《四书章句集注・中庸章句序》，北京：中华书局 2005 年版，第 14—15 页。

窃闻学必待习而成，因所习而记焉，稽合乎孔氏之本统者也。夫去圣绵邈，百家竞起，孰不曰“道术有在于此”？独先生之书能稽合乎孔氏之本统者，何也？盖学失其统久矣，汉唐诸儒推宗孟轲氏，谓其能嗣孔子，至本朝关、洛骤兴，始称子思得之曾子，孟轲本之子思，是为孔门之要传。近世张、吕、朱氏二三巨公，益加探讨，名人秀士鲜不从风而靡。先生后出，异识超旷，不假梯级……曾子不在四科之目，曰“参也鲁”，以孟轲能嗣孔子，未为过也，舍孔子而宗孟轲，则于本统离矣。[1]

这一段其门人孙之弘所作的序言点出：叶适为该书拟定的标题之宗旨及寓意，是要契合孔子确立的儒家本统，同时表达出对理学道统说的不满。“习”是践行的意思，乃为学之依托，如此之学方能落实，依据“习”的内容方能有所“记”。在叶适看来，这才是孔门之全幅精神，道统之所系。“汉唐诸儒推宗孟轲氏”，这一说法可能并不符合思想史的事实，但不碍将之作为反面的见解来说明这一段的要点：孟子并未完全承接孔子之道统，只是承接和发展了其中一部分。因此，要把握儒家道统，妥当的做法是直承孔子，“舍孔子而宗孟轲”，则偏离了道统的方向。在其自序中，叶适对此有更详尽的说明：

道始于帝尧……尧、舜。禹、皋陶、汤、伊尹于道德性命、天人之交，君臣民庶均有之矣。

次文王，“肆戎疾不殄，烈假不遐。不闻亦式，不谏亦入。雍雍在宫，肃肃在庙。不显亦临，无射亦保。无然畔援，无然歆羡。诞先登于岸，不大声以色，不长夏以革。不识不知，顺帝之则”。文王备道尽理如此。岂特文王为然哉！固所以成天下之材，而使皆有以充乎性，全乎命也。

次周公，治教并行，礼刑兼举，百官众有司虽名物卑琐，而道德义理皆具。自尧、舜以来，圣贤继作，措于事物，其赅括演畅，皆不得如周公。不惟周公，而召公与焉，遂成一代之治，道统历然如贯联，不可违越。

---

① 孙之弘：《序》，见叶适《习学记言序目》附录一，北京：中华书局1977年版，第759页。

次孔子，周道既坏，上世所存皆放失。诸子辩士，人各为家。孔子搜补遗文坠典，《诗》《书》《礼》《乐》《春秋》有述无作，惟《易》著《彖》《象》。然后唐虞三代之道赖以有传。

孔子殁，或言传之曾子，曾子传子思，子思传孟子。

按孔子自言德行颜渊而下十人，无曾子，曰"参也鲁"。若孔子晚年独进曾子，或曾子于孔子后殁，德加尊，行加修，独任孔子之道，然无明据。又按孔子之学，以身为本，容色辞气之外不暇问，于大道多所遗略，未可谓至。又按伯鱼答陈亢无异闻，孔子尝言"中庸之德民鲜能"，而子思作《中庸》；若以《中庸》为孔子遗言，是颜、闵犹无是告，而独阏其家，非是；若子思所自作，则高者极高，深者极深，宜非上世所传也。然则言孔子传曾子，曾子传子思，必有谬误。

孟子亟称尧、舜、禹、汤、伊尹、文王、周公，所愿则孔子，圣贤统纪既得之矣；养气知言，外明内实，文献礼乐各审所从矣。夫谓之传者，岂必曰授之亲而受之的哉！世以孟子传孔子，殆或庶几，然开德广，语治骤，处己过，涉世疏。学者趋新逐奇，忽亡本统，使道不完而有迹。

按孟子言性，言命，言仁，言天，皆古人所未及，故曰"开德广"；齐、滕大小异，而言行王道皆若建瓴，以为汤文武固然，故曰"语治骤"；自谓"庶人不见诸侯"，然以彭更言考之，"后车数十乘，从者数百人"，而曰庶人可乎？故曰"处己过"；孔子复汶阳田，使兹无还对，罢齐飨，与梁丘据语，孟子不与王驩言行事，惮烦若是乎？故曰"涉事疏"。学者不足以知其统而务袭孟子之迹，则以道为新说奇论矣。

自是而往，争言千载绝学矣……道之本统尚晦，不知夷、狄之学，本与中国异，而徒以新说奇论辟之，则子思、孟子之失遂彰。范育序《正蒙》，谓"此书以《六经》所未载，圣人所不言者，与浮屠、老子辩，岂非以病为药，而与寇盗设郛郭，助之捍御乎?"。呜呼！道果止于孟子而遂绝邪？其果至是而复传邪？孔子曰："学而时习之"，然则不习而已矣！[①]

按照叶适本人的说法，这一序言是要总述其讲学大旨，但显然是通过检

① 叶适：《序》，《习学记言序目》卷四十九，北京：中华书局1977年版，第735—741页。为简明计，略去叶适的若干按语。

讨儒家道统而展开的。与朱子的说法相较，可分析出如下几点：其一，对于从尧到孔子的道统谱系，叶适基本同意朱熹的传承脉络。但值得指出的是，叶适不仅关注道统在形式上的传承关系，而且特别提出，道统必表现出融道德与事功于一体的内容。尧、舜、禹、皋陶、汤、伊尹、文、武、周公，不仅表现出理想的道德人格，而且都是历史上建功立业的政治领袖，比如周公是"治教并行，礼刑兼举"；考虑到这些人物之间彼此有着君臣关系，这隐含着道统之传离不开圣君贤相的格局，或者说道统是在治理天下、造福苍生的功业之中表现的。孔子的情况比较特殊。"周道既坏"而春秋乱世无圣君，孔子无位，则在"学"与"习"相长的道德践履中表现仁者人格，且治学授徒以求传道；一旦有机会则发挥贤相之用如"复汶阳田"等表现出建功立业的能力。因此，叶适肯定，孔子继承了"唐虞三代之道"。由此来看，叶适把皋陶、伊尹纳入道统的谱系，其用意不同于朱子。其二，不承认朱子关于孔子之后的道统说，并提出质疑。这些质疑既有儒家经典的依据，也有对三人思想特点的分析。总体上说，叶适虽不否认这条路线领会了孔子的一部分思想，但认为只是一偏之发展，偏废了务实的事功精神。这种说法蕴含着对程朱理学发展方向的批评，认为沿此发展终将至于"以道为新说奇论"。其三，基于前两点，叶适实际上认为，道统在孔子之后的传承出现了问题，虽然不一定说是中断，但至少是由"明"转"晦"。也就是说，孔子之后为道统不明的阶段，其根本原因则在于"不习而已"。

在相当程度上，叶适对道统的检讨，是在论说儒家之"习"的重要性，"实学"与"致用"当为一体。因此，在他看来，六经都是致用之学，即使被视为儒家形而上学经典的《易》亦概莫能外：

> "易有太极"，近世学者以为宗旨秘义。按卦所象惟八物……独无所谓"太极"者，不知《传》何以称之也？自老聃为虚无之祖，然犹不敢放言，曰"无名天地之始，有名万物之母"而已。至庄、列始妄为名字，不胜其多，故有"太始""太素"，"未始有夫未始有无"茫昧广远之说。传《易》者将以本原圣人，扶立世教，而亦为太极以骇异后学。后学鼓而从之，失其会归，而道日以离矣。[①]

① 叶适：《习学记言序目》卷四，北京：中华书局 1977 年版，第 47 页。

这就是说，孔子推演八卦，却不曾对“太极”有何说法，正是由于儒家之道是不离安邦治国和人伦日用的，不像理学那样由太极而推演出一套玄虚的形而上学。因此，他以《尚书·洪范》中的“皇极”概念取而代之，以作为其致用之实学的核心，并对“极”的涵义做出了独特的解说。他说：

> 夫非谓皇极而后然也。曰：极之于天下，无不有也。耳目聪明，血气和平，饮食嗜好，能壮能老，一身之极；孝慈友弟，不相疾怨，养老字孤，不饥不寒，一家之极也；刑罚衰止，盗贼不作，时和岁丰，财用不匮，一国之极也……是故圣人作焉，执大道以冒之，使之有以为异而无以害异，是之谓皇极。
>
> 故皇极无不有也，而其难在于建；建极非难也，而其难在于识其所以建……夫极非有物，而所以建是极者则有物也。君子必将即其所以建者而言之，自有适无，而后皇极乃可得而论也。[①]

叶适对“极”的解说，其特点在于落到实处来诠释。对于个人来说，“极”是个人最健康的生活状态；对一家而言，是家庭和睦、丰衣足食；对一国而言，是社会秩序良好，国强民富。进一步说，这是一种道德与事功、伦理与经济和谐一致的状态。可以说，叶适的“实学以致用”，如果转换到当代来说，正是经济伦理学所要达成的目标。

（二）“谋利计功”的义利统一观

基于其事功思想，叶适的义利观与宋代理学家迥然有别。他有一段著名的说法：

> “仁人正谊不谋利，明道不计功”，此语初看极好，细看全疏阔。古人以利与人而不自居其功，故道义光明。后世儒者行仲舒之论，既无功利，则道义者乃无用之虚语尔；然举者不能胜，行者不能至，而反以为诟于天下矣。[②]

---

① 《叶适集·水心别集》卷七，北京：中华书局1961年版，第728页。

② 叶适：《习学记言序目》卷二十三，北京：中华书局1977年版，第324页。

在叶适看来，道义正是通过“以利与人”来表现的；不谋利计功，道义亦无从表现。离开功利来谈道义，只能沦为无法落实的空谈。因此，他认为，董仲舒的名言只是空谈道德理想，初看是维护了道德的纯粹性，其实是无效无益的道德高调。鉴于董仲舒这句话对于后世儒者所产生的深远影响，叶适认为尤其应该指出其中的弊病，以消除其不良影响。在他看来，董仲舒这种以道德驾驭事功、以伦理驾驭经济的思想，是把“义”与“利”看成对立的关系，这背离了儒家原本的精神。他说：

> 武帝《策贤良诏》称唐虞成康，上参尧舜，下配三王，全指说在虚浮处。《诗》《书》所谓稽古先民者，皆恭俭敬畏，力行不息，去民之疾，成其利，致其义，而不以身参之。孔子言“仁者己欲立而立人，己欲达而达人，能近取譬”。盖不特人主见道不实，当时言道者自不实也。[①]

这就是说，单单谈论圣王的精神境界，而不知身体力行，务实地为民谋利祛害，只是一种华而不实的浮夸，根本上已偏离了上古圣王的事功精神。在叶适看来，“义”与“利”应该是统一的；单言“义”而不言“利”，或言“利”而不及“义”，都不是适当的态度。他还对义利关系的发展做出了一种历史性的解释：

> 天地之初，皆夷狄也，相攘相杀，以力自雄，盖其常势，虽炎黄以道御之，不能止也。及尧舜以身为德，感而化物，远近丕变，功成治定，择贤退处，不为己有，而忠信礼让之俗成矣。夫先人后己，徙义远利，必出于心之自然而明于理之不可悖。[②]

也就是说，在礼义制度尚未建立的“前社会状态”，人们各自为战，为了自身利益而彼此争斗不已。端赖尧舜作为先知先觉者，发挥其人格感召力而能服众，建立起“忠信礼让之俗”，亦即以礼义制度来分配各自利益的社会合作体系，由此“义”与“利”的关系得以统一。而这之所以可能，也是因为每个人都具有认识礼义之合理性的能力。这似乎是在重申荀子关于礼之起源的理论思路，但叶适的解释还是有所推进和发挥。与荀子不同的是，叶适并

---

① 叶适：《习学记言序目》卷二十三，北京：中华书局1977年版，第322页。

② 叶适：《习学记言序目》卷三十五，北京：中华书局1977年版，第528页。

没有把礼义看成是一成不变的，或将之理解为某种永不失效的道德真理①。用现在的话来说，叶适所要提供的是一种"具体历史的"解释。在儒家"圣人之治"所开创的社会合作体系之中，"义"由此成为其根本的观念，对此的认识使人们能够自觉地从争乱的自然状态进入和谐的社会状态。也因此，在这样的社会合作体系中，"义"就是以和平的方式使人们各得其应得的依据，"义"与"利"就应该是统一的：

> 古人之称曰："利，义之和"；其次曰："义，利之本"；其后曰："何必曰利？"然则虽和义犹不害其为纯义也；虽废利犹不害其为专利也，此古今之分也。②

这里所谓"古人"，指的是春秋时代的智识精英，"利，义之和"乃其时主流的观点。叶适认为，这种理解体现的是义利统一的理想状态。"义，利之本"的观点，在春秋后期也开始流行，如赵衰和晏婴就有类似的说法③。这已偏离了义利关系的应然状态，因为两者显然有了主次之分。孟子"何必曰利"的态度，在叶适看来则是完全不可接受的，因为这必然导致忽视现实社会功利的空谈，是一种疏离实事的单纯理论态度。这也是他要批评理学义利观的主因。

必须指出，叶适的这种义利统一观是在社会层面上讲的。也正是在社会层面，他认为与"利"相对立的不是"义"，而是"害"。为天下谋利去害，是圣人之治所要达成的基本目标。他说：

> 夫天下所以听命于上而上所以能制其命者，以利之所在，非我则无以得焉耳。是故其途可通而不可塞，塞则沮天下之望；可广而不可狭，狭则来天下之争。④
>
> 昔之圣人，未尝吝天下之利。⑤

---

① 简要比较：《荀子·礼论》："天地以合，日月以明；四时以序，星辰以行；江河以流，万物以昌；好恶以节，喜怒以当；以为下则顺，以为上则明；万物变而不乱，贰之则丧也。礼岂不至矣哉！"荀子虽然强调的是"礼"所蕴含的秩序意识，但也将之视为亘古不变的道理。这与叶适关于"礼义"的致思趋向有根本区别。

② 叶适：《习学记言序目》卷十一，北京：中华书局1977年版，第155页。

③ 分别参见《左传·僖公二十七年》与《左传·襄公二十八年》。

④《叶适集·水心别集》卷三，北京：中华书局1961年版，第671页。

⑤ 同上，第672页。

这就是说，要达成理想的社会治理，不仅不能回避对功利或利益的考虑，而且要广开利益之途，为民众求利创造条件。在相当程度上，这些观点都是针对理学的义利观而发。如前所述，宋代理学极为注重义利之辨，不过主要采取个人道德修养的角度，强调动机的道德性，要求君子“喻于义”，而不做“喻于利”的小人。而在社会政治方面则讲王霸之辨，同样强调君主须抑制个人利欲，而发挥性善之仁心，关切天下苍生，施行仁政。就服务于民生的道德目的而言，叶适与理学家的观点是一致的；他之所以批评理学的义利观，主要是因为不同意后者的理论重心与出发点。以下做个简要的比较。

其一，在社会政治的层面，程朱理学的义利王霸之辨往往混杂在一起讲，其理论重心在于要求君主着力于道德修养以约束利欲。在他们看来，以道德动机来推行的仁政才能实现持久而稳定的人道政治。如此着眼于动机的立论，认为“大凡出义则入利，出利则入义”（《二程遗书·卷十一》），“义”与“利”难以两全而必分主次，从而认同孟子“何必曰利”的主张。叶适的理论重心则在于国强民富的社会效果，虽然不否认应当出于道德的动机，但强调要落实为实际的效果，其所谓“实”，不仅指向“致用”，而且意味着“实学”本身应当融道德修养与事功之学于一体。因此，叶适不仅反对孟子“何必曰利”的说法，而且倡导对功利的追求；在他看来，离“利”而空言“义”，无异于缘木求鱼。

其二，从经济伦理的角度看，君主“何必曰利”的主张实际上是从经济分配公平的观点来看问题。只有以君主为代表的社会管理阶层约束个人的私欲，不利用政治特权来为自己谋取分外的利益，民众的利益才不会受到侵犯；进一步说，国家财政收入与民众的收入之间存在某种对立的关系，因为在财富总量既定的情况下，一方的多得也就意味着另一方利益的减少。这也是理学家谴责聚敛之臣的根本原因。叶适“圣人未尝吝天下之利”的观点，则是从经济生产及其效率的角度来看问题。只要着力于事功，增益社会财富，国家财政收入与民众收入都可增加，沿此发展则国强民富，前景可期。

其三，从操作层面或可行性上说，两者的分歧更大。理学沿着孟子性善论的进路，认为人人平等地拥有天生的道德能力，这也是体现人之为人的价值之所在；利欲则是由于“接于物”而后起的，这里的“利欲”指的是超出维持基本生存所需，而追求物质享受的取向。在此意义上，理学的义利王霸之辨是以人性善为前提，相信人们可以通过道德修养而实现自我监督与管理，由此至少不以侵害他人利益的方式去追求自己份额之外的利益，更积极的态度则是把他人的利益也纳入自我经济行为的考虑之内。可以说，离开性善的理论前提，“何必曰利”的主张根本不可行，在个人利欲不可根除或不能通过自我监督和管理加以约束的情况下，只能沦为虚伪的托辞或华而不实的空谈。叶适显然不同意理学关于人性的观点。他虽然承认人性的存在，但更多的是从气质之性或现实的人性来看问题，由此人性是可善可恶的[①]。他虽然没有明言人之利欲不可根除，但显然在此问题上并没有采取抑制利欲的途径，反而鼓励对社会功利的追求，认为关注社会功效的增益才是可行的思路。

在个人修养和行为选择的层面，叶适的义利观既不像陈亮的后期思想那样表现出激进的功利取向，也不赞成理学那样严辨义利之大防、汲汲于理欲之辨。在一定意义上，他在这方面的观点较为持中，基本上是回到了孔子和荀子的义利观传统。他说：

> “富而可求也，虽执鞭之士，吾亦为之。”世亦有可以富而无至于执鞭者矣，而孔子以为不可为。然则“崇高莫大于富贵”者，乱德之言也。
>
> 冉有子路谓夫子当为卫君，子贡不能决也，是时颜子已亡矣。义理之是非在目前者常又不能守，而每以利害为去就，盖自古而然；而又有庸人执以为义理之所在非圣人不能择者，亦自古而然；二端，学者不可不谨察也。[②]

在此叶适认为，两种极端的义利观都是不可取的：一种是仅考虑富贵等功利目标，而不顾及其追求方式是否合乎道德；另一种是认为道义超越日常生活的范围，从而要追求“义理之所在”，必以学做圣人为目标。在叶适看来，恰当的态度是把“义”与“利”相统一，即“崇义以养利，隆礼以致力”[③]。

要统一“义”与“利”，就不能像理学那样主张“存天理，灭人欲”。他说：

---

① 参见叶适《习学记言序目》卷八、《习学记言序目》卷十四，北京：中华书局1977年版，第107—108、206—207页。

② 叶适：《习学记言序目》卷十三，北京：中华书局1977年版，第184—185页。

③ 《叶适集·水心别集》卷三，北京：中华书局1961年版，第674页。

> “人生而静，天之性也。感于物而动，性之欲也。”但不生耳，生即动，何有于静？以性为静，以物为欲，尊性而贱欲，相去几何？[1]

这就是说，《礼记·乐记》此处的说法是有问题的。在叶适看来，人生之天性并非“静”，而是“动”；“欲”也并非外在于人，单纯因外物而起。由此必然导致的“尊性而贱欲”的观点，更是偏离人生实际的不当态度。表面上看，叶适是在批判《乐记》的说法，其实更是在针对理学的天理人欲之辨，因为《乐记》的这一说法正是后者的原型。在叶适看来，“欲”也是人生来就有的，否则无以生存。从这样的观点出发，他对《大学》的“格物”做出了独特的解释：

> 人之所甚患者，以其自为物而远于物。夫物之于我，几若是之相去也。是故古之君子以物用而不以己用；喜为物喜，怒为物怒，哀为物哀，乐为物乐。其未发为中，其既发为和。一息而物不至，则喜怒哀乐几若是而不自用也。自用则伤物，伤物则己病矣，夫是谓之格物……是故君子不以须臾离物也。夫其若是，则知之至者，皆格物之验也。有一不知，是吾不与物皆至也；物之至我，其缓急不相应者，吾格之不诚也。[2]

对于《大学》“格物”的解释，朱子曾反复致意，并作“格物致知补传”，其后的宋明儒者也对此反复研讨。但他们基本都从心性修养的视角入手，在道德形而上学的背景中展开。叶适的解释则完全是经验意义上的，蕴含着人之情与欲均为自然生发的意思，并由此突出实学、实行、实用之意。也可以说，无论是道德之“理”还是事物之“理”，其表现都离不开日常人事以及人生各种欲望的满足。另一方面，叶适指出，“欲”虽为自然而不可“灭”，但出于社会生活的需要应该有所节制，节制的方法则是依据礼义。他说：“《司徒》‘以五礼防万民之伪而教之中，以六乐防万民之情而教之和’；而《宗伯》‘以天产作阴德，以中礼防之；以地产作阳德，以和乐防之’。是则民伪者天之属，民情者地之属也；伪者，动作、文为、辞让、度数之辨也；情者，耳目、口鼻、四肢之节也。”[3]这里的“情”与“伪”，都是针对“民”而言。其中“情”指民

---

① 叶适：《习学记言序目》卷八，北京：中华书局1977年版，第103页。

② 《叶适集·水心别集》卷七，北京：中华书局1961年版，第713页。

③ 叶适：《习学记言序目》卷七，北京：中华书局1977年版，第87页。

众的自然性情;"伪"的基本含义是相对于自然的人为,进一步说也包括对自然性情的整饬和修饰,也就是礼。"情"与"欲"都是自然生发的,但应该用礼义加以约束,使之在适度的范围内表现,以顺利地展开社会生活,形成和谐的社会秩序。也就是说,"情"与"欲"之所以应有所约束,并不是由于所谓天理的存在,而是出于社会功用的目的。

(三) 以古鉴今的政治经济观

叶适注重"实学以致用",又曾长期担任朝廷重臣,因而对南宋的政治经济形势有较为全面深入的观察和思考;而叶适一直关注对经史的研究,晚年罢官还乡,更是潜心于此,留存下来的著作有相当一部分为经史的读书笔记与心得。由此,其政治经济观既包含深刻的历史洞见,又具有强烈的现实关怀。以古鉴今,可以说是其政治经济观的主要特征。

第一,他认为,制度当因时而变,应结合具体历史条件来讨论制度之得失,不可空言是非,作抽象之论。宋代思想家多高谈封建郡县之得失、王道与霸道之异同。叶适则指出:

> 夫以封建为天下者,唐、虞、三代也;以郡县为天下者,秦、汉、魏、晋、隋、唐也。法度立于其间,所以维持上下之势也。唐、虞、三代,必能不害其为封建而后王道行,秦、汉、魏、晋、隋、唐,必能不害其为郡县而后伯政举。故制礼作乐,文书正朔,律度量衡,正名分,别嫌疑,尊贤举能,厚民美俗,唐、虞、三代之所谓法制也。至于国各自行其政,家各自专其业,累世而不易,终身而不变,考察缓而必,黜陟简而信。此所以不害其封建而行王道也。秉威明权,簿书期会,课计功效,核虚实,验勤惰,令行禁止,役省刑清,秦、汉、魏、晋、隋、唐之所谓法度也。至于以一郡行其一郡,以一县行其一县,赏罚自明,予夺自专。刺史之问有条,司隶之察不烦。此所以不害其郡县而行伯政也。①

这里的"伯",通"霸"。时势不同,政治形态亦有别。政治形态之维系与

---

①《叶适集·水心别集》卷十二,北京:中华书局1961年版,第787页。

运作，须体用相应。封建之政体行王道，郡县之政体行伯政，虽治理之法不同而皆能为治。但这并不意味着历史遗存的政治制度与治理之法，对今人就没有借鉴意义。叶适认为，君主要避免仅凭主观意愿来订立制度，就必须参考前人的经验；否则“忽出于一人之智虞而不合于天下之心，则其谋愈谬而政愈疏”①。因此，他提出“观古”之论：

> 欲自为其国，必先观古人之所以为国。论者曰：“古今异时，言古者常不通于今。”此其为说亦确而切矣。虽然，天下之大，民此民也，事此事也，疆域内外，建国立家，下之情伪好恶，上之生杀予夺，古与今皆不异也。而独曰“古今异时，言古则不通于今”，是摒古于今，绝今于古，且使不言古，则无所斟酌，无所变通，一切出于苟简而不可裁制矣。②

古今时势虽异，但政事之性质以及政治之精神则未必不能相通。进一步说，若无政治之历史传统以资参照，则变通亦无从说起。“变”总是相对于“不变”而言的，离开后者，前者亦无意义。因此，叶适主张，对于古代之治，当“尽观而后自为之，故无泥古之失而有合道之功”③。

基于上述思考方法，叶适主张南宋政治取封建制与郡县制之折衷，而对宋代专制批评尤为有力，指出其弊在于集权过度。他说：

> 自昔之所患者，法度疏阔也，而今以密为累；自昔之所患者，纪纲纷杂也，而今以专为累。④
>
> 国家因唐、五季之极弊，收敛藩镇，权归于上，一兵之籍，一财之源，一地之守，皆人主自为之也。欲专大利而无受其大害，遂废人而用法，废官而用吏，禁防纤悉，特与古异，而威柄最为不分。⑤

宋代鉴于唐五代之弊，采取高度集权制以防内乱；然集权之弊愈演愈烈而不知变通，则是叶适要着重予以批评的。在他看来，集权与分权应该根据具体形势而维持一定的平衡：“何谓今日之纪纲法度未善？昔之立国者，知

---

①《叶适集·水心别集》卷十二，北京：中华书局 1961 年版，第 786 页。

② 同上。

③ 同上，第 787 页。

④《叶适集·水心别集》卷十，北京：中华书局 1961 年版，第 767 页。

⑤ 同上，第 759 页。

威柄之不能独专也，故必有所分；控持之不可尽用也，故必有所纵”；宋代政治制度的根本弊病正在于“能专而不能分，能密而不能疏，知控持而不知纵舍”[①]。这就是说，政治权力的分配制度当兼顾专权与分权、控持与纵舍；宋代专制之弊端在于不能兼顾两者以维持权力运用之平衡。对于这一点，叶适在其政论中曾反复致意、着重指出，并结合南宋政权所面临的形势做了具体分析。值得注意的是，叶适是就制度而立论，认为宋代集权制的弊端并非君臣个人之失，而是来自集权制本身。要予以革除，就必须改革宋初所立的“祖宗之法”及其相应的政治思维。

第二，叶适“理财非聚敛”的政治经济观，颇具特色，尤显新意[②]。本书第二章曾指出，王安石在为其变法辩护时曾提出类似的观点，但讲得不明确，也不够系统深入，并且与神宗本人的设想不尽一致而难以落实。叶适“理财非聚敛”的观点，则既具有很强的现实针对性，又基于其较为全面的治道思想。叶适在其《财计篇》开篇就指出：

> 理财与聚敛异，今之理财者，聚敛而已矣。非独今之言理财者也，自周衰而其义失，以为取诸民而供上用，故谓之理财。而其善者，则取之巧而民不知，上有余而下不困，斯其为理财而已矣。故君子避理财之名，而小人执理财之权。夫君子不知其义而徒有仁义之意，以为理之者必取之也，是故避之而弗为。小人无仁义之意而有聚敛之资，虽非有益于己而务以多取为悦，是故当之而不辞，执之而弗置……是故以天下之财与天下共理者，大禹、周公是也。古之人，未有不善理财而为圣君贤臣者也。若是者，其上之用度，固已沛然满足而不匮矣。后世之论，则以为小人善理财而圣贤不为利也。圣贤诚不为利也，上下不给而圣贤不知所以通之，徒曰“我不为利也”，此其所以使小人为之而无疑欤！
>
> ……然则奈何君子避理财之名，苟欲以不言利为义，坐视小人为之，亦以为当然而无怪也！徒从其后频蹙而议之，厉色而争之耳。然则仁者固如是耶？[③]

---

① 《叶适集·水心别集》卷十五，北京：中华书局1961年版，第842页。

② 对此的详细论述，可参考周梦江、陈凡男《叶适研究》，北京：人民出版社2008年版，第162—166页。

③ 《叶适集·水心别集》卷二，北京：中华书局1961年版，第658—659页。

这一大段为理财正名之论，大致包含这样两层意思：其一，应当把理财与聚敛区分开来，不应将两者混为一谈。这里的"应当"是依托理财之古义而发，即"以天下之财与天下共理者"，也就是"取之于民，用之于民"的意思。按照这种理解，理财是为天下人管理财富，通过适当的制度安排而使财富得以充分恰当地公共运用，为财富的再生产以及民众的社会生活创造有利条件。若作进一步分析，则理财包含"取"与"予"或者说财政收入与支出这两个相互关联的方面；其中"取"只是为了"予"，为了提供充足的公共产品以服务于民众生活的需要。然而随着东周以降的政治衰败，财政收入的主要用途，转而在于以君主为中心的统治集团各种欲望的实现，理财者也成为管理统治集团财富的"家臣"，由此理财蜕变为聚敛而丧失其原本的意义和作用。在叶适看来，聚敛只是由于政治腐败而取代了理财的角色。其二，批评宋代儒学家大多讳言财利的取向。叶适认为，他们之所以如此，是因为要避理财之名，以免陷己于不义，而这又是没有认识到理财的本义及其对于治国的重要性。由此导致的不良后果是，小人执掌理财之权，君子予之以不道德的评价却又不愿亲自承担理财之任。作为政治之一大要务，理财无法真正落实，也就不能发挥其管理天下财富的作用。

叶适"理财非聚敛"的见解，更多的是要针砭时弊。由于连年战争，宋代苛捐杂税名目繁多，其所谓理财近乎聚敛。王安石虽有善理财并非聚敛之说，但其理财的实际措施并不为叶适所认同。

> 自王安石始正言财利……前有薛向、后有吴居厚，可谓刻薄矣。蔡京继之，行钞法，改钱币，诱赚商旅，以盗贼之道利其财，可谓甚矣。然未有……其患如经总制之甚者。盖王安石之法，桑弘羊、刘晏之所不道；蔡京之法，又王安石之所不道；而经总制之为钱也，虽吴居厚、蔡京亦羞为之。[①]

以理财之名行聚敛之实，在宋代有愈演愈烈之势，必然导致民生凋敝、国家财富空虚。这可能正是叶适要为理财正名的用意所在。按照他对理财古义的解说，要改变这一状况，就不仅要起用善理财的君子，更重要的是要

---

① 《叶适集·水心别集》卷十一，北京：中华书局1961年版，第775页。

改变其时的财政政策及其思维。应该说，叶适的这一观点很有见地，但或许还可以追问：为何周衰而理财之古义失？在家天下的传统政治格局下，如何确保理财的目的是为了民众的生活？传统统治集团、官僚系统的腐败如何能够通过有效的监督而得以防治？这些可能需要结合传统政治的性质来进一步思考[①]。

第三，"裕民"思想。"裕民"是儒家传统经济伦理思想的一个重要方面，叶适结合对南宋经济状况的分析，对之做了较详尽的阐发，其中不乏颇有新意的主张。简要概括如下。

首先，叶适强调切实解决民生问题的重要性，并提出基本思路。他认为，"为国之要，在于得民。民多则田垦而税增，役众而兵强"[②]。得民，指得民心之拥护；其途径则是养民而后教民，然后方能治民：

> 古者民与君为一，后世民与君为二。古者君既养民，又教民，然后治民，而其力常有余。后世不养不教，专治民而力犹不足。古者民以不足病其官，后世官以不足病其民。[③]

"治"即"治理"，指对民众的有效管理；"养"即安置民众、制民之产，从而保障民生；"教"，则指淳化民风，通过伦理教化使民众举止文明、彼此关系和谐，从而形成优良的社会秩序。"养""教""治"三者，前两者是途径，后者则是目的或由此达成的理想效果。从"养"与"教"的着手次序看，则"养"是基础，是前提，须养而后教。养民的理想状态即是"裕民"或"富民"。叶适充分肯定"裕民"的重要性，指出"聚天下之人，不可以无衣食之具"[④]；更着重探讨的则是裕民的途径：

> 国本者，民欤？重民力欤？厚民生欤？惜民财欤？本于民而后为国欤？昔之言国本者，盖若是矣。臣之所谓本，则有异焉。臣之所谓本者，本其所以为国之意而未及于民。臣非以为民不足恃也，以为古之人

---

① 关于传统官僚制度的腐败问题，可参见王亚南《中国官僚政治研究》，北京：中国社会科学出版社 2005 年版。

②《叶适集·水心别集》卷二，北京：中华书局 1961 年版，第 653 页。

③ 同上，第 651 页。

④ 同上，第 659 页。

君非不知爱民，而不能爱民者，意有所失于内则政有所害于外也……夫植木于地者，其华叶充实者，末也；其根据盘互者，本也；此众人之所知也。自其封植培养之始，必得其所以生之意，而后天地之气能生之。[①]

这就是说，裕民的重要性不言而喻，但从政治的观点来看，其关键不在于为之作道德合理性的论说，而在于设计所以裕民之术，实行裕民之制。在叶适看来，为政者将重心置于对裕民观念的道德研讨，乃舍本求末之举。政治生活当以事功为务，通过实际的制度运作来达成裕民的理想效果。以上论说还蕴含着这样的意思：政治的运作当出自公心，爱民、裕民之意当通过制度而不是君臣施恩的方式来表现；恩惠隐含的私人性质及其局限于面对面关系的特征，并不适合作为恒常的政治之道[②]。因此，叶适认为，要真正达成裕民的效果，为政者应当通过有效的制度中介来"修实政""行实德""建实功""求实利"[③]。叶适对于裕民的论述，其特点有二：一是强调从制度的途径予以落实，二是从事功而不是道德价值的观点看待这一问题。

其次，叶适基于对南宋经济状况的观察，分析了民众贫困的原因，并提出对策。叶适指出，民众贫困的主因有三：

其一，赋税繁重。叶适指出，苛捐杂税繁多是当时财政上的最大问题，也是造成民众贫困的一大主因。在他看来，当时财政有四大患：

一曰经总制钱之患，二曰折帛之患，三曰和买之患，四曰茶盐之患。四患去则财少，财少则有余，有余则逸。有余而逸，以之求治，朝令而夕改矣。[④]

这四项都是"常科"以外的苛捐杂税，"常科"指例行的夏秋两税。按照叶适的观点，只要免除这四种杂税，就会在减少财政收入的同时使民用有余，就会见到立竿见影的治理效果。其中，叶适对经总制钱的政策批评最为激烈，认为其危害最大。所谓经总制钱，是南宋政府把各种杂税合在一起，

---

① 《叶适集·水心别集》卷二，北京：中华书局1961年版，第644页。

② 值得一提的是，孔孟也有类似的观点，但并非其各自政治思想体系的重点，也没有充分展开。相关观点之例证，分别可见子贡问"博施济众"一段（《论语·雍也》），以及孟子关于"子产听郑国之政"的评论（《孟子·离娄下》）。

③ 参见《叶适集·水心别集》卷二，北京：中华书局1961年版，第646—651页。

④ 《叶适集·水心别集》卷十一，北京：中华书局1961年版，第773—774页。

以“一揽子”的方式摊派给地方政府的税收任务。他说：

何谓经总制钱之患？昔李宪经始熙河，始有所谓经制财用者；其后童贯继之，亦曰经制。盖其所措画，以足一方之用。方腊既平，东南残破，郡县事须兴复，陈亨伯以大漕兼经制使，移用诸路财计。其时所在艰窘，无以救急，故减役钱，除头子，卖糟酵以相补足。靖康召募勤王兵，翁彦国以知江宁兼总制，强括民财数百万计，已散者视若泥沙，未用者弃之沟壑。维扬驻跸，国用日困，吕颐浩、叶梦得实总财事，四顾无策，于是议用陈亨伯所收经制钱者。其说以为“征商虽重，未有能强之而使贩；卖酒虽贵，未有能强之而使饮。若头子之类，特取于州县之余，而可供猝迫之用”。[①]

在此，叶适通过追述经制钱与总制钱在北宋的缘起，说明它们属于另立名目而强行征税，强刮民财以为救急之用。其本身缺乏合理的制度依据，是典型的聚敛制度，并且“上之取财，其多名若是，于是州县之所以诛求者……其名尤繁，其籍尤杂”[②]；由此上行下效，为地方政府巧立名目搜刮民财树立了极为恶劣的榜样。这种出于聚敛目的而额外征收的重税，令民众不堪承受，在严重影响民生的同时实际上也使国家财政之源日益窘迫。

今之所谓富人者，皆其智足以兼并，与县官抗衡，及衣冠势力之家在耳。若夫齐民中产者，衣食仅足，昔可以耕织自营者，今皆转徙为盗贼冻饿矣。若经总制钱不除，州县破坏，生民之困未有已也。[③]

在叶适看来，经总制钱严重影响民生，并从根本上损害了国民经济的发展，遏制了再生产的能力，长远地看无异于涸泽而渔、饮鸩止渴。因此，他说：“经总制钱不除，一则人才日衰，二则生民日困，三则国用日乏。”[④]

其二，役法大坏也是民生困苦的一个重要原因。熙宁变法之后，宋代的役法改差役为募役。但后来朝廷把原来征自人民的募役钱起发上供，地方上无钱募役，不得不以义役取代，由此农民的生活更难以保障。叶适对此有

---

① 《叶适集·水心别集》卷十一，北京：中华书局1961年版，第774页。

② 同上，第775页。

③ 同上，第777页。

④ 同上，第776页。

亲身的体察：

保正、长法不承引帖、催二税，今州县以例相驱，诃系鞭挞，遂使差役不行，士民同苦。至预醵钱给费，逆次第其先后，以应期会，名曰义役，然则有司失义甚矣。

余尝问为保正者，曰费必数百千；保长者，日必百余千，不幸遇意外事，费辄兼倍，少不破家荡产，民之恶役，甚于寇仇。余尝疑之，官人以牧养百姓为职，当洁身驭吏，除民疾苦。且追则有期，约日以集，使贿必行，应追者任之可也。民实有产，视税而输，使赋必重，应输者任之可也。保正、长会最督促而已，何用自费数百千及百馀千，甚或兼倍，以至破家荡产乎？且此钱合而计之，岁以千百巨万，既不归公上，官人知自爱，又不敢取，谁则有此？余欲以其言为妄，然余行江、淮、闽、浙、洞庭之南北，盖无不为此言者矣。[①]

差役乃古法，其弊病在于差设不公，难有确定的标准，相当程度上取决于掌管差役的官吏之主观决断，从而滋生各种腐败。熙宁变法转差役为雇役，但其由于实行之中产生多种弊病，又转为义役。在其初期，义役与义约、义社等公益结社，并与义仓、义田、义学等公益举措相结合，大多发挥着良性的社会影响；但后来经过官方化，蜕变为与差役、募役一样的扰民举措，给民生造成不良影响[②]。叶适的这一段评论，正是针对义役之法大坏而发，指出其强行拘民入役、索贿等弊端，认为义役已失其本义，成为官方及大户敛财的资具，蜕变为造成民生困难的一大弊政。

其三，南渡之势家贵族尽集江南。叶适指出：

夫吴、越之地，自钱氏时独不被兵，又以四十年都邑之盛，四方流徙，尽集于千里之内，而衣冠贵人不知其几族！故以十五州之众，当今天下之半，计其地不足以居其半，而米粟布帛之值三倍于旧，鸡豚菜茹樵薪之鬻五倍于旧，田宅之价十倍于旧，其便利上腴争取而不置者数十百倍于旧……此一路之生聚，近在畿甸之间者，十年之后，将何以救之

① 《叶适集·水心文集》卷二十九，北京：中华书局 1961 年版，第 615—616 页。

② 参见周扬波《南宋义役的利弊：以社团为角度的考察》，载《浙江师范大学学报》（社科版）2007 年第 2 期。

乎？夫迹其民多而地不足若此，则其穷而无告者，其上岂宜有不察者乎？[①]

“衣冠贵人”，指的是由中原地区南渡而来的势家贵族。他们集中于吴、越之地，使物价腾贵，各种日用的生活资料和地产等更为紧缺，从而加剧了民生的困难。

最后，叶适还重视工商之民，反对厚本抑末的政策。一如事功学派的常见观点，叶适对工商业持积极态度，倡导有利其发展的经济政策；认为对于合法经营的工商之民，国家应该予以相应的保护，鼓励其合乎道德的财富追求，使之充分发挥在商品经济发展中的作用。他说：

按《书》“懋迁有无化居”，周讥而不征，春秋通商惠工，皆以国家之力扶持商贾，流通货币，故子产拒韩宣子一环不与，今其词尚存也。汉高祖始行困辱商人之策，至武帝乃有算船告缗之令，盐铁榷酤之入，极于平准，取天下百货自居之。夫四民交致其用，而后治化兴，抑末厚本非正论也。使其果出于厚本而抑末，虽偏，尚有义。若后世但夺之以自利，则何名为抑？[②]

这就是说，古代实行的是鼓励工商业发展的政策，不歧视工商业和工商之民。重农抑商的价值取向、厚本抑本的经济政策，自汉代开始施行，其目的在于国家垄断和控制工商业。这是一种不利于社会总体经济发展的布局，因而并非正论。在叶适看来，古代那种“四民交致其用，而后治化兴”的经济布局和发展思路，才是正论。用现在的话来说，这种布局和思路，意味着各大职业并无贵贱之分，也没有道德的高下之别，而是出于社会分工的需要，共同服务于社会经济的发展。叶适还进一步指出，厚本抑末的政策，并非主要着眼于社会经济的发展，其深层用意还在于为统治阶层聚敛财富，是“夺之以自利”。在此意义上，它不仅是经济上的偏论，而且其指导思想是不道德的。因此，他实际上提出应该纠正这一政策偏向，并具体表现为多方面的主张。

---

① 《叶适集·水心别集》卷二，北京：中华书局 1961 年版，第 654 页。

② 叶适：《习学记言序目》卷十九，北京：中华书局 1977 年版，第 273 页。

对于南宋的商业交易政策，他主张“商贾往来，道路无禁”[1]，以利通商。对于管理山泽、重要生活物资的政策及其相应的税法，他指出应放宽约束、减轻税费，因为“夫山泽之产，三代虽不以与民，而亦未尝禁民自利”，而“今世之民自得罪者，其实无几，而坐盐茶、榷酤及它比、巧法、田役、税赋之不齐以陷于罪者，十分之居其六七矣。故曰比三代之刑为重”[2]。

他还提出，应提高工商之民的社会地位，与其他职业之民一视同仁。因此，他反对“四民勿使杂处”的说法，认为“处士于闲燕，谓学校也；不言学校而言闲燕，是不知学制尔。工必于官府，是使余民艰于器用也。商之市井，农之田野，固不待上之教令矣。其要欲使四民世为之，其理固当然，而四民古今未有不以世。至于丞进髦士，则古人盖曰‘无类’，虽工商不敢绝也”[3]。也就是说，工商之民应该享有接受精英教育和入仕的同等机会。

对于以正当途径勤家致富的商人，叶适不吝给予高度的评价。略举一例。在为富商吕师愈所作的墓志铭中，他赞扬道：

> 姿善治生，不为奇术，速赢转化，徒以俭节勤力，能使田桑不失利而已……故骤起家，富于一县。而其子孙既皆深于儒，寒苦自课，如未尝富者，可谓知本务矣。世论常实讳贫而文诋富，所是非往往失事理之平，余以为果实讳，当取质焉，若以文被诋，亦不得辞。吕君用一扇十年尚补缉之，道遇坠炭数寸，亦袖携以归。入其里，墙无闲地，陂无坏堤，肆无博徒，人无侈服。然则实讳贫者，安得不视君所为乎！文之所以诋富，非恶富也，恶其与害富者俱也。君致富虽纤微，然遇旱饥，辄再出稻子数千斛，助州县赈贷。其知取舍盖如此，岂有所谓害富者哉！[4]

这一段墓志的说法，一反传统的轻商态度，体现了叶适重事功、主功利的取向。与陈亮类似的评论相较，有两点值得注意：其一，叶适不仅称赞商人的经商才能和经济成功，而且注重与之相关的德性，如勤劳、节俭、乐善好施、富而好礼等，这些德性与儒学的基本价值是一致的，甚至是可根本相通

① 《叶适集·水心别集》卷一，北京：中华书局 1961 年版，第 642 页。

② 《叶适集·水心别集》卷二，北京：中华书局 1961 年版，第 650 页。

③ 叶适：《习学记言序目》卷十二，北京：中华书局 1977 年版，第 167 页。

④ 《叶适集·水心文集》卷十四，北京：中华书局 1961 年版，第 266—267 页。

的。对吕氏富商生平与人格的追述生动地说明，个人的商业经济活动与道德追求并不相悖。其二，对于“世论常实讳贫而文诋富”的分析和评论，从一个侧面表达了叶适的义利观：即使是在个人的经济活动中，“义”与“利”、道德追求与功利取向也是可以且应当是统一的。所谓“世论”，相当程度上是针对理学主流义利观在经济实践中的流弊。可以说，叶适理想中的商人，正是这种义利统一、才德兼备的儒商。

第五章

元代理学家的经济伦理思想

宋代思想史上一直演绎着义利之争和王霸之辨。一方面，占据主流的思想仍然是宋代理学；另一方面，事功之学兴起。故在经济伦理思想方面，虽表现出功利主义一脉，但呈现更多地是以"存天理灭人欲"为主旨的德性主义经济伦理思想。宋末，理学体系日益完备与精致，同时也日渐表现出"空寂寡实"的极端倾向，并对社会经济的发展产生了一定程度的负面影响。直至元代，蒙古帝国入主中原，游牧民族思想文化与传统农耕民族思想文化的碰撞和交融，给社会生活的方方面面带来了巨大的变化。这些变化也深刻地影响着元代的经济伦理思想，并使其明显表现出更加务实的倾向和特征。

第一节 元代经济伦理关系及其特殊性

任何一个时代思想的形成和发展，都离不开其时的社会条件和经济基础。有学者曾分析社会政治、伦理与经济三大领域之间的关系，认为与近现代社会中经济领域日显重要之现状相比，传统社会生活大多以政治为中心，政治与伦理或宗教的关系最为重要，经济生活常处于相对从属的位置。[①] 这一观点阐明了传统社会思想之总体特征，并在一定程度上揭示了我国传统思想中经济与伦理混淆不清，或经济思想过于伦理化的原因。

然而，从某种意义上说，为蒙古游牧民族所统治的元代却有其自身特性。不论在经济行为方式上还是在思想文化上，蒙古游牧民族都明显有别于中原人士。尤其，当他们入主中原的时候，这种差别便由于他们的权力和主宰意识进一步扩大，更多地影响着中原地区的社会生活和思想文化。不难发现，在我国古代历史上与汉族人民不断碰撞与交融的北方少数民族当中，蒙古游牧民族是最为特别的一支：就其作为中国之主的身份和地位而言，他们不同于曾统领中国一方或在几次大的人口迁移中自然而然融入中原文化的少数民族；就其思想认识及汉化程度而言，他们又区别于其后同为

① 参见阮航《儒家经济伦理研究——先秦儒家经济伦理问题的发展脉络与观念诠释》，北京：中国社会科学出版社 2013 年版，第 20 页。

少数民族却高度汉化且统治中国长达数百年的清朝统治者。

为游牧生存环境和经济方式所决定，蒙古人对意识形态较少关注、对商业行为和物质交换则较多偏爱，他们以强大的军事力量作为其商业活动的保障，客观上使得我国古代传统社会的政治、经济与伦理三大领域之间的关系，发生了一定程度的转变，经济活动得到了更多关注，并发挥着较大的主导作用。如上这些因素，都使得我们在元代经济伦理思想的研究当中，要更多地从社会环境及经济伦理关系之变迁等客观因素着手，以更加真实、全面地反映其思想形成及发展的脉络，寻求其根源，并充分发掘其时代特征。

一、元代社会的总体特征

作为历史上第一个由少数民族统治者建立的统治全中国的王朝，元代不论在中国史还是世界史上都是一个特殊的历史时期。如史所载，元代之前，“有天下者，汉、隋、唐、宋为盛，然幅员之广，咸不逮元。汉梗于北狄，隋不能服东夷，唐患在西戎，宋患常在西北。若元，则起朔漠，并西域，平西夏，灭女真、臣高丽、定南诏，遂下江南，而天下为一”[①]。从 1206 年成吉思汗建立蒙古国，到 1260 年忽必烈即大汗位，直至 1271 年据《易经》“大哉乾元”定国号“大元”，并于 1279 年灭南宋，元代统一全国的过程漫长而复杂，却最终得以实现。其版图之大、民族之多，以及生产方式的多样性和宗教信仰的多元化程度之高等均史无前例。

元代社会生活之总体特征亦相当鲜明。一方面，蒙古骑兵对中原地区的战争和掠夺对社会经济造成了严重的破坏。先进的中原文明被少数民族所统治，游牧经济与农耕经济发生强烈的冲突和碰撞。另一方面，在这个充满乱象的社会熔炉中，出于对国家统一、社会稳定和利益调节的需要，在社会经济从破坏走向复苏并进而发展的过程中，又逐步形成了与新的社会结构相适应的经济伦理关系。从某种意义上说，这一过程正酝酿出一种融合。这种融合，以各民族之间前所未有的密切接触和碰撞为基础，既是对现实矛盾的反应和反思，也是对各种冲突的化解。不论这种融合事实上达到了何

① 《元史》卷五十八，《地理》一。

种程度，在当时的历史条件下，确以一种全新的生命形态，渗透到元代的政治、经济和思想文化等各个方面。

具体而言，地域上，元代对内统一、对外扩张，其版图“北逾阴山，西极流沙，东尽辽左，南越海表”[①]，实现了长久以来未能实现的“地理之合”。政治上，元代由蒙古族行“汉法”治天下，并以前所未有的开放胸怀吸纳各色人等，虽难免存在不平等之处，但客观上加强了不同文化之间的交流，并促进了“民族之合”。信仰上，作为统治阶级的蒙古本族多为虔诚的萨满教徒，但他们对其他各宗教信仰的态度却异常宽容，政策上允许信仰自由，对佛教、道教、伊斯兰教、基督教等兼容并包，并呈现出其他王朝难以比拟的“宗教之合”。经济上，游牧民族入主中原，同传统的农耕民族密切接触并相互作用，一定程度地改变着彼此截然不同的经济行为方式，并弱化了我国古代“重本抑末”的思想传统，形成了元代独特的“农商之合”。就社会阶层而言，元代统治者虽然实施汉法、重用了一些儒士，但更注重管理权力在各色人等之间的制衡，并格外保护蒙古人及色目人的社会地位。这一变化使中原传统儒士作为社会精英的地位受到了严重威胁。他们中的大多数不得不远离官场，或消沉隐居，或迫于生计涌向他们曾“不屑”的各个社会阶层，客观上促成了一种新的变化，即“士民之合”。意识形态上，基于上述社会变革，元代儒者较宋代明显更加务实并讲求致用，在继承宋代理学的基础上，元儒始终致力于修正宋末的空疏风气，忌空求实，重视践履。理学内容上以朱陆合流为特征，形式上深入浅出、删繁就简，表现出一种“思想之合”。这些特征均使得元代在社会生活、经济活动乃至整个思想领域呈现出一些不同于以往的新趋向。

二、元代经济伦理关系的变迁

基于如上社会变革，元代的经济伦理关系也呈现出一些不同于以往的特征。

作为人与人之间“有精神渗透其中的、主观见之于客观的实体性关系”，

① 《元史》卷五十八，《地理》一。

伦理关系在现实生活中表现为"复杂的制度、组织系统和礼俗伦常,体现为现实的合理的社会秩序",其发展是"以经济关系发展的必然性和利益调节的必要性为依托的,是与社会政治关系密切联系的,同时又带有鲜明的文化特色,体现着特有的民族精神"[①]。

在中国的历史进程中,不同时代的社会生活方式决定了与其相应的伦理关系。曾有学者概括:"与原始的生产方式相适应的是血缘伦理,与奴隶制生产方式相适应的是等级伦理,与封建制生产方式相适应的是宗法伦理,与资本主义生产方式相适应的是契约伦理,与社会主义生产方式相适应的是平等伦理。"[②]可见,伦理关系是随着社会历史的进步和现实条件的不断发展而变化的。其中,经济伦理关系作为"经济主体在一定的经济伦理意识的支配下,与其他经济主体、与社会和政府、与环境等形成的具有道德意义的关系"[③],同时关涉经济和伦理两个领域,能够更直接地反映社会经济生活画卷,是社会经济关系变迁的重要体现,也是中国传统经济伦理思想研究的基础。

就元代而言,蒙古帝国入主中原,使我国成为一个幅员空前辽阔的多民族国家。固有的社会结构和经济秩序发生了根本改变,经济主体之间的伦理关系亦随之发生巨大变化。

从总体上说,统治者与民众之间的关系更加复杂化了。事实上,将元代纳入中原王朝之"正统"并认定蒙古大汗忽必烈为元世祖皇帝,是以一种更加包容而宽广的历史观作为基础的:迄今为止,仍有很多学者更愿意用"亡国"或"被殖民"来描述元代这一特殊历史时期中原人士的生存状态。确实,自成吉思汗以来,蒙古帝国几代统治者征服世界的步伐已遍及整个欧亚大陆,近4000万平方公里的土地均在其征服和统治之下。从某种意义上说,中原王朝,只是庞大蒙古帝国所辖广袤领土中的一个区域。这就使得,具有双重身份,既是蒙古大汗,又是中原之主的元政府,在政治立场和政策倾向上难免有所偏离:拥有先进文明的中原人士不再是权力和利益的中心。虽然他们极力帮助元廷依"汉法"治国,但中原地区富饶的土地却已然失去控制

① 宋希仁:《论伦理关系》,载《中国人民大学学报》2000年第3期。

② 同上。

③ 刘可风:《我国经济伦理研究的反思》,载《江汉论坛》2006年第6期。

地暴露在一个更为广阔的"世界"之中。作为战败者,在不平等的新制度下,中原人士无力保全其曾有的荣耀和财富,不至沦为了蒙古人和色目人之下、社会地位最为卑微的一个阶层。蒙古人的统治,及其对色目人的倚重和与之经商的偏爱,使得不少原来就生活在中原地区的色目商人获得了史无前例的优待,进而吸引着越来越多的异域商人从世界各地慕名而来。商品交换的内容和范围日益扩大,不同文化之间的碰撞和交流也日趋频繁。各民族之间产生的新的冲突和联系,以及由此所形成的对利益进行重新分配和调节的需要,都使得元代的经济伦理关系发生着翻天覆地的变化。

综观元代的历史进程,不难发现,其经济伦理关系的特殊性和复杂性正在于:这一时期,除了任何时代普遍具有的一般意义上的社会进步所带来的经济伦理关系的变迁之外,还有两个更为突出的元代所独有的重要因素明显影响其经济伦理关系,即游牧民族的统治和中原儒士社会地位的改变。

三、游牧民族的统治和融入

元代以前,中原民族与北方少数民族一直在征战与和解的往复中维系着彼此之间的各种联系。中原汉地亦曾以广阔的胸怀吸纳并融入过众多包括"蛮夷"在内的少数民族,并在这一过程中,毫不费力地维持其自身的政治及文化地位不变。然而,蒙古游牧民族以统治者的身份入主中原,在历史上却是首例。它意味着,蒙古人绝非简单地以多民族成员之一的身份融入中国,而是更为主动地以强烈的主宰意识,参与并影响着中原地区的制度重建、社会治理、经济发展及思想的传承。

此前的中华民族素来以汉民族所传习的农耕文化为本,世世代代在广袤的土地上精耕细作、自给自足。虽不乏"农末俱利"等个别观点,但占据社会主流的,始终是重本抑末、重农轻商的传统思想。元代蒙古游牧民的入侵和统治,以及随之而来的游牧经济方式与农耕经济方式的冲突、碰撞到融合,却很大程度地改变了这一状况。

商业精神为游牧民族所固有[①]，关于这一点，马克思曾指出，与其"居无定所"的生活状态有关。

首先，"游牧"是畜牧生活的一种形态。其中"游"，意指迁移、流动。形象地说，游牧民族历来"逐水草而居"，过着以迁徙为特征的畜牧生活，其生活半径和流动性明显大于农耕民族。其次，由于自然条件和经济方式所限，游牧民族所面临的生存困境也明显大于农耕民族：其生存状态极易受到夏季干旱、冬季寒流等恶劣气候的影响，有时甚至因此遭受灭顶之灾，"从日常生活用品到农业生产工具及各式战斗工具，亦常无法完全自给自足"[②]。这些困境，一方面决定了游牧民族对农耕产品的迫切需求，一方面也造就了他们所特有的勇气。换言之，游牧经济的先天不足使得他们迫切希望与农耕民族进行商品交换，但长久以来，中原地区重本抑末的思想传统并不鼓励实现这种交换，故客观上加剧了游牧民族因需求未能满足而发起的战争和掠夺。

直至元代，游牧民族的统治者统一了全国，农耕与游牧两种经济方式终得以和平共存，并开始以正常的方式互市。基于这一改变，游牧民族此前执着于战争和掠夺的勇气，才部分转化为从事商业的精神和力量，并极大地影响着中原地区固有的经济生活方式，客观上促进了元代商业的复苏、发展乃至进步。

具体而言，游牧民族活动半径大、流动性强，有助于人们拓宽经济伦理关系的视野和范围，促进商品的流通和海外贸易的迅猛发展。以交通为例，元代较以往任何一个朝代更为积极地广开运河、修筑驿站，并发展造船业和海上贸易。其中，驿站的范围之广、规模之大，及其与经济联系之紧密，均堪称史上之最。

如史所载："元制站赤者，驿传之译名也。盖以通达边情，布宣号令，古人所谓置邮而传命，未有重于此者焉"[③]，"溥海内外，人迹所及，皆置驿传，驿

---

① 参见马克思《资本论》第三卷，北京：人民出版社2004年版，第372页。"正好与城市发展及其条件相反，对一个居无定所的游牧民族来说，商业精神和商业资本的发展，却往往就是他们的固有的特征。"

② [日]杉山正明：《游牧民的世界史》，黄美蓉译，北京：北京时代华文书局、中华工商联合出版社2014年版，第13页。

③《元史》卷一百一，《兵》四，《站赤》。

使往来,如行国中"[①]。区别于专门用于传递文书的急递铺,元代的驿站还担负着运送兵器、钱钞以及丝、茶等商货的职能。有学者指出,"元代大站用马多达上千匹,站户超过30万",而这一相应的数字在唐代是"大驿配马75匹,驿夫25人,小驿配马8匹,驿夫2—3人,驿夫总数约17000人",明代是"每驿配马30—80匹,驿夫视驿马多少而定"[②],元代对驿站的重视从中可见一斑。

又如,元末将领董抟霄(?—1358)用以运送军粮的"百里一日运粮术"更是物流史上的一绝。其"每人行十步、三十六人可行一里,三百六十人可行十里,三千六百人可行百里""每人负米四斗""人不息肩、米不着地,排列成行,日行五百回,计路二十八里"[③]的陆运之方,可一日实现两万人口粮的百里运输。虽劳民者众,但对每人每次运粮的要求并不算高,只需"负米四斗""行十步",且分工合理,注重效率,与现代组织的流水作业法颇为相似,充分体现了元代统治者对商品及货物流动性的高度重视和相对成熟的操作技术。

不仅如此,游牧民族的对外扩张进一步打开了国门。如前所述,作为中原地区统治者的蒙古大汗忽必烈,在整个欧亚大陆建立了储多汗国,打通了我国与外界的交往渠道。经济上,元政府积极面对外商,欢迎其"往来互市,各从所欲",并推行"罢和买,禁重税"的政策,禁止贪官污吏强买勒索,以保护外商的权益。类似举措极大地促进了我国的境外海外贸易,使泉州港盛极一时,成为当时马可波罗眼中令人叹为观止的"世界上唯一的最大商港"。

游牧民族入主中原所带来的如上变化,直接或间接地促进了元代商业之活跃和兴盛。元代经济伦理关系的触角亦随之不断扩大并向外延伸,内涵也日渐丰富和复杂。

四、儒士社会地位的改变

元代经济伦理关系的变迁,亦归因于知识分子社会地位的下沉。如前

---

① 《元史》卷六十三,《地理》六。

② 参见李云泉《略论元代驿站的职能》,载《山东师范大学学报》(人文社会科学版)1996年第2期。

③ 《元史》卷一百八十八,《董抟霄》。

所述，游牧民族的统治和融入为元代社会结构带来了诸多改变。其中，对思想领域尤为重要的一点，就是撼动了传统中原士人的社会地位及由之所决定的社会使命感。

元代之前，知识分子历来以社会精英自居，这一称谓既代表学识上的地位，又暗指社会地位。所谓“君子喻于义，小人喻于利”，确切地说，就是对处于不同社会地位的人的道德要求，暗含着公利和私利的经济伦理问题。一方面，君子作为社会地位较高之人，比小人拥有更多的财富，故相对而言，私利容易满足，甚至可以完全不忧私利。另一方面，君子较小人拥有更多权利并承担着更大的责任，这就使得他们必须“忧天下之忧”，即更多地以“义”为准则，追求“公利”的实现。“君子”和“小人”在义利问题上的关注点不同，均系其所处的社会地位及相应的物质条件和社会要求所决定。换言之，以皇帝或士人为代表的上层社会不应寻求私利，为的恰恰是让庶民“乐其乐而利其利”。元代以前，大多数时候，知识精英能够通过各种渠道获得社会的认可，成为社会地位较高的人；或是与之相应地，社会地位较高的人以各种方式具备知识精英的素质。故“君子”常能集较高的知识水平和社会地位于一身，始终做到讳言私利，并逐步形成了这一思想传统。为了维护政权稳定，尤其在宋代，自太祖削弱武将地位以来，传统的“崇武精神”日渐丧失，“重文轻武”的政治基调得以确立，文人、士大夫在这一时代受到了史上最为优厚的礼遇，社会地位得以进一步提高。

但是，到了元代，上述状况发生根本改变。蒙古族上层的统治，严重削弱了中原知识分子乃至汉民族普通民众的社会地位。以元世祖忽必烈为代表的蒙古统治者虽然执行汉法并重用了少数汉人幕僚，但面对严重的财政危机，在经济管理方面，仍多以“富国”为目标，普遍重用蒙古和色目商人为朝廷显宦。不仅如此，元政府还在全国范围内推行极不平等的四等人制度。在这一制度下，蒙古人和色目人拥有较高的社会地位，享有诸多特权；居住在北方包括金朝遗民在类的所有人统称汉人，位居三等；南宋遗民因最后才被统一，被称为南人，地位最为低下，而众多才华横溢的江南儒士恰在其中。

这些儒士们大多与仕途无缘。其中，少数人因为民族气节不愿为元廷效力，多数人则是入仕无门。元代科举的废止斩断了他们走向仕途的通道，即便在1315年科举恢复之后，由于蒙古人、色目人与汉人、南人地位之不平等所决定的考试难易程度和录取名额上的悬殊，仍然使得真正能通过这一方式走向仕途的中原人士少之甚少。

在这一社会背景下，很多以往地位高尚的士人沦为庶人。一时间，“九儒十丐”竟成了这些知识精英的生活写照，他们地位卑微，甚至不如娼妓，只比乞丐好一点。社会因此而蒙受损失，但同时，又由于这种新的结构，产生了一些建设性的作用。美国汉学家牟复礼曾称之为“精英作用的扩散”[①]。事实上，越来越多的儒士迫于生计不得不走向很多曾为他们不屑的行业，而这一过程恰好使这些行业得到了前所未有的“高质量”的关注。儒士精英们“被迫”在更为广泛的空间中施展才华，却客观上促进了元代社会各行各业、各经济部门之间更加均衡而全面的发展。

如前所述，倘若对孔子所言“君子”和“小人”作社会地位之理解，元代知识精英们此刻的命运正在从“君子”沦为“小人”。其社会地位的改变，使之自然而然地更接地气、更加务实，可以合理地“喻于利”、积极关注民生，并更多地参与到经济活动当中。这些，都直接影响着元代的经济伦理关系，并对其思想领域发生作用。

第二节　元代经济伦理思想的新趋向

总体来说，元代的思想成就相比宋代而言明显贫乏。这一点，也是以往元代思想的相关研究常被涵盖于宋明之中，未得到充分重视甚至被完全忽略的原因之一。然而，此处所言“贫乏”是就它的客观成就而言，并不含有贬损之意。因为，事实上，从1260年世祖忽必烈即大汗位，到1368年顺帝为明军所迫逃离大都，如此短暂之历程，让我们很难对元代思想所能达到的高度作出过于苛刻的要求。如著名史学家陈垣所言：

以论元朝，为时不过百年，今之所谓元时文化者，亦指此西纪一二

① [德]傅海波、[英]崔瑞德编：《剑桥中国辽西夏金元史》，史卫民等译，北京：中国社会科学出版社1998年版，第641页。

六〇年至一三六〇(八)年间之中国文化耳。若由汉高、唐太论起,而截至汉、唐得国之百年,以及由清世祖论起,而截至乾隆二十年以前,而不计其乾隆二十年以后,则汉、唐、清学术之盛,岂过元时?[①]

然而,与中华文明历史长河中许多百年所不同的是,元代这一时期是中原地区首次为少数民族所统治的百年:从时间跨度上看,社会由战争、破坏和混乱,迅速进入新秩序的重建、恢复、兴盛直至衰败;从空间跨度上看,本来就广阔的疆域,以无比开放的姿态融入整个欧亚大陆的经济文化圈,包括汉人、蒙古人、色目人等在类的各民族杂居于此,相互碰撞、交流并逐渐融为一体,政治结构、经济方式、社会文化及思想领域都发生着巨大的变革。

一、元代思想及文化的多元面向

由元代人口及民族之多样性所决定,元代的思想及文化也表现出明显的多元特征。其中,为绝大多数人所拥护且最为先进的主流思想仍然是儒学。承袭宋代之传统,理学在这一时期得到了继承和发展,虽然在理论体系及学术上的创见不多,以至于后人论及理学,常言之"宋明",对元代有所忽视。但不容否认的是,理学的官学地位,及其大众化和普及化,恰是在这一时期完成的[②]。如陈来认为"元代儒者强调经世致用,突出道德践履的要求,注重学习实用知识和培养实际办事的能力。相对于义理问题的探索,元儒对于义理之学的普及与运用似乎更感兴趣"[③]。陈谷嘉认为"以儒学而论,虽然未像宋代理学家一样,建构一个新的儒学体系,但元代对儒学的发展仍然作出了自己的贡献,这就是将儒学即理学发展推到了一个通俗化和普及化的历史阶段"[④]。

元代理学思想之所以能保有其主导地位并确立为官学,是政治、文化等多方面因素共同作用的结果。首先,中原文明中历史久远的儒家思想是一种相对先进的文化。尤其在经历了宋代新儒学体系的演进与完善之后,其

---

① 陈垣:《元西域人华化考》,上海:上海古籍出版社2000年版,第133页。

② 参见陈谷嘉《元代理学伦理思想研究》,长沙:湖南大学出版社2010年版,第1页。

③ 参见陈来等《中国儒学史·宋元卷》,北京:北京大学出版社2011年版,第649页。

④ 陈谷嘉:《元代理学伦理思想研究》,长沙:湖南大学出版社2010年版,第1页。

思想之丰厚、学术造诣之高均堪称极致。而此时的蒙古游牧民族，虽然在军事力量上表现出了明显的优势，却鲜有成熟和完善的理论和思想。用马克思的话来说，“野蛮的征服者总是被那些他们所征服的民族的较高文明所征服，这是一条永恒的历史规律”[①]。

其次，儒家的思想有利于维护蒙古人对中原地区的统治。从汉代以来历代王朝对儒学的青睐不难看出，儒家所宣扬的君君、臣臣、父父、子子等理想道德，所顺应的正是一种森严有序的等级社会。在此层面上，君王以仁爱之心治理国家的同时，也能够利用其思想作为统治工具，维护社会的安定。入元以来，蒙古人凭借其强大的军事力量由“夷狄”纵身一跃成为中原的主人，面临的首要问题，就是如何治理天下。诚如元初刘秉忠借汉人陆贾的话对世祖进行劝诫时所言：“以马上取天下，不可以马上治。”以这一思想为指导，为了笼络民心、维护政权的稳定，蒙古统治者重用姚枢（1203—1280）、窦默（1196—1280）、郝经（1223—1275）、许衡（1209—1281）等儒士作为幕僚，积极推进汉法治国，弘扬儒家文化，这自然是最好的选择。

儒家思想之外，在元代的多元文化当中，蒙古文化始终保留着自身的特色和相对的独立性。区别于自辽金时代高度汉化、最终完全融入中华民族之中、不复以各自的原生民族形态所存在的契丹人和女真人，蒙古人并没有随着元代的覆灭而消亡——他们几欲在漠北卷土重来，虽辉煌不再，却成功地将其民族形态延续至今。

事实上，蒙古人在接触到先进的中原文化之前，已具备其独特的文化属性。从内在层面看，游牧的生存方式自然而然地决定了其行为及思维方式的一些固有特征，如勇猛、善变、重商、务实等。从外在层面看，蒙古人在西征的过程中，已广泛接触到了比他们先进的西域文化和阿拉伯文明。他们从中吸收了不少养分，并一定程度地限制了其后对中原文化的吸纳。

着眼于蒙古人入主中原之后的政策及制度，不难发现，“汉法”虽然是元政府为巩固其统治积极推行的主要治国方略，但同时也在管理制度中保留了不少蒙古特色，如以“双语”和“双都”为代表的复合型政策。其中，“双都”指的是，除大都之外，另设草原之都——上都作为陪都。每年春夏之季近半

① 参见《马克思恩格斯选集》第2卷，北京：人民出版社1972年版，第70页。

年的时间，元朝皇帝都会带领百官在上都处理朝政事务，并在此相对完整地保留了大量的蒙古旧俗。不仅如此，元廷还大力推行“双语”，即不再一味使用汉字和畏兀儿字母，而是积极创造八思巴字来拼写蒙古族语言，并将其作为“国语”推而广之。值得一提的是，蒙古新创的八思巴字还一度受到汉人儒士的追捧，如许衡、吴澄（1249—1333）、程钜夫（1249—1318）、虞集（1272—1348）、王祎（1322—1373）等众多汉儒都对其给予了充分的肯定和赞赏。这些都说明，蒙古在中原汉地长期保留着其自身民族文化特色，并一定程度地影响着中原的传统思想及文化。

不仅如此，西域文化也是元代文化的一个重要组成部分。如陈垣先生所言：

> 西域之名，汉已有之，其范围随时代之地理知识及政治势力而异。汉武以前，大抵自玉门关、阳关以西，至今新疆省止，为西域。其后西方知识渐增，推而至葱岭以西，撒马儿干，今俄领土耳其斯坦，及印度之一部，更进而至波斯、大食、小亚细亚，及印度全部，亦称西域。元人著述中所谓西域，其范围亦极广漠，自唐兀（在今河西地区）、畏吾儿（在今新疆地区），历西北三藩所封地（察合台汗国在今新疆地区，钦察汗国在今苏联咸海、里海以北地区，伊儿汗国在今伊朗和土耳其地区），以达于东欧，皆属焉。质言之，西域人者色目人也。不曰色目而曰西域者，以元时分所治为蒙古、色目、汉人、南人四色，公牍上称色目，普通著述上多称西域也。①

可见，其时所言“西域”范围极广，“西域人”即指“色目人”，两者是同一概念在不同场合的运用。更为形象地说，“色目”人亦指“元代对来自天山南北及葱岭以西的畏兀儿、回回、钦察、康里等西域人及唐兀人、汪古人的统称，其中以回回人居多”②。

作为“逐水草而居”的马上民族，蒙古人对“家”与“国”的概念素来比较淡漠。不断游移的生存方式，常使之具备超越血缘、民族、地缘或国家的意识，拥有一种征服全世界的渴望。与之相应，在蒙古人看来，“忠”“诚”“信”

---

① 陈垣：《元西域人华化考》，上海：上海古籍出版社2000年版，第1页。

② 翁独健：《中国民族关系史纲要》，北京：中国社会科学出版社2001年版，第540页。

“义”等道德品质也是可以超越血缘、民族和国界的。早在1203年，成吉思汗成为蒙古草原统治者之前发生的“巴泐渚纳誓约”事件便是这一思想的明证[①]。基于这一观念，在蒙古铁骑不断扩张的过程中，其队伍也在不断地吸纳新的力量，并逐步壮大，“色目”人之本意，便是在这一过程中较早臣服于蒙古人的一支。如陈先生所描述：“元军先定西域，后下中原，西域人之从军者，被虏者，贸易者，接踵而至”[②]，并由此开始了他们“杂居汉地无禁”并饱受优待的生活。

从某种意义上说，这种超越血缘和民族意识的忠诚观，既是蒙古军队所向无敌并迅速壮大的原因，也是元代统治者能如此宽容地对待各种不同民族思想及宗教文化的重要原因。一则，宽泛意义上的蒙古作为一个共同体，在多年征战的过程中充分吸纳了西域文化，而西域文化本身又早已杂受印度、犹太、波斯、希腊等诸国文明之影响；再则，包括中国本土的元朝、窝阔台汗国、察合台汗国和境外的钦察汗国、伊儿汗国在内的蒙古帝国对其征服地域的控制，使得整个欧亚大陆连为一体，进一步促进了各种异域文化之间的交流。中原地区以无比开放的姿态进入到这个连接体中，江南沿岸及重要港口，更是成了内陆与海洋城市互通有无的重要节点。

建元之初，世祖即颁布法令，允许唐宋以来以“蕃客”身份聚集在东南沿海的异域人口正式“入籍”，成为中国元王朝之“臣民”。不仅如此，元政府还在政治、经济等各方面，对色目人予以了史无前例的优待——很多财政要臣均由色目人担任，其整体社会地位远远高于汉人和南人，仅次于蒙古人。如白寿彝先生所言：

> 元承宋后，色目人之地位在原则上，居于蒙古人及汉人之间……回教人者，正色目人中之主要分子也。实际上，因蒙古数目之过少及蒙古文化程度较低，回教人之政治地位，除若干特别情形外，往往与蒙古人

① 1203年，成吉思汗和汪罕争权失利，很多亲戚都背弃了他，仅十九人追随他逃至巴泐渚纳湖，他们弑马盟誓、永不相忘。由于这十九个人来自九个不同的部落，既有基督徒（聂斯脱里派）和萨满教徒，也有穆斯林和佛教徒，表明对蒙古人来说，忠诚超越了血缘、种族和宗教信仰。参见王纪潮《被低估的蒙元时代》，载《博览群书》2007年5月。

② 陈垣：《元西域人华化考》，上海：上海古籍出版社2000年版，第3页。

享受同等之待遇。[①]

又如陈垣先生称：

> 盖自辽、金、宋偏安后，南北隔绝者三百年，至元而门户洞开，西北拓地数万里，色目人杂居汉地无禁，所有中国之声明文物，一旦尽发无遗，西域人羡慕之余，不觉事事为之仿效。且元自延祐肇兴科举，每试，色目进士少则十余人，多者数十人，中间虽经废罢，然举行者犹十五六科，色目人之读书应试者甚众。[②]

如此宽松的政策和环境，吸引着越来越多的异域人士慕名而来，或从政、或经商、或传教，等等。一时间，包括阿拉伯文化、欧洲文化等在内的各种异域文化活跃在中原汉地，并与中原文化和蒙古文化密切交融，形成了元代独有的多元文化特征。

二、蒙古、色目文化的重商精神和务实倾向

《蒙古秘史》[③]曾有记载“星天旋回焉，列国相攻焉，不入寝处而相劫焉。大地翻转焉，普国相攻焉，不卧其衾而相斗焉，当彼之时也，未尝思而行之也，乃所遭之使然焉。未尝背而行之也，乃相战之使然焉，未尝爱而行之也，乃相杀之使然焉”[④]，指的是思想和情感与行为和现实环境之间密切相关。按照蒙古人的理解，前者以后者为基础、为后者所决定。言外之意，他们所发起或参与的各种战争和掠夺并非出于他们的主观意识，而是为现实所迫。这一认识虽有自我辩护之嫌，但本身确有一定的道理。如前所述，游牧这种生产方式所决定的产品的单一性和生产过程的不稳定性，使生产者必然面对生活资料的单一和匮乏等一系列现实问题。解决这些问题的最佳方式本应是商品交换。然而，在重农抑商的传统中国，这一途径并没有得到应有的

---

① 白寿彝：《元代回教人与回教》，载《中国伊斯兰史存稿》，银川：宁夏人民出版社 1983 年版。

② 陈垣：《元西域人华化考》，上海：上海古籍出版社 2000 年版，第 132 页。

③《蒙古秘史》作者佚名，成书于 13 世纪蒙古克鲁沦河流域，是蒙古民族最古老的历史文学典籍，原书用畏兀儿体蒙古文写成，在元代秘而不宣，至清中叶出版。现为世界文化遗产。

④ 道润梯步：《新译简注〈蒙古秘史〉》，呼和浩特：内蒙古人民出版社 1978 年版，第 305 页。

保护和推崇，于是，战争和掠夺便取而代之，成为了最直接有效的方式。

如钱穆先生所言：

> 人类文化，由源头处看，大别不外三型。一游牧文化，二农耕文化，三商业文化。游牧文化发源在高寒的草原地带，农耕文化发源在河流灌溉的平原。商业文化发源在滨海地带以及近海之岛屿。□□此三型文化，又可分成两类。游牧商业文化为一类，农耕文化为又一类。游牧商业起于内不足，内不足则需向外寻求，因此而为流动的，进取的。农耕可以自给，无事外求，并必继续一地，反复不舍，因此而为静定的，保守的。①

其中，游牧商业文化之特性“常见为侵略的”，农耕文化之特性“常见为和平的”②。

不难发现，如上这三类文化，恰好非常难得地以历史上相对势均力敌的形态汇聚于元代，并彰显出其各自的鲜明特征。区别于中原的农耕民族，草原游牧民族和西域海洋国家确有其相通之处。他们生产无法自给自足，必须与外界进行物质交换。于是，在和平时期，商业成为了他们共同的兴趣和需要。事实上，回回人早已拥有历史悠久的商业文明，他们酷爱经商、擅长理财，并具备一定的经济实力，如《元史》载：“回回户计，多富商大贾”③。以回回商人为主体的西域色目人等之所以在元代得到特别的厚待，从某种意义上说，正是因为他们与蒙古统治者在重商思想上高度契合，并且具备较为优秀的商业技能。

基于对商业及物质交换的需要和偏爱，蒙古人对数学与科学技术的关注似乎更胜于意识形态。这一点，与色目人也是相通的。如白寿彝先生称：“元回教人之西学，严格言之，多为应用技术，而学理方面者甚少。”④大量回回人内迁，除了在商业方面的积极参与和贡献之外，还在数学、天文学、医学等方面对中国产生了一定的影响。如此之偏爱，是元朝政府放松思想管控、

① 钱穆：《中国文化史导论》，上海：上海三联书店 1988 年版，弁言。

② 同上。

③《元史》卷一三四，《朵罗台》。

④ 白寿彝：《元代回教人与回教》，载《中国伊斯兰史存稿》，银川：宁夏人民出版社 1983 年版。

允许各家争鸣的原因,同时也是蒙古统治者对科学技术之类“实用之学”毫不懈怠的原因之一。

众所周知,现在国际通用的阿拉伯数字起源于海洋国家印度。7世纪,这些以十进位法为基础的数字在阿拉伯地区广为流传,之后,又随阿拉伯人漂洋过海传入欧洲,在早期的商业活动中发挥着重要的作用。阿拉伯数字传入中国,正是在元代这一时期。史料所载,蒙古第一次西征的对象——花剌子模国,就是一个曾被阿拉伯征服,并且在数学和商业方面都拥有较高造诣的国家。蒙古人本渴望与之友好通商,不幸被拒并受到百般羞辱,这才向其发动了战争,并一定程度上受到了对方文化的影响。据学者研究,在当时,花剌子模帝国的城市都有一个数学知识中心,英文中的“algorithm”(运算法则)一词就源自“alKhwarizm”(阿拉伯语“来自花剌子模”)。蒙古人觉得“中国的数学太简单、不实用,于是他们采用阿拉伯、印度数学中的许多实用的新方法”,并“很快地认识到用阿拉伯数字来表示纵横位置的优点,并把零、负数和代数学介绍到了中国”。[①] 今天来看,不论阿拉伯数字是否确实由此引入中国,也不论其引入是否得到了中原人士的认可和接纳,蒙古及色目人对阿拉伯数字无比推崇的积极态度确是不容否认的。

事实上,蒙古人一直热衷于数字化管理,并早已在战争中摸索出一套简便易行、极为实用的“十进制”管理方法。按照这一方法,蒙古军队以十人、百人、千人、万人为单位进行编列,每队长官依队员人数被命名为“千户长”或“万户长”。战争中,如此编制既便于随时统计伤亡、掌握部队的实际战斗力量,又能够减少冗余、更直接有效地传达指令。不仅如此,世祖忽必烈时期,类似于某种特殊数字符号的纸币,代之以传统金银实物货币,首次在中原乃至蒙古帝国全境广泛通行,为整个欧亚大陆之间的贸易往来提供了极大的便利。类似举措,无疑是蒙古人重商意识和务实精神的又一明证。

除此之外,蒙古人亦重视工业及科学技术的提高。早在成吉思汗时期,蒙古铁骑在征战中最为珍视的人才就是工匠。无论种族或宗教信仰如何,只要拥有精湛的技艺,在蒙古人眼中,工匠都应受到重用和优待。如此对待,与中原历史上宋人“三年成一叶”却备受时人批判的先例形成了强烈的

---

① [美]杰克·威泽弗德:《成吉思汗与今日世界之形成》,温海清等译,重庆:重庆出版社2006年版,第243页。

反差。毕竟，元以前，“圣人恃道化而不恃智巧”的思想传统是主流，“道化”的意义远超于“智巧”。重本抑末、重农轻商的传统观念使得“工”“商”的社会地位和等级远逊于“士”“农”。非但如此，由于“工”与“商”都不那么重要，还常被人混为一谈，作为一个共同的概念置于末业之地位，行之千年无可动摇。科学方面，元代百年之间，水利技术的广泛运用和快速发展，以及天文学上具有划时代意义的“授时历”之成功编撰，亦与蒙古统治者重视实务及实学之意识有关。对此，后文将专门论述，此处从略。

上述蒙古文化的重商精神和务实倾向，主要表现在经济活动及社会生产领域。除此之外，在道德领域，蒙古文化相对于中原文化亦表现出一些务实特征。其中，最具代表性的一例，即蒙古人与中原人士对“孝亲”观念的不同认识。

在中原人士看来，“孝悌”为百德之首，子对父之“孝”，正如臣对君之“忠”一样，是最为基本的道德品质。我国古代在选官制度上亦曾以“孝亲”作为候选人的重要考察条件，力倡子女对逝去的父母行三年之丧。在宋代，孝道更是被推崇到了不惜毁体以行道的极致。如史所载：

> 刘孝忠，并州太原人。母病经三年，孝忠割股肉、断左乳以食母；母病心痛剧，孝忠然火掌中，代母受痛。……后养父两目失明，孝忠为舐之，经七日后能视。以亲故，事佛谨，尝于像前割双股肉，注油创中，然灯一昼夜。刘钧闻而召见，给以衣服、钱帛银鞍勒马，署宜陵副使。开宝二年，太祖亲征太原，召见慰谕。
>
> 吕升，莱州人。父权失明，部腹探肝以救父疾，父复能视而升不死。
>
> 冀州南宫人王翰，母丧明，翰自抉右目睛补之，母目明如故。谆化中，并下召赐粟帛。
>
> 顾忻，泰州泰兴人。十岁丧父，以母病，荤辛不入口者十载。……母老，目不能睹物，忻日夜号泣祈天，刺血写佛经数卷。母目忽明，烛下能缝纴，九十余无疾而终。[①]

如上孝义之举，均带有一定的迷信色彩，如“父复能视而升不死”“母目

① 《宋史》卷四百五十六，《孝义》。

明如故”“母目忽明”等，其真实性不得而知。然此类良好愿望，恰能说明时人对如此孝行的肯定和推崇。不仅如此，这些史料频见于官方文书，并伴以太祖“召见慰谕”“赐粟帛”等良好结局，统治者对其肯定和赞誉的态度亦可想而知。

与中原传统文化相同的是，蒙古人也有着浓厚的孝道思想。不论是年幼时期的铁木真，还是功成名就的成吉思汗，首先是一名不折不扣的孝子。如《蒙古秘史》所载，对于母亲诃额仑夫人，成吉思汗和兄弟们的尊重与敬爱之情溢于言表：

> 诃额仑夫人生得贤能，抚育其幼子每也……母夫人生得有胆量，养育其英烈之子每也……方正之母夫人，养以山丹根之子每……美貌之母夫人，养以薤颠沛之子每，将为超群之英豪矣。既为英豪丈夫，乃为敢斗之勇健矣。相语之曰：养我母乎！……以报其母鞠养之恩焉。[①]

然而，元代的蒙古统治者却明确反对往朝所积极推崇的“毁体行孝”，并认定此举为“愚孝”，多次下令禁止：

> 至元三年十月，中书省左三部呈：上都路梁重兴为母病割肝行孝，合依旧例，诸为祖父母、父母、伯、叔、姑、兄、姊、舅姑割肝剜眼割臂脔胸之类，并行禁断。
>
> 延祐元年十月，中书省理部呈：枢密院都事呈，保定路清苑县安圣乡军户张驴儿，为父张伯坚患病，割股行孝，止有一子舍儿三岁，为侵父食，抱于祖茔内活埋。本部议得：割股毁体，已常禁约。张驴儿活埋其子，诚恐愚民仿效，拟合遍行禁约。[②]

与之相应，对尚未降生的胎儿，不论其母地位尊卑，元代的法律都给予了明确的保护，如“诸倡女孕，勒令堕胎者，犯人坐罪，倡放为良”[③]“诸奸生男女，男随父，女随母”[④]，等等。可见，在蒙古人眼中，相对于“礼”与“义”，实实在在的生命与健康具有更高的价值和意义。

---

① 道润梯步：《新译简注〈蒙古秘史〉》，呼和浩特：内蒙古人民出版社1978年版，第37—38页。

②《大元通制条格》卷二十七，《非理行孝》。

③《元史》卷一百三，《刑法》二，《户婚》。

④《元史》卷一百四，《刑法》三，《奸非》。

三、元代经济伦理思想的实学转向

蒙古人、色目人与中原人士迥然不同的生存方式决定了他们对商业及实务、实学之偏爱。在他们看来，实学之“实”，强调的是学问或事务的实用性。纵观中国传统经济伦理思想的发展脉络，能同时体现伦理追问和致用特征的实学也备受关注，然此处之“实学”却与元人之“实学”不尽相同。国内学术界对实学的理解已有广义和狭义之分。狭义的实学，以明清实学思潮为代表，意即实用之学，主张学问须经世致用，与之相对的本体论哲学等形而上探究可谓虚学。广义的实学，可上溯至孔子时代，以内圣外王为核心命题的儒学思想均可谓实学。据此界定，蒙古及色目人所偏好的实用之学，虽然在思想层次及理论体系上远远不及明清实学，但相对而言，在意义指向上与之甚为接近。还有比较折衷的观点认为：“中国所谓实学，实际上就是从北宋开始的‘实体达用之学’，是一个内容极为丰富的多层次的概念。在不同的历史时期、不同的学派和不同的学者那里，其实学思想或偏重于‘实体’，或偏重于‘达用’，或二者兼而有之，或偏重于二者之中的某些内容。”[①] 其中，“实体”是中国实学的哲学基础，侧重于理论根据，“达用”则侧重于致用。按照这一界定，程朱学派亦可谓实学，只不过相比明清实学，更多地侧重于实体之学。

基于如上认识和元代社会特殊的历史条件、经济伦理关系及多元文化特征，不难发现，采用实学的任何一种界定，都不妨碍我们形成如下认识：即，中国传统思想在从宋到元直至明清发展的整个过程中，对“实体”的关注一直在逐渐转向“达用”。而元代，正是这一转向的开始。

总的来说，在元代，真正可称为思想家并拥有较为丰富经济伦理思想的，主要还是儒士。他们在经济上的作为或许比不上色目人，但在思想上的贡献却远远超过对方。我国传统经济伦理思想的德性主义特征，在他们的主流思想中得以完好地继承和发展，以义利关系为代表的传统经济伦理思想的核心问题，在他们这里得以进一步阐释。如赵复认为：“三代圣人以心

① 葛荣晋：《中国实学思想史》上卷，北京：首都师范大学出版社 1994 年版，第 9 页。

学传夫下"，"桓文功利之说兴，而羲尧舜文之意泯矣"[①]；许衡认为"圣人以义为利"，"有德则有人，有土而后有财用"，所以说"德者本也，财者未也"。[②] 他们秉承传统儒家的内圣外王之道，在宋代理学进一步专注于内在心性修养的基础上，坚持"义理至上"，主张从内而外，尽心知性、格物致知，以"修身""齐家""治国""平天下"。在他们看来，德为本、财为末；义为本、利为末；理为本、欲为末；王为本、霸为末；农为本、商为末，其思想对元初立国安邦，确立以汉法为基础、积极实施以民为本的仁政治国方略发挥着重要的作用。

然而，在关系到国家财政和经济民生等具体政策上，义理派却未必能提出实际见解和行之有效的措施。他们中间的很大一部分，甚至"言利色变"，以谋求财富为"不齿"。这一点，在素来以"实务至上"且面临着极大经济压力的元朝统治者看来，无疑是个致命的问题。

于是，元廷极为自然地选择在经济治理上更多地依赖色目人。出于对他们理财能力的信赖，世祖时期，高居丞相之位并总揽国家财政的三位重臣阿合马、卢世荣、桑哥，其中两位都是色目人。畏兀儿人阿合马（？—1282）治理财政的时间最长，为 20 年；唯一的汉人财臣卢世荣任职时间最短，不过几个月。由此可见，在元代国家财政治理上发挥着主要作用的是色目人。他们的思想和政策作用于元代的社会经济，极大程度地影响着国家的兴衰和人民的贫富。但是，从实际状况看，他们的作为却很难让我们感受到对经济与伦理的共同关注。为了增加国家收入，他们都主张增加赋税，阿合马还进一步加强国家垄断，将过去国家对盐、铁业的垄断扩大到矿产、土特产的开采、制造、贸易诸多领域[③]。在这一过程中，"与民争利"不可避免地成为建元时期"富国"的沉重代价。

桑哥（？—1291）理财，除了加税之外，还做出过一些更为积极的贡献，如治理官员腐败。以"钩考""理算"等方式，桑哥和他的执政集团大举核查各级行政机构、整治贪官污吏，使巨量赃款赃物回归国库，大幅降低了国家的行政成本并缓解了财政困难。然而，即便其行为遵从了一定的伦理准则并取得了良好的经济效果，我们仍然很难将其与经济伦理思想挂钩——与

① 赵复：《杨紫阳文集序》，载苏天爵编《元文类》卷三十二。

② 许衡：《鲁斋遗书》卷四，《大学直解》。

③ 赵靖：《中国经济思想通史》（修订本），北京：北京大学出版社 2002 年版，第 1522 页。

其称他们为思想家，倒不如说他们是行动家。对于这类关系元代命脉的财政要臣，曾有学者称之为色目功利派[①]，笔者以为恰如其分：既指明了他们的立场，又没有在思想层面上对他们过度拔高。

总体而言，中国传统经济伦理思想一直是在德性主义和功利主义思想的两脉之争中不断演进的[②]。但元代，却始终没有出现过如宋代事功学派那样，能在思想上与义理派旗鼓相当、针锋相对的学派。究其根本，除了元代“享年不过百”之外，蒙古及色目人虽长于实务及应用，却不擅义理，或许也是重要的原因之一。

当然，元代的功利派并不限于蒙古及色目人，如卢世荣（？—1285，名懋），就是汉人充当财政要臣的典型代表。卢氏也是商人出身，阿合马之后，桑哥向世祖引荐他，称其善理财、能“救钞法、增课额”。与色目人相比，卢世荣更为系统地提出了他的改革构想：既不一味强调国家垄断，又不一味苛政于民，而是积极设想通过推进对外贸易以增加国家收入。这一认识，在当时可谓非常适宜并具有创见。更为难得的是，他还为自己的经济改革方案设定了一个原则，即“上可裕国，下不损民”。卢氏在以“富国”为主要使命的同时，流露出对百姓的格外关爱，如他曾上奏世祖曰：“窃见老幼疾病之民，衣食不给，行乞于市，非盛世所宜见，宜官给衣粮，委各路正官提举其事”[③]，充分体现出其在思想上对经济与伦理的共同关注。只可惜，卢世荣的改革既没有得到极端功利派的肯定，又没有得到儒家义理派的支持，仅实行百天便以失败告终。卢氏自身也由此断送性命，并以奸臣之名载入史册。其思想亦如昙花一现，没有引起更多的关注。卢世荣之外，还有一些文人名士关注经济民生并时而阐发议论，如叶李（1242—1292）、王恽（1227—1304）、胡祗遹（1226—1293）、陆文圭（1252—1336）、马端临（约1254—1323）等，但就其思想深度及系统性而言，仍然没有哪一位能与宋人陈亮、叶适等媲美。倒是在元代尤为突出的一些经济问题（如货币问题）当中，能看到他们各执己见的思想交锋，卢世荣的一些思想碎片在这些热点问题中亦有所体现。后文将专立章节进行论述。

① 参见萧功秦《元代儒臣的反功利思潮》，载《上海师范大学学报》（哲学社会科学版）1994年2月。

② 参见唐凯麟、陈科华《中国传统经济伦理思想史》，北京：人民出版社2004年版，第1页。

③《元史》卷二百五，《卢世荣》。

回到我们之前所关注的问题。元代的经济伦理思想之所以没有像往朝一样呈现出鲜明的两脉之争，除了如上所论功利派自身的相关因素之外，还有一个更为重要的原因，即：义理派儒者遭遇宋亡元兴，在新的社会背景和经济伦理关系发生巨大变化的情况下，已积极反思，并使其思想发生转向、朝着反方向迈进了一步——先秦至汉唐以来日渐玄虚，直至宋末登峰造极、曲高和寡的义理之学，自此开始重新走向平常细事，并日趋务实，以求致用。换言之，以蒙古统治者及其重用的色目集团为主体的功利派，未能在思想上与儒士正面交锋，却无时无刻不在以他们的行动为元代的社会经济带来实际改变，并由此间接地对中原士人的思想产生巨大的影响。与此同时，他们极具务实倾向和重商意识的文化，作为元代多元文化体系中重要的两元，亦对传统儒士的思想发生着潜移默化的影响。

如前所述，游牧民族的统治和融入使元代社会发生了巨大的变化。其固有的商业精神和随之应运而生的重商政策，使素来以“实”为特征的经济活动得到了前所未有的关注和发展，整个社会逐渐形成了“务实”的风气。基于这一背景，元代知识分子的思想亦发生了相应的变化——这一变化是整个社会关注重心发生改变的必然结果，同时又进一步支持和推动着这种改变。

从客观条件来看，儒士社会地位的降低是这一系列改变的直接原因。宋代理学关注个人心性修养，将儒家形而上的一面发挥至极致，具有极高的学术造诣，取得了辉煌的成就。然而，这一切均是建立在宋代经济高度繁荣、社会富裕尤其是文人受到特别优待的基础上的。宋末衰落之际，战事连连、社会动乱，其时的学术思想却依旧无视社会环境之改变，继续走向空疏之极端，难免为时人所诟病。谢太后于南宋垂亡之际所发出的如下感叹，便能清晰而深刻地反映出这一问题：

> 我朝三百余年待士大夫以礼，吾与嗣君遭家多难，尔小大臣未尝有一言以救国者，吾何负于汝哉！今内而庶僚畔官离次，外而守令委印弃城，耳目之司既不能为吾纠击二三，执政又不能倡率群工，方且表里合谋，接踵宵遁，平日读圣贤书，自诿谓何？[①]

---

① 佚名：《宋季三朝政要》卷五（四库全书本），上海：上海古籍出版社1987年版；参见周少川《元初对宋末空疏风气的反正》，载《北京师范大学学报》2003年第5期。

有关于此，当代学者周少川亦有阐发，并对相关史料进行了较为系统的整理。如他所言："南宋的灭亡有其深刻的社会原因，但是士大夫不务富国强兵之政，清谈危坐，沽名钓誉，则也是南宋亡国的重要原因之一。"[①]与宋处于同一时代的金朝，曾以王者之风灭大辽国，并辉煌一时、与宋南北对峙百余年之久。然而，行至末期，高度汉化的金朝亦显露出与宋相似的问题。这股空疏的学术风气，与蒙古人一切从客观现实条件出发，重技术、实务，轻意识形态的作风形成了鲜明的反差。短短数十年间，后者从一个部落迅速成长为强大帝国，并所向披靡、以不可阻挡之势先后吞灭金及南宋，或并非偶然。

建元之初，不少儒生由宋末、金末入元，并开始积极反思。一方面，面对亡国，悲痛和忠义之心，促使他们痛定思痛、积极寻找问题；另一方面，在元代，其社会地位已然不同于宋儒，不再拥有"只读圣贤书"的境遇。这一状态，客观上有利于他们置身事外，更清楚地看到过去的问题。整体下沉的社会地位及由之所决定的不同的社会使命，使他们更接地气、更关注民生琐事，并自然而然地在思想上发生变化。

总的来说，元人对宋末理学的批评主要集中在"学而无用"这一层面。如王恽等人提出"贱生于无用"的思想。理学家吴澄（1249—1333，字幼清，晚字伯清，号草庐，元抚州崇仁人）质疑"学"与"用"的关系，感叹：

> 穷之所学，非达之所用；达之所用，非穷之所学。[②]

胡祗遹批评道学家解经时夸夸其谈，不切实际，曰：

> 圣经一言，训释百言、千万言，愈博而愈不知其要……
> 一旦弃举子业，等吏部选，有民有社，临事懵然者众矣。[③]

陆文圭批评浮华虚旷的学术风气，曰：

> 浮诞补缀之词章，清高虚旷之议论，垢玩姑且之政事，百五六十年后亡，独非幸耶？[④]

---

① 周少川：《元初对宋末空疏风气的反正》，载《北京师范大学学报》2003年第5期。

② 吴澄：《草庐吴文正公文集》[明成化二十年(1484)抚州刻本]。

③ 胡祗遹：《紫山大全集》(四库全书珍本)卷二十六。

④ 陆文圭：《墙东类稿》，《送曹士宏序》。

周密(1232—1298,字公谨,号草窗,又号四水潜夫、弁阳老人,宋末元初文学家。祖籍济南,流寓吴兴)专作《道学》,批评一些假道学之名“以欺世者”的宋末儒士。他引用吴兴老儒沈仲固先生的话,曰:

> 道学之名,起于元祐,盛于淳熙。其徒有假其名以欺世者,真可以嘘枯吹生。凡治财赋者,则目为聚敛,开阃扞边者,则目为粗材;读书作文者,则目为玩物丧志,留心政事者,则目为俗吏。……然夷考其所行,则言行了不相顾,卒皆不近人情之事。异时必将为国家莫大之祸,恐不在典午清谈之下也。[①]

而后又结合自身的经历有感而发:

> 余时年甚少,闻其说如此,颇有嘻其甚矣之叹。其后至淳祐间,每见所谓达官朝士者,必愦愦冬烘,弊衣菲食,高巾破履,人望之知为道学君子也。清班要路,莫不如此,然密而察之,则殊有大不然者,然后信仲固之言不为过。……名为尊崇道学,其实幸其不才愦愦,不致掣其肘耳。以致万事不理,丧身亡国,仲固之言,不幸而中,呜呼,尚忍言之哉![②]

袁桷(1266—1327,字伯长,号清容居士,元庆元鄞县人)亦称:

> 自宋末年尊朱熹之学,唇腐舌弊,止于《四书》之注。故凡刑狱簿书,金谷户口,靡密出入,皆以为俗吏而争鄙弃。清谈危坐,卒至亡国而莫可救。[③]

不难发现,提出这些批判的元代知识分子,除了义理之外,看重的正是此前最为传统儒士们所忽视的如“刑狱簿书”“金谷户口”等“实”务与“俗”事。如此思想之倾向,恰好反映了其时学人对经济民生等现实问题的更多参与和关注,以及对实学精神的呼唤。

除此之外,理学内部的反思亦较为明晰地促成其思想的实学转向。如南儒赵复[约1215—?,字仁甫,学者称江汉先生,湖北德安(今湖北安陆)人,

---

① 周密:《癸辛杂识》,《续集下》,《道学》。

② 同上。

③ 袁桷:《清容居士集》,北京:中华书局1985年版;参见周少川《元初对宋末空疏风气的反正》,载《北京师范大学学报》2003年第5期。

宋末元初理学家]曾言：

> 三代圣人以心学传天下。……桓文功利之说兴，而羲尧舜文之意泯矣。[①]

在他看来，功利之说显然是有悖于儒家传统的。作为元初理学北传的重要人物，从某种意义上说，他的思想更能显示出宋代理学之本然面貌。而后，北方理学界最具影响力和代表性的几位要卿名儒姚枢、窦默、许衡、郝经、刘因(1249—1293)等，都从赵复那里直接或间接地得到了理学之真传。其中，许衡、郝经和刘因由金入元，他们没有亲历过宋之灭亡，却在亡金的过程中感同身受，积极探寻宋末理学问题之所在，并颇为一致地将理学推向了求实与致用的方向。

刘因，字梦吉，号静修，雄州容城(今属河北)人。因父祖金朝人，自视亡金遗血，是上述名儒中唯一的隐士。史上曾有经典一例，说明他与许衡两者的志趣差别。元初，世祖忽必烈四处网罗人才，对刘因和许衡都抛出了橄榄枝。许衡"一聘而起"，刘因初应诏为承德郎、右赞善大夫，未几辞归，后世祖再诏征，更拒绝受命。刘因问许衡缘何热诚如此，许衡曰："不如此则道不行"；许衡反问刘因为何拒不出仕，刘因答："不如此则道不尊"。[②]

刘因对理学乃至元代经济伦理思想最大的贡献在于其六经思想。如他所言：

> 六经自火于秦，传注于汉，疏释于唐，议论于宋，日起而日变。学者亦当知其先后，不以彼之言而变吾之良知也。近世学者多舍传注、疏释，便读(宋)诸儒之议论，盖不知议论之学，自传注疏释出，特更作正大高明之论尔。传注疏释之于经，十得其六七。宋儒用力之勤，铲伪以真，补其三四而备之也。故必先传注而后疏释，疏释而后议论。始终原委，推索究竟□□勿好新奇，勿好辟异，勿好诋讦，勿生穿凿。[③]

这一观点是针对理学自身的问题所提出的。为了矫正宋末空疏虚浮的

---

① 赵复：《杨紫阳文集序》，载苏天爵编《元文类》卷三十二。

② 参见陶宗仪《辍耕录》。

③ 刘因：《静修集》，《叙学》。

学术风气，刘因提出，对儒家经典的议论和发挥必须寻其根本、重回六经，不得横发议论、流于穿凿。如唐宇元所言："刘因在反省宋代理学的弊端时，提倡传注疏释，目的是补理学的空疏，使理学实学化。"[①]事实上，一旦以如此质实之态度返求传统儒家孔圣人之本心，我们就会发现，儒学的本来面貌恰是积极用世的。行至宋代，传统儒学被高度哲学化，但是，至少在程朱那里，这种以理学的形式所存在的新儒学并没有完全忽视致用，只不过相比而言，他们更加重视天道与个人心性的修养，认为如此才是根本，其余都是末事。然而，正是这一认识，使后人的治学重心愈来愈向天道与心性的方向偏移，并逐渐忽视了治世之用。在理学惯有的这一思想倾向上，刘因也不例外。虽然他提出了返求六经这一极具实学意义的思想，但是，他本人所推崇的，恰是一种超然物外的人生哲学。这一点，从他拒不仕元的选择上即可看出。在他看来，拒绝用世，并不影响他对道的求索。不仅如此，他还认为，在蒙古族统治之下，出世反而能更好地体现对道的遵从，显然是受传统夷夏观的影响，较为狭隘地理解了道统之道。因此，从总体上说，刘因对现世的关注并不多。就经济伦理思想而言，其最大的贡献在于提供了理论基础，并确定了忌空求实的治思路径，具体到思想内容方面，却并无太多的议论和发挥。

与之相比，郝经和许衡真可谓用世儒者。他们以传道为宿命，突破夷夏之防，积极参与元代的社会治理，身体力行，并更为细致地阐发着具有元人时代特征的经济伦理思想。他们的思想不能代表元代理学的全部，却是其中最具特色和影响力的一支。正是他们鲜活的思想，使义理之学重回传统儒学用世之轨道，表现出明显的务实倾向，并为明清实学思潮之兴起奠定了基础。

第三节　郝经的经济伦理思想

郝经，字伯常，元泽州陵川人，出身于名儒世家。其祖父郝天挺金史有传，系金元大家元好问（1190—1257）之师，其父郝思温和几位叔父思直、思

① 唐宇元:《元代与明代前期理学思想研究》，北京：中国新闻联合出版社2011年版，第39页。

舆、思辇也都是博学之士。不幸的是，金末战乱，郝经的叔父们先后遇难，郝经父母不得不四处逃亡，过着家境没落而日益贫困的生活。郝经正出生于这一时期。

年幼的郝经聪颖好学，“人皆异之”，曾多次被元好问赞曰：“子貌类汝祖，才器非常。”[①]但是，由于家境贫寒，郝经并不能全心治学。多年来，他秉承“忍穷为学”的郝氏家法，“昼则负薪米为养，暮则读书”[②]，常彻夜为学。博览群书的同时，亦饱尝了生活之艰辛。郝经才华横溢、学而有成，年纪轻轻便应以汉事蒙的张柔、贾辅将军之聘担任家教。其间，更是充分利用两位将军府中丰富的藏书进一步夯实自己，长博学之才。“宪宗二年，世祖以皇弟开邸金莲川，召经，咨以经国安民之道，条上数十事，大悦，遂留王府。”[③]此后，郝经建言献策，为忽必烈即大汗位、元朝确立以及元初治国方略的制定发挥了巨大的作用。

1260 年，郝经受命于世祖忽必烈，满怀“偃兵息民、两国盟好”的愿望赴南宋议和，不料却在途中被宋官贾似道囚禁十六年之久。其间，郝经多次上书宋廷，皆不以报。仍奋笔不辍，作《续后汉书》《易、春秋外传》等著数百卷，“从者皆通于学”。[④] 1275 年，元丞相伯颜奉诏南伐，世祖复使数臣临安问罪，宋惧，方礼送经归，即病死，遗墨“天风海涛”。

作为元代北方理学界的重要代表人物之一，郝经的理学思想主要见诸《道》《命》《性》《心》《情》《气》《仁》《教》等论，虽保留宋代理学的总体框架和意旨，但很多方面都有较大革新，或称飞跃。在程朱理学牢牢占据思想主流的宋元之际，满腹豪情的郝经“以生民为己任”，“不学无用学”“不作章句儒”，力求“道济天下”以“经世致用”。其现实主义思想可谓一缕清风，对宋末理学“溺于训诂”“流于穿凿”“惑于议论”“泥于高远”之弊，凿有“填实”之效。

---

① 《元史》卷一百五十七，《郝经》。
② 同上。
③ 同上。
④ 同上。

一、下而上达的重"情"之学

《周易・系辞上》曾言:"形而上谓之道,形而下谓之器。"意即,道是一种无形的理念,被称为形而上;客观事物是有形的,被称为形而下。就两者之间的关系,朱熹曾论道:

> 理也者,形而上之道也,生物之本也。气也者,形而下之器也,生物之具也。是以人物之生,必秉此理然后有性,必秉此气然后有形。[①]

在他看来,"理"是超时空之潜存,"气"是在时空之存在,故"理"可以超然于"事"而存在,"未有这事,先有这理"。虽然从运行层面上看,朱熹并不否认理气不相离,但逻辑上却一再强调"理在事先",并以此为基础,将理学形而上的一面发展至极。

郝经在这一问题上的认识却不尽相同。在他看来,

> 道统夫形器,形器所以载夫道。即是物而是道存,即是事而是道在,近而易行,明而易见也。□□道不离乎万物,不外乎天地,而总萃于人焉。天地至大,万物至众,而人至灵,非是则道无以见也。[②]

其中,"道不离万物""非是则道无以见也"充分强调了"道"相对于客观的"物"与"事"的依存关系,不仅就事实层面展现以"道器不离"的自然之理;逻辑先后上,较之程朱理学,也明显更重有物之"实",并表现出一定的唯物主义倾向。

不仅如此,郝经还主张"学问之道,始于下而终于上",认为形而下之"器"乃形而上之"道"的基础,而"情",作为"性之所发,本然之实理也",正是这一认识的逻辑起点。如他所言:

> 情也者,性之所发,本然之实理也。其所以至于流而不返者,非情之罪,欲胜之也。□□故情之生也,发于本然之实,而去夫人为之伪。□□夫性,形而上者也;情,形而下者也。性为命之地,情为心之地。故

---

① 《朱子文集》卷五十八,《答黄道夫》。

② 郝经:《陵川集》卷十七,《道》。

学问之道，始于下而终于上，始于近而终于远，始于无所知而终于无所不知，所以尽夫心，尽夫心所以尽夫性也。是以君子用力于日用之间，慥慥于躬行之地，非礼勿视，非礼勿听，非礼勿言，非礼勿动，即洒扫、应对、进退，以尽夫性与天道，则一伪不容，无非实理也。后世虚空诞妄之学行，务乎上而不务乎下，务乎伪而不务乎实，谈天说道，见性识心，斩然而绝念，块然而无为而不及情，其所谓性与心者则安在哉？可谓不情之学也。造化之情，著于天地；天地之情，著于万物；人之情，则参造化而通万物。能尽人之情，则能尽物之情；能尽物之情，则可以见天地之情矣！是下学上达之道，自流徂源之事，名教有用之学也。[①]

相比宋代理学，"情"在郝经这里得到了更多的关注和重视。首先，他承认"有情则有欲"，对"形而下"的自然的人性和欲望予以正视和肯定。其次，他认为，情乃去伪存真的本然之实理，故"其所以至于流而不返者，非情之罪，欲胜之也"。换言之，"欲"需有适当节制，但"情"真实且无过。如此评价，既包含"情"作为形而下的人之自然本性的事实判断，又包含尊重"情"即为善和正当的价值判断。故在郝经看来，尽其"情"，并由此下学而上得以道，似乎是很自然的过程。

基于这一认识，他严厉批判"后世虚空诞妄之学"为"不情之学"，认为他们"务乎上而不务乎下，务乎伪而不务乎实，谈天说道，见性识心，斩然而绝念，块然而无为而不及情，其所谓性与心者则安在哉"？可见，"情"在郝经这里被赋予了相对"性"或"心"而言丝毫不逊甚至更为前提的地位。这一观点，在宋代理学强调"性即理"或"心即理"的朱、陆两派当中均系少见的。

二、近而易行的为学之道

郝经还认为，学问应当"近而易行，明而易见"，或者至少是"始于近而终于远"的。如他所言：

谓夫虚无惚恍而不可稽极者，非道也；谓夫艰深幽阻高远而难行

① 郝经：《陵川集》卷十七，《道》。

者，非道也；谓夫寂灭空阔而恣为诞妄者，非道也。

高远者欲遗形器而离人类，遂入于虚无；诞妄者欲灭形器而绝人类，遂入于空寂。遗者而卒莫能遗，灭者而卒莫能灭，所以为异端，自以为是而不知其非也。[①]

那么，真正的道应当是什么样子的呢？所谓"至易者乾，至简者坤"，在他看来，真正的道"非有太高远以惑世者"，应当是简而易行，"至中而不过，至正而不偏，愚夫愚妇可以与知，可以能行"[②]的。在这一论述中，他一方面强调道之简易。寥寥数语，将素来高远莫测之道拉入日常生活，并可以为寻常百姓所能及；一方面又强调道之践履，在知行关系中明确了"行"之重要定位，甚至要求道可以为愚夫愚妇之所能知能行，其现实主义思想可见一斑。

基于同一思路，郝经还提出了"古无经史之分"的创见，为世人眼中非古代圣人莫能作的"万世常行"之典脱去了神秘的面纱。

如他所言：

古无经史之分。孔子定六经，而经之名始立，未始有史之分也，六经自有史耳。[③]

那么，后世人们所认为的经史之分是怎样形成的呢？他接着论道：

至马迁父子为《史记》，而经史始分矣。其后遂有经学，有史学，学者始二矣。经者万世常行之典，非圣人莫能作。史即记人君言动之一书耳，经恶可并？[④]

这里，"史"被理解为通常意义上"记人君言动"之叙述性史实，即历史；"经"则被赋予了"圣人"的光环，被视为超然于史实之外的万世常行之典。

然而，真的存在这种"万世之典"吗？或者说，这种"万世之典"真的是以传统人们所认为的"经"这一形式所存在的吗？郝经不以为然。他认为：

第以昔之经而律今之史可也；以今之史而正于经可也。若乃治经

---

① 郝经：《陵川集》卷十七，《道》。
② 同上。
③ 郝经：《陵川集》卷十九，《经史》。
④ 同上。

而不治史，则知理而不知迹；治史而不治经，则知迹而不知理。苟能一之，则无害于分也。[①]

窥其本意，即要求“经”与“史”相结合，不能离“史”而空谈经义，也不能陷入历史而不究其透出的义理。要之，郝经虽未否定“经”的意义，却明确矫正了治经之法。“以今之史而正于经可也”这一观点，一定程度地撼动了传统观念视六经为千古不变、万世常行之典的神圣地位。从“史”的意义上去解读“经”，主张“六经自有史耳”，并立倡二者之结合，无异于将可能溺于训诂或泥于高远之经学重新拉回实处，以求“落地”。

就此，郝经进一步要求学经者“不溺于训诂，不流于穿凿，不惑于议论，不泥于高远”[②]，如他所言：

训诂之学，始于汉而备于唐。议论之学，始于唐而备于宋。然亦不能无少过焉。而训诂者或至于穿凿，议论者或至于高远，学者不可不辨也。[③]

这一点，正是针对宋末虚妄空寂之学术风气提出的。

可见，在郝经看来，教条式的“万世常行之典”并不存在，真正的“万世常行之典”恰好应当是经史合一，以“史”之心态去观察并不断修正古之“经”，同时又以古之“经”来规范今之“史”。这一认识是郝经的历史观，更是他的经世论：其有用之学及相关经济伦理思想之所以形成的根基均赖于此。

三、道济天下的有“用”之学

重道之近而易行，重史之古为今鉴，是郝经的经世哲学，也是其现实主义思想的主要反映。在这一基础上，郝经的有用之学更是自成风格，并颇具功利主义的意味：

不学无用学，不读非圣书，不为忧患移，不为利益拘，不务边幅事，

---

① 郝经：《陵川集》卷十九，《经史》。
② 同上。
③ 同上。

不作章句儒。达必先天下之爱，穷必全一己之愚。[1]

与那些高高在上、只读圣贤书的儒士不同，郝经为学的目的恰是"道济天下"以"经世致用"。这一认识，首先根源于他对"仁""道"和"德"等概念的不同理解。如他所言：

理之统体，则谓之道；道之功用，则谓之德；德之充全，则谓之仁。[2]

此处，郝经将"德"界定为"道之功用"；"仁"界定为"德之充全"，亦即德的较高境界。按照这一界定，我们可以形象地将"仁"理解为"道之功用"发挥得较好的一种境界。也就是说，在郝经看来，"功用"乃是评价仁、德与否的标准，无"用"则不可谓之"德"，更不可谓之"仁"。此一点，大概正是郝经立志不学无用学的思想基础。如他所言：

天下无无用之物，亦无无用之人。人之于世，治亦有用，乱亦有用。天生斯人，岂欲其治而安于享利，乱而安于避祸，治亦无用，乱亦无用，徒乐其生、全其身而已乎？必有用也已。必有用，故亦必有为。必有为，故天下无不可为之世，亦无不可为之时。[3]

在郝经看来，"有为"即"道济天下"，"以生民为己任"[4]。因而，他严厉地批判了如下三类人"视天民之毙而不顾"的无德行为：

山林之士，往而不返，槁其形，灰其心，以绝兹人，自同于麋鹿，安视天民之毙而莫之恤也；市朝之士，溺而不回，狃于利，徇于欲，既得而患失，自同于孤鬼，安视天民之毙而莫之顾也；文章之士，华而不实，工丽缛，炫辞令，以沽名而贾利，自同于絺绣，安视天民之毙而莫不济也。[5]

那么，要尽人之用、以济天民，究竟应当怎么做呢？显然，郝经反对成为在其位却不为民谋利的贪官污吏；反对成为高高在上，却流于训诂之学，

---

① 郝经：《陵川集》卷二十一，《志箴》。

② 郝经：《陵川集》卷十七，《仁》。

③ 郝经：《陵川集》卷十九，《立志》。

④ 同上。

⑤ 同上。

不问民生的“文章之士”。同样，郝经亦反对成为静心寡欲、隐居出世的“山林之士”。

有元一代，中原地区为“夷狄”蒙古族所统治，社会结构、经济和文化受到了严重的冲击。面对这一变化，一些儒者始终忠贞于具有高度文明却已然灭亡的宋朝，认为“野蛮”的蒙古民族不配成为中原的领袖，并拒绝与其合作，成为了“山林之士”。但在郝经看来，这显然不是明智之举。

如他所言：

> 尝以为士之为学，期于有用，不区区于浮末。……为有用之学，待有用之几，行有用之事；或遇，或不遇，或成焉，或否焉。命与时不可期。故有一时之用，有一世之用，有万世之用。不虚生，不妄为，则建一时之事业，建一世之事业，建万世之事业。事业虽殊，而期于有用一也。学而有用而终不遇，则亦命焉耳矣。学而无用，与遇而不能以自用，事几去而功业堕，失道左见，安视天民之毙而莫之顾，使天地万物坏而俱不能以用，可以为士乎哉？①

这些论述包含两层含义：其一，士人理应学以致用，并以生民为己任。其二，能否真正实现学有所用，乃可遇而不可求之事。因此，在“兵乱四十余年，而孰能用士乎？”的宋元之际，面对“访以治道，期于汤武”的忽必烈下令来征，郝经作出了“慨然启程”的决定，并向世人宣告：

> 今日能用士，而能行中国之道，则中国之主也。士于此时而不自用，则吾民将膏鈇钺，粪土野，其无孑遗矣。②

基于这一认识，他还进一步指出：

> 天无必兴，惟善是兴；民无必从，惟德是从。中国而既亡矣，岂必中国之人而后善治哉？圣人有云：“夷而进于中国，则中国之苟有善者，兴之可也，从之可也。何有于中国、于夷？”③

郝经的这一思想在当时曾引起极大的争议，与之相比，对亡宋的愚忠，

---

① 郝经：《陵川集》卷十九，《立志》。

② 同上。

③ 同上。

似乎更能体现传统儒士的民族气节并得到感情上的共鸣和认可。但深入地看,这一观念不仅没有偏离中原文化之"道统",还充分体现了儒家思想的变通性和包容性,对传统"用夏变夷"观[①]做出了新的阐释,突破了狭隘的民族意识,因而具有进步性。

对此,中外不少学者曾有议论。如国内学者萧功秦认为,这种基于文化意识而非种族意识来划分夷夏的观念是"民族大融合过程中的历史产物"[②]。美国汉学家费正清认为:"中国政治秩序之所以格外地稳定,部分原因就在于中国能够容忍异族(尤其在外族势力强大的时候)的统治并保持自身的基本特征不变。"[③]牟复礼认为:"元朝作为宋、明两朝之间的一个朝代,尽管给传统的精英阶层带来了冲击,但从社会史角度来说,它印证了中国社会结构及其正统模式的牢固性。"[④]事实上,不得不承认的是,宋元之际,正是以郝经为代表的一批儒者做出了"用夏变夷"的选择,通过与元政府合作,积极推行汉法、行中国之道,才较大程度地保持着中原"道统"文化的传承,并在很多方面做出了积极的贡献。

四、轻赋减吏的经济治理

加入忽必烈的儒士幕僚集团使郝经获得了学以致用、道济天下的机会。但立足于当时的历史条件,应当如何具体实现"生民"之己任呢?针对这一问题,"不作章句儒"的郝经身体力行地提出了一系列实实在在的方针和政策。其中,主要关涉政治与军事的如《七道》《东师议》《班师议》;关涉国家治理及经济民生的如《河东罪言》《思治论》《便宜新政》和《立政议》等。毫不夸张地说,元初忽必烈朝所确立的整个政治蓝图和经济方略大体不离郝经之治世思想。

郝经认为,为政既要"治之以道",又要"取之以道":

① 参见《孟子·滕文公上》:"吾闻用夏变夷者,未闻变于夷者。"

② 萧功秦:《元代理学散论》,《中国哲学》第13辑,北京:人民出版社1985年4月。

③ [美]费正清:《中国:传统与变迁》,张沛等译,长春:吉林出版集团有限责任公司2008年版,第118页。

④ [德]傅海波、[英]崔瑞德编:《剑桥中国辽西夏金元史》,史卫民等译,北京:中国社会科学出版社1998年版,第646页。

取之以道，治之以道，其统一以远；取不以道，治之以道者，次之；取与治皆不以道者，随得而随失也。①

其中“治”和“取”基本涵盖了统治者在政治管理和经济治理上的权利和义务。在郝经看来，这个“道”应当是这样的：

修仁义，正纲纪、立法度，辨人才；屯戍以息兵，务农以足食，时使以存力，轻赋以实民；设学校以厉风俗，敦节义以立廉耻，选守令以宣恩泽。完一代之规模，开万世之基统。②

其中，“务农以足食”的主张看似与历代重本之观念无异，在这里，却是针对元代的统治者乃游牧民首领这一特有情况而提出的。如前所述，游牧民族的生活习惯和经济方式与农耕民族迥异，他们热爱草原，并视其为最重要的生活场所和生产资料。占有中原地区之初，蒙古统治者甚至还一度产生过罢农田为草场的想法，幸得中原儒士幕僚进谏，而世祖明鉴，才使得农业在各经济部门中的主体地位得以保障，并确立了以农业为主、辅以手工业和畜牧业发展的经济思想。

郝经认为，遵循如上的治国之“道”，方可实现：

大总其纲，小持其要，上下井井，有条不紊，苏润疮痍，补葺元气，如此数年，治体既定，纲纪日张，户口增益，民物繁盛，礼仪隆懋（茂），心格其非，风俗完厚，上下妥安，如馁而饫，如醉而醒，如瘠而肥。本根既固，德威惟畏，弱国入朝，疆国请服矣。③

如此美好的愿景，既包括了“户口增益，民物繁盛”的经济目标，又涵盖了“礼仪隆懋（茂）”“风俗完厚”的伦理关怀，着实令人心向往之。然而，当时中原北部蒙古统治区的社会现实却极其令人担忧。忽必烈建元前夕，针对河东蒙古官僚课税过重的事实，郝经愤笔写下《河东罪言》，冒死上书，并明确提出了“轻敛薄赋”的财政主张。如下，即是其记载河东人民不堪重负的文字：

---

① 郝经：《陵川集》卷十八，《思治论》。
② 同上。
③ 同上。

河东土产，菜多余桑，而地亦麻，专纺绩织布，故有大布、卷布、板布等。自衣被外，折损价直(值)，贸易白银，以供官赋。民淳吏质，而一道课银独高天下，造为器皿，万里输献，则亦不负王府也。又必使贡黄金，如白银十折，再则十五折，复再至二十、三十折，至白银二两得黄金一钱。自卖布至于得白银，又至于得黄金，十倍其费。空筐篚之纺绩，尽妻女之钗钏，犹未充数。[①]

如此苛政已使得广大生民“不胜苦楚，不敢逃命，则已极矣”。但比这更过分的是：

今王府又将一道细分，使储妃、王子各征起民，一道州郡至分为五、七、十头项，有得一城或数村者，各差官临督。[②]

故最终使得这片曾为“帝王之都邑”“礼乐之风土”的富饶土地上的人民落入“荒空芜没，尽为穷山饿水，而人自相食”[③]之惨境。

对此，郝经建议忽必烈：

下一明诏，约束王府，罢其贡金，止其细分，使如诸道。选明干通直者为之总统，俾持其纲维，一其号令，轻敛薄赋以养民力，简静不繁以安民心，省官吏以去冗食，清刑罚以布爱利。[④]

其主张尽显传统儒士关注民生、仁民爱物之民本思想。

可喜的是，忽必烈以明君之风度，对这份“一针见血”的《罪言》给予了高度的重视，并在1260年登基时发布的《即位诏》中作出了相应的规定：

朝廷立制，本欲利民，而反害民，非法之弊，乃人弊之也！滥官污吏，缘侵渔科钦，则务求羡余输纳则加折耗，以致滥刑虐政暴敛急征，使农夫不得安于田里者，为害非一，吾民安得不重困耶？旧弊苟不割除，新政安能有立？今后应科敛差发，斟酌民力，务求均平，期于安静，与吾

① 郝经：《陵川集》卷三十二，《河东罪言》。
② 同上。
③ 同上。
④ 同上。

民共享有生之乐而已。[①]

王者对儒臣的积极呼应,尤其是作为"夷狄"的王者,在中原文化的感召下,亦发出了"与吾民共享有生之乐"的由衷感叹。这一过程,让我们看到了入世的儒家经济伦理思想感召世人并得以发挥其用的一面。

除了以民为本、轻敛薄赋这一极具传统儒家特色的经济伦理思想之外,郝经的经济治理方略亦关注到了国之生计。针对刚刚成立的元廷忽必烈朝,他专门上书《便宜新政》,提出了16条治国方略。其中,与国家财用直接相关的条目如"罢冗官以宽民力""减吏员以哀良民""总钱谷以济国用",具体论述了在他看来增加国用的思路与方法。他认为:

> 天下差发、宣课、交钞、诸色粮,可置一大司分以总之,无入诸路手,不令买扑则所得皆可为国家用。[②]

他主张"罢诸路宣课、监铁官冗员,罢常平仓",因为"虽曰常平仓,实未常有益于民,但养无用官司吏数千百人"。[③] 立足于元初国家财政窘迫之现实状况,郝经的这些观念既不乏爱民之意,又充分考虑到了国用之急,体现了经济与伦理的双重价值关怀。而这一点,与当时更多传统儒士"言利色变"、视一切增加"国用"的行为为"聚敛财富"的狭隘认识,形成了鲜明的对照。

纵观郝经的一生,不难发现,其思想去繁从简、罢虚就实。不论是下而上达的重"情"观、"六经自有史耳"之创见,还是以此为基础形成的颇具功利意味的"有用之学",郝经的一系列经济伦理思想已明显形成其对待事物的独特认识和风格,并为其所处的那一时代带来了新的气息,表现出明显的实学特征。这一点,对身为理学家的郝经而言,难能可贵。郝经自身坎坷的经历和早年清贫的生活背景使他能够体察乱世民情,立足社会现实,进而在思想上流露出唯物主义倾向和现实主义情怀。考虑到这一点,他能够实现这一突破性的转变似乎便不难理解了。

---

① 《元典章》。

② 郝经:《陵川集》卷三十二,《便宜新政》。

③ 同上。

第四节　许衡的经济伦理思想

许衡，字仲平，号鲁斋，怀之河内人，是元代北方理学界的著名学者。其学广泛，“凡经传、子史、礼乐、名物、星历、兵刑、食货、水利之类，无所不讲，而慨然以道为己任”[①]。

他出生于金末，因“幼有异质”“颖悟不凡”且志在高远，曾令其师大为惊奇并自愧辞别而去，“如是者凡更三师”。[②] 由于世代为农且生逢战乱，年少即学有所成的许衡“常处山下，课童仆，事耕垦，居家勤俭”，“家贫躬耕，粟熟则食，粟不熟则食糠核菜茹，处之泰然”[③]，过着平常百姓一样的贫苦生活。1260年，应元世祖忽必烈召见，议论所学及科举，被赞“卿言务实”，并给世祖留下了深刻的印象。此后，几朝几野，在元廷担任要职，提出了“行汉法”“劝农桑”“兴学校”等一系列政策主张，为元代的国家治理及经济发展起到了一定的积极作用。

由于重视践履、贴近民生，许衡的学术思想亦表现出朴实、平易近人的特征：在继承了宋代理学思想之总体框架的基础上，他进一步主张“日用之事”应同“学问”共循一理，将“衣服、饮食、起居、洒扫应对”等为传统观念所不屑的“盐米细事”皆纳于“学问”及“道”“义”之中，明显拓宽了传统儒者为学治事的视野和范围。其“治生论”，更是极为大胆地提出了“为学者，治生最为先务”和“商贾虽为逐末，亦有可为者”的创见，一反宋末空虚的学术之风，为传统儒学注入了新的活力。

一、重义轻利、重理轻欲的传统基调

义利关系是贯穿中国传统经济伦理思想史的核心问题，宋代理学的理

① 《元史》卷一百五十八，《许衡》。

② 同上。

③ 同上。

欲之辨以义利关系为基础，对理欲关系进行探讨，丰富了儒家经济伦理思想的内容。以朱熹、陆九渊为代表的宋代理学虽在“心”和“性”与“理”的关系上各有侧重，但重“理”轻“欲”、重“义”轻“利”的基本观念却颇为统一。直至元代，这些基本观念在许衡这里也没有根本性的改变。他反对人只言利害、不计义理，认为“后世臣子谋于君，只说利害”的行为是不当的。因为，若“如此以利害相恐动，则利害不应时，都不信了”，“因此坏了天下也说不得”[①]。在他看来：

> 人只当言义理，可与不可，当与不当，且如天道福善，祸淫有时而差，是祸福亦不足信也。颜之贫夭，跖之富寿，人岂可为跖之恶？岂可以颜之贫夭，丧其为善之本心乎？哭死而哀，非为生者也，人只得当于义理而已，利害一切不恤也。[②]

许衡不否定人欲，认为“民生有欲”，“人心也，便是人欲”[③]，但同时又认为这个“欲”，“无主乃乱”，因为：

> 庸人之目，见利而不见害，见得而不见失。以纵情极欲为益己，以存心养性为桎梏，不丧德殒身而不已，惟君子为能，见微而知著，遏人欲于将萌。[④]

所以，在他看来，要成为一个高尚的人，就应当提高自身境界、加强修养，随遇而安，不为贫贱、生死、祸福所牵绊。

与之相应，许衡将天下之事分为两类，其一是“由自己的”，其二是“不由自己的”。他认为：“由自己的有义在，不由自己的有命在”[⑤]，由于“贫贱富贵，死生修短，祸福禀于气，皆本乎天也。是一定之分，不可求也”[⑥]，即“天命”是“不由自己的”，所以，人们对待贫富的态度应当是“知命”而“不忧”。如他所言：

---

① 许衡：《鲁斋遗书》卷二，《语录下》。
② 同上。
③ 同上。
④ 许衡：《鲁斋遗书》卷一，《语录上》。
⑤ 同上。
⑥ 同上。

天有命、人有义,虽处贫贱富贵,各行乎当为之事,即义也。只有一个义字,当应对了,随遇而安,便是乐天知命也。①

如上这些观念,是许衡经济伦理思想的基本态度,也是一位传统儒士在浓厚的理学氛围下所可能做出的最为自然的一种选择。在经济与道义的天平两边,他们大都重义轻利甚至舍生取义,并以此作为一切行动的标准。这些思想作为一种主流意识,贯穿于宋元乃至整个中国古代,并使得中国传统的经济伦理思想始终呈现出德性主义占上风的特征。

二、肯定"公利"、言之为善的义利新解

但是,与宋代理学相比,许衡的义利观亦形成了一些新的见解。如,他主张利人、反对害人,认为:

恐害己者,心思所以害人也。岂知利人则未有不利于己者也。

推勘公事,已得大情,适当其法,不旁求深入,是亦利人之一端也。彼俗吏,不达此理,专以出罪为心,谓之阴德。予曰不然,履正奉公,妒恶举善,人臣之道也。有违于此,则恶者当害之而反利之,善者当利之而反害之。②

与之类似,许衡还认为:

前人谓得便宜事莫得再做,得便宜处不得再去。休说莫得再,只先一次已是错了。世间岂有得便宜底理。汝既多取了他人底,便是欠下他底,随后却要还他。③

这一观念,转化成类似上面许衡说的"利人则未有不利于己者也"的语言,即:"心思所以害人也。岂知害人则未有不害于已者也"。可见,在许衡的视野中,所谓"利"或"害",已经被置于一个较之以往更加宽阔和长久的时空中去理解,在这一时空中,主观、客观选择之间的因果联动被充分考虑,并

---

① 许衡:《鲁斋遗书》卷二,《语录下》。

② 许衡:《鲁斋遗书》卷一,《语录上》。

③ 许衡:《鲁斋遗书》卷二,《语录下》。

因而更加接近现实的状况。

更为特别的是，许衡还区别了现代意义上的“私利”与“公利”。如他所言：

> 臣闻天下有大利，非聚敛财货之谓也，乾之四德曰利，此谓生之遂也。故者以利为本，此谓情之顺也。圣人遂万物之生，顺万物之情，故能致天下之大利。后世遂一己之生，顺一己之情，故能致天下之大害。利之善恶，于此判矣。[①]

在他眼中，“天下之大利”与“一己之私利”迥然不同。前者因能“遂万物之生，顺万物之情”而被誉为“善”；后者，因“遂一己之生，顺一己之情”而被视为“恶”。换言之，“公”或“私”即为利之“善”或“恶”的评价标准。以此为基础，许衡还阐明了他对“君子喻于义”“小人喻于利”这一传统观念更深一层次的认识，他指出：

> 后世学者不识天下之大利而耻言之，故言利者悉归于小人。以小人而谋利，未有不为天下国家之祸也。臣以为谋利者莫如君子，盖君子不以利为利，以义为利也。[②]

可见，许衡认为，君子“不齿言利”之传统观念仅限于“私利”而非“公利”。面对“公利”，君子不仅无须回避，还应当给予积极的关注。否则，言利者都是小人，他们只关注不“义”之“私利”，反倒会给天下国家带来祸害。如此深刻之认识，在其所处的那一时代极为难得并具有相当的进步意义。

生于乱世并成长于农民家庭的许衡，在历经了亡国之痛并饱尝生活的艰辛之后，其学问亦不断透露出对宋代学术风气之流弊的批评和反思。比如，他不看好当时用以选拔政府官员的科举制度。中统元年（1260），许衡被刚刚即位的忽必烈召见：“问所学，曰：孔子。问所长，曰：虚名无实，误达圣听。问所能，曰：勤力农务，教授童蒙。问科举何如？曰：不能。上曰：

① 许衡：《许文正公遗书》卷七，《奏疏》；参见巫宝三主编《中国经济思想史资料选辑》（宋、金、元部分），北京：中国社会科学出版社1996年版，第339页。

② 同上。

卿言务实,科举虚诞,朕所不取。”[①]那么,许衡为什么不看好科举制度呢?他认为:

先王设学校、养育人材,以济天下之用。及其弊也,科目之法愈严密,而士之进于此者愈巧。以至编摩字样,期于必中。上之人不以人材待天下之士,下之人应此者,亦岂仁人君子之用心也哉?虽得之,何益于用?上下相待,其弊如此,欲使生灵蒙福,其可得乎?[②]

在此基础上,他进一步批评“宋文章,近理者多,然得实理者亦少。世所谓弥近理而大乱真,宋文章多有之”,主张“凡立论,必求事之所在,理果如何。不当驰骋文笔……如策士说客,不求真是,只要以利害惑人”[③]。

如上,不论是对所长“虚名无实”的自谦,还是对科举虚诞不能的评价,无不显示出许衡为人为学求真务实之心切。这一态度或源于他对现实的追问,即为什么拥有高度文明的宋朝会在蒙古蛮族的侵略下不堪一击?为什么在宋廷垂亡之际,仍为国奋战和立下功勋的,不再是那些平日高调论战的士大夫?因此,许衡严肃批评宋代文章之士“近理者”多,然“得实理者”少。其中,“近”与“得”、“理”与“实理”看似一字之差,却足以体现宋末理学虚妄风气之弊端和许衡思想较之而言的务实和转变。

三、顺应“人情”、关注“日用”的现实倾向

和颇具现实主义情怀的儒者郝经一样,在许衡的理学思想体系中,“人情”亦得到了难得的肯定和重视。如他所言:

夫子(孔丘)哂子路为国以礼,其言不让。大抵礼不是强生出来束缚人,只是天理合有底行将去。后世所谓礼近于法,束缚禁忌,教人安行不得,非圣人所谓礼也。子路不因人情之所固有,便要硬做将去。尧舜之治天下,因人情而已,非有所作为也。三代以后人材,多是硬做,如

① 许衡:《鲁斋遗书》卷十三,《附录》,《考岁略》。

② 许衡:《鲁斋遗书》卷一,《语录上》。

③ 同上。

孔明尚不免，圣人不如此。[1]

受传统儒家怀旧崇古的思想影响，许衡和其他儒者一样，视先帝尧舜为圣人，并大力推崇他们治天下之良方："因人情而已"。在他看来，"礼"不应当是强生出来的对人的外在约束，而当是为顺应和保护人情而立的。与圣人顺应人情的做法相比较，许衡甚至抨击了孔明、子路对人情的忽视，认为正是这种"硬做"的方式，使"礼"成为了一种类似于"法"的束缚和禁忌，教人安行不得。许衡的这一思想在以"礼"为根基和核心内容的传统儒学尤其是宋代理学的视域中，颇显叛逆，甚至有抨击儒家名教的意味，其初衷便在于对"人情"的充分肯定和重视。

那么，要怎样顺应人情呢？如他所言，"凡阴阳消长，皆始于下"[2]，"君子之道，自其近小处而言，托始于夫妇居室之间"[3]。在许衡眼中，与人情自然而然密切相关的"日用常行之事"，得到了格外的关注。他解释"中庸"为"不偏不倚无过不及"的"平常的道理"，认为"君子之人中庸之道身体而力行之，日用常行无不是这个道理"[4]，简言之，即"道不远人"。他认为：

> 率性之道只在君臣、父子、夫妇、长幼、朋友之间，众人之所能行者，故常不远于人。若为道的人厌其卑近以为不足为，离了君臣、父子、夫妇、长幼、朋友，务为高远难行之事，则便不是道了。[5]

为了说明这一道理，许衡对《中庸》"伐柯伐柯，其则不远"一段做出了这样的解读："人手中执着斧柄，却砍那木来做斧柄．那斧柄长短的法则，不必别处远求，只就这手中所执的便见"，并得出了"道之不远于人，亦是如此"[6]的结论。

在他的各种言论中，曾多次将"学问"与"日用事"相提并论，如"汲汲焉毋欲速也，循循焉毋敢惰也。非止学问如此，日用事为之间皆当如此，乃能

---

① 许衡：《鲁斋遗书》卷二，《语录下》。
② 许衡：《鲁斋遗书》卷六，《读易私言》。
③ 许衡：《鲁斋遗书》卷五，《中庸直解》。
④ 同上。
⑤ 同上。
⑥ 同上。

有成"[1]等，认为"日用之事"应同"学问"共循一理。

如他所言：

> 明明德是学顺中大节目，此处明得三纲五常九法，立君臣父子，井然有条，此文之大者。细而至于衣服、饮食、起居、洒扫应对，亦皆当于文理。[2]

在此基础上，他批评文章之士，曰：

> 今将一世精力专意于文，铺叙转换，极其工巧，则其于所当文者，缺漏多矣。……上世圣人，何尝有意于文？彼其德性聪明，声自为律，身自为度，岂后世小人笔端所能模仿。德性中发出，不期文而自文，所谓出言有章，止在于事物之间。……无圣人之心，为圣人之事，不能也。[3]

不难看出，许衡对"当于文理"的视野较之以往有明显的拓宽。在他看来，传统观念所甚为重视的"三纲五常九法"是"文之大者"，但仅以此为关注点的"文理"或"道义"却缺漏颇多。事实上，理应出于"事物之间"，"细而至于衣服、饮食、起居、洒扫应对，亦皆当于文理"。因而，他进一步明确提出：

> 不独诗文，凡事排得著次第，大而君臣父子，小而盐米细事，总谓之文；以其合宜，又谓之义；以其可以日用常行，又谓之道。文也、义也，道也，只是一般。[4]

在这里，那些如"柴米油盐""衣食起居"等诸多为传统观念所不屑的、"上不得台面"的日用琐事均被纳入了"文理"和"道""义"的视野。而这一范围，正是广大百姓经济民生之所系，也是与"利"最为相关的经济活动领域。在讳不言利的理学盛行之时，许衡大胆地将"道"之关注和"理"之内涵扩充于此，并肯定这些"盐米细事"只要"合宜"，便可谓之为"义"。其进步意义，

---

① 许衡：《鲁斋遗书》卷一，《语录上》。
② 同上。
③ 同上。
④ 同上。

用现代的语言来说，就是充分尊重经济价值，并置其于应有的伦理关注和规范之中，实现经济与伦理的融合。

四、本末并重、勇于“治生”的时代创见

拓宽了治思视野，许衡为学不再拘泥于思想、政治层面，还在经济、科学、教育等领域做出了相当的贡献。如元史载：许衡“与枢及窦默相讲习，凡经传子史礼乐名物星历兵刑食货水利之类，无所不讲，而慨然以道为己任”[①]。他的一生，某种意义上，正是如前所述精英作用扩散的印证：几朝几野，在文化、政治、经济等方面均提出过不少实用的主张。晚年，还因“既明历理又通历数”应朝廷之命，从事天文历法工作。他组织王恂(1235—1281)、郭守敬(1231—1316)等人共同制定的《授时历》精度极高，与现世通用的罗马《格里高利历》基本相当，时间上却比后者早300余年。

许衡极具创见的“治生论”亦得益于其为学治事的广阔视野。如他所言：

> 为学者，治生最为先务。苟生理不足，则于为学之道有所妨，彼旁求妄进，及作官嗜利者，殆亦窘于生理之所致也。诸葛孔明，身都将相，死之日廪无余粟，库无余财，其廉所以能如此者，以成都桑土子弟衣食自有余饶尔。治生者，农工商贾而已，士子多以务农为生，商贾虽为逐末，亦有可为者。果处之不失义理，或以姑济一时，亦无不可。若以教学与作官规图生计，恐非古人之意也。[②]

这一观点包括两层含义：其一，“为学者”当以“治生”即“谋生计”为第一要务。因为，如果生理需求得不到满足，会对“为学之道”有所妨碍。其二，关于如何“谋生计”，许衡认为当以“务农”即农业生产为主要手段，但只要“处之不失义理”，从事商业也是可以的。

纵观中国传统，“一箪食，一瓢饮，在陋巷，人不堪其忧，回也不改其乐”

① 《元史》卷一百五十八，《许衡》。

② 许衡：《鲁斋遗书》卷十三，《附录》，《国学事迹》。

的孔颜之乐，一直是儒者所追求的最高道德境界。在宋代理学的系统阐释下，这一理想道德愈加鲜明而具体：他们“存天理、灭人欲”，一心希望能修身养性以成为圣人，并最大可能地做到心如“明镜止水，物来不乱，物去不留”[①]，不为自身的利益得失所牵绊。在这一认识的引领下，人们重义轻利、重道德轻经济，对经济或科学方面的问题不予重视；经济领域内，又重本抑末、尚农轻商，致使各经济部门之间的发展极不平衡，社会上“士、农、工、商”的贵贱分界极其明显。然而，同为儒者的许衡，却提出了不一样的看法。不论是学者以“治生最为先务”的观点，还是“商贾虽为逐末，亦有可为者”的主张，相比传统理学的思想而言，均显得离经叛道、格格不入，并因而遭遇到各种批评。

但是，客观地看，许衡开拓性地将谋生计与为学、经商与务农相提并论，正是如上所论更加广阔的治思视野所致。在这一视域下，通过对君子为学的物质基础和现实条件的必要关注，许衡唤起了世人对经济民生问题的更多参与和重视，促进了社会经济的发展。不容否认，正是这类思想让高高在上的儒家理想道德一定程度地接上地气，并在元代这个罢虚就实的社会中找到了现实的土壤。

事实上，元代动荡不安的社会秩序和知识分子极其低下的社会地位早已使得大量儒士生活贫困、境遇窘迫。作为一个阶层，他们再也不能像在宋代那样受到礼遇并拥有较大的财富和权力。为了养家糊口、满足基本生活需求，奔忙于“生计”已成为他们无奈却必然的选择，即使迫不得已从事那些为世人所不齿的末业，亦不足以被批评。相反，如前所述，元代知识分子因不得志而被动涌向各个行业的行为，客观上促进了这些行业前所未有地成长，为整个社会带来了新的气象。处于那一时代的许衡，虽未系统阐明这一趋势，却已然察觉到了这些转变。其治生论恰如古树上的一棵新枝，与其“顺人情、重日用”的思想一脉相承，继续开创性地将义理之学拉向一般，为正统儒学注入新的活力，也为后来的明清实学提供了重要的思想资源。

---

① 许衡：《鲁斋遗书》卷一，《语录上》。

五、安民节用、反对聚敛的生财之道

肯定儒者可以“治生”甚至经商的许衡，对国家和人民的富强亦寄予了厚望。

首先，他继承了传统儒家爱民、富民的经济伦理思想，认为“天之道恒在于下”，如他所言：

> 古今立国规模，虽各不同，然其大要在得天下心，得天下心无他，爱与公而已矣。爱则民心顺，公则民心服，既顺且服，于为治也何有？①

他希望国君能做到“专以养民为务”，并大赞文帝的爱民之心，曰：

> 其爱也，不以己之爱为爱，而以天下之爱为爱；其乐也，不以己之乐为乐，而以天下之乐为乐。今年下诏，劝农桑也，恐民生之不遂；明年下诏，减租税也，虑民用之或乏。恳爱如此，宜其民心得而和气应也。②

他还主张“安民心”“定民志”，认为：

> 农工商贾，勤其事，而所享有限，故皆有定志，而天下以治。③
>
> 民志定则不乱，下知分则上安。夫天下所以定者，民志定也。民志定，则士安于为士，农安于为农，工商安于工商，而在上一人有可安之理。民不安于白屋，必求禄仕。仕不安于卑位，必求尊荣。四方万里，辐辏并进，各怀无厌无耻之心，在上之人，可不为寒心哉？④

这类思想基本延续了我国古代以政治为主体、在政治中论经济的固有模式，继承了传统儒家以“仁政”“民本”为核心的德性主义经济伦理思想。

除此之外，比较难得的是，许衡并不像大多数传统儒士那样“讳不言利”。关于国家的财富，他开明地认为：

---

① 许衡：《鲁斋遗书》卷七，《时务五事》。

② 同上。

③ 许衡：《鲁斋遗书》卷二，《语录下》。

④ 同上。

> 财货虽是末事，然国家用度也少不得，若要发生这财货，自有个大道理。[①]

这是结合《大学》的"生财之道"来讲的。在他看来，国家财富的积累不外乎来自如下两种方式：其一为"以财发身"，指的是仁德之君"不专取民之财，使百姓每都富足，则百姓每都来归向他，其身自然发达起来"[②]；其二为"以身发财"，指的是无仁德之君"虽身弑国亡也不相顾，只管横取于民，积聚那财货起来"[③]，即我们通常意义上的"聚敛"。显然，许衡主张"以财发身"，而非"以身发财"。为他所痛斥的，正是"今国家徒知敛财之功，不知生财之由，不惟不知生财，而敛财之酷又害于生财也"[④]的不堪现实。

那么，如何实现"以财发身"呢？许衡向元世祖忽必烈上书《时务五事》，以"天之道，好生而不私"为目标，提出了重农桑、兴学校，既养民之生又养人之善的一系列方案。他认为：

> 徒欲防人之欺，不欲养人之善，所以防者为欺也，不欺则无事于防矣。欲其不欺，非衣食以厚其生，礼仪以养其心，则亦不能也。徒思法令之难行，不患法令无可行之地。上多贤才，皆知为公，下多富民，皆知自爱，则令自行，禁自止。诚能自今以始，优重农民，勿使扰害，尽驱游惰之民归之南亩，岁课种树，恳论而督行之，十年以后，当仓库之积非今日比矣。……皆设学校，使皇子以下至于庶人之子弟，皆从事于学。日明父子君臣之大伦，自洒扫应对至于平天下之要道。十年之后，上知所以御下，下知所以事上，上和下睦，又非今日比矣。[⑤]

可见，在许衡看来，要"顺承天道之实"，就应当"稷布百谷以厚民生，契敷五教以善民心"。换言之，即既重"富"又重"教"，一方面"优重农民，勿使扰害，尽驱游惰之民归之南亩，岁课种树，恳论而督行之"，以实现"仓库之积"；一方面"皆设学校，使皇子以下至于庶人之子弟，皆从事于学"，以实现

---

① 许衡：《鲁斋遗书》卷四，《大学直解》。
② 同上。
③ 同上。
④ 许衡：《鲁斋遗书》卷七，《时务五事》。
⑤ 同上。

“上和下睦”。

以此为基础，许衡还主张从《大学》所谓“生之者众”“食之者寡”“为之者疾”“用之者舒”这四个方面入手，积极地创造财富。他论道：

> 财货出于土田，须使百姓每都去耕种，不要闲了，这便是生之者众。百姓每纳得赋税与臣做俸禄，无有冒滥吃俸禄的人，这便是食之者寡。百姓每耕种要宜，赶趁时候，不妨误了他，这便是为之者疾。国家用度时必须酌量撙节，常有些剩余，这便是用之者舒。人君若能如此，则财自然常常足用了。[①]

其中，“生之者众”强调“优重农民、勿使扰害”，主张驱游民归田亩，以扩充农民队伍、鼓励耕作；“食之者寡”强调善用贤臣、去除冗员、精简机构、拒绝贪腐，以降低政府的行政成本；“为之者疾”强调顺应天时、尊重规律、注重效率，以扩大生产；“用之者舒”强调“天地间，为人为物，皆有分限，分限之外，不可过求，亦不得过用，暴殄天物，得罪于天”，[②]他主张尽地力、节用度，以尽可能多地积累财富：

> 地力之生物，有大数。人力之成物，有大限。取之有度，用之有节，用常足；取之无度，用之无节，则常不足。生物之丰歉由天，用物之多少由人。[③]

不仅如此，除了农业，许衡还关注工业，认为它亦能促进国家财富的增长。如他所言：

> 人君于百工技艺能招来安辑他，则百工每将他工作互相换易，以生货财，国家用度自然充足，故曰：来百工则财用足。[④]

这一思想对“百工”及其“技艺”给予了充分的关注和肯定，认为工匠亦能够通过他们的劳动和技艺创造价值，更有甚者，还提到了“互相换易”“以生货财”这一过程，实则关涉工、商二业对增加国家财富的积极作用。这一

① 许衡：《鲁斋遗书》卷四，《大学直解》。
② 许衡：《鲁斋遗书》卷一，《语录上》。
③ 许衡：《鲁斋遗书》卷四，《大学直解》。
④ 许衡：《鲁斋遗书》卷五，《中庸直解》。

认识,用现在的眼光来看,是毋庸置疑的。然而,在理学思想盛行的宋元之际,由一位儒者所提出,却是极为难得的。

在元代,如上思想只是一些颇具亮点的碎片,还远远不够成熟,不能自成体系。从某种意义上说,其形成于蒙古人所统治的这一特殊时期,或许与身为游牧民族的统治者对工匠技艺以及商业交换的浓厚兴趣密切相关。然而,这些都不足以影响其在我国传统经济伦理思想史上的意义和地位,毕竟,它印证了我国古代经济活动的日益丰富,并由此决定了宋代义理之学经由元代转向一般,并最终走向明清实学之繁荣的发展过程。

第六章

元代相关领域的经济伦理思想

如前所述，元代的经济伦理思想没有出现鲜明的两脉之争。一方面，元代历时短、思想整体相对贫乏，在经济治理上发挥着重要作用的色目人作为功利派的主要代表，尚未从行动家成长为思想家，很难与理学家所代表的德性主义经济伦理思想形成交锋与争鸣；另一方面，蒙古及色目人的重商意识和务实作风，不断从事实上改变着元代的社会及经济结构，使中原汉地一改农耕民族重本抑末之传统，不仅实现了本土经济的高度活跃，还成为其时整个欧亚大陆的商业中心。这些因素，加之传统儒士地位的下沉，共同作用于元代以理学为主要代表的德性主义经济伦理思想，并促成其自我反思和实学转向。

某种意义上，我们也可以说元代的经济伦理思想是义理派与功利派不断交锋与博弈的结果，只不过，与其他朝代不同的是，前者贡献的是思想，后者则更多贡献以行动。在元代社会占据统治者地位的蒙古人及其偏爱的色目人，普遍拥有较低的文化程度和淡漠的意识形态，在思想上鲜有建树。但是，他们擅长应用及实务。他们的行动，实实在在地改变着元代社会经济的方方面面，一时间，社会涌现出很多新的问题和倾向，元代承袭宋代理学传统而来的主流思想亦随之发生着重要的改变。

元代社会这种自下而上的意识转变，使得我们有理由在经济伦理思想研究的过程中，将更多的关注点放在经济伦理关系的变迁，以及社会经济领域随之而出现的新的热点问题之上。元代所特有的经济基础、民族结构等客观要素，加之元人所特有的游牧商业精神和务实作风等思想因素，使得这些领域呈现出内容丰富且独具特色的经济伦理思想。众多关注经济民生的文人名士们所阐发的各种议论及思想，亦能在这些热点问题及领域当中得以良好地呈现。本章即就此予以评介和论述。

第一节　元代货币思想所体现的经济伦理观

在元代思想总体上不受重视的情况下，元代的货币思想却独树一帜，折射出耀眼的光芒。纵观我国古代的货币思想发展史，元代思想的活跃度明显高于其后的明清时期，是继唐、宋之后不容忽视的又一个迅速发展期，也是一个重要的转型期。如前所述，但凡在此一时期对经济民生有所关注和议论的思想家或财臣无一不言及货币。而这一点，与元代在我国乃至世界货币发展史上的独特地位密切相关。

概括地说，元代的货币较以往发生了两大主要的变化：其一，随着国家统一，纸币第一次在全国范围内推广和使用，并形成了世界上最早且较为完善的货币管理制度。其二，银本位制得以确立，并借由蒙古统治者的力量，使得13世纪的欧亚大陆通过银或以银为标准的货币连接成一个充满生机和活力的世界。

不难看出，这两大变化，均系在作为游牧民族的蒙古人的统治下，同一货币流通范围不断扩大并向外延伸的结果。曾有学者以欧亚大陆为整体，分析游牧民族与农耕民族的差异，将生活在草原、善于移动的游牧民族描述为“面”；将生活在绿洲、追求安逸的农耕民族描述为“点”[①]。那么，在极具经济面向且特别注重贸易往来的有元一代，货币作为商品交换之媒介，则如一条条的“线”，具体担负起将“点”逐渐连接，进而融入更为广阔的“面”的职能。此时的货币，在蒙古人强悍的军事力量的保护下，打破了长久以来的地域界限，在中原地区的东西南北之间不断流通，在汉人、蒙古人和色目人之间不断流转，并通过以回鹘及穆斯林商人为主的商业势力进一步流出国门，通往世界。

在这一过程中，元政府与中原百姓、他国政府、外来商业势力，以及各国百姓之间的信用关系进一步发展，并更加复杂化。中原地区的经济模式及经济伦理关系发生了巨大的变化，很多前所未有的问题由此产生，并引发了一些新的思考。虽然，客观地说，元代的货币制度在具体实践上只取得了最初近二十年的成功，而后，因政府管理不力、财政收不抵支等问题，终究在货币上自毁成法，并走向了严重贬值的末路；蒙古帝国，作为欧亚大陆超级世界的寿命也不尽长久。但毕竟，在曾经成功的探索和尝试以及面对失败的痛惜和反思中，元代的货币思想确已取得了不少可喜的成就。

---

① ［日］杉山正明：《游牧民的世界史》，黄美蓉译，北京：北京时代华文书局、中华工商联合出版社2014年版，第8页。

一、元代的货币政策及相关思想

元代货币政策及思想的发展大体经历了三个阶段：元代钞法初立之中统钞时代、元中期之至元钞时代和元末之至正钞时代。

中统钞时代。针对元代以前货币管理以地域为限，地区间各自为政、互不流通的现状，世祖忽必烈于中统元年（1260）率王文统（？—1262）、王恽（1227—1304）等展开了一次币制改革、制定了一套制度，将纸币的发行和管理权统一于中央，首次实现了纸币在全国[①]范围内的流通。在这一时期所发行的中统钞，遂成为元代最为重要且最为后人所称道的兑现纸币。中统钞以钱为识、以银为本，规定了百分之百的准备金，行钞之初管理得当、价值稳定、深得人心。如史所载"初行中统交钞，自十文至二贯文，凡十等，不限年月，诸路通行，税赋并听收受"[②]，"公私贵贱爱之如重宝，行之如流水"。[③]"中统建元，王文统执政，尽罢诸路交钞，印造中统元宝，以钱为准，每钞二贯，倒白银一两，十五贯倒赤金一两，稍有壅滞，出银收钞。恐民疑惑，随路桩积，元本金银，分文不动。当时支出无本，宝钞未多，易为权治，诸老讲究扶持，日夜战兢，如捧破釜，惟恐失堕。行之十七八年，钞法无少低昂。"[④]对于这一时期的中统钞法，现代著名史学家李剑农曾予以了高度的评价，认为"中国在十三世纪中，即有如此审慎之钞法，实可称述，惜中统以后，不能继续维持耳"[⑤]。

至元钞时代。中统钞行钞二十余年后，钞法日虚，至元二十三年（1286），遂议更钞。次年，遵叶李（1242—1292）之《至元宝钞通行条画》，发行新钞"至元通行宝钞"，与整顿后的中统钞一并通行，自此进入至元钞时代。作为中国也是世界上最早的不兑换纸币条例，《至元宝钞通行条画》相当完备。对于很多立足于现代视角，在不兑现纸币发行过程中应当注意的

---

① 当时南宋尚未统一，故此处的"全国"指的是中原之北方，即原北宋和金的领地。虽暂未涵盖中原之南方，但相较于元代之前纸币仅在四川等个别地域通行，已明显进入了一个新的发展时期。

②《元史》卷二百六，《王文统》。

③ 胡祇遹：《紫山大全集》（四库全书珍本）卷二十二，《宝钞法》。

④ 魏源：《元史新编》卷八十七，《食货上》，《钞法》。

⑤ 李剑农：《中国古代经济史稿》，武汉：武汉大学出版社2006年版，第644页。

问题,如票面、发行、流通、换易等诸环节,都制定了明确规定。《条画》还进一步确立了宝钞的银本位制,并强化了政府对准备金的管理,将原来每月一次的定期检查改为每半月一次,对伪造、偷盗、挪用或"禁治不严、流转涩滞、亏损公私"等贪腐行为均作了严格的戒律,其态度之审慎可见一斑。

至正钞时代。顺帝至正十年(1350),钞价日落,遂废中统钞,定"至正交钞法",发行"中统交钞"与至元钞并行,并铸造"至正通宝"钱,确定其与至正钞的比价,恢复了历代旧钱的流通。其本意是希望通过"与历代铜钱并用"的方式"以实钞法"。然此时,通货膨胀日益严重,货币贬值的趋势已不可阻挡。如李剑农评价"至正交钞法"为"元代钞法之三变,亦即元代钞法最后之败坏","至正通宝"钱与钞并行,实则"反于钱本位矣",其钞之发行"既不用银为钞本,又不用钱代之,则所谓'以实钞法'者,特欺人之虚语耳"[①]。

元代货币政策的更替和纸币的兴衰起落,引起了其时世人的高度关注和财臣名士的思考及争议。各种议论的焦点主要围绕如下问题展开:

其一,纸币与铜钱孰优孰劣?以王文统、刘秉忠、刘肃、胡祗遹、刘宣、吕思诚、刘基等为代表的一批朝野人士首先站到了支持纸币的一边。如胡祗遹(字绍开,号紫山,元武安人)认为"铜钱、交钞寒不可以衣,饥不可以食,均之二物皆非切身实用之货。圣人以其丝绢绵布之不可以零分,粟麦百谷之不可以远赍,假二物守之以信,以便交易而已。以优劣较之,则交钞优于铜钱"[②]。刘宣(1233—1288,字伯宣,元潞州人)认为"原交钞所起,汉、唐以来皆未尝有。宋绍兴初军饷不继,造此以诱商旅,为沿边籴买之计,比铜钱易于赍挈,民甚便之"[③]。刘秉忠(1216—1274,原名侃,字仲晦,号藏春,元邢州人)甚至用阴阳迷信的"若用钱,四海且将不靖"[④]之说,力荐世祖用楮以安天下。

与之相反,卢世荣、程钜夫、郑介夫、姚燧(1238—1313)、苏天爵(1294—1352)等,则坚定地维护铜钱。如郑介夫(生卒年不详,字以居,号铁柯,元衢州开化县人)认为"铸铜为钱"乃"古今不易之法","盗贼难以赍将,水火不能

① 李剑农:《中国古代经济史稿》,武汉:武汉大学出版社2006年版,第648页。

② 胡祗遹:《紫山大全集》(四库全书珍本)卷二十二,《宝钞法》。

③ 魏源:《元史新编》卷八十七,《食货上》,《钞法》。

④ 陶宗仪:《辍耕录》卷二。

销灭，世世因之，以为通宝”。程钜夫（原名文海，后以字钜夫为名，号雪楼，又号远斋，元建昌人）认为“泉即铜钱也，历代相徭，以为国宝，虽形制增损互有差殊，然自周以来，上下二千年，有国家者未尝一日废弃。盖金银虽可贵，非民间皆有之物，惟铜钱不贵不贱，为诸货之母，可以流布通行”，“多者藏蓄为业，虽遭水火，亦无所伤”①。

其二，专行纸币还是钱钞兼用？胡祗遹是反对钱钞兼用的主要代表，在他看来：

> 元宝、贯钞行之十有余年，钞法愈实，通利如流水者，以其母行在，贯钞独行，无他货以相杂也。一有他货以相杂，便有优劣轻重，铜钱与钞并行，是以他货相杂也。②

不仅如此，他还以亡金为反例，进一步指出钱钞相杂之弊：

> 货立二价，渐不为便，亡金风俗，积钱而不积钞，是以钞法屡变而屡坏，盖以钱钞相杂，钱重钞轻，又不能守之以信故也。③

与之相对，认为铜钱优于纸币的财臣名士们大都加入了主张钱钞兼行的行列。因为，元代纸币的全国通行已势不可挡，于是退而求其次，保留铜钱与纸币并行，便成为了他们一致的愿望。如卢世荣认为：

> 自王文统诛后，钞法虚弊。为今之弊，莫若依汉唐故事，括铜铸至元钱及制绫券，与钞参行。④

郑介夫认为：

> 言者谓铸一钱费一钱，无利于国，殊不知费一钱可得一钱，利在天下，即国家无穷之利也。……今请造铜钱以翼钞法，虽于国未见近利，将有大利于民耳。⑤

其三，如何治理通货膨胀？如前所述，元代的纸币制度堪称史上一绝，

---

① 程钜夫：《雪楼集》（湖北先正遗书本），《铜钱》。

② 胡祗遹：《紫山大全集》（四库全书珍本）卷二十二，《宝钞法》。

③ 同上。

④《元史》卷二百五，《卢世荣》。

⑤《古今图书集成》卷三五六，《钱钞部》。

却亦如昙花一现，只取得了短暂的成功。中统之后，物重钞轻，纸币日益贬值，并最终走上了通货膨胀的老路。如胡祇遹所言：

> 中统建元，钞法初立，公私贵贱爱之如重宝，行之如流水，交钞一贯买绢一匹，钞五六十文买丝一两，米石钞六七佰文，麦石钞五六佰文，布一端钞四五佰文。近年以来价增六七倍，渐至十倍，以至诸物及佣工之价值亦莫不然。[①]

面对"物价日增日贵"的社会现实，他究其根本，认为"钞法日虚"乃"物不足、钞有余"所致。

王恽（字仲谋，号秋涧，元卫州汲县人）认为："印造无算"和昏钞过多令"昏者转昏"[②]也会导致市场混乱并加速昏钞的折价；程钜夫认为"小钞稀少"亦是导致钞虚的原因之一，故建议"增造小钞"[③]；陆文圭（字子方，号墙东，元江阴人）主张"称钞法之策三，一曰住印造，二曰节用度，三曰禁奢侈[④]"。卢世荣则进一步将货币问题与国家财政联系起来，主张"厚收天下之利以实钞法"，认为努力创收、减轻国家财务负担，才是从根本上避免政府滥发纸币，治理通货膨胀之良策。

总体来说，元代的货币政策较为独特，货币思想也十分活跃。伴随着纸币的兴衰起落，关于纸币与铜钱或各种货币政策之间的优劣之争从未停息。不难发现，在这些纷繁的比较和争议当中，用以优劣取舍或成败褒贬的评判标准，除了经济成果之外，似乎还存在一些具有普遍意义的价值。从某种意义上说，这些价值恰能体现这一时期人们对货币问题关注的原因，或代表他们对理想中的货币所寄予的共同愿望。

立足于中国古代的传统思想，现代学科意义上的经济人与道德人间的支离并不存在，人作为完整的人参与一切社会活动，并得到包括经济与伦理在内较为全面的各种关注。在中国古代重伦理、轻经济的传统基调下，伦理价值甚至优先于经济价值，或将其包含于自身当中，从而成为各种政策与思

---

① 胡祇遹：《紫山大全集》（四库全书珍本）卷二十二，《宝钞法》。

② 王恽：《秋涧先生大全文集》卷九十，《便民三十五事·论钞法》。

③ 程钜夫：《雪楼集》（湖北先正遗书本），《铜钱》。

④ 陆文圭：《墙东类稿》（常州先哲遗书本）。

想背后具有普遍意义的价值。如下即对元代货币政策及思想中所体现的经济伦理观做一些初步的探讨。

二、“信”:元代货币思想的经济伦理根据

元代的货币思想很多都是围绕“信”这一基本诉求而展开的。如前所述,各种反通货膨胀的对策或主张,无一不是以保持货币的信用和价值稳定为目的。在这一根本目标之下,关于预防或治理纸币贬值的具体对策——是专用纸币、增发新钞,还是恢复铜钱、钱钞兼用等,均可视为用以维护货币信用的工具和方法。货币之“信”,是其之所以能行的基本要求,也是其最为根本的经济伦理价值。

关于货币之“信”的重要性,元代财臣名士们的总体认识与历代王朝并无大的不同,只是纸币取代铜钱,成为了议论的焦点。在他们看来,纸币相对于铜钱等金属货币更似“无用之物”,若无以信,必寸步难行。如马端临(字贵与,元饶州乐平人)认为:

> 生民所资曰衣与食,物之无关于衣食而实适于用者曰珠玉、黄金……然珠玉、黄金乃世难得之货。……铜虽无足贵,而适用之物也,以其可贵且适用者制币而通行,古人之意也。至于以楮为币,则始以无用为用矣。[①]

刘基(1311—1375,字伯温,元青田县南田乡人)认为:

> 币非有用之物也,而能使之流行者,法也。行法有道,本之以德政,辅之以威刑,使天下信畏,然后无用之物可使之有用。[②]

张之翰(生卒年不详,字周卿,号西岩老人,元邯郸人)针对中统钞确立二十余年后,物价已开始飞涨“楮日多而日贱”之弊,提出了称提之策,曰“今南北混一,此楮必用,不过自上贵信之尔”[③],谓其根本乃一个“信”字而已。

---

① 马端临:《文献通考》,北京:中华书局1986年版;参见巫宝三主编《中国经济思想史资料选辑》(宋、金、元部分),北京:中国社会科学出版社1996年版,第386—387页。

② 刘基:《郁离子》,《行币有道》。

③ 张之翰:《西岩集》卷十三,《楮币议》。

胡祗遹回应“有用”“无用”之说，认为“交钞之法，上下相信，信以济事，非欲以不可食不可衣无用之纸，而易下民汗血所致使有用之谷帛也”，并进一步从儒家的民本思想出发，指出“钞代百物之交易，所恃者信而已，一失其信，民莫之从”。在他看来：

> 货泉货本之轻重流通，所以平百物而信万民。一失其本，一亏其信，则百物之贵贱无准，或壅滞而弃如粪土，或翔踊而重于金，或物轻钱重，或钱轻物重。伤农伤工，皆受其祸。信既少亏，众莫凭据。①

针对日益严重的通货膨胀，理学家许衡亦发表言论，怒斥其为“无信”“无义”之举。如他所言：

> 讲称提之策者，今三四十年矣，卒无能为朝廷毫发之助，但见称提之令每下，而百姓每受其害，而贯陌益落矣。嘉定以一易二，是负民一半之货也，端平以一易五，是负民四倍之货也，无义为甚。②

此一认识，不仅充分体现了他对纸币之“信”与“义”的重视，还不无深刻地揭示了元末统治者日益腐败并借滥发纸币以掠夺人民财富的贪婪本质。

关于维护货币之“信”的方法，元代的思想确有其独到之处。与往朝不尽相同，元人对待通货膨胀的态度，除了强调事后治理，即宋人常有议论的“称提”之术外，更多的是从完善制度入手，注重对通货膨胀的事前预防。如此审慎之态度，恰是元代纸币以完备的制度闻名于世并能够取得最初近二十年成功的原因所在。

这些思想以王文统（字以道，号云臾，元益都人）等制定的中统钞法和叶李（字太白，一字舜玉，号亦愚，元杭州富阳庆护里人）制定的《至元宝钞通行条画》为代表，较为集中地出现在元中统时代和至元钞时代。其中，前者是经历了实践检验的可用以指导兑现纸币通行并充分保有其信用的审慎之方；后者，则是为众人所瞩目的在当时乃至几百年后始终保持着世界最先进地位的不兑现纸币管理制度。如胡寄窗所评价：“看到这样的条画（划）以

---

① 胡祗遹：《紫山大全集》（四库全书珍本）卷二十二，《宝钞法》。

② 许衡：《许文正公遗书》卷七，《奏疏》；参见巫宝三主编《中国经济思想史资料选辑》（宋、金、元部分），北京：中国社会科学出版社 1996 年版，第 340 页。

后，不必再行解释，任何一个经济理论工作者，都可以肯定这是世界上最早而又较完备的不兑换纸币发行条例。叶李的这一条画(划)使中国货币思想在世界范围内增色不少。"[①]据说，南宋末年，叶李曾将这部条划进呈宋廷，并献至元钞样，"请以代关子"，"朝廷不能用"，南宋被元代统一后，遂"复献之"于元廷，"世皇嘉纳，使用铸版"[②]。可见，当时的南宋朝廷相比于元廷，或尚不具备实施这一货币管理制度的客观条件和主观认识。

中统钞法难觅其原始文本，较为权威的记载多见诸《元史》和王恽所作的《中堂记事》。相关规定如下：

> 初行中统交钞，自十文至二贯文，凡十等，不限年月，诸路通行，税赋并听收受。[③]
>
> 省府钦依印造到中统元宝交钞，拟于随路宣抚司所辖诸路，不限年月，通行流转。应据酒税醋盐铁等课程并不以是何诸科名差发内并行收受。如有诸人赍元宝交钞，从便却行赴库，倒换白银物货，即便依数支发，并不得停滞。每两止纳工墨钞三分外，别无克减添答钱数。照依下项拟定元宝交钞体例行用。如有阻坏钞法之人，依条究治。[④]

在此基础上，钞法进一步确定了纸币与白银的固定比价："诸路通行中统元宝，街下买卖金银丝绢段疋斛蚪一切诸物，每一贯同钞一两，每两贯同白银一两行用，永为定例，并无添减"[⑤]，并明确了准备金方面的规定："诸路领钞，以金银为本，本至乃降新钞"，"如发钞若干，随降银货，即同现银流转，据倒到课银，不以多寡，即装垛各库作本，使子母相权，准平物估，钞有多少，银本常不亏欠"，要求"所纳酒醋税、盐引等课程、大小差发，一以元宝为则"[⑥]，"印造有定额，量全国课税收入之金银及倒换昏钞数为额，俭而不滥"[⑦]，等等。

① 胡寄窗：《中国古代经济思想的光辉成就》，北京：中国社会科学出版社1981年版，第68页。

② 陶宗仪：《南村辍耕录》卷十九，《至元钞样》。

③《元史》卷二百六，《王文统》。

④ 王恽：《秋涧先生大全文集》卷八十，《中堂事记上》。

⑤ 同上。

⑥ 同上。

⑦ 同上。

从中可见，其一，中统钞在流通范围和时效上被明确赋予了“诸路”通行和“不限年月”的永久“信用”。[①] 其二，钞与银换易之比价“永为定例”，“虚”钞以“实”银为本，被赋予了永久“信用”。其三，设立了严格的准备金制度，“如发钞若干，随降银货”，“银本常不亏欠”等，似为百分之百准备金要求。其四，各科税及“大小差发”，“一以元宝为则”，为资金的顺利回笼提供了信用保障。

与中统钞法相比，叶李的《至元宝钞通行条画》在发行准备、流通范围、换易比价和资金回笼等方面有很多类似的考虑。如：“依中统之初，随路设立官库，买卖金银，平准钞法”“课银一锭，官价宝钞二锭”“赤金每两价钞二十贯”“至元宝钞一贯，当中统宝钞五贯，新旧并行，公私通例”“随处盐课每引见卖官价钞二十贯”“诸道盐、酒、醋税、竹货、丹粉、锡碌诸色课程，如收至元钞以一当五；愿纳中统钞者并仰收受”“应典田宅，并以宝钞为则，无得该写斛粟丝绵等物，低昂钞法”[②]，等等，全面规定了至元宝钞与金、银、中统钞、盐引等之间的比价和宝钞的流通范围，为提高其信度和法偿能力作了充分的准备。

不仅如此，条画还专门针对以往货币管理各环节容易出现的问题，作了很多行政性的规定，以确保钞币管理妥当，不失民信。如明令“伪造通行宝钞者处死”；规定收纳民户包银和出放斡脱钱债人员对宝钞“即便收受，毋得阻滞”；要求“随路平准库官收差办课人等，如遇收支交易，务要听从民便，不致迟滞”，“若有不依条画，乞取刁蹬，故行阻抑钞法者”应“断罪除名”；要求“各道宣慰司、按察司、总管府常切究禁治”严格监管，确保民间昏钞“依数收换”，“毋致势要之家并库官人等自行结揽，多除工墨，沮坏钞法”，“违者痛断”；要求“各路总管并各处管民长官，上下半月计点平准钞库应有现存金、银、宝钞，若有移易借贷、私已买卖、营运利息……申部呈省定罪……仰各道宣慰司、提刑按察司常切体察，如有看徇通同作弊……与犯人一体治罪”[③]等，从之前每月一次的定期检查，改为半月一次，并明令执行官员不得有贪污、挪用、盗窃、借贷等图谋私利的行为，以取得人民对纸币的信任。世祖忽必烈

---

① 元代以前，除金末期曾一度出现无限期纸币外，宋代纸币均有流通年限，其流通地域也非常局限。

②《元典章》卷二十，《户部》六，《钞法》。

③ 同上。

亦非常重视这套管理制度，曾专门嘱咐当时主管财政的大臣桑哥说，“朕以叶李言更至元钞，所用者法，所贵者信，当无以楮视之，其本不可失，汝宜识之。”[①]

当然，思想的严谨和制度的完备并不意味着实践上的完满与成功。如前所述，中统钞获得了最初二十年的成功，随后，即进入了“物重钞轻”“印造无算”[②]的状态，叶李的《条画》针对时弊，为重建纸币之信度而生，却无奈收效甚微。于是，为了继续这一未完成的使命，元代亦重回到如往朝一般各种反通货膨胀思想和“称提”之术百花齐放的时代。具体内容如前，不再赘述。

三、“便”：元代货币思想的经济伦理观照

从携带交易的方便程度来看，纸币显然优于铜钱等金属货币。然而，我国古代传统却一直偏爱铜钱。如郑介夫所言：

> 铸铜为钱乃古今不易之法，盗贼难以赍将，水火不能销灭，世世因之，以为通宝。[③]

马端临亦言：

> 生民所资曰衣与食，物之无关于衣食而实适于用者曰珠玉、黄金。先王以为衣食之具未足以周民用也，于是以适厌之物作为货币以权之……然珠玉、黄金为世难得之货，至若权轻重、通贫富而可以通行者，惟铜而已。故九府圜法自周以来，未之有改也。[④]

随着社会经济的不断发展和进步，纸币作为新的事物逐渐走进了人们的视野。关于用钱之传统和纸币之诞生，陆文圭曾有议论：

> 古者以货为币，采铜为钱，无所谓楮也。汉以鹿皮荐璧，民间未始行用。唐有飞钱之制，轻装以趋四方，合券而取京师，楮之渐也。[⑤]

---

① 《元史》卷二百五，《桑哥》。

② 王恽：《秋涧先生大全文集》卷九十，《便民三十五事·论钞法》。

③ 《古今图书集成》卷三五六，《钱钞部》。

④ 马端临：《文献通考》，北京：中华书局1986年版；参见巫宝三主编《中国经济思想史资料选辑》（宋、金、元部分），北京：中国社会科学出版社1996年版，第386页。

⑤ 陆文圭：《墙东类稿》（常州先哲遗书本）。

马端临也较为清晰地描述了这一过程：

> 自唐以来始创飞券钞引之属，以通商贾之厚赍贸易者，其法盖执券引以取钱，而非以券引为钱也。宋庆历以来，蜀始有交子，建炎以来，东南始有会子，自交会既行，而始直以楮为钱矣。[①]

概括地说，元代以前，纸币脱胎于唐代的"飞钱"以及茶引、盐引等有价证券，发展至10世纪末的宋代始成为真正意义上的纸币"交子"。此后，两宋及金朝均有发行纸币，但流通的范围一直较小，市场上真正流通的主要货币仍然是铜钱，相关资料显示，中国历代王朝铸造铜钱数目之多，以北宋和清代为盛。这足以说明，即便在纸币应某种需求应运而生的宋代，或是元代之后、已拥有相当的纸币流通经验的清代，铜钱始终不改其作为主要流通货币的地位。

然而，事实上，中华传统的这种"铜钱至上主义"常为后人所不解。如有国外学者称其为"荒谬"或"相当不可思议"的事，认为"仅发行铜钱也泰然处之这一点，就代表从一开始就不关心（或是视而不见）现实生活之不便的想法，相当明显的是政府本位主义之立场"，并据此将"中华王朝执着于铜钱"的理由，归结为"美学意识"或"正统性"[②]。

探究中华传统的农耕文化，不难发现，相对于携带与流通的便利性而言，中原人士更为看重的是货币的信度和与之相关的安全性和稳定性。在他们看来，一则，纸币较之铜钱，更似"无用"之物，故后者备受青睐；再则，现实生活中的流转不便，反倒使铜钱具备了"盗贼难以赍将，水火不能销灭"等优点，故能够"世世因之，以为通宝"。换言之，为了或多或少地增加货币的安全与稳定性，宁可承受一定程度的流通不便。这一认识，既是古代商品经济欠发达、对货币流通性要求不高的体现，同时，也是中原传统农耕民族在经济上自给自足，崇尚定居生活并追求安逸和稳定的文化传统所决定的。

元代，游牧民族入主中原，以铜钱为主要货币的传统始发生变化。与农耕民族相反，游牧民族居无定所、善于移动、勇于改变。由于自身经济方式

---

① 马端临：《文献通考》，北京：中华书局1986年版；参见巫宝三主编《中国经济思想史资料选辑》（宋、金、元部分），北京：中国社会科学出版社1996年版，第387页。

② 参见［日］杉山正明《游牧民的世界史》，黄美蓉译，北京：北京时代华文书局、中华工商联合出版社2014年版，第230页，"或许在铜钱这个形式中，可以感受到中华王朝的美学意识，甚至是正统性"。

的先天不足，他们无比迫切地渴望与外界进行各种形式的物质交换。在他们强大军事力量的保障下，无数条商路使中原内地与周边国家串连成线，包括蒙古人、色目人及中原人士在内的各路商贩，活跃在这些商路之间，携带着他们的货物，通过陆地、海洋及遍布全国的驿站进行着日益频繁的贸易往来和商品交换。与此同时，铜钱作为货币使用之不便也日益凸显。由于面额较小，但凡遇到金额较大的交易时，往往需要准备成千上万枚铜钱。多到难以携带，便用绳子等工具将钱币串在一起，一千枚“一文”的铜钱连成一串方当价值“一贯”。携此交易，常不堪其重，路途遥远时，更不胜其烦。对此，胡祇遹曾算过一笔账：“如支铜钱一万锭，每小钱一贯重七斤，五十贯重三百五十斤。五百贯用车一辆，计用大车一千辆，岂止虚费脚力，实亦失误。”如此之不便，令其愤愤然：“窃恐万一徒以废工难用之钱，沮乱其易造流通之钞，上阻国用，下惑民心，铸钱之议，似为未便。”[①]在他看来：

> 用铜器亦糜费无多，必当设官置吏，即山冶铜方得，铸造工本亦不为轻。至于怀挟赍擎，远近交易，不若贯钞之便利，兼钞法通利，钱法必不能相胜，少铸则不能遍及天下，多铸则虚费工本，堆积而无用，徒杂乱钞法。[②]

如上所言“易造流通之钞”与“废工难用之钱”相比，最大的优势乃一个“便”字。与其同一时代的刘宣，在议论纸币之兴起时，亦聚焦于其“比铜钱易于赍擎，民甚便之”[③]的显著特征。

蒙古统治者便是在这样的背景下几次三番明令禁止铜钱。取而代之的是，纸币作为主要货币得以在全国范围内推行，就连最后才实现统一的原南宋地区也不例外。[④] 与之同时，“硬币之钱本位”也“渐为银所夺”[⑤]。此番币

---

① 胡祇遹：《紫山大全集》（四库全书珍本）卷二十二，《宝钞法》。

② 同上。

③ 魏源：《元史新编》卷八十七，《食货上》，《钞法》。

④ 元世祖征服南宋的过程漫长而困难，故使其对南宋之统治态度极为审慎。如日本史学家安部健夫在《元代包银制考究》（《东方学报》，1954）中认为元代对旧南宋领地，尤其是江南的态度“表现得过度慎重，如履薄冰”。高桥弘臣在《宋金元货币史研究——元朝货币政策之形成过程》（林松涛译，上海：上海古籍出版社 2010 年版）中指出“元朝在南北各地执行的同一制度、政策，除货币政策外，只有行省以及驿传制度而已”。

⑤ 李剑农：《中国古代经济史稿》，武汉：武汉大学出版社 2006 年版，第 643 页。

制改革，尽管实难避免铜钱的个别残留，且行至元末终与元廷共同覆灭，但其决心之大以及最初运行之成功已足令人瞠目。毕竟，蒙古人可以较少地受到中原传统"铜钱至上主义"的影响。与所谓"正统"或"美学"相比，他们更看重的，显然是"便利"和"实用"。

由于能够促进效率，"便"的经济合理性显而易见，与此同时，当我们将关注点置于"便"之对象的时候，亦能清晰地发掘其中的伦理意蕴。从某种意义上说，如果纸币取代铜钱方便的是其所通行区域之广大百姓，那么，用银本位取代钱本位制则进一步将这种便利扩及到当时以欧亚大陆为核心的世界。"便"这一总体诉求，恰能共同体现元代货币思想的经济与伦理关注，是其时经济伦理关系进一步扩展的结果，也是元代货币改革之目的所在。

作为极具效力的新事物，元代的纸币在马可·波罗（1254—1324，意大利旅行家）的眼中如同被施以"大汗专有方士之点金术"的法物。他描述，人们可"用之以作一切给付。凡州郡国土及君主所辖之地莫不通行。臣民位置虽高，不敢拒绝使用，盖拒用者罪至死也。兹敢为君等言者，各人皆乐用此币，盖大汗国中商人所至之处，用此纸币以给费用，以购商物，以取其售物之售价，竟于纯金无别"，惊叹"由是每年制造此种可能给付世界一切帑藏之纸币无数，而不费一钱"，并大赞"其量甚轻，致使值十金钱者，其重不逾金钱一枚"，"最轻便可以携带也"[①]。在钞法管理得力的元中统时代，凡纸币通行之广大区域，政府、商人及百姓均饱受其益。

为了进一步方便民间交易，元人对纸币的应用进而转向零钞。程钜夫认为"比来物贵，正缘小钞稀少，谓如初时直三五分物，遂增为一钱，一物长价，百物随例，省府虽有小钞发下，而州郡库官不以便民为心，往往惮小劳而不领取，提调官亦置不问，于是小经纪者尽废，民日困而钞日虚"，遂建议"增造小钞，数信常年，分降江南州郡，特便细民博易"以"利民重钞"[②]。胡祗遹亦称"近年来以零钞销磨尽绝，上司并不印发，零钞不行，物价自重"[③]，指出因零钞不足，特别是二文、三文、五文和厘钞极少，而导致市易不便。如

① [法]沙海昂注：《马可波罗行纪》，冯承钧译，上海：上海古籍出版社 2014 年版，第九五章，《大汗用树皮所造之纸币通行全国》，第 194—196 页。

② 程钜夫：《雪楼集》（湖北先正遗书本），《铜钱》。

③ 胡祗遹：《紫山大全集》（四库全书珍本）卷二十三，《民间疾苦状》。

他所言：

> 交钞所以便于交易者，以其比之丝绢麻布、金银缎匹能分能零也。且小民日生旅求升合者十盖六七，图锱铢之利者十盖七八，若无零钞，何以为生，何以为成市？[①]

如上议论，虽是就其时零钞不足之现象，提出了纸币尚存的一些不便之处，但如此反映出来的人们对货币求“便”之理想和诉求却从未改变，甚至愈加明显。

除了轻便易携，元代纸币的“各路通行”，还方便了一批曾苦于寻觅白银并不惜饱受盘剥、借羊羔利以缴纳税金的贫困百姓。建元前夕，蒙古统治者曾沿袭金朝旧制，以银作为货币，收纳税金并用于对诸王、公主等的赏赐和对外贸易。如“蒙哥汗执政时期，科差中的包银每户纳四两，二两白银、二两丝绢颜料”[②]。然而，这一政策给农民带来了极大的负担，因为银虽然在一定范围内流通，但普通百姓的日常生活中极少能获得银，一旦要缴纳赋税，便不得不向斡脱（在蒙古统治阶层的支持下，使用钱放高利贷的西域商人）借高利贷。如史所载“自乙未版籍后，政烦赋重，急于星火。以民萧条，猝不易办，有司贷贾胡子钱代输。积累倍称，谓之羊羔利。岁月稍集，验籍来征，民至卖田业、鬻妻子，有不能给者”[③]。所幸，元初，中统钞被赋予了极强的法偿能力，明确规定“诸路通行，税赋并听收受”，“应捱酒税醋盐铁等课程，并不以是何诸科名差发内并行收受”[④]，并颁布了免除负银诏书，这才很大程度地减轻了老百姓的负担，为他们提供了切实的方便。

虽然不以银纳税，但作为宝钞之本，银在元代的地位却有增无减。正是在这一时期，银本位制得以取代中国传统的钱本位制，与世界接轨，为国际上的商业往来提供了又一“便”。

在古代，不论罗马帝国，还是以古波斯为开端的伊朗文明圈，都习惯以金或银为本位。“蒙古出现以前，俯瞰广阔的欧亚大陆及北非大陆，先摒除

① 胡祗遹：《紫山大全集》（四库全书珍本）卷二十二，《宝钞法》。

② 姚遂：《中国金融思想史》，上海：上海交通大学出版社2012年版，第215页。

③ 王恽：《秋涧先生大全文集》卷四十八，《开府议同三司中书左丞相忠武史公家传》。

④ 王恽：《秋涧先生大全文集》卷八十，《中堂事记上》。

东方中华及西边欧洲部分，几乎都是以银为首要交易手段，或者是成为交易时的价值计算基准”[①]，中原地区，则习惯于将银用作装饰或收藏，几度成为货币，亦不过以对外馈赠或结算为主，流通范围极其狭小。然而，蒙古帝国不断壮大并入主中原之后，“东方中华”地区便不再是日益串连成片的欧亚大陆上的那一个“例外”了。“蒙古会直接沿用中央欧亚大陆传统使用银，也是理所当然之事。因为不论是共生关系之国际商业势力回鹘或是伊朗系的穆斯林，都是使用银。”而“对于已经成为范围超级广阔之庞大帝国的蒙古来说，确实有必要设定全部领域都共通使用的价值基准”。故而“银就成为跨越蒙古东西方的公定‘贸易基准’”[②]。

元代的银本位制便在这样的背景下得以确立。不乏“东方中华”之本色不再的酸楚，却也因而获得了新的力量。关于其确立之意义，李剑农曾作出了客观而中肯的评价：“入元以后，中国币制，益趋向银本位制，此盖时代演进自然之倾向，非人力所能阻遏。元代前期之币制，以钞与银相权，本位为银，合乎此时代之倾向，故成功。元末及明初，改用钞与钱相权，复由银本位反于钱本位，而钞所代表之钱又虚，故无不失败。”[③]

如前所述，如果说游牧民族是动态的“面”、农耕民族是静态的“点”，那么，此时的货币则如一条条“线”，将“点”串连，并融入更为广阔的“面”。有元一代，包括中原地区在内的整个欧亚大陆便是如此，它超越民族意识，跨越地域和国界，首度被银或以银为本位的货币这一共通价值紧密连接在一起，成为了一个充满生机和活力的世界。

四、“非欲求利”：元代货币思想的伦理规约

以方便交易为目的，元代实践着币制改革。以银为本的纸币，遍行全国，百姓用它购买生活所需、商人用它获取利润、政府用它充盈国库。如马端临所言：

---

① ［日］杉山正明：《游牧民的世界史》，黄美蓉译，北京：北京时代华文书局、中华工商联合出版社 2014 年版，第 225 页。

② 同上。

③ 李剑农：《中国古代经济史稿》，武汉：武汉大学出版社 2006 年版，第 643 页。

> 以楮为币，则始以无用为用矣。举方尺腐败之券，而足以奔走一世，寒藉以衣，饥藉以食，贫藉以富。[①]

一时间，方寸纸币竟成为利益之化身，引来无数追捧和膜拜。

高明（约1305—？，字则诚，号菜根道人，元瑞安人）的《乌宝传》"以文为戏"，出神入化地描述了纸币的这一境遇。他将纸币比作乌宝，曰：

> 乌宝者，其先出于会稽楮氏，世尚儒，务词藻，然皆不甚显。至宝，厌祖父业，变姓名，从墨氏游、尽得其通神之术，由是知名。
>
> 宝轻薄柔默、外若方正，内实垢污。善随时舒卷，常自谓得圣人一贯之道，故无人而不自得，流俗多惑之。凡有谋于宝，小大轻重，多寡精粗，无不曲随人所求。自公卿以下，莫不敬爱。其子孙蕃衍，散处郡国者，皆官给庐舍而加守护焉。
>
> 宝之所在，人争迎取邀敬，苟得至其家，则老稚婢隶，无不忻悦，且重扃邃宇，敬事保爱，惟恐其它适也。然素趋势利，其富室势人，每屈辄往，虽终身服役弗厌。其窭人贫氓，有倾心愿见，终不肯一往。尤不喜儒，虽有暂相与往来者，亦终不能久留也，盖儒墨之素不相合若此。宝好逸恶劳，爱俭素，疾华侈，常客于弘农田氏，田氏朴且啬，宝竭诚与交，田氏没，其子好奢靡，日以声色宴游为事，宝甚厌之。邻有商氏者，亦若田氏父之为也，遂挈其族往依焉，盖墨之道贵清净故也。然其为人多诈，反覆不常，凡达官势人，无不愿交，而率皆不利败事。故其廉介自持者，率不与宝交。[②]

高明笔下，"外若方正，内实垢污"的"宝"看似无所不能，"凡有谋于宝，小大轻重，多寡精粗，无不曲随人所求"，故引得"人争迎取邀敬"。然而，"宝"却"素趋势利"，只爱结交"达官势人"，"其富室势人，每屈辄往，虽终身服役弗厌。其窭人贫氓，有倾心愿见，终不肯一往"，纸币似乎成为了利益的代名词。然而，这样是否合理呢？

高明的答案显然是否定的，进士出身的他，在《乌宝传》中虽未直言，却

---

① 马端临：《文献通考》，北京：中华书局1986年版；参见巫宝三主编《中国经济思想史资料选辑》（宋、金、元部分），北京：中国社会科学出版社1996年版，第386—387页。

② 陶宗仪：《南村辍耕录》卷十三，《乌宝传》。

不忘交代宝“尤不喜儒，虽有暂相与往来者，亦终不能久留也，盖儒墨之素不相合若此”，巧妙地将他所反讽的众人与自身划清了界限。在他看来，那些贪官污吏、势利奸商见钱眼开、唯利是图的贪婪嘴脸着实令人生厌。同马端临眼中的“券”之“腐败”一样，高明笔下的“宝”之“内实垢污”的原因亦在于此。

关于纸币与“利”，胡祗遹还有一番较为明晰的议论：

> 古人用钱，后世易而为钞，止欲便交易，赍使流通谷帛，均百货之价而已，非欲求利也，非不欲也，势不敢也。何为而不敢？夫物之寒可以为衣，饥可以为食者，贸易之际，略不相信，犹弃掷而不用，况无用之物乎？此不难谕，正如北方刻木交质以易马、羊、牛，一失其信，则刻木其足恃乎？故行钞之法，钞为子而百货为母，母子相守，内外相应，货重而钞轻则敛钞，钞重而货轻则收货，一弛一张，权以取中。母子既以信相应，钞货价平而不偏，如此，则虽行之于万世而无弊。舍此之外，一有营利之心，则其法自坏。[①]

在他看来，纸币之所以存在的目的就是方便交易，别无其他，尤其不能求利。行钞法则必须以信为本，“舍此之外，一有营利之心，则其法自坏”。为什么这么说呢？胡祗遹接着论道：

> 方今钞太重而物太轻，比之初年，一贵一贱，或至加五，或至减半，主权衡者利其钞价之高，多发而易行，不恤伤农，不知务权。
>
> 近年市价，丝一斤直钞九钱，官司限定百姓，每着丝一斤，折纳钞一贯五百，钞价日增，丝价日贱，复壅滞而不售，民甚苦之。奸贪乘利之人，市井之间又立择钞、硬钞之目，愈高其价，是使国家流通均平百货之宝，化而为伤农刻价，壅滞诸物之虐法耳。
>
> 一旦诈一片纸而巧取之，所存者无用之败楮耳，宝货之法，民不信矣。至此，则虽有心计若弘羊，鞭算如刘晏，市无如之何矣。[②]

不难发现，钞轻物重，正是统治阶级在“钞价之高”的诱惑下，为谋求私

---

① 胡祗遹：《紫山大全集》（四库全书珍本）卷二十二，《宝钞法》。

② 同上。

利“多发”纸币所致；市场混乱，亦是“奸贪乘利之人”“又立择钞、硬钞之目，愈高其价”的结果。一旦有了求利之心和“巧取”之念，本为“国家流通均平百货之宝”的纸币，将失去民信，沦为“无用之败楮”，甚至成为好利者用以盘剥百姓、伤害农民的工具。

可见，货币是工具而非目的。行钞法则，务以“非欲求利”为先，不然，载舟之水，亦能覆舟。但是，客观上，以非求利之心将货币经营得当，应能达到利国利民的效果。又如胡祇遹所言：

> 为国家者，度量百物交钞之孰多孰寡，而散敛弛张之。物重则钞轻，钞轻则作法以敛之。钞重则物轻，钞重则作法以出之。是物价与钞法两得其中，农工不伤，子母相藉，国不求利而利益大。[①]

身处13世纪的元代，竟能有如此深刻之认识，实令人赞叹不已。

五、“节用”：元代货币思想的伦理诉求

元代中后期的统治者，最终还是未能做到不谋私利，纸币贬值的现象日益严重。究其原因，与政府的财政支出过大不无关系。所以，元代思想家在讨论货币问题的时候，常将其与财政问题相结合，如此一来，以“节用”为核心的价值诉求亦成为了元代货币伦理思想中较有代表性的一支。

刘宣认为，治理通货膨胀，首先应做到“不妄用”。如他所言：

> 利民权物，其要自不妄用始，若欲济溪壑之用，非惟铸造不敷，抑亦不久自敝。[②]

具体来说：

> 国用当度其所入，量其所出，如周岁差税课程可得百万锭者，其岁支只可五七十万，多余旧钞，立便烧毁，如此行之，不出十年，纵不复旧物价，可减今日之半。[③]

---

① 胡祇遹：《紫山大全集》（四库全书珍本）卷二十二，《宝钞法》。

② 魏源：《元史新编》卷八十七，《食货上》，《钞法》。

③ 同上。

其中,"不妄用""度其所入、量其所出"等思想均明确表达了节用之诉求。

还有一些思想家以古鉴今,提出了节用以救钞法的系列主张,如马端临认为:

古者俗朴而用简,故钱有余;后世俗侈而用靡,故钱不足。[①]

陆文圭认为"钞法之策有三,一曰住印造,二曰节用度,三曰禁奢侈",其后两策实均为节用之意。针对元代后期"赏赐滥及于俳优,营缮力殚乎土木,商舶市宝,价莫得名,藏室翻经,费不胜计。山林莫供于野烧,海水终泄于尾闾,桑谷渐空,工役方急,楮轻物重"的社会现实,他极力主张"真人践阼,躬履节俭,力改前非",认为:

勤俭者衣食之源,奢侈者匮乏之本。古者衣服有常,上下有制,今倡优得为妃后之饰,皂隶可僭公卿之服,涂金织翠,佩玉曳缟,物直如之何而不穷。[②]

在他看来,"古者游末有禁,务农为上,今钟鸣鼎食,酾酒封羊。何曾下箸,万钱不足,毛仲请客,百事皆备,财产如之何而不耗。今世以豪侈相尚,俗以淫靡相煽,上行下效,风流波漫。惟其取之无术,用之无艺,是以生者莫给,作者莫供,盖钱陌轻微,百物腾跃之害小,而工贾得志,兼并伤农之害大",故"此用度不可不节也","此奢侈不可不禁也"[③]。也就是说,与古者"衣服有常,上下有制""游末有禁,务农为上"相悖,今人"涂金织翠,佩玉曳缟""钟鸣鼎食,酾酒封羊"的豪侈之风,不可不禁。客观地说,通过陆文圭所述,我们确实看到了元代社会的奢靡之风,但同时也感受到了其时商品需求的多样化和经济的发展。陆氏对元代的这些转变尤其是"工贾得志"的批判受制于儒家崇古精神和传统"重农轻商"的思想,难免显得过激与守旧。但是,从总体上看,其倡导"节用度""禁奢靡"以救钞法的思想却是值得称道的。

---

① 马端临:《文献通考》卷九,《钱币》二。

② 陆文圭:《墙东类稿》(常州先哲遗书本)。

③ 同上。

胡祗遹也倡导节用。与上述思想不尽相同的是，除了“节用”，他还主张“增收”以救钞法。在他看来，物重钞轻的直接原因是“物不足”和“钞有余”。如他所言：

凡物贵生于不足，贱生于有余，不足，人实为之。近年五谷布帛诸货百物涌贵者，物不足也。钞法日虚者，钞有余也。有余，则作法以敛之；不足，则作法以增之。[①]

他批评当时的社会风气：

方今之弊，民以饥馑奔窜，地著务农者日减日消，先畴畎亩，抛弃荒芜，灌莽荆棘，何暇开辟。中原膏腴之地不耕者十三四，种植者例以无力，又皆灭裂卤莽。五谷布帛，民生日用急切之物，丰年已自不足，少至水旱，十室九空，物安得为之不贵！趋末利、学异端、奢侈淫靡，衣不以蚕，食不以耕，游惰侥幸之人与农相半，生之者寡，食之者众，物安得而有余哉！

为今之计，可敛者钞而无法以敛，可增者农而无法以增，饥寒日用之物日益不足，权信之楮币日益有余，贵者益贵，贱者益贱，虽使桑弘羊、刘士安之徒复出，亦无以为计矣。[②]

因此，他批评“盗臣嗜利”，反对奢靡之风，力倡“务从俭素”，认为“物不妄费则百物有余，百物有余则价钱日减，百物价贱则钞法日实矣”，并提出了“节用务农，戒奢侈，去浮冗，抑游惰”等“不惟实钞，一举而数得，实天下无穷之福”的主张。

卢世荣立足于改善国家财政以实钞法的思想也相当丰富。以“上可裕国、下不损民”为基本原则，他与众不同地提出了一系列增加国家财政收入以实钞法的经济主张。如他所言：

国家虽立平准，然无晓规运者，以致钞法虚弊，诸物踊贵。宜令各路立平准周急库，轻其月息，以贷贫民，如此，则贷者众，而本且不失。

① 胡祗遹：《紫山大全集》（四库全书珍本）卷二十二，《宝钞法》。

② 同上。

天下岁课钞九十三万二千六百锭之外,臣更经画,不取于民,裁抑权势所侵,可增三百万锭。

今国家虽有常平仓,实无所蓄。臣将不费一钱,但尽禁权势所擅产铁之所,官立炉鼓铸为器育之,以所得利合常平盐课,籴粟积于仓,待贵时粜之,必能使物价恒贱,而获厚利。①

不难看出,其经济政策已形成一套较为完整的体系,不论是平准周急库以轻息贷民也好,还是常平仓以稳定物价也好,本质上都是在"裁抑权势所侵"。换言之,即节官商富吏之所用,以恤百姓、实国库、救钞法。遗憾的是,卢氏的改革触怒了太多既得利益者并因而夭折,其本人亦被视作"奸臣",为此付出了生命的代价。

如上思想,不论具体观点如何,都有一个共同之处,即充分认识到了"物用"或"财用"之不足对货币问题的直接影响。在元人的视域之内,他们或许还不懂得财政收入不足会制约货币回笼、增加市场上的货币流通量,从而加速纸币的贬值。但是,他们显然已经认识到,钞法之坏,除了制度上的原因之外,还与"用不足"等客观条件和极易由此所导致的"谋利"之心或"巧取"之念等伦理因素有关。从某种意义上说,这也正是元代惯常于将货币与财政问题紧密相连,并重视"节用"的原因所在。

第二节 元代农业思想所体现的经济伦理观

元代的实用主义倾向在其农业思想中也得到了充分的体现。这一点,与货币领域之经济伦理思想是一贯的。除此之外,将我们的注意力吸引到元代农业思想上的更是如下这一事实,即:不事农耕的游牧民族作为统治者,在历经了"罢农田为草场"到"退牧还田"的骤然转变之后,竟能如此迅速地恢复战后中原地区的农业生产,并取得了可喜的发展成就。百年之间,元

① 《元史》卷二百五,《卢世荣》。

王朝积极编撰农书 26 部[1],数目之多令人惊叹。其中最具代表性的三部农书《农桑辑要》《王祯农书》和《农桑衣食撮要》的影响力甚至超越了素来以农为本的往朝,在我国农学史上具有重要的理论和现实意义。其农业思想既彰显出游牧民族的商业精神和务实特征,又充分渗透着以传统儒家民本思想为基础的丰富的经济伦理思想。

一、元代农业之概况

元代的国土疆域极其广大,从战争到统一的纷繁复杂的历史进程,以及各少数民族尤其是游牧民族对农耕经济的强烈冲击,使得在这片广袤的土地上,农业和牧业的发展在不同的地域之间表现出明显的差别。总体来说,元朝的经济区域大致可作如下划分:原南宋统治下的淮河以南农耕经济区、原金朝统治下的北方农耕经济区、原西夏统治下的半农半牧地区以及蒙古草原、畏兀儿、吐蕃畜牧经济区。[2]

金元之际,原金朝和西夏统治下的农耕经济受到了严重的破坏。这种破坏一方面来自蒙古灭金及西夏的战争,一方面来自其作为游牧民族对畜牧和牧地的固有偏爱。在蒙古进入中原北方之初,并没有认识到农业的重要性,无数农田被践踏或强制变更为草场,以致"民以饥馑奔窜,地著务农者,日减月削,先畴畎亩,抛弃荒芜,灌莽荆棘,何暇开辟。中原膏腴之地,不耕者十三四,种植者例以无力,又皆灭裂卤莽"[3]。

忽必烈即位之初亦曾发出过"欲尽徒兴和桃山数十村之民,以其地为昔宝赤牧地"[4]的感叹。所幸的是,儒士幕僚积极劝阻,使忽必烈不但没有真的这么做,还逐渐"深谕""司农非细事"[5],并最终成为了一个与中原君主大体无异甚至在某些方面还更为卖力的"重农"君主。这一点可以从如下几个方

① 参见鲁奇《中国古代农业经济思想——元代农书研究》,北京:中国科学技术出版社 1992 年版,第 5 页。

② 王德忠:《中国历史统一趋势研究:从唐宋五代分裂到元朝大一统》,北京:商务印书馆 2010 年版,第 179—183 页。

③ 胡祗遹:《紫山大全集》(四库全书珍本)卷二十二,《宝钞法》。

④《元史》卷一百三十六,《阿沙不花》。

⑤《元史》卷七,《世祖》四。

面得以印证：

其一，在中央和地方广泛设立劝农机构。中统元年(1260)，忽必烈即位之初，即设立十路宣抚司，“命各路宣抚司择通晓农事者，充随处劝农官”[①]。次年，在朝廷正式设立劝农司，命姚燧为大司农，陈邃、崔斌等八人为劝农使，分赴各路督促农业生产。至元元年(1264)，将“户口增、田野辟”作为劝农官员考核的重要标准。至元七年(1270)，立司农司，任张文谦(？—1283)为卿，专管农桑水利事务。至元二十六年(1289)，在江南专设大司农司和营田司，负责垦荒事务。值得注意的是，在中央和地方广泛设立司农司机构和劝农官员，在此之前并无先例，实属元代之首创[②]。

其二，迅速恢复农业生产。首先是北方一度遭到严重破坏的农业经济得以快速恢复和发展。如至元十年(1273)王磐(1202—1293)所言：“大司农司，不治他事，而专以劝课农桑为务。行之五六年，功效大著，民间垦辟种艺之业，增前数倍。”[③]至元十一年(1274)，元廷“把泾水沿岸的牧地数千倾分给贫民屯种，官给牛种田具，岁入粟麦十万石，刍槁百万束。后来又把盩厔、泾、邠、乾及安西王属县的闲田设官屯种，使荒地相率利用”[④]。南方地区在原南宋的统治下农业经济本来就比较发达，元初重农政策的积极影响，又使得这一地区的农田在元廷统一南宋的过程中得到了较好的保护。不仅如此，为了减轻农民负担，进一步发展农业，元廷还给予南方特别的优惠政策，废除了苛捐杂税百余项之多。元代的水稻便在此得以盛产，不仅品种繁多，且产量极高，除了供给当地人民，还南粮北运，成为了全国最为重要的粮食作物。如史所载，由南向北运粮的数量“从至元二十年(1283)的四万多石，逐年增加到天历二年(1329)的三百五十多万石”[⑤]。此后，有数年减少或暂停了粮食的运送，原因均是北方各粮仓皆已告满[⑥]，如至元三十年(1293)的停运，和至元三十一年(1294)“朱清、张瑄从海道岁运粮百万石，以京畿所储

---

① 《元史》卷九十三，《食货》一，《农桑》。

② 参见李幹《元代社会经济史稿》，武汉：湖北人民出版社1985年版，第112页。

③ 大司农司编撰：《农桑辑要》，《王磐序》。

④ 姚燧：《李德辉行状》，《牧庵集》卷三〇、卷二三，《高公神道碑》；《元史》卷一四，《世祖纪》卷一〇〇，《兵志》三，《屯田》；参见韩儒林主编：《元朝史》，北京：人民出版社1986年版，第349页。

⑤ 李幹：《元代社会经济史稿》，武汉：湖北人民出版社1985年版，第119页。

⑥ 元末，由于荒年或农民起义等因素亦导致过粮道停运，本处暂未予以考虑。

充足，诏止运三十万石”[①]。对于这种“仓满为患”的景象，《紫山大全集》曾有记载：“窃见河仓暨京师仓并无廒房，皆作露囤，不一二夏，举皆陈腐臭败，以致牛马不食。……又以农忙无力搬取，贱取其本而弃之如粪土。”[②]如此景象，令人哀惋之余，亦无比惊叹于元代丰年粮食之高产。据当代学者研究：“元代粮食的平均亩产量为 338 斤，比宋的 309 斤、唐的 334 斤都高。”[③]

其三，随着南北统一，很多农作物突破了地域界限和种植传统，得到进一步的推广，不少外来作物得以成功引进并广泛种植。北方的粟、麦、黍、豆等成功推广到南方，南方的水稻也逐渐推广到北方的部分地区。如至元二十七年(1290)，“蓟州渔阳等处稻户饥，给三十日粮”[④]；“顺帝至元二年(1336)，因海运不通，元庭诏令在河南下涯水泊之地置屯田八处种植水稻，又在汴梁立都水庸田使司掌稻田种植事宜”[⑤]。至正十三年(1353)，2000 多名修堤者和种稻农民从江南被招募到大都开垦水田，在“西至西山，东至迁民镇，南至保定、河间，北至檀、顺州”等地“引水利，立法佃种，岁乃大稔”[⑥]，取得了良好的收成。

不仅如此，相比往朝而言，元代从异域引进并成功推广的如西瓜、棉花之类的外来作物也相当多。以棉花为例，该作物虽很早就传入了中国，但直到宋朝才有较为详尽的种植记录，然其时种棉之区域仅以闽广为限。棉花在国内的成功推广及棉业之发达实际上是在元代才得以实现的。如李剑农所言：“宋以后之农业，有进于前者三事：一曰南部利用土地范围之推广；二曰灌溉工具使用之推广与进化；三曰种棉业之发达。”[⑦]之所以将“棉业之发达”赋予农业发展史上如此重要的地位，除了经济意义之外，或还与其改变了中国古代历史悠久的以桑麻为主的服饰文化传统有关。

“世祖之世”三十余年，是元代快速成长的黄金时期，农业生产的稳定和

---

① 《元史》卷十八，《成宗》一。

② 胡祗遹：《紫山大全集》(四库全书珍本)卷二十二，《论粮仓》。

③ 吴慧：《中国历代粮食亩产研究》，北京：农业出版社 1985 年版，第 194 页；参见鲁奇《中国古代农业经济思想：元代农书研究》，北京：中国科学技术出版社 1992 年版，第 168 页。

④ 《元史》卷十六，《世祖》十三。

⑤ 《元史》卷九十，《百官》六，《都水庸田使司》；参见李幹《元代社会经济史稿》，武汉：湖北人民出版社 1985 年版，第 122 页。

⑥ 《元史》卷一百三十八，《脱脱》。

⑦ 李剑农：《中国古代经济史稿》，武汉：武汉大学出版社 2006 年版，第 567 页。

发展同时也带来了社会的安定和人口的增长。如史料所称道:“终世祖之世,家给人足。天下为户凡一千一百六十三万三千二百八十一,为口凡五千三百六十五万四千三百三十七。此其敦本之明效可睹也已”[①],“当至元、大德间,民庶晏然,年谷丰衍,朝野中外,号称治平。公卿大夫,咸安其职”[②]等等。紧随其后的成宗时期继续“力田者有赏,游惰者有罚”的农业政策,并基本延续了这一盛况,农业发展水平“几于至元”[③]。然而,元代的农业并没有这样一直兴盛下去。由于朝廷腐败、连年灾荒、农民起义等诸多因素,元代中后期的农业虽取得了一些成就,亦不可避免地呈现出衰敝之势。

二、元代的重农思想及农书成就

中国内陆土地广袤、资源丰富,自古便拥有着依靠农业耕垦自给自足的自然条件和由此所决定的重农文化传统。农业生产以家庭为单位,遵从经验,强调服从,年复一年,周而复始。伦理关系亦以家庭为基础,并随之扩展,小而父子夫妇、大而君臣天下。重农思想在以伦理为本位的古代中国既是立国之本,也是儒家治国思想的重要组成部分。

然而,一直活跃在我国边境草场上的游牧民族却并不具备如中原这般地理条件和相应的农耕文化。相反,他们逐水草而居,“不待蚕而衣,不待耕而食”[④]。空旷的草场是他们眼中最富饶的土地,由之孕育而生的健硕的畜群和鸟兽是他们不可或缺的衣食之源和生产资料。

如前所述,马背上的蒙古统治者最初进入中原地区的时候,并没有认识到农业的重要意义。早在成吉思汗时期,君王贵族们就认为“汉人无补于国”,并不止一次地希望在汉地“悉空其人以为牧地”[⑤]。当时,对此予以劝阻的是契丹族儒臣耶律楚材(1190—1244,字晋卿,号玉泉老人,法号湛然居士),如他所言:“中原地税、商税、盐、酒、铁冶、山泽之利,岁可得银五十万

① 《元史》卷九十三,《食货》一,《农桑》。

② 苏天爵:《滋溪文稿》卷十四,《张文季墓碣铭》。

③ 《元史》卷九十三,《食货》一,《农桑》。

④ 同上。

⑤ 《元史》卷一百四十六,《耶律楚材》。

两、帛八万匹、粟四十余万石，足以供给，何谓无补哉?”[①]在那一时期，其最大贡献就在于尽可能地劝使蒙古统治者减少屠戮、保有农田，在汉地完善税制并坚持农耕。

可惜的是，由于蒙古人对草场的执着偏爱，保护农田的努力并未立刻取得完满的成效。即便在1260年之后世祖忽必烈的统治之下，罢农田为草场的事件仍时有发生。如中统年间，滨州“行营军士多占民田为牧地，纵牛马坏民禾稼桑枣”[②]；至元二十八年(1291)，“安西旧有牧地，圉人恃势，冒夺民田十万余顷，讼于有司，积年不能理”[③]。在益都，“元帅野速答尔据民田为牧地”[④]；在山东临邑，蒙古统治者“冒占膏腴之地，以牧马供军为名”，面积达二千余顷[⑤]；上都大都等地“自冬至春，并不立圈喂饲，俱于百姓地内牧放，致令嚼食桑枣果木诸树”[⑥]。对此，东平布衣赵天麟(1310年前后在世)还进万言《太平金镜策》，对“王公大臣之家，或占民田近于千顷，不耕不稼，谓之草场，专放孳畜”[⑦]等“恣纵妄为”的行径予以了批判。

幸而此时的忽必烈已深谙农事之重。如史所载，他告知部署：

> 昔我国家出征，所获城邑，即委而去之，未尝置兵戍守，以此连年征伐不息。夫争国家者，取其土地人民而已，虽得其地而无民，其谁与居。今欲保守新附城壁，使百姓安业力农，蒙古人未之知也。尔熟知其事，宜加勉旃。[⑧]

言语间，除了深刻表达了自身的重农决心之外，还清楚地认识到了这一转变对于蒙古民族这个庞大的群体而言还存在着一定的困难，需要广泛宣传、多加劝勉。从某种意义上说，“劝农”，在元代即是汉法治国的重要组成部分，元廷的一系列重农政策便是在这样的背景下应运而生的。

---

① 《元史》卷一百四十六，《耶律楚材》。

② 《元史》卷一百六十七，《姜彧》。

③ 《元史》卷一百五十四，《郑制宜》。

④ 《元史》卷一百三十四，《撒吉思》。

⑤ 道光《济南府志》卷三四，《田寿传》；参见李幹《元代社会经济史稿》，武汉：湖北人民出版社1985年版，第114页。

⑥ 《大元马政记》；参见李幹《元代社会经济史稿》，武汉：湖北人民出版社1985年版，第25页。

⑦ 《续文献通考》卷一，《田赋》一；参见李幹《元代社会经济史稿》，武汉：湖北人民出版社1985年版，第107页。

⑧ 《元史》卷八，《世祖》五。

彼时劝农机构广泛设置，劝农诏书频频颁布。如中统二年（1261），"诏十路宣抚使量免民间课程。命宣抚司官劝农桑，抑游惰，礼高年，问民疾苦"①。中统三年（1262），"命行中书省，宣慰司、诸路达鲁花赤、管民官，劝诱百姓，开垦田土，种植桑枣，不得擅兴不急之役，妨夺民时"②。至元七年（1270），在全国范围内颁布《农桑之制》一十四条，进一步系统地向广大民众传播重农的思想和政策。至元十年（1273），诏"大司农司遣使巡行劝课，务要农事有成"③。

为了保护农田，元廷还有针对性地颁布了一系列诏令，严禁毁农田为草场并积极主张退牧还农。如中统二年（1261）七月，下令"敕怀孟牧地听民耕垦"④。至元十一年（1274）三月，"亦乞里带强取民租产、桑园、庐舍、坟墓，分为探马赤军牧地，诏还其民"⑤。至元二十八年（1291），诏将安西冒夺民田所得的十万余顷牧地"按图籍以正之"⑥。令元帅野速答尔归还此前据为牧地的民田⑦。大德十一年（1307），令"纵畜牧损禾稼桑枣者，责其偿而后罪之"⑧。至大三年（1310），命"大司农总挈天下农政"，"除牧养之地，其余听民秋耕"⑨。不仅如此，据《元史·刑法志》所载，元廷还明确规定"诸故纵牛马食践田禾者，禁之。诸所在镇守蒙古、汉军，各立营所。无故辄入人家，求索酒食，及纵头匹食践田禾桑果，罪及主将"⑩。如此重农、护农之决心，居然出自酷爱草原的游牧统治者，尤显得难能可贵。这一点，是元代重农思想有别于其他朝代的最大特点之一，同时，亦恰到好处地印证了相对落后的生产力和文化必然为先进的生产力和文化取而代之的历史规律。

元代的农书是其重农思想的产物，同时也是这一思想得以进一步广泛传播的载体和条件。如前所述，元政权统治中原不过百年时间，先后完成了

① 《元史》卷四，《世祖》一。
② 《元史》卷五，《世祖》二。
③ 《元史》卷八，《世祖》五。
④ 《元史》卷四，《世祖》一。
⑤ 《元史》卷八，《世祖》五。
⑥ 《元史》卷一百五十四，《郑制宜》。
⑦ 《元史》卷一百三十四，《撒吉思》。
⑧ 《元史》卷九十三，《食货》一，《农桑》。
⑨ 同上。
⑩ 《元史》卷一百五，《刑法》四，《禁令》。

26部农书，这一成就是相当突出的。其中，《农桑辑要》《王祯农书》和《农桑衣食撮要》三部农书更是各具特色，并有着深厚的理论水平和历史意义。如下即简要介绍这三本农书之概况，以备后文更细致、深入地探讨其中所蕴含的经济伦理思想。

（一）官颁农书《农桑辑要》

《农桑辑要》是由元代大司农司官方修撰的一部综合性农书，也是现存最早的一部官颁农书[①]。该书由元初司农司官员孟祺（生卒年不详，字德卿，宿州符离人）、畅师文（生卒年不详，字纯甫，南阳人）、苗好谦（生卒年不详）等共同编撰，总七卷，分为典训、耕垦、播种、栽桑、养蚕、瓜菜、果实、竹木、药草、孳蓄十门及日用杂事十一个部分。内容上，该书主要是对《齐民要术》等历代经典农书的引用和摘录，但编者对这些资料的用心取舍和编排以及新增的一些内容，充分显示出元人的务实特征。如王磐称此书系"遍求古今所有农家之书，批阅参考，删其繁重，摭其切要"[②]所得。清人纪昀（1724—1805）谓"观其博览经史及诸子杂家，益以试验之法，考核详赡，而一一切于实用"[③]。《四库全书总目提要》评价此书"详而不芜，简而有要，于农家之中，最为善本"。现代农业史学家王毓瑚称道："书中所有引文，都是原书的精华，像那些名称的训诂，以及一切涉及迷信或荒诞无稽的说法，几乎完全弃置不用。这样就使得此书成为一部实用价值极高的农学读本。"[④]关于《农桑辑要》的历史意义，中国经济思想史学家赵靖亦予以了高度肯定，如他所言："由官府正式颁布一部完整的农书，和一般的'劝农'或'教民稼穑'中所零散地、个别地介绍的农业技术和经验大为不同，它意味着这些农业技术和经验已达到了公认的比较成熟的程度，所以才以官书的形式在全国推广。《农桑辑要》由元政权编成并颁发，这尤其有着非同寻常的意义。""一个逐水草

---

① 参见鲁奇《中国古代农业经济思想——元代农书研究》，北京：中国科学技术出版社1992年版，第52页，"早于它(《农桑辑要》)的唐《兆人本业》和宋《贞宗授时要录》均已失传"。

② 大司农司编撰：《农桑辑要》，《王磐序》。

③ 参见李幹《元代社会经济史稿》，武汉：湖北人民出版社1985年版，第150页。

④ 大司农司编，马宗申译注：《〈农桑辑要〉译注》，上海：上海古籍出版社2008年版，前言。

而居的游牧民族，在统治中原后不久就干出官颁农书这种过去的汉族政权所未能做出的有利于生产力发展的事业，这是一项值得高度肯定的历史功勋。”①

《农桑辑要》的编撰和颁布是以指导农业生产为目的的。元世祖即位之初，即“首诏天下，国以民为本，民以衣食为本，衣食以农桑为本。于是颁《农桑辑要》之书于民，俾民崇本抑末”②。自1273年首度刊行，到其后的60多年间，该书“先后印行8次，印数超过10000余册，规模之大，用力之多，在历史上也是首见的”③。不少界内人士认为《农桑辑要》的刊行“灼有明效”④，“其利益天下，岂可一二言之哉？施于家，则陶朱猗顿之宝术也；用于国，则周成、康，汉文、景之令轨也”。相对往朝某些“文义奥衍，浅学不能读，能读亦不尽可行”⑤，少有流布甚至长期被奉为“秘本”的农书而言，《农桑辑要》的大力推广对其时农业经济的恢复和发展所起到的积极作用确是无可比拟的。

（二）《王祯农书》

《王祯农书》由私人编撰，成书于1313年。作者王祯（1271—1368），字伯善，东平人，曾任安徽旌德县和江西永丰县官员，不仅撰有农书，还身体力行地“教民勤树艺”，“以救贫疾”，“种种善迹，口碑载道”⑥。

该书由《农桑通诀》《百谷谱》和《农器图谱》三个部分组成，共13万余字，内容丰富、体系完整，蕴含很多创新思想，是“我国农学史上第一次将南北农业技术、农业工具汇合作为一个整体论述”⑦的专业农书。在元代官方看来，《王祯农书》“考究精详，训释明白，备古今圣经贤传之所载，合南北地利人事

① 赵靖：《中国经济思想通史》（修订本），北京：北京大学出版社2002年版，第1631—1632页。

② 《元史》卷九十三，《食货》一，《农桑》。

③ 鲁奇：《中国古代农业经济思想——元代农书研究》，北京：中国科学技术出版社1992年版，第5页。

④ 蔡文渊：《农桑辑要序》，载苏天爵编《国朝文类》卷三十六。

⑤ 《王祯农书》，《附录》，《民国郭葆琳重刊王祯农书序》。

⑥ 《旌德县志》[民国十四年（1925）重刊本]卷六，《职官》。

⑦ 参见鲁奇《中国古代农业经济思想——元代农书研究》，北京：中国科学技术出版社1992年版，第126页，“在《王祯农书》之前，《齐民要术》《四时纂要》《陈旉农书》《农桑辑要》均系地域性农书，《陈旉农书》主要讲南方的农业经营和经营理论，其他三部所论均系北方农业”。

之所宜，下可以为田里之法程，上可以赞官府之劝课”，“委是该载详备，考察的当，其于世道，良非小补”，《齐民要术》《务本辑要》等传统农书与之相比，“皆不若此书之集大成也”[①]。明代重印《王祯农书》时亦称其“凡南北治农治蚕之法，纤悉具备；惜乎久无刻本，民鲜得观”[②]。

如史所载，王祯还是一位“博通经史”[③]的“东鲁名儒”[④]，其著作亦被誉为“儒者用世”[⑤]的代表。农书全篇除了对农业技术和农业经营思想的详尽论述之外，还处处渗透着深刻的传统儒家民本思想。“人”和“社会组织”等因素，也正是从王祯这里开始首次被纳入专业农书的视域之中。有关于此，后文还将进行更加深入的探讨。

（三）《农桑衣食撮要》

《农桑衣食撮要》是一部月令体农书，成书于元代后期的延祐元年（1314）。作者鲁明善（生卒年不详），名铁柱，高昌人。曾任靖州和安丰两路的达鲁花赤等官职，是一位有着深厚传统儒家思想的畏兀儿人。

全书按十二个月分别列出了应行之农事，所涉五谷、蔬、果、竹木、蚕桑、养蜂、畜牧等诸多方面。强调从“农圃细事”出发，“顺时而动”，以求人民的“生财足食”和国家的“久安长治”[⑥]。《农桑衣食撮要》是对此前《农桑辑要》等专书的有益补充，如《四库全书》总目提要称：“至元颁行《农桑辑要》，于耕重树畜之法，言之颇详，而岁用杂事，仅列为卷末一篇，未为赅备。明善此书，分十二月令，件系条别，简明易晓，使种艺敛藏之节，开卷了然。盖以阴补《农桑辑要》所未备，亦可谓能以民事讲求实用者矣。”[⑦]

现代农业史学家石声汉亦称《农桑衣食撮要》是“最好的农家月令书之一”。赵靖认为，《农桑衣食撮要》“简明扼要”，与以往农书相比，“更便农家

---

① 《王祯农书》，《附录》，《元帝刻行王祯农书诏书抄白》。

② 《王祯农书》，《附录》，《明山东布政使司刻行王祯农书移文》。

③ 双全修，顾兰生纂：《广丰县志》[清同治十一年（1872）刊本]卷六，《名宦》。

④ 《王祯农书》，《附录》，《元帝刻行王祯农书诏书抄白》。

⑤ 《王祯农书》，《附录》，《元戴表元〈王伯善农书序〉》。

⑥ 鲁明善：《农桑衣食撮要》，《自序》。

⑦ 鲁明善：《农桑衣食撮要》，《四库全书总目提要》。

操作”。不仅如此，他还明确指出其特殊意义，认为“以少数民族人士而能在农业发达的汉族地区为农民写指导性的农业技术书籍，这不是一件简单的事情，它表明在元代多民族的国家中，各民族的经济、文化交流已取得重大进步”[①]。

以如上三部农书为代表的农业思想，是元代自上而下的重农政策和中原固有的重农文化传统相结合的产物，同时，也是游牧民族和农耕民族在对待土地的认识上从冲突、差异到融合的产物。以高度活跃的经济为基础，在元人重商意识及务实作风的影响下，元代的农业思想在“本”与“末”的矛盾与和谐中不断发展，并彰显出这一时期农业经济伦理思想的时代特征。

三、“天下无不学之农”：以儒家民本思想为基础

如前所述，元代是第一个在中央及地方设置劝农机构的王朝，也是第一个将“人”及“社会组织”要素载入专业性农学著作的王朝。其时的农业思想对人的主观能动性之高度重视从中可见一斑。

正如我们从儒道治国和伦理本位的意义上去理解中国传统的重农思想一样，元人王祯在其农书中，亦结合元代之社会现实，深入阐释了以“孝弟力田”为代表的朴素的传统儒家经济伦理观。如他所言：

> 孝弟力田，古人曷为而并言也？孝弟为立身之本，力田为养身之本，二者可以相资而不可以相离也。盖自民受天地之中以生，莫不有是理，亦莫不有是气；爱之理为仁，宜之理为义，自其仁而用之，亲亲为孝，自其义而用之，长长为悌，皆其得于良知良能之素，人人所同也。□□圣人树其法度，制其品节，以教而养之，使天下之人，莫不衣其衣而食其食，亲其亲而长其长。[②]

针对元代重农之现实和劝农之需要，他进一步指出：

> 夫孝弟者，本性之所固有，力田者，本业之所当为，民失其业，且失

① 赵靖：《中国经济思想通史》（修订本），北京：北京大学出版社2002年版，第1632页。

② 《王祯农书》，《农桑通诀》，《孝弟力田篇》第三。

其性者，岂其本然哉？□□今国家累降诏条，如有勤务农桑、增置家业、孝友之人，从本社举之，司县察之，以闻于上司，岁终则稽其事；或有游惰之人，亦从本社训之，不听，则以闻于官而别征其役；此深得古先圣人化民成俗之意。使有职于牧民者，悉意奉行，明仁义之实以教之，课农桑之利以养之，则斯民幸甚！[①]

这里涉及的是“立身”与“养身”、“教”与“养”之间的关系问题，前者以“孝弟”为本，后者以“力田”为方，二者“可以相资而不可以相离”。所谓“孝弟”，在王祯看来，就是“亲其亲而长其长”，讲究的是一种伦理秩序。从根本上说，我国传统农业生产的发展和传承，正是得益于这种井然有序的伦理氛围。不同于流动的商品和勇于创新的商人，传统的农业生产恰是以不动的土地为核心，通过由长及幼、由父及子的经验传承，以避免灾害、促进生产。在这一过程中，“孝弟”所强调的是“尊敬”与“服从”这两大要素，对我国古代的农业生产及其生产者而言，既是道德上的要求，也是经济发展的需要。

概括地说，在王祯看来，“孝弟”作为“立身之本”和“本性之所固有”，“力田”作为“养身之本”和“本业之所当为”，二者已然可视为农业生产中道德与经济的化身，并通过“明仁义之实以教之，课农桑之利以养之”的双重路径，实现传统儒者眼中农民的最大幸福。

在此基础上，关于“农”与“学”的关系，王祯说：

古者，田有井，党有庠，遂有序，家有塾；新谷既入，子弟始入塾，距冬至四二五日而出，聚则行射饮，正齿位，读教法，散则徒事于耕，故天下无不学之农。[②]

同时，他进一步列举舜帝等古代圣贤“皆以耕为事”的先例，曰：

帝舜，圣人也，万世而下，言孝者莫加焉，而耕于历山。伊尹之训曰，立爱惟亲，立敬为长，而耕于莘野。其他如冀缺、长沮、桀溺、荷蓧丈人之徒，皆以耕为事，故天下亦少不耕之士。[③]

---

① 《王祯农书》，《农桑通诀》，《孝弟力田篇》第三。

② 同上。

③ 同上。

其核心思想即“天下无不学之农”,“天下亦少不耕之士”。

关于“士”与“农”的定位,王祯承认有优劣之分。如他所言:

气秉有清浊之异,其清者为士,而浊着为农、为工、为商;士以明其仁义,农以赡其衣食,工以制其器用,商以通其货贿。

士为上,农次之,工商为下。

教之者莫先于士,养之者莫重于农,士之本在学,农之本在耕。[①]

如上认识显然受到我国古代重本抑末之思想传统的影响。“农”的地位虽然低于“士”,却远远高于工和商。以至于包括王祯在类的古人,常将“农”与道德上拥有至高无上地位的社会精英“士”相提并论。此处,王祯之本意,正是尊重“农”,并努力使之成为道德上尊“孝悌”的为“学”之“农”。换言之,“士”与“农”、“学”与“耕”之间虽有所别,然而,从我国自古以来“帝王亲耕”“农者为学”等历史经验和元代加强农业发展之现实需要来看,“农”与“学”、“士”与“耕”确是没有分离且不应分离的。

与王祯类似,元代官方的农业思想亦表现出对“人”及其“学”的格外重视。首先,广泛设立的劝农机构本身就是这一思想的明证。如前所述,这一举措是元代之首创,目的就在于要尽可能地发挥劳动者的积极性,使之更有效地与土地结合,促进农业生产。关于中央劝农机构“大司农司”的职责,《元史》中还有这样一种界定:“大司农司,秩正二品,凡农桑、水利、学校、饥荒之事,悉掌之。”[②]其中,“农桑”“水利”“饥荒”之事属大司农司管辖没有疑义,然“学校”亦被囊括于劝农机构的职责之中,说明在传统儒家教化思想的影响下,元代统治者也充分认识到了“学”之于“农”,亦即农业中的“义”之于“利”的重要意义。

不仅如此,元廷还鼓励民间成立“村社”,加强农民之间的互助与合作,以促进农业生产。如《农桑之制一十四条》中明确规定:

县邑所属村疃,凡五十家立一社,择高年晓农事者一人为之长。增至百家者,别设长一员。不及五十家者,与近村合为一社。地远人稀,

① 《王祯农书》,《农桑通诀》,《孝弟力田篇》第三。

② 《元史》卷八十七,《百官》三,《大司农司》。

> 不能相合，各自为社长听。其合为社者，仍择数村之中，立社长官司长以教督农民为事。凡种田者，立牌橛于田侧，书某社某人于其上，社长以时点视劝诫。不率教者，籍其姓名，以授提点官责之。其有不敬父兄及凶恶者，亦然。仍大书其所犯于门，俟其改过自新乃毁，如终岁不改，罚其代充本社夫役。社中有疾病凶丧之家不能耕种者，众为合力助之。一社中灾病多者，两社助之。[①]

村社的设立，明显有利于众人之间加强联系、形成合力，以促进生产。如上所言，“社中有疾病凶丧之家不能耕种者，众为合力助之。一社中灾病多者，两社助之”，说明这种“互助”的关系和作用，正随着“村社”的普及而逐步扩大。这一点，是元廷努力推广“村社”的原因，也是我国传统伦理关系以家庭为本位进而逐步扩展的明证。值得注意的是，除了“互助”之外，“村社”还承担着“教”与“督”的职能。如其所言，社长必须“率教”，社员必须“敬父兄”、忌“凶恶”，否则将会被罚以“书其所犯于门”或“代充本社夫役”。从中不难发现：各种生产技能之外，“孝”与“敬”作为古朴农民最为基本的道德品质，是元代“村社”积极施“教”与加强监“督”的重要内容，同时也是我国传统农业对生产者伦理要求的体现。

王祯亦首度将“锄社”这一社会组织因素纳入农书中加以推广，强调这类互助型组织对农业发展的积极作用。如他所载：

> 其北方村落之间，多结为“锄社”，以十家为率，先锄一家之田，本家供其饮食，其余次之，旬日之间，各家田皆锄治。自相率领，乐事趋功，无有偷惰，间有病患之家，共力助之。故田无荒秽，岁皆丰熟。秋成之后，豚蹄盂酒，递相犒劳，名为“锄社”，甚可效也。[②]

如此高度重视并推崇此类互助型社会组织，说明在这一时期，元政府和以王祯为代表的儒者，在充分重视农业的基础上，对伦理关系之于农业生产的积极作用已形成了深刻的认识和体悟。

从现代的经济伦理学的角度去理解，“人”在农业生产中的作用也是不

---

① 《元史》卷九十三，《食货》一，《农桑》。

② 《王祯农书》，《农桑通诀》，《锄治篇》第七。

可小视的。因为，在农业生产力的诸多要素之中，人的技能和素质往往最为关键。所谓“地有肥瘠，能者择焉，时有先后，勤者务焉”[①]。其中，“能”与“勤”即就人这一要素而言：前者指技能、后者言素质。如元代重臣王恽在其《劝农文》中就明确提出过“人之本在勤”的观点，并以此作为其对农业生产者的道德素质要求。在他看来：

> 民生之本在农，农之本在田。衣之本在蚕，蚕之本在桑。耕犁把种之本在牛，耘锄收获之本在人。人之本在勤，勤之本在于尽地利。人事之勤，地利之尽，一本于官吏之劝课。夫田功既尽，纵罹水旱，尚有所得。仰事俯畜，乃克匡生。穑事不勤，虽值丰穰，终无所获。赋税饥寒，将何以济？由是而观：克勤者，身之宝；自惰者，家之殃。[②]

许衡亦主张“尽驱游惰之民归之南亩，岁课种树，垦谕而督行之”[③]，鼓励劳动者克服惰性，勤勉耕垦。

鲁明善在《农桑衣食撮要》中提出：

> 一家之计在和。父慈子孝，兄友弟恭，夫妇和睦，此家之肥也。一生之计在勤，欲求生富贵，须下苦工夫。人之常谈，甚有理。……居家以勤谨为先。[④]

如上观点都论证了“勤”之于“农人”的重要意义。鲁氏则更进一步，从“家”的角度论及“勤”与农业生产。其观点不仅体现了“勤”作为“孝悌”等基本道德素养的有益补充对农业生产者的重要意义，还体现出“人”及由之形成的“和睦之家”和“互助村社”之于元代农业生产的积极作用，使伦理关系对传统社会经济发展的意义得以深刻显现。

四、“耕者有其田”：儒家民本思想与游牧开拓意识的结合

土地一直被农业国家视为最为宝贵的资源和财富。围绕着土地所展开

---

① 《王祯农书》，《农桑通诀》，《播种篇》第六。
② 王恽：《秋涧先生大全文集》卷六二，《劝农文》。
③ 许衡：《鲁斋遗书》卷七，《时务五事》。
④ 鲁明善：《农桑衣食撮要》，《十二月》。

的问题亦成为我国古代经济思想和伦理关注的共同焦点。由于土地资源的有限性所带来的人与地之间的矛盾以及由此所引发的人与人之间的冲突，是各个朝代不得不共同面对的现实问题。在这一点上，元代也不例外。

为了实现“耕者有其田”，元人的治理思路总体包括如下两个方面：其一，立足于现有的土地资源，尝试进行更加合理的分配，努力实现“公平”。其二，不受制于土地之存量，尽可能多地开疆扩土、垦荒造田，以获得土地总量的增加。事实上，这两种思路，历朝历代均有所体现，只是每一时期的表现形式各不相同。通常而言，各个朝代都将前者，如我们常常探讨的土地产权及分配制度等问题置于根本性的地位，认为其是解决人地矛盾的主要途径；后者如开荒垦田等积极措施仅作为一种补充。然而，在元代，一个游牧民族统治下的中原王朝，这两种思路却格外清晰地占据着各自的位置，没有体现出明显的轻重差别：前者是现实压迫下人民对公平和权益的呼唤，也是元政权以儒家传统民本思想为基础，依汉法治国巩固统治的需要和具体表现；后者则进一步彰显出游牧民族勇于开拓甚至不惜掠夺的扩张本性。

元代的土地有官田和私田之分，官田归政府所有，私田归蒙古贵族及各族地主豪强和少数自耕农所有。从来源看，元代的官田主要是金、西夏及宋遗留下来的官田和旧贵族官僚们的土地。为了维护其统治，元政府曾多次以分地、赐田和职田的名义，将官田分配给皇室、贵族、寺院和官吏等，形成了新的地主阶层。自耕农拥有的土地本来就十分有限，还时常面临被地主阶层掠夺的风险，成为兼并的对象。如镇南王府“以民易田，不可，夺之田”[①]，威顺王“素不法，渔夺山泽之利尤甚，民苦之”[②]，阿合马见“民有附郭美田”，“辄取为已有”[③]，亳州“有豪强占民田为己业，民五十余人诉于苗”[④]。一些官吏“多与富民树党，因夺民田宅居室，蠹有司政事，为害滋甚”[⑤]，还有的官吏强买民田，实则与夺田无异，如“《农田余话》卷下载：‘(朱清、张暄)江淮

① 程钜夫：《雪楼集》卷八，《何文正公神道碑》；参见李幹《元代社会经济史稿》，武汉：湖北人民出版社1985年版，第74页。

② 王逢：《梧溪集》卷三，《故内御史捏古氏笃公挽词(有序)》；参见李幹《元代社会经济史稿》，武汉：湖北人民出版社1985年版，第74页。

③《元史》卷二百五，《阿合马》。

④《元史》卷一百八十五，《盖苗》。

⑤《元史》卷九十九，《兵》二。

之间，田土屋宅，鬻者必售于二家，他人不敢得也’”[1]。贵族、豪强们对民田的掠夺进一步加剧了农民少地或无地的窘境，社会矛盾日益尖锐。

为了不过于伤害农民的利益，以维护社会的安定和农业的发展，确保统治者的根本利益，元廷屡颁禁令，抑制地主豪强们的土地兼并。如至元七年(1270)，诏“谕西夏提刑按察司管民官，禁僧徒冒据民田”[2]；至元十三年(1276)，令“官吏以势力夺民田庐产业者，俾各归其主，无主则以给附近人民之无生产者”[3]；至元十五年(1278)、十六年(1279)、十七年(1280)、十九年(1282)继续颁布类似禁令[4]。针对一些自耕农迫于生计不得不投靠地主并主动“献田”于贵族的情况，元廷于至元十九年(1282)规定：“诸投下不得招收户计。……诸人亦不得将州县人户，及办课处所系官田土各人已业，于诸投下处呈献。”[5]大德元年(1297)明令：“禁诸王驸马并权豪毋夺民田，其献田者有刑。”[6]《元史·刑法志》也规定：“诸庶民有妄以漏籍户及土田，于诸王、公主、驸马呈献者，论罪；诸投下辄滥收者，亦罪之。”[7]

以实现土地分配的公正和公平为目的，民间亦有思想家提出了“限田”的主张。如东平布衣赵天麟提出“上下和睦，贫富相均”的社会图景，主张通过“限田”的方式逐渐恢复井田制，并最终实现“均贫富”的目标。他所设想的限田方案，对各类贵族、官僚所能够拥有的田地划定了上限，如“宗室王公之家限几百顷，巨族官民之家限几十顷”[8]等，并做出了“占田不可过限”“凡限田之外，蔽欺田亩者坐以重罪”等明确规定。在他看来，按照“私田既定，乃定公田”的程序，“如是行之五十年后，井田可复兴矣”，社会便能实现“民获恒产，官足养廉”[9]的美好生活。

郑介夫也认为“唯有井田之法”能有效地抑制土地兼并。但与此同时，

---

① 李幹：《元代社会经济史稿》，武汉：湖北人民出版社1985年版，第76页。
②《元史》卷七，《世祖》四。
③《元史》卷九，《世祖》六。
④ 参见李幹《元代社会经济史稿》，武汉：湖北人民出版社1985年版，第76页。
⑤《大元通制条格》卷二，《投下收户》。
⑥《续文献通考》卷一，《田赋》一；参见李幹《元代社会经济史稿》，武汉：湖北人民出版社1985年版，第74页。
⑦《元史》卷一百三，《刑法》二，《户婚》。
⑧《续文献通考》卷一，《田赋》一。
⑨ 同上。

他也清楚地认识到土地私有制业已形成，“井田制”复兴的基础已不复存在。如他所言：

> 田既属民，乃欲夺富者之田以与无田之民，祸乱群兴，必然之理也。[①]

所以，要抑制豪强，折衷的做法，只能限田。与赵天麟不同的是，郑介夫对各户占田上限的设定看似更加“公平”，他论道：

> 无论门阀贵贱，人口多寡，并以四十顷为则。有十顷以上至于千顷者，听令分析，或与兄弟子侄姻党，或立契典卖外，人但存十顷而止……十顷以下至于一亩者，许令增买，亦至十顷而止。[②]

关于过限之田，他主张应卖给贫民，钱款一半归原田主，一半归官府，认为这样可以使富民“甘心而无辞”，并最终实现“豪强不治而无”“不惊民、不动众，不用井田之物，而获井田之利”[③]的目标。

如上限田主张都有着明确的伦理诉求，前者是“上下和睦，贫富相均”和“民获恒产，官足养廉”；后者是以充分尊重私有财产和市场规则为基础，在土地占有问题上追求“无论门阀贵贱”的“绝对公平”。这些思想，是元人面对豪强“恣纵妄为、靡所不至”[④]的现实压迫，以儒家的传统思想为基础，尝试解决人地矛盾的理论探索和成果。然而，人地矛盾的实质是阶级矛盾和民族矛盾。面对日益尖锐的矛盾，这些思想往往显得过于理想化和苍白无力，很难被统治者采纳并付诸实践，故无法真正有效地缓解农民少地或无地的现实境遇。

基于游牧民族的扩张本性，元人似乎更擅长以另一途径来缓解人地矛盾，即增加土地面积的总量。具体表现为掠夺和开荒两种形式。

元王朝本来就是蒙古铁骑对宋、金及西夏进行侵略的产物。入主中原之后，勇猛而掠夺成性的游牧统治者，为了占有更多的土地，又自然而然地以中原地区为根据地进一步发动对外的掠夺战争。从至元十一年(1274)到

---

① 《历代名臣奏议》卷六八，《论抑强状》。

② 同上。

③ 同上；参见钟祥财《中国农业思想史》，上海：上海社会科学院出版社 1997 年版，第 270 页。

④ 《续文献通考》卷一，《田赋》一。

至元二十九年(1292),元政权先后向日本、安南、缅甸、爪哇等地发起战争。庞大的远征部队招募了大量的闲散农民,他们中有的只是暂时离开了求而不得的土地;有的则一去不复返,战死在远离故土的沙场。仅以至元十八年(1281)范文虎率兵征日为例,惨烈阵亡的士兵人数就多达十万。连年战争,元军并未如愿占有更多土地,却客观上减少了争夺土地人群的数量。当然,用这种极端的方式来解决人地矛盾,即便有些许立竿见影的成效,也是缺乏正义的。战争本身给人民所带来的痛苦和灾难与官僚地主的侵占和盘剥相比,往往有过之而无不及。

所幸,如上方式并非主流。将游牧民族的扩张本性以及由之而生的或可称其为"开拓"的某种精神或意识运用于农业生产,以扩充可用耕地的行为,竟发挥了意想不到的作用。如前所述,李剑农认为宋元明之农业成就有三,首要的就是"南部利用土地范围之推广","其推广之方法,一则与水争田,一则变山为田"。[①] 这些田地的具体存在形式及相关说明,很多都是在《王祯农书》中始有记载的。其中,与水争田的,如"围田""涂田""沙田""柜田""架田";与山争田的,如"梯田"。据王祯所言:"书称淮海维扬州,'厥土涂泥'来已久。今云海峤作涂田,外拒潮来古无有。"[②]可见,元人对南方土地面积推广之贡献是极为突出的。

具体而言,元代田地的扩张主要通过垦荒、屯田等方式完成。

如元政府屡颁诏令,召集逃亡流民,鼓励农民开荒。曰:"凡是荒田,俱是在官之数,若有余力,听其再开"[③],"凡荒闲之地,悉以付民,先给贫者,次及余户"[④]。为了使农民安心垦荒,元廷还给予开荒者赋税优待和产权保护。如至元二十一年(1284),针对"江淮间自襄阳至于东海多荒田",命大司农司"募人开耕,免其六年租税并一切杂役"[⑤];至元二十二年(1285),"听民自实两淮荒地,免税三年"[⑥];至元二十五年(1288),"募民能耕江南旷土及公田

① 李剑农:《中国古代经济史稿》,武汉:武汉大学出版社2006年版,第567页。

②《王祯农书》,《农器图谱》,《田制门》。

③《元典章》卷十九,《户部》五,《荒田》。

④《元史》卷九十三,《食货》一,《农桑》。

⑤《元史》卷十三,《世祖》十。

⑥ 同上。

者，免其差役三年，其输租免三分之一"[①]；至元二十八年(1291)，"募民耕江南旷土，户不过五顷，官授之券，俾为永业，三年后征租"[②]。针对沙田"或滨大江""或峙中洲""废复不常，故亩无常数"[③]等特殊地理条件，为了鼓励农民在此耕种，元廷还专门作出了"税无定额"，"听民耕垦自便"[④]的规定。除此之外，政府还对开荒的农民予以物质上的帮助：仅至元年间，就多次下拨衣、粮、牛、禾种和农具等物资，用于垦荒农民的生活改善和农业生产。如上政策不仅鼓励开荒，还将荒地的经营权益优先赋予贫者，并对其予以切实的帮助。这一点非常值得称道，并具有相当的经济伦理价值。

元代垦荒的效果也很显著，仅《元史·食货志》官方有明确记载的垦田数，即江西省官田、民田四十七万四千六百九十三顷；江浙省官田、民田九十九万五千八十一顷；河南省官田、民田已达一百一十八万七百六十九顷。三省合计二百六十五万五百四十三顷，已与《明会典》所载明代洪武二十六年(1393)同一区域的田数相当。[⑤]

除了垦荒，屯田也是元代扩张耕地的重要举措。如李幹所言："元代屯田，规模庞大，组织严密，超过历史上的任何一朝。"[⑥]早在成吉思汗时期，元人就曾以屯田的方式补充军需，对抗"坚城大敌"。据《元史》载："国初，用兵征讨，遇坚城大敌，则必屯田以守之。海内既一，于是内而各卫，外而行省，皆立屯田，以资军饷。"[⑦]世祖忽必烈时期，大规模的屯田制度正式得以确立并逐步推广。

由于疆域广阔，元代的军事力量比较分散，边疆、北部和江南等各地均有布防。在这些地方，有事则兵、无事则农，开垦荒地，即为军屯。招募闲散农民参与播种，即为民屯。史称："屯田人户，皆内地中产之民，远徙失业，宜还之本籍。"[⑧]为了鼓励屯田，元廷多次为屯民提供禾种及牛具等生产资料；

① 《元史》卷十五，《世祖》十二。
② 《元史》卷十六，《世祖》十三。
③ 《王祯农书》，《农器图谱》，《田制门》。
④ 同上。
⑤ 参见李幹《元代社会经济史稿》，武汉：湖北人民出版社1985年版，第83页。
⑥ 同上，第85页。
⑦ 《元史》卷一百，《兵》三，《屯田》。
⑧ 《元史》卷七，《世祖》四。

如遇灾害，并予以救济或减免租役。如至元二十二年(1285)八月，“戊申，分四川镇守军万人屯田成都”，“丙寅，遣蒙古军三千人屯田清、沧、靖海”[①]；至元二十五年(1288)正月，“以平江盐兵屯田于淮东、西。杭、苏二州连岁大水，赈其尤贫者”[②]，四月，“命甘肃行省发新附军三百人屯田亦集乃，陕西省督巩昌兵五千人屯田六盘山”[③]；至元二十六年(1289)五月，“辽阳路饥，免往岁未输田租”，“泰安寺屯田大水，免今岁租”[④]，十一月，“平滦、昌国屯户饥，赈米千六百五十六石”，“武平路饥，免今岁田租”[⑤]等。

在各种政策的鼓励下，元代的屯田在世祖及成宗时期大为盛行。据统计，“军民屯田总共一百二十余处，屯田达十七万多顷，屯户达二十余万人户，每人户平均种田将及一顷。实际屯田和屯田户远比此数为多。”[⑥]如史所载，此时的元人在屯田这件事上的决心和信心之高涨，已达到了“天下无不可屯之兵，无不可耕之地”[⑦]的境界。

元代思想家虞集(1272—1348，字伯生，号道园，世称邵庵先生)亦有一番极具创见的垦田主张。如他所言：

> 京师之东，濒海数千里，北极辽海，南滨青、齐，萑苇之场也。海潮日至，淤为沃壤。用浙人之法，筑堤捍水为田。听富民欲得官者，合其众分授以地，官定其畔以为限，能以万夫耕者，授以万夫之田，为万夫之长，千夫、百夫亦如之，察其惰者而易之。一年，勿征也；二年，勿征也；三年，视其成，以地之高下，定额于朝廷，以次渐征之；五年，有积蓄，命以官，就所储给以禄；十年，佩之符印，得以传子孙，如军官之法。则东面民兵数万，可以近卫京师，外御岛夷；远宽东南海运，以纾疲民；遂富民得官之志，而获其用；而江海游食盗贼之类，皆有所归。[⑧]

如上构想，值得称道之处如下：其一，将屯田的范围从原有的边疆、内地

---

① 《元史》卷十三，《世祖》十。
② 《元史》卷十五，《世祖》十二。
③ 同上。
④ 同上。
⑤ 同上。
⑥ 李幹：《元代社会经济史稿》，武汉：湖北人民出版社1985年版，第95页。
⑦ 《元史》卷一百，《兵》三，《屯田》。
⑧ 《元史》卷一百八十一，《虞集》。

扩大到了东南沿海,与元人"天下无不可屯之兵、无不可耕之地矣"的开拓精神高度契合;其二,为鼓励屯田,对屯户给予适当的税赋减免和产权保护,体现了传统儒家的民本思想;其三,在传统屯民以农民为主的基础上,充分调动了富商的积极性,壮大了屯户的队伍;其四,沿海屯田易吸纳"江海游食盗贼"为屯民,使其有田可耕,有利于社会的安定。

总的来说,屯田既能够扩大耕地面积,促进农业生产,又能够吸收一些少地或无地的农民,对缓解人地矛盾起到了一定的积极作用。通过屯田,内地农民将先进的文化和生产技术带到了边塞,促进了边疆地区农业和经济的发展,也加强了各民族之间的经济和文化交流。可惜的是,元初重视屯田的思想和举措并没有长久地延续下去,到了元末,不少屯田遭到破坏,最终还是未能逃脱被地主豪强兼并的命运。

五、"力少功多":儒家爱民思想与元人务实精神的结合

曾有学者言:"世人尝讥嘲儒者无所用心,为必不得已,宁退而躬耕野间,为农以毕世,犹为无所愧负。余每隘而非之。使儒者诚用,将无民不得业,而农预其数矣,安在栖栖然亲扶犁负耒而后为善?"①生活在元代的王祯,便是这样一位"用世"的儒者。作为旌德县官员,他身体力行,爱民重教,种种善迹,使"旌德治","旌德之民利赖而诵歌之"。② 他的著作《王祯农书》中,简单而朴实的爱民之心更是随处可见。

王祯笔下,农民的形象是惹人怜爱的:

> 农者,被蒲茅,饭麄粝,居蓬藋,逐牛豕,戴星而出,带月而归,父耕而子馌,兄作而弟随,公则奉租税,给征役,私则养父母,育妻子,其余则结亲姻,交邻里,有纯朴之风者,莫农若也。③

对于这样的农人,王祯实在不愿意看到他们经历更多的艰辛。于是,他不断尝试为农民和他们的农业生产做一些实事,并希望这种想法能够得

① 《王祯农书》,《附录》,《元戴表元〈王伯善农书序〉》。
② 同上。
③ 《王祯农书》,《农桑通诀》,《孝弟力田篇》第三。

以实现并推而广之:在严格要求自己的同时,他亦发自内心地希望元代统治者能像(周)"成王"、(汉)"文帝"等古代明君那样以"爱民"之心"亲执耒耜,躬务农桑,以率其民",在重农、劝农这件事上"加实意,行实惠,验实事,课实功","勤加劝课,务求实效","以奉承于下,省徭役以宽民力,驱游惰以趋农业"。[①]

那么,具体而言,怎样才算将"爱民"做到实处,同时又不影响农业生产的效果呢? 换言之,一方面要大力发展农业经济,一方面要爱护作为农业生产者的农民,这一看似矛盾的问题应当如何解决呢?

这是一个典型的经济伦理命题,时至今日,经济发展与劳动者舒适度及幸福感之间冲突与和谐的关系仍然是人们关注的焦点。身处 13 世纪的元人,并未能深入而全面地从减少地主对农人的剥削,以实现平等和自由这一层面来回答这一问题。但是,以王祯为代表的一些学者却成功地尝试了从技术层面来缓解这一矛盾,而这一路径的选择,亦是元人务实精神的体现。在他看来,基于农业劳动之艰辛和生产发展的迫切要求,对农民的现实关爱及"实事""实功",首要的就是努力实现"力少功多"的目标。与之相应,元政府所撰《农桑辑要》和少数民族学者鲁明善所撰《农桑衣食撮要》,亦以一种与此前农书迥然不同的务实风格,提出了"顺天时、量地利,则用力少而成功多"的思想。传统儒家的爱民之心与元人一贯的务实精神相结合,为元代农业经济的恢复、发展和农民劳动条件的改善提供了有力的思想支持和技术保障。

为了实现"力少功多",王祯首先主张为农人提供一系列省力的劳动工具。

如他曾细致地将农民耘苗的过程描绘如下:

> 尝见江东等处农家,皆以两手耘田,匍匐禾间,膝行而前,日曝于上,泥浸于下,诚可嗟悯。……至耘苗则曰,暑流金,田水若沸,耘耔是力,良莠是除,爬沙而指为之戾、伛偻而腰为之折。此耘苗之苦也。[②]

为了减轻耘苗之苦,王祯赞赏用力省且效率加倍的耘荡,并从"爱民"的

---

① 《王祯农书》,《农桑通诀》,《劝助篇》第十。

② 《王祯农书》,《农器图谱》,《钱镈门》。

角度出发积极推广这一农具。与之类似，他还推广“水磨”，称其“比之陆磨，功力数倍”[①]；推广耧车，称其“省力过半，得谷加五”[②]；推广耧锄，称其“止一人轻扶。入土二三寸，其深痛过锄力三倍”，“力少功多”[③]。他推广“中土人皆习用”的“芟麦等器”，说它“力省而功倍”，“庶他方业农者效之，同省工力”，并赞其“功殆若神速”[④]；推广水转大纺车，说它“比用陆车愈便且省，庶同获其利”，赞其“车纺工多日百斤，更凭水力捷如神”[⑤]，并极力主张“造作水排，铸为农器”，以期实现“用力少而见功多，百姓便之”[⑥]的目标。在他看来，“田非器不成”，耒耜是“有天下国家之本”，恰到好处的农具“使粒食之民，生生相赖”[⑦]。

如上所述这些农具均见于其《农书》的《农器图谱》篇，总体数量多达百余种，是此前贾思勰的《齐民要术》所载农具数量的三倍之多，且很多农具都是元以前从来未见记载的。如清四库全书称道《王祯农书》“华实兼资”[⑧]，曰：“其书典赡而有法，盖贾思勰《齐民要术》之流；《图谱》中所载水器，尤于实用有裨。又每图之末，必系以铭、赞、诗、赋，亦风雅可诵。”[⑨]国外学者评价《农器图谱》是“对中国农学传统来说独一无二的和杰出的贡献”[⑩]。更为可贵的是，如王祯所言，他“多方搜访”、推介这些农器，并“列为图谱”的目的恰是希望“冶炼者得之，不惟国用充足，又使民铸多便，诚济世之秘术，幸能者述焉”[⑪]！

同时，王祯还特别重视兴修水利、科学灌溉对减轻农民负担、提高农业生产效率的作用。如他所言，“庶灌溉之事，为农务之大本，国家之厚利

---

① 《王祯农书》，《农器图谱》，《利用门》。
② 《王祯农书》，《农器图谱》，《耒耜门》。
③ 《王祯农书》，《农器图谱》，《钱镈门》。
④ 《王祯农书》，《农器图谱》，《麰麦门》。
⑤ 《王祯农书》，《农器图谱》，《利用门》。
⑥ 同上。
⑦ 《王祯农书》，《农器图谱》，《耒耜门》。
⑧ 《王祯农书》，《附录》，《清四库全书总目王祯农书提要》。
⑨ 同上。
⑩ 参见鲁奇《中国古代农业经济思想——元代农书研究》，北京：中国科学技术出版社1992年版，第6页。
⑪ 《王祯农书》，《农器图谱》，《利用门》。

也”[①]。为什么这么说呢？王祯引用《傅子》的话：“陆田者命悬于天，人力虽修，水旱不时，则一年功弃矣。”[②]在他看来，因“水旱不时”而导致“一年功弃”的结果，对农民来说无疑是致命的打击。为了保全农民的劳动成果，理应尽量避免类似情况的发生。所幸，与“陆田”不同的是，“水田制之由人，人力修则地利可尽”[③]。如他所言：“天时不如地利，地利不如人事，此水田灌溉之利也。方今农政未尽兴，土地有遗利。”[④]针对其时“怀孟路”“广济渠”等多处“废而不治”之川泽，王祯还进一步提出“偿能循按故迹，或创地利，通沟渎，蓄陂泽，以备水旱，使斥卤化而为膏腴，污薮变而为沃壤，国有余粮，民有余利”等建设性构想。

关于水利之重要意义，《元史》中亦有相关记载，曰：“水为中国患，尚矣。知其所以为患，则知其所以为利，因其患之不可测，而能先事而为之备，或后事而有其功，斯可谓善治水而能通其利者也。”[⑤]事实上，元代的水利工程建设作为我国古代农业发展史上的一大亮点，确实是卓有成效的。这一成绩，既得益于用世儒者的“爱民”之心和政府欲变“水患”为“水利”的积极认识，亦受益于元人一贯的务实作风。

为了保证水利建设，元廷专设都水监和河渠司掌管水利，与各地劝农官员紧密配合开展工作。如史所载：“凡河渠之利，委本处正官一员，以时浚治。或民力不足者，提举河渠官相其轻重，官为导之。地高水不能上者，命造水车。贫不能造者，官具材木给之。俟秋成之后，验使水之家，俾均输其值。田无水者凿井，井深不能得水者，听种区田。其有水田者，不必区种。”[⑥]政府兴修水利的决心和魄力从中可见一斑。

终元一代，水利工程遍布全国。“据不完全统计，元朝兴修的大型水利工程凡二百六十多处。北方达六十处，南方达两百余处。”[⑦]如至元元年（1264），郭守敬等修渠：“先是西夏濒河五洲皆有古渠，其在中兴州者，一名

① 《王祯农书》，《农桑通诀》，《灌溉篇》第九。
② 同上。
③ 同上。
④ 同上。
⑤ 《元史》卷六十四，《河渠》一。
⑥ 《元史》卷九十三，《食货》一，《农桑》。
⑦ 李幹：《元代社会经济史稿》，武汉：湖北人民出版社1985年版，第143页。

唐来，长袤四百里；一名汉延，长袤二百五十里。其余四州，又有正渠十，长袤各二百里，支渠大小，共六十八，计溉田九万余顷。”[①]与之类似的工程不胜枚举，既实现了“民得其利”“民尤便之”[②]，又“借水利”满足了“公私”[③]。如李幹所评价：“元统治者发动并组织了这些工程，是有历史功勋的。”[④]

将“爱民”之心落到实处，除了以推广农具、兴修水利的方式实现“力少功多”之外，元代的官颁农书《农桑辑要》，还提供了另一种思路。如其所言：“顺天时，量地力，则用力少而成功多。”[⑤]书中最后一个部分《岁用杂事》便是在“顺天时”的指导思想下整理的以月为单位的农事安排。在《农桑辑要》的基础上，鲁明善的《农桑衣食撮要》作为一部月令体农书，在这一方面所做的贡献更为突出。如其所载：“四方风土气候不同，凡务本者，宜顺时而动”[⑥]，充分揭示了自然经济条件下，“四方风土气候”作为一种自然要素对农业生产的重要意义。

这一思想本身与我们所熟知的历史悠久的重“天时”之传统相比，并无多大差别。然而，与《吕氏春秋》《四民月令》《四时纂要》等这些更为古老的月令体农书相比，由元代官方编撰的《农桑辑要》和少数民族官员鲁明善个人撰写的《农桑衣食撮要》所传播的月令思想和具体内容显得尤为“实用”。此前一贯占有大量篇幅用以描述我国古代繁复的礼仪、祭祀、迷信等相关内容，在元人这里，基本未予记载。直接关注农民在生产过程中的实际所需并逐月指导，成为了农书更为集中的焦点。如前所述《四库全书总目提要》称明善之书“简明易晓，使种艺敛藏之节，开卷了然……亦可谓能以民事讲求实用者矣”。赵靖认为《农桑衣食撮要》相对以往农书“简明扼要，更便农家操作”[⑦]。当代学者鲁奇认为《农桑衣食撮要》“使我国古代月令体农书向专门指导农业生产的方向迈进了一大步。后世（明代）月令体农书完全不记封

① 齐履谦：《知太史院事郭公行状》，载苏天爵编《元文类》卷五十。

②《元史》卷一百八十，《赵世延》。

③《乾隆宁夏府志》卷一九，《文艺志》；参见李幹《元代社会经济史稿》，武汉：湖北人民出版社 1985 年版，第 139 页。

④ 李幹：《元代社会经济史稿》，武汉：湖北人民出版社 1985 年版，第 143 页。

⑤ 大司农司编撰：《农桑辑要》卷二，《播种》，《种谷》。

⑥ 鲁明善：《农桑衣食撮要》，《十二月》。

⑦ 赵靖：《中国经济思想通史》（修订本），北京：北京大学出版社 2002 年版，第 1632 页。

建礼仪活动、迷信内容，看来与《农桑辑要》和《农桑衣食撮要》的这一重大转变不无关系”①。某种意义上，农书思想的这一转变，恰与如前所述元代经济伦理思想实学转向之趋势相契合，并印证了元代思想所特有的务实特征。

在顺应天时的求索中，不得不提的是，元代还取得了一项举世瞩目的成就——成功编订了在我国农学史、世界天文学史上占有重要地位的《授时历》。该历据古语“敬授人时”而得名，指的是将历法赋予百姓，使知时令变化，以不误农时。世祖忽必烈委派许衡、王恂、郭守敬等历时数年编订而成的《授时历》，自至元十八年(1281)起在中国沿用了三百六十多年之久，对农业生产和生活产生了重大的影响。该历规定 365.2425 日为一年，距近代观测值 365.2422 日仅相差 26 秒，精度与现行公历(1582 年的《格里高利历》)完全相当，时间却早其 300 多年之久，其科学性、创新性及重要意义不言而喻。

总的来说，在用世儒者爱民之心的指引下，元人在农业生产“惜民力、求功多”的道路上做了不少积极的探索，取得了一些成就。相比此前历代王朝更多地从感应说、灾异论等角度面对农业生产及灾害，元人似乎已艰难却执着地朝着科学与务实的方向迈进了一步。毕竟，与唐太宗生吞蝗虫以灭灾害的勇气相比，我们更需要的，是建立在科学基础上、真正对农民有所帮助的“实意”“实惠”“实事”与“实功”。

六、“既兴其利”：儒家富民思想与游牧商业精神的结合

元代，游牧民族与农耕民族之间因生产方式的差别所注定要发生的物资交换，不再以过去的战争、掠夺方式进行，而是代之以日益频繁的、受到政府保护的商品交换。作为几乎占据整个欧亚大陆的蒙古帝国的一部分，中原地区以无比开放的姿态向世界敞开大门。与异域交往的进一步加深以及国内多民族聚集之状况，使得不同的生产方式和生活方式发生碰撞和交融，各类商品的品种和需求也因此呈现出明显的多样化趋势。农业生产多种经营及商品化倾向十分明显。经济高度活跃、商业异常繁荣。

思想领域，如前所述，对宋明理学行之至极流于空虚的反思，加之游牧

① 鲁奇：《中国古代农业经济思想——元代农书研究》，北京：中国科学技术出版社 1992 年版，第 150 页。

民族的务实作风和商业精神，促成了元代经济伦理思想的实学转向，使我们从许衡、郝经等著名理学家的思想中发现了务实且不以言商为耻的思想倾向。从某种意义上说，正是这一转向，使元人在义利关系的问题上从“君子言利色变”之极端，回归到了传统儒家思想的创始人孔子那里：符合“义”的“利”应予以肯定，以民为本的富教思想是传统儒家经济伦理思想的重要组成部分。

元代农业思想中所充斥的求利之心，或以如上经济条件和思想背景为基础。其中，最具代表性的“富民”主张，来自王祯的农书。如他欲“行实惠”于民，指的就是使力田务农者有利可图、使农致富。他在农书中论道：

> 夫民为国本，本斯立矣，既兴其利，而复除其害，为治之道，无以外是。苟审行之，不惟得劝民之法，抑亦知政教之本欤？[①]

这一观念是典型的儒家民本思想：在“以民为本”的前提下，“既兴其利”和“政教之本”都显得那么重要。

关于如何“既兴其利”，王祯作了很多探索和论述。毫不夸张地说，他在农书中对很多作物培育知识及管理经验的介绍，都是以此为目的的。

比如，王祯认为种植树木可得厚利，曰：

> 木奴者，一切树木皆是也，自生自长，不费衣食，不忧水旱，其果木材植等物，可以自用，有余又可以易换诸物；若能多广栽种，不惟无凶年之患，抑亦有久远之利焉。[②]

具体而言，传授植桑的技术时，他说：

> 凡桑果以接博为妙，一年后便可获利。昔人以之譬螟子者，取其速肖之义也……一经接博，二气交通，以恶为美，以彼易此，其利有不可胜言者……今夫种植之功，其利既溥，又加之以接博，犹变稂莠而为嘉禾，易碔砆而为美玉；世之欲业其生者，其可不务之哉？[③]

讲述种莳之法时，他说：

> 凡种蔬蓏，必先燥曝其子。地不厌良，薄即粪之；锄不厌频，旱即灌

① 《王祯农书》，《农桑通诀》，《种植篇》第十三。

② 同上。

③ 同上。

之；用力既多，收利必倍……苟能依上法种莳，非止家可足食，余者亦可为资生之利。[①]

讲到种植荔枝时，他说：

荔枝初著花时，商人计林断之以立券，一岁之出，不知几千万亿，水浮陆转，贩鬻南北，外而西夏、新罗、日本、琉球、大食之属，莫不爱好，重利以酬之。[②]

从王祯所述，不难看出，当时以荔枝为代表的蔬果类商品不仅占据了国内市场，还成功地远销海外，并获得了丰厚的利润。

同时，王祯还重视畜养，认为经营得当，可以广收其利。他指出：

子欲速富，当蓄五牸。

其羊每岁得羔，可居大群，多则贩鬻，及所剪毫毛作毡，并得酥乳，皆可供用博易，其利甚多。谚云，"养羊不觉富"，正此谓也。[③]

此外，禽类和渔业等也有利可求。如他所言：

凡育鱼之所，须择泥土肥沃、苹藻繁盛为上。然必召居人筑舍守之，仍多方设法以防獭害。凡所居近数亩之湖，如依上法畜之，可致速富，此必然之效也。[④]

夫鹅鸭之利，又倍于鸡，居家养生之道不可阙也。[⑤]

春夏合蜂及蜡，每窠可得大绢一匹。有收养分息数百窠者，不必他求而可致富也。[⑥]

南北蚕缫之事，择其精妙，笔之于书，以为必效之法。业蚕者取其要诀，岁岁必得。庶上以广府库之货资，下以备生民之纩帛，开利之源，莫此为大。[⑦]

---

① 《王祯农书》，《农桑通诀》，《播种篇》第六。
② 《王祯农书》，《百谷谱》，《果属》，《荔枝》。
③ 《王祯农书》，《农桑通诀》，《蓄养篇》第十四。
④ 同上。
⑤ 同上。
⑥ 同上。
⑦ 《王祯农书》，《农桑通诀》，《蚕缫篇》第十五。

值得注意的是，受益于元代商品经济之繁荣、熟悉农业经营且深谙农事之利的王祯，却并不以言商自居。如他所言：

> 夫天下之务本莫如士，其次莫如农……至于工逞技巧，商操赢余，转徙无常，其于终养之义、友于之情，必有所不逮，虽世所不可缺，而圣人不以加于农也。[①]
>
> 是故士为上，农次之，工商为下，本末轻重，昭然可见。[②]

也就是说，在王祯看来，农人的社会地位和道德品质都高于商人，他所理解并鼓励的求利与致富，都是农民专于农“本”的自然所得。换言之，即“以本致富”。因此，王祯对于这些求利者所作的“义”的规定，亦是从“农人”而非“商人”这一角色出发的，具体内容大体不出前文所述的重“教”、重“学”与“孝悌”“互助”“勤勉”等等，几乎没有涉及到商业领域。

不得不承认，王祯的这一认识或受制于我国古代根深蒂固的“重本抑末”的思想传统，并表现出一定的局限性。其中所蕴含的经济伦理思想，远不如我们所期待的那么内容丰富、体系完善、思路清晰、分类明确。然而，这又何尝不是我国古代经济伦理思想所固有的存在方式呢?

在缺乏知识论关注的传统视域下，我国古代的经济伦理思想本来就不是以现代意义上的“科学”或“学科”的方式而存在的。确切地说，它只是极为朴实的传统思想中能同时体现经济关注和伦理关注的那一部分内容，元代亦不例外。如此看来，王祯思想中“求利心切”与“不齿言商”的同时存在便不足为奇了。从某种意义上说，恰是这一看似矛盾的认识，真实地反映了元代农业思想中所蕴含的经济伦理价值，勾勒出我国古代经济伦理思想本末之争及义利之辨在这一时期的发展印记，并让我们深刻地感受到以伦理为本位的传统儒士面对经济发展和商业冲击，所形成的内心挣扎及意识转变。

---

① 《王祯农书》,《农桑通诀》,《孝弟力田篇》第三。

② 同上。

第七章

宋元各学派之间关于经济伦理问题的基本观点与争论

本卷第二章到第六章，我们依宋史和元史的时序，顺次考察和评介了宋元经济伦理思想的流变。不难看出，各个学派及其代表人物都是在中国经济社会大变迁的基础上，提出他们不同于前人的独到观点并展开争论。如果我们把整个中国经济伦理思想史的发展看作一条波浪式前进的曲线的话，无疑宋元经济伦理思想，特别是南宋多元的经济伦理思想，是继先秦经济伦理思想之后的又一个峰值，并且成为由古代经济伦理思想转向近代经济伦理思想的拐点。

宋元经济伦理思想的基本走向和进路是由虚到实、由社会到个人、由制度到修养、由空疏到事功、由宏观到微观。

第一节　宋元儒家内部关于经济伦理命题的分歧与争论

如本卷前言所述，从古代到近代，中国思想史上是没有“经济伦理”这个明确的概念和自觉意识的，因此本卷前六章阐述的观点很容易遭到质疑，被认为不过就是纯粹的经济思想，或者纯粹的伦理思想，经望文生义、牵强附会而包装成“经济伦理思想”而已。其实，这种理解有失偏颇。我们承认在宋元时期甚至直至20世纪80年代以前，中国确实没有确定的经济伦理概念，但是，经济伦理思想元素及其所构成的命题却是自古就有，并始终存在的。所谓经济伦理，可以从内外两个角度来理解，从内在来理解，其是一切生产方式、一切经济制度积极的道德价值、充要的伦理合理性；从外在来看，它是对一切经济制度、经济政策、经济决策的伦理反思和批判性的价值反思。由这两种理解来判断，宋元时期基于经济和伦理的冲突而日益明朗和尖锐的义利之辨、理欲之辨和王霸之辨，都蕴含着经济伦理思想之争。

一、南宋思想界王霸之辨的渊源及其主旨

王霸之辨始于春秋，最初属于政治哲学范畴，是先秦哲学中相反相成的两种统治方法与治国理念之争。此时的“王道”与“霸道”，与经济伦理思想毫无联系，是典型的政治伦理主张。就范畴提出时间而言，“王道”一词出于

《尚书·洪范》，早于“霸道”出现，曰：“无偏无党，王道荡荡；无党无偏，王道平平；无反无侧，王道正直。”行王道就是一种德治，以普遍道德准则赐福百姓，赏罚有度，选贤任能，天下归心。而“霸道”则是在《管子·霸言》中明确提出，管子认为，无论王霸，关键在“以人为本”，在得人心：

夫王霸之所始也，以人为本，本治则国固，本乱则国危。

夫争天下者，必先争人。明大数者得人，审小计者失人。得天下之众者王，得其半者霸。[1]

在成就国家大业上，管子不拘泥于是王道还是霸道，而是审时度势，因势利导，根据实际条件和时机，可霸则霸，不可霸则王，绝不迂阔。

强国众，合强以攻弱，以图霸；强国少，和小以攻大，以图王。强国众，而言王势者，愚人之智也；强国少，而施霸道者，败事之谋也。

强国众，先举者危，后举者利；强国少，先举者王，后举者亡。战国众，后举可以霸；战国少，先举可以王。[2]

孔子虽然主张为政以德的王道主张，但他对于管子的霸道，是持肯定态度的：“如其仁，如其仁。”[3]因为齐国成就霸业，可以使天下百姓平安，恩莫大也：

管仲相桓公，霸诸侯，一匡天下，民到于今受其赐。[4]

可见，无论在管子还是孔子那里，王霸之间并没有势不两立，因为他们认为，二者都是可以安民心的。

首次明确提出王霸对立的是孟子，他认为：

以力假仁者霸，霸必有大国；以德行仁者王，王不待大，汤以七十里，文王以百里。以力服人者，非心服也，力不赡也。以德服人者，中心悦而诚服也。[5]

---

① 《管子·霸言》。

② 同上。

③ 《论语·宪问》。

④ 同上。

⑤ 《孟子·公孙丑上》。

霸道之民欢虞如也，王道之民皞皞如也。[1]

孟子清楚地提出王霸之辨，在于仁和力之别，其根本的标准在于民心是否悦而诚服。为此，孟子提出了许多王道政治的经济主张，如制民之恒产、薄税减负等。这时的王霸之辨，开始有了经济伦理思想的要素，即王道者，其经济制度和经济政策选择具有伦理合理性。

到战国晚期，大小征战频仍，荀子复提出王霸并重思想，王亦可霸，霸亦可王，二者的区别在义与信，"故用国者，义立而王，信立而霸"[2]。而义与信的区别又在于用人，"故以积礼义之君子为之则王，与端诚信全之士为之则霸"[3]。当然，在荀子那里，王霸虽然有所调和，但二者在等量与层次上还是有高下的，即相对而言，王道的伦理合理性更高。

尽管由孔孟源起的义利之辨是经典的经济伦理核心问题，但是直到荀子，王霸之辨尚未完全与义利之辨交会，荀子所说的"义"和"信"，都可以归于义利之辨的义。所以先秦时期的王霸之辨，基本上不是经济伦理思想的命题，或者至少不是主要在讨论经济伦理问题。

王霸之辨经两汉而至北宋，最终在南宋达到高潮。其表现形式是在中国思想史上少见的由朱熹与陈亮两位思想家演绎的唇枪舌剑式的直接交锋。之所以是高潮，一是旷日持久、影响深远，而且在朱陈之争以后，似乎话已说完，再也没有关于王霸的直接而激烈的争辩；二是因为朱陈之间的争论，把王霸与义利这两对概念完全糅合在一起，也就是说，至此，王霸之辨的主题已转入义利关系的分歧之中，成为地道的经济伦理问题了。

首先必须清楚的是，此时的语境，自秦以后，早已与提出"王霸"的春秋时期完全不同了，天下已经由诸侯列国四分五裂的状态进到中央集权的大一统国家，管子所谓"强国众以图霸、强国少以图王"的政治经济局面已经不复存在。所以两汉以后，在王霸问题上，统治者的基调是二者杂用，思想界的基调是二者并重。可是到了南宋，国家的统一又出现了波折，一方面，北方少数民族入侵中原，虎视眈眈，使南宋朝廷王也不王，霸也难霸；另一方

① 《孟子·尽心上》。
② 《荀子·王霸》。
③ 同上。

面，南宋朝廷仍然是作为正统的中央政权，号令天下。这时候，王霸之辨兴起，更多的是国内经济政治状况每况愈下使然。

南宋大儒朱熹与事功派主要代表陈亮之间的王霸之辨，从1184年始，持续了近三年，双方针锋相对，旗帜鲜明，难分伯仲。如果不从二人在思想史上的地位和各自思想体系的影响来看，单就王霸之辨而言，似乎陈亮更为主动，并且稍占上风。

在朱熹这里，王霸不再是仁与力之别，也不是义与信之分，而是"顺天理"与"济私欲"之对立，也即理欲、义利之间相互背反和否定的根本区别：

> 古之圣人致诚心以顺天理，而天下自服，王者之道也。……若夫齐桓晋文，则假仁义以济私欲而已。设使侥幸于一时，遂得王者之位而居之，然其所由则固霸者之道也。[①]

显然，朱熹的这一论述，直接受到了北宋二程的尊王抑霸思想的影响。程颢曾上疏：

> 得天理之正，极人伦之至者，尧舜之道也；用其私心，依仁义之偏者，霸者之事也。王道如砥，本乎人情，出乎礼义，若履大路而行，无复回曲。霸者崎岖反侧于曲径之中，而卒不可与入尧舜之道。故诚心而王则王矣，假之而霸则霸矣，二者其道不同，在审其初而已。……苟以霸者之心而求王道之成，是衔石以为玉也。[②]

按照程朱的理解，只有王道才是符合人性的永恒的光明正道，而霸道则是蛊惑人心的侥幸的曲折邪路。二者非此即彼，不可调和，甚至是水火不容的。由此，朱熹评价宋以前的历史：

> 古之圣贤，从根本上便有惟精惟一功夫，所以能执其中，彻头彻尾，无不尽善。后来所谓英雄，则未尝有此功夫，但在利欲场中，头出头没。[③]

这里的"古之圣贤"指夏商周三代帝王，朱熹认为他们是彻底的王道，以仁义道心治天下；而"后来英雄"指秦皇汉武唐宗，朱熹认为他们是假仁义之

---

① 朱熹：《孟子或问》卷一。

②《二程集·论王霸札子》，北京：中华书局2004年版，第450页。

③《朱文公文集》卷三十六。

名行功利之实的霸道，以利欲之心治天下，其结果必然是由盛而衰，举世没落。

朱熹的这种褒三代而贬汉唐、扬王道而抑霸道的说法遭到了陈亮的严厉批评。陈亮认为，义利王霸从来不是非此即彼、势不两立的，绝不是只有夏商周行王道天理，而汉唐行霸道人欲：

然谓三代以道治天下，汉唐以智力把持天下，其说固已不能使人心服；而近世诸儒，遂谓三代专以天理行，汉唐专以人欲行，其间有与天理暗合者，是以亦能长久。……诸儒之论，为曹孟德以下诸人设可也，以断汉唐，岂不冤哉！高祖太宗岂能心服于冥冥乎！……诸儒自处者曰义曰王，汉唐做得成者曰利曰霸，一头自如此说，一头自如彼做；说得虽甚好，做得亦不恶；如此却是义利双行，王霸并用。……①

朱熹则反驳陈亮这种以事功求证王霸、以成败论是非的说法，他认为汉高祖唐太宗之所以能建立国家，传世久远，都是假仁借义，以行其私、纵其欲的结果。而与之争者才智既差，又不懂假借仁义之名，故而成就了汉唐。如果认为这就是得天理的正道就错了。

尝谓"天理""人欲"二字不必求之于古今王霸之迹，但反之于吾心义利邪正之间。察之愈密则其见之愈明，持之愈严则其发之愈勇。②

对于朱熹的不问事功、反问于心的王霸论，陈亮毫不退让，针锋相对地指出，所谓尊三代的年代久远的王道，只是乌有欵罔的空谈；而时下坚持扬王抑霸重义轻利这一套，完全是迂阔而不切实际之论：

欺人者，人常欺之，罔人者，人常罔之，乌有欺罔而可以得人长世者乎！……孟子之论不明久矣，往往反用为迂阔不切事情者之地。③

上述朱熹与陈亮之间的王霸之辨，其主旨已经迥异于先秦两汉时期的王霸之辨。从经济伦理学的视角，其思想内涵和价值至少可以归纳如下：

---

①《又甲辰秋书》，《陈亮集》（增订本）卷二十八，北京：中华书局1987年版，第340页。

②《朱文公文集》卷三十六。

③《乙巳春书之一》，《陈亮集》（增订本）卷二十八，北京：中华书局1987年版，第345页。

第一，双方虽各执一端，但都不约而同地把王霸纷争的实质归于义利分歧，用现代学术语言来说，就是把讨论的重心由关注政治伦理与统治方式转移到注重经济与伦理的关系上。尽管在争辩中直接论述义利关系的内容不多，但其深意已蕴含在王霸之中，足以构成重大的经济伦理命题。

第二，治理天下，恢复和建立长治久安的社会经济政治秩序，究竟是靠诉诸仁心的、单纯的伦理导向，还是要靠兼顾利欲的、经济与事功的利益导向，这不仅是一个纯理论的心性修养的问题，更是摆在南宋统治者和思想家面前需要共同面对的迫切的现实经济伦理问题。

第三，判断国家和社会成败是非的标准，应该是反求“吾心”义利邪正的动机，还是“其国与天地并立而人物赖以生息”的义利双行的实际效果，抑或是努力寻求动机、效果并重，这也是具有理论与现实双重价值的永恒的经济伦理话题。

由于朱陈二人的理论立场是对立的，各自循着各自的逻辑进路推演辩驳，谁也说服不了谁，所以这一场持续了近三年的王霸之辨最后不分胜负，不了了之。但是，他们的辩论留给后世的影响是深远的，也给当代经济伦理思想的发展以极大的启示。一般来说，我们更认同陈亮观点中从现实入手，从问题出发，力求功效，不尚空谈的价值取向，和他不孤立地看待王霸义利，不把王与霸、义与利绝对对立起来的辩证思维方法。而朱熹强调义的伦理的核心价值地位也有可取之处，但他固守“孟子之论”，极力反对利欲的合理性和推动社会进步的作用，则显出了理学偏于空疏虚妄以致误国的负面价值。

二、理学主流与事功学派的义利之辨

与王霸之辨相比，两宋理学主流与后起的事功学派关于义利的争论更是这一时期经济伦理思想的主题，贯穿了整个宋元时期。虽然总体上说这些争议仍然在儒学内部进行，但双方尖锐对立的程度几达儒学的边界，围绕义利观展开的观点甚至被视为儒学正统与异端的分水岭。

理学主流的义利观始于北宋周敦颐和二程，盛于南宋朱熹和陆九渊。在他们看来，正确处理义利关系，已经成为天下第一要务，甚至是唯一要务。

一言以蔽之，“大凡出义则入利，出利则入义。天下之事，惟义利而已”[①]。因此这也是儒者学问的第一桩大事。“义利之说，乃儒者第一义。”[②]

理学定义的义利，极为简明清晰，义即公，利即私；义通理，利通欲。

义利云者，公与私之异也。较计之心一萌，斯为利矣。[③]

“理”是客观存在于自然事物中的天道，“义”是处理这种客观存在的理的主观选择。顺理而行，是“义”；逆理而动，是“利”。

在物为理，处物为义。[④]

中理见乎事，敬在心，义在方外，然后中理矣。……敬，所以持守也。有是有非，顺理而行者，义也。[⑤]

“欲”是人所共有的本性，“利”是对待这种天生的主观态度，和依这种天性所能获得的收益。二程并不完全否定“利”，而是把“义”作为“利”的衡量尺度和标准。

利非不善也，其害义则不善也，其和义则非不善也。[⑥]

利者，众之所同欲也。专欲利己，其害大矣。贪之甚则昏蔽而忘理义，求之极则争夺而致怨。[⑦]

至朱熹，对先秦以来儒家传统的义利观作了更加全面透彻的论述，最典型的是他在《孟子集注》中的阐释：

孟子对曰：王何必曰利？亦有仁义而已矣。[⑧]

朱熹释：

仁者，心之德、爱之理。义者，心之制、事之宜也。

---

① 《二程遗书》卷十一。
② 《朱子文集》卷二十四。
③ 《二程集·河南程氏粹言》卷一，北京：中华书局2004年版，第1172页。
④ 同上，第1175页。
⑤ 同上，第1188页。
⑥ 同上，第1170页。
⑦ 同上，第1187页。
⑧ 《孟子·梁惠王上》第一。

孟子：

未有仁而遗其亲者也，未有义而后其君者也。[①]

朱熹释：

此言仁义未尝不利，以明上文亦有仁义而已之意也。遗，犹弃也。后，不急也。言仁者必爱其亲，义者必急其君。故人君躬行仁义而无求利之心，则其下化之，自亲戴于己也。

孟子：

王亦曰仁义而已矣，何必曰利？[②]

朱熹释：

此章言仁义根于人心之固有，天理之公也；利心生于物我之相形，人欲之私也。循天理，则不求利而自无不利；徇人欲，则求利未得而害已随之。所谓毫厘之差，千里之谬。此孟子之书所以造端托始之深意，学者所宜精察而明辨也。

朱熹的这一段释义说明，孟子以来传统儒家的"何必曰利"并不是不要"利"，而是无求利之心，不为满足私欲而求利，遵从"义"则"利"自来，追求"利"则适得其反，有害无利。

朱熹的义利观最深刻之处，在于他对"义"的理解，在二程的基础上更为丰富。

首先，"义"是发自内心的自觉的价值尺度：

义者，心之所以制事而合宜之谓也。事物之来，无不以义裁之，而必合其宜焉，是则所谓集义者也。[③]

其次，"义"是对"利"的获取的过程与结果是否正当的评判标准：

欲富贵而恶贫贱，人之常情，君子小人，未尝不同。君子所以异于人者，特以非义而得富贵则不处，不幸而得贫贱则不去耳。[④]

---

① 《孟子·梁惠王上》第一。
② 同上。
③ 朱熹撰，黄坤点校：《四书或问》，上海：上海古籍出版社，合肥：安徽教育出版社 2001 年版，第 431 页。
④ 同上，第 174 页。

朱熹以下，陆九渊及朱熹的弟子门人，都沿着这一理路，严辨义利。

与理学正统相异，以北宋王安石、三苏和南宋永嘉、永康诸子为代表的事功学派，提出了功利主义的义利观。一反传统的以"义"制"利"，而是主张由"利"推"义"，"义""利"相和。

北宋苏洵与苏轼苏辙父子并不是功利主义思想家，但他们明显反对西汉以来以董仲舒为代表的儒家正统的"正其谊不谋其利，明其道不计其功"的义利背反、重义轻利的思想传统，而主张"义利和合"。苏洵就著专文指出，虽然"徒利"为君子所不齿，但一味"徒义"而忘利，也将适得其反，

> 义者，所以宜天下，而亦所以拂天下之心。……故君子欲行之，必即于利。即于利，则其为力也易，戾于利，则其为力也艰。利在则义存，利亡则义丧。……圣人灭人国，杀人父，刑人子，而天下喜乐之，有利义也。与人以千乘之富而人不奢，爵人以九命之贵而人不骄，有义利也。义利、利义相为用，而天下运诸掌矣。五色必有丹而色和，五味必有甘而味和，义必有利而义和。[①]

而南宋永康陈亮更为充分地肯定了求利的积极意义，认为"利"实为真切而近人情的"人道"：

> 夫一有一无，天之所为也。裒多增寡，人道之所以成乎天也。圣人之惓惓于仁义云者，又从而疏其义，曰若何而为仁，若何而为义。非以空言动人也，人道固如此耳。[②]

永嘉叶适，从天下治理到个人修养，全面阐述了以事功为基点的"成其利，致其义"的义利观，以此批评传统儒家如董仲舒等脱离功利而谈道义的虚妄性；若想实实在在地达至天下大义，首先要解决的是"天下之利"的问题：

> 既无功利，则道义者乃无用之虚语尔。[③]
>
> 夫天下所以听命于上而上所以能制其命者，以利之所在，非我则无以得焉耳。[④]

---

① 苏洵：《嘉祐集》卷九，《史论·利者义之和论》。

②《赠楼应元序》，《陈亮集》（增订本）卷二十四，北京：中华书局1987年版，第272页。

③ 叶适：《习学记言序目》卷二十三，北京：中华书局1977年版，第324页。

④《叶适集·水心别集》卷三，北京：中华书局1961年版，第671页。

在个人心性修养和行为选择上，叶适认为唯义和唯利都是不可取的：

> 义理之是非在目前者常又不能守，而每以利害为去就，盖自古而然；而又有庸人执以为义理之所在非圣人不能择者，亦自古而然；二端，学者不可不谨察也。[①]

正确的态度是"崇义以养利"。[②]

综上，两宋的义利之辨，是先秦以来中国经济伦理关于义利关系这一核心价值命题的延续、深入和展开，其特色如下：

第一，无论理学主流还是事功学派，都把义利问题作为首要的甚至全部的经济伦理问题。特别是理学主流，把义利之说作为儒者第一义，即把义作为衡量儒者身份、检验儒者学问的第一标准。

第二，理学主流把义利问题，由主要侧重于社会生活，转到主要侧重于个人生活和个人修养；由主要关注外王层面，转到主要关注内圣层面，这使义利之辨达至新境界、新高度。

第三，理学主流，从二程到朱熹，对前人自《易经》以来的义利之说作了全面而细致入微的考察和解读，许多认识达到了新的高度。并且在与事功学派的争论中，将义利与王霸、理欲、公私等概念贯通起来，形成了宋代新儒学的经济伦理思想体系。

第四，事功学派，针锋相对地把"利"提高到了前所未有的重要程度，他们关于义利相和而并重的许多观点可以看作是宋代经济伦理思想的新成果。不过，他们的义利观始终不被正统儒学所接受，他们的思想被理学主流所排斥而趋于边缘化。而且，客观地评价，在义利问题上，他们与理学主流观点之间看起来争论激烈，实际上形式大于内容，语义分歧大于实质分歧。

三、作为南宋理学道德修养基本主张的理欲之辨

天理与人欲，作为两个对应的概念，始于《礼记》。《礼记》承认人欲的自

---

① 叶适：《习学记言序目》卷十三，北京：中华书局1977年版，第185页。

②《叶适集·水心别集》卷三，北京：中华书局1961年版，第674页。

然合理性，“饮食男女，人之大欲存焉”[①]，但又把人欲与天理对立起来，“夫物之感人无穷，而人之好恶无节，则是物至而人化物也。人化物也者，灭天理而穷人欲者也”[②]。此后西汉大儒董仲舒主张“以理节欲”：“圣人之制民，使之有欲，不得过节，使之敦朴，不得无欲。”[③]但真正形成“存理灭欲”和“理存于欲”的对立，使理欲之辨成为儒家经济伦理思想的一个基本命题的，是两宋时期发端的理学。

所谓理学，顾名思义，就是“存理灭欲”之学。被朱熹推崇为理学开山的周敦颐率先提出的主张就是“无欲”。[④] 他认为圣人是可学的，学做圣人的第一要义是无欲。

二程将“无欲”加以发挥，最先将《礼记》中“天理”和“人欲”抽取出来，作为特定的专有术语，鲜明提出“存天理，灭人欲”这一看似极端的论点，引起广泛的讨论，从而形成与“义利之辨”“王霸之辨”并列的又一个经济伦理论域。

首先，天理是人所独有的与其他生命加以区别的根本属性：

> 人之所以为人者，以有天理也。天理之不存，则与禽兽何异矣？[⑤]

其次，“天理明”是以“灭私欲”为前提的：

> 天理无私，一入于私，虽欲善，其言行皆非礼。[⑥]
>
> 人心私欲，故危殆；道心天理，故精微。灭私欲则天理明矣。[⑦]

再次，存理灭欲是以儒者为代表的社会精英追求圣贤的唯一道路：

> 饥而食，渴而饮，冬而裘，夏而葛。苟有一毫私意于其间，即废天职。[⑧]
>
> 天下之害，皆以远本而末胜也。……先王治其本者，天理也。后王

---

① 《礼记·礼运》。
② 《礼记·乐记》。
③ 董仲舒：《春秋繁露·保位权》。
④ 周敦颐：《周子通书》第二十，上海：上海古籍出版社2000年版，第38页。
⑤ 《二程集·河南程氏粹言》卷二，北京：中华书局2004年版，第1272页。
⑥ 同上，第1271页。
⑦ 《二程遗书》卷二十四。
⑧ 《二程集·河南程氏粹言》卷一，北京：中华书局2004年版，第1186页。

流于末者，人欲也。损人欲以复天理，圣人之教也。[①]

朱熹更充分地展开了二程的观点，对天理与人欲作了细致地解析，但并没有像二程那样简单决绝地判定二者的存灭，对人欲的态度温和了许多。朱熹是从两个角度考察的。他认为，从诉诸人心的角度，在个人道德修养上，天理与人欲是不能并存的：

仁义根于人心之固有，天理之公也；利心生于物我之相形，人欲之私也。[②]

人之一心，天理存，则人欲亡；人欲胜，则天理灭，未有天理人欲夹杂者。学者须要于此体认省察之。[③]

然己者，人欲之私也，礼者，天理之公也，一心之中，二者不容并立，而其相去之间，不能以毫发，出乎此则入乎彼，出于彼则入于此矣。[④]

但如果从社会生活视角，则天理人欲是相互对应、相互交会、相生相伴的。当然理欲是有层次上的高下，但完全脱离了人欲，天理就成了无处可落脚的空话：

天理人欲，正当于其交界处理会，不是两个。[⑤]

有个天理，便有个人欲。盖缘这个天理须有个安顿处。才安顿得不恰好，便有人欲出来。……天理人欲分数犹多少。天理本多，人欲便也是天理里面做出来。虽是人欲，人欲中自有天理。……饮食者，天理也。要求美味，人欲也。[⑥]

圣人平日，也不曾先说个天理在那里，方教人做去凑。只是说眼前事，教人平平恁地做工夫。要先见个天理在前面，方去做，此正是病处。若把这天理放不下，相似把一个空底物，放这边也无顿处，放那边也无顿处，放这边也恐颠破，放那边也恐颠破。那天理说得荡漾，似一块水银，滚来滚去，捉那不着。又如水，不沿流溯源，合下便要寻其源，凿来

---

① 《二程集·河南程氏粹言》卷一，北京：中华书局2004年版，第1170—1171页。

② 朱熹：《孟子集注·梁惠王上》。

③ 黎靖德编：《朱子语类》卷十三，北京：中华书局2007年版，第224页。

④ 朱熹撰，黄坤点校：《四书或问》，上海：上海古籍出版社，合肥：安徽教育出版社2001年版，第296页。

⑤ 钱穆：《朱子学提纲》，北京：生活·读书·新知三联书店2002年版，第84页。

⑥ 黎靖德编：《朱子语类》卷十三，北京：中华书局2007年版，第223—224页。

凿去，终是凿不着。[①]

程朱学派的这种理欲观，遭到了来自两个方面的批评。

陆九渊从心学立场出发，提出了对存理灭欲的诘难。陆九渊认为理欲相分不是传统儒家的观点，而是道家的旨趣。且在后人理解上，错误地把一性分成了二性，一心分成了二心：

天理人欲之言，亦不是至论。若天是理，人是欲，则天人不同矣。此其原盖出于老氏。……解者多指人心为人欲，道心为天理，此说非是。心一也，人安有二心？自人而言，则曰惟危；自道而言，则曰惟微。罔念作狂，克念作圣，非危乎？无声无臭，无形无体，非微乎？[②]

而且，"存理灭欲"的潜在前提是天理善而人欲恶，陆九渊认为未必：

谓人欲天理，非是。人亦有善有恶，天亦有善有恶，岂可以善皆归于天，恶归于人。[③]

因此，去人欲不是去掉所有的欲，而是"寡欲"，去掉过多的欲，去掉人欲中恶的部分：

夫所以害吾心者何也？欲也。欲之多，则心之存者必寡；欲之寡，则心之存者必多。故君子不患心之不存，而患夫欲之不寡。欲去则心自存矣。[④]

进一步，陆九渊对"理欲"给出了新的界定：欲，指"利欲""私欲"；理，不是"天理"，是公理，是心。

人皆有是心，心皆具是理，心即理也。[⑤]

盖心，一心也。理，一理也。至当归一，精义无二，此心此理，实不容有二。[⑥]

---

① 钱穆：《朱子学提纲》，北京：生活·读书·新知三联书店2002年版，第86页。

②《陆九渊集》卷三十四，北京：中华书局2010年版，第395—396页。

③《陆九渊集》卷三十五，北京：中华书局2010年版，第463页。

④《陆九渊集》卷三十二，北京：中华书局2010年版，第419页。

⑤《陆九渊集》卷十一，北京：中华书局2010年版，第149页。

⑥《陆九渊集》卷一，北京：中华书局2010年版，第4页。

事功学派则更加猛烈地抨击了“存理灭欲”的脱离社会现实的弊端：

为士者耻言文章、行义，而曰“尽心知性”；居官者耻言政事、书判，而曰“学道爱人”。相蒙相欺以尽废天下之实，则亦终于百事不理而已。[①]

“存理灭欲”也违背了人的本性。“欲”本身就是人与生俱来的“性”中之义：

“人生而静，天之性也。感于物而动，性之欲也。”但不生耳，生即动，何有于静？以性为静，以物为欲，尊性而贱欲，相去几何？[②]

叶适明里是对《礼记·乐记》关于天性人欲的说法提出质疑，实际上就是批评“存理灭欲”违反人生最基本的常识。他认为，“欲”是自然的，而程朱理学和陆九渊心学所说的“理”，其实是“礼”，其产生不是自然的，是“伪”的即人为的：

教人抑情以徇伪，礼不能中，乐不能和，则性枉而身病矣。[③]

叶适把“欲”界定为“物欲”，把“理”界定为“物理”，鲜明地提出了“理存于欲”“理欲统一”的主张：

以天理人欲为圣狂之分者，其择义未精也。[④]

夫内有肺腑肝胆，外有耳目手足，此独非物耶？……是故古之君子，以物用二不以己用；喜为物喜，怒为物怒，哀为物哀，乐为物乐。……君子不以须臾离物。[⑤]

凡人心实而腹虚，骨弱而志强，其有欲于物者势也，能使反之，则其无欲于物者亦势也。圣人知天下之所欲，而顺道节文之，使至于治，而老氏以为抑遏泯绝之，使不至于乱，此有为无为之别也。[⑥]

---

① 陈亮：《送吴允成运干序》，《陈亮集》（增订本）卷二十四，北京：中华书局1987年版，第271页。
② 叶适：《习学记言序目》卷八，北京：中华书局1977年版，第103页。
③ 叶适：《习学记言序目》卷七，北京：中华书局1977年版，第88页。
④ 叶适：《习学记言序目》卷二，北京：中华书局1977年版，第24页。
⑤《大学》，《叶适集·水心别集》卷七，北京：中华书局1961年版，第731页。
⑥ 叶适：《老子》，《习学记言序目》卷十五，北京：中华书局1977年版，第211页。

按照叶适的看法，有欲于物和无欲于物，都是自然本性的客观趋势，不能人为地去禁止，更不能去灭绝，所谓人为的礼，只能顺其物欲之势而治理，或者加以调节控制而不至于乱。所谓理，应该是物的理，它与物欲是相宜的，都统一于道。物欲本身是人的自然本性，无所谓善恶。而一旦与物理发生关系就有善恶之分了，相宜者为善，不相宜者为恶。由此“止恶而进善”，是谓理欲统一。

上述理欲之辨，可以说是两宋时期经济伦理思想最突出而鲜明的命题，特别是程朱的理欲之辨，几乎最为后世儒家质疑诟病，同时也是其本意最被曲解的命题。但是，其无疑又是最具当代价值的经济伦理命题。

第一，两宋的理欲之辨，极大丰富了“利欲”“物欲”概念的内涵，而这也正是当代经济伦理的重要范畴之一。

第二，二程与朱熹的“存天理灭人欲”的主张，虽失之偏颇和极端，但细察其原意，却是被后世批判者妖魔化了。其时，程朱所指存理灭欲的对象不是全社会成员，更不是一般商贾，而是作为精英阶层的儒者，而且主要是从儒者个人道德心性修养的层面来要求的。

第三，陆九渊将理欲之辨转化为公私之辨，应该说对于中国经济伦理思想的丰富发展富有启发性。

第四，事功学派从功效反推理欲之辨，把对理欲的空泛之论引到社会经济生活的现实基础上，落到社会不同群体所共通的人性基础上，可以看作是此际经济伦理思想的重要成果。

上述三大命题是有内在逻辑联系的，在宋元儒者的部分论述中，“义利”“王霸”“理欲”三组概念甚至是可以互换的。总的来说，义利之辨是价值核心，像一条红线贯穿整个经济伦理思想史，而王霸之辨和理欲之辨是义利之辨的两翼，王霸之辨一翼外展，即向外王层面，以力求实现儒家社会理想；理欲之辨一翼内敛，即向内圣层面，以追求完善儒者个人君子人格。三者统一，就构成了以儒家为代表的“内圣外王”的完整有为的思想体系。

第二节 宋元经济伦理思想的基本特征

一定时期的经济伦理思想及其特征，是对这一时期的社会经济伦理关系变迁发展状况的集中反映，同时也是此前经济伦理思想演进成果的逻辑展开和深化。由于宋代是中国封建社会唯一不抑商的朝代，加之其实施的不同于汉唐时期的各种宽松的经济政策特别是土地政策，造成了宋代工商业乃至整个国民经济的高度发达，居于世界领先地位，使得“华夏民族之文化，历数千载之演进，造极于赵宋之世”[①]。宋以后的元朝，又带来了不同的生产方式、经济生活运行模式，以及由此产生的新的经济伦理关系，这就必然使宋元的经济伦理思想具有不同以往的时代特征和思想特征。

一、社会经济制度与政策的伦理导向

传统历史教科书往往认为，盛唐以后，宋朝是一个“积贫积弱”、内外交困的没落朝代，其后的元朝，更是一个以“野蛮”战胜“文明”的短命王朝。而实际上，如本卷第一章与第五章所述，宋朝是中国历史上最富有和最发达的朝代，而元朝是中国历史上版图最大、民族最多、生产方式最复杂和宗教信仰最多元的朝代。

给宋代经济伦理思想带来最深刻影响的是土地制度和税制的变革。宋之前的唐代，重农抑商，实行土地国有的均田制、屯田制和营田制，朝廷把田地分给成年男性劳力耕种并课税，男性劳力在60岁后将田地交还朝廷。这虽然保证了大多数农民有地可耕，并有相对稳定的收益，但也限制了社会分工和工商业的发展。特别是，把大多数家庭和青壮年劳力拴在土地上，将社会发展禁锢在以一家一户为单位进行分散的小农生产的自然经济之中，这

---

① 陈寅恪:《邓广铭〈宋史职官志考正〉序》，载陈寅恪《金明馆丛稿二编》，北京：生活·读书·新知三联书店2001年版，第277—288页。

一方面使生产力发展越来越缓慢，另一方面因家庭作为最小的经济单元与最基本的伦理单元高度重合，从而使经济伦理关系简单明了，伦理与经济之间即义与利之间没有显性的矛盾和冲突。但是，在这种土地制度下，随着时间的推移，暗中的土地兼并在所难免甚至愈演愈烈，而最终国家税源锐减，丧失土地的农民无所归依，不得不铤而走险、揭竿而起，农民起义爆发，社会动荡，经济崩溃，直至改朝换代，相应的经济伦理关系土崩瓦解。这就是中国封建王朝逃不脱的盛衰兴亡的怪圈和宿命。

宋朝为解决这个难题，采用了“不抑兼并”的土地政策，使土地能够规模生产和集约化经营，在提高农业劳动生产率的同时，剩余出大量的自由劳动力。这些劳动力没有户籍限制，自由流动，大范围迁徙，多数被工商业吸收，形成了雇佣成百上千人的工场甚至十余万人的大型工矿①、多如牛毛的商铺作坊和数百万人口的城市，朝廷的工商业税收历史上第一次超过农业税②。这使得经济伦理关系由家庭扩大到行业，商业伦理问题日益突出，义与利的矛盾尖锐化。相应地，“不抑兼并”的政策又使得土地私有化加剧③，渐渐形成的土地垄断和贫富两极分化，也导致了以家庭亲缘为纽带的传统经济伦理关系紧张和破裂。

宋朝工商业的发达，最显著的标志是世界上最早使用的纸币“交子”在北宋时期的1023年开始发行，比欧洲1661年由瑞典首次发行的纸币早了近640年。这既反映了宋朝工商业繁荣和经济市场化在世界的领先程度，又表明了在商业信用背后的伦理信任的强大支撑力度。可以说，正是经济实力和伦理基础的契合，催生了“交子”的出现和流通。

宋朝的经济伦理思想既是这种经济伦理关系变迁的反映，同时又反过来成为经济制度和政策的伦理导向。

例如，在北宋废除均田制，允许土地兼并的政策背景下，张载与王安石关于是否恢复重建周代“井田制”的争论。在张载看来，“井田制”是最具有伦理合理性的公平的土地制度：

---

① 据《铅山志》载：当时仅信州铅山（今江西上饶铅山）一个铜铅矿就雇有十余万工人。

② 朱瑞熙、程郁：《宋史研究》，福州：福建人民出版社2006年版，第196页。

③ 参见漆侠《宋学的发展与演变》，北京：人民出版社2011年版，第50—63页。

治天下不由井地，终无由得平。周道止是均平。[①]

而王安石虽最初认可井田制，但在被宋神宗重用实施新法后，提出了"祖宗不足法"，井田制不合时宜，认为实行井田制的社会政治经济条件已不复存在，一旦强行推行，不但不能实现公平，反而会导致大乱。

又如，"熙宁变法"中，主张变革的王安石与反对变革的司马光之间关于"理财为急务"是否"与民争利"的激烈争论：

"善理财之人不过头会箕敛，以尽民财，如此则百姓穷困，流离为盗，岂国家之利耶？"安石曰："此非善理财者也。善理财者，民不加赋而国用饶。"光曰："此乃桑弘羊欺汉武帝之言！"[②]

这一争论的经济伦理蕴义是国家财政制度变革的伦理合理性问题。王安石认为，治理财力是因天下之利以生天下之财，取天下之财以供天下之费，因而是利民的。而司马光认为这是搜刮民财，使百姓穷困，因而是害民的。

苏轼更是从道德角度质疑王安石变法：

国家之所以存亡者，在道德之浅深，不在乎强与弱；历数之所以长短者，在风俗之厚薄，不在乎富与贫。道德诚深，风俗诚厚，虽贫且弱，不害於长而存；道德诚浅，风俗诚薄，虽强且富，不救于短而亡。[③]

今日之政，小用则小败。若力行而不已，则乱亡随之。[④]

至南宋，朱熹的经济伦理思想大都来自他对北宋以来社会经济问题的考察和反思，以及对南宋危局的忧虑，因而他同情王安石变法，提出新的改良方案："变科举，均田产，振纲纪，罢和议。"[⑤]其中"均田产"是他的经济伦理思想中追求公平的基本观点：

土地者天下之大本也，春秋之义，诸侯不得专封，大夫不得专地。今豪民占田或至数百千顷，富过王侯，是自专封也。买卖由己，是自专

① 《周礼》，《张载集·经学理窟》，北京：中华书局2010年版，第248页。
② 《宋史全文》卷十一。
③ 《上神宗皇帝书》，《苏轼文集》卷二十五，北京：中华书局1986年版，第740页。
④ 《再上皇帝书》，《苏轼文集》卷二十五，北京：中华书局1986年版，第749页。
⑤ 参见萧公权《中国政治思想史》，北京：新星出版社2005年版，第337页。

其地也。[①]

朱熹的"均田产"绝不是沿袭张载所主张恢复的"井田制",而是一种以"均贫富"为目标,逐步、平和、简易的改良:

> 封建井田,乃圣王之制,公天下之法,岂敢以为不然!但在今日恐难下手。设使强做得成,亦恐意外别生弊病,反不如前,则难收拾耳。[②]

要选择合适的人主持改良,按部就班、井然有序地执行,以恰当方法计算人口、丈量田亩,定界以均田,辅以轻赋税、济农急,就田计税以缩小贫富差距,立社仓以扶弱济贫等。这些都具有较高质量的伦理合理性。

陆九渊则从功利实效的经济伦理标准评判王安石变法有名无实:

> 介甫慕尧舜三代之名,不曾踏得实处,故所成者,王不成,霸不就。本原皆因不能格物,摸索形似,便以为尧舜三代如此而已。[③]

事功学派方面,永嘉学派创始人薛季宣一针见血地指出了时弊的经济伦理要害在"争利于民",而良方在于"重民生,薄赋税",还富于民:

> 谋大者尚皆不暇谋小,况君子而可争利于民乎!聚敛之臣不知义之所在,害加于盗,以争利于民也。民争利而至于乱,则不可救药矣。……唯知利者为义之和,然后可与其论生财之道。[④]

而永康学派陈亮则鲜明地提出农商相依互补的发展思路,给予工商业与农业平等的经济伦理定位:

> 古者官民一家也,农商一事也。上下相恤,有无相通,民病则求之官,国病则资诸民。商藉农而立,农赖商而行,求以相补,而非求以相病,则良法美意,何尝一日不行于天下哉![⑤]

叶适更提出了"理财与聚敛异"的财富伦理观、"为国之要,在于得民"的裕民伦理观,以及"通商惠工,扶持商贾"的商业伦理观。他认为,正是因为

① 《朱文公集·井田类说》。

② 黎靖德编:《朱子语类》卷一百零八,北京:中华书局2007年版,第2680页。

③ 《陆九渊集》卷十二,北京:中华书局2010年版,第442页。

④ 《大学解》,《薛季宣集》卷二十九,上海:上海社会科学院出版社2003年版,第409页。

⑤ 《四弊》,《陈亮集》(增订本)卷十二,北京:中华书局1987年版,第140页。

人们把理财与聚敛混为一谈，使得有德行的君子都回避理财，不屑言利，理财之权就落入了小人手中，君子坐视小人以理财为名，行聚敛之实，社会经济伦理就必然败坏，而出现经济乱象和危机。

元代呈现出与宋代不同的社会生产方式和经济政治格局，由此产生了新的经济伦理关系。如果我们不戴"汉族正统"的有色眼镜来看，公允地说，元代实现了中国历史上空前的大"六合"：

地理之合：国土面积达到四千万平方公里，实现了横跨欧亚、幅员辽阔的史上最大版图。

农商之合：活动半径大、流动性强的游牧生产方式与中原传统的农耕生产方式，由对抗转为共存、交融和互利，促进了交通、商品流通和海外贸易的发展。

民族之合：蒙古族统治者由最初的排汉，很快改为行汉法治天下，以开放胸怀容纳了各民族的文化。

宗教之合：蒙古族人多为萨满教徒，但元代统治者对其他民族宗教信仰如伊斯兰教、基督教、佛教异常宽容，允许百姓信仰自由，相安无事。

士民之合：元代社会阶层分层发生了颠覆性变化，蒙古人、色目人居于上层，而汉人地位下降，虽然朝廷也会起用汉人中极少数儒士为官，以制衡各阶层关系，但大多数中原儒士的原有社会精英地位已不复存在，他们不得不选择隐居，或流落到他们过去不屑于为伍的处于社会底层的普通百姓中，客观上促成了儒士与庶民的融合。

思想之合：元儒在学术成就上，再也没有达到两宋的高度，也没有出现特别杰出的代表人物和特别有价值的学术争辩，但他们还是继承了理学和心学的传统，并使二者合流，尤其注重修正宋末理学的空疏风气，而致力于实学转向，为巩固和发展元代经济提供了务实的伦理导向。

元代最具代表性的思想家是最早事元的北方儒家郝经。他率先对元朝及其统治下的经济社会作了"存在即合理"的道德论证：

> 天无必兴，惟善是兴；民无必从，惟德是从。[1]

---

① 郝经：《陵川集》卷十九，《时务》。

他为元取代宋，建立新的经济社会秩序提出了“取治有道”的伦理忠告与建议：

取之以道，治之以道，其统一以远；取不以道，治之以道者，次之；取与治皆不以道者，随得而随失。[①]

这个“道”就是全面的经济伦理之道：

修仁义，正纲纪，立法度，辨人才；屯戍以息兵，务农以足食，时使以存力，轻赋以实民；设学校以厉风俗，敦节义以立廉耻，选守令以宣恩泽。[②]

轻敛薄赋以养民力，简静不繁以安民心，省官吏以去冗食，清刑罚以布爱利。[③]

郝经的这些具有伦理合理性的主张被元世祖忽必烈采纳，成为元初恢复经济，迅速走向安定和平的伦理导向。

另一位元儒许衡，提出了更为具体的经济伦理主张，即农商并重以“治生”，安心定志以“养民”，节用有度以“常足”，工贸交换以“生财”：

为学者，治生最为先务。……治生者，农工商贾而已，士子多以务农为生，商贾虽为逐末，亦有可为者。果处之不失义理，或以姑济一时，亦无不可。[④]

农工商贾，勤其事，而所享有限，故皆有定志，而天下以治。……夫天下所以定者，民志定也。民志定，则士安于为士，农安于为农，工商安于工商，而在上一人有可安之理。[⑤]

地力之生物，有大数。人力之成物，有大限。取之有度，用之有节，用常足；取之无度，用之无节，则常不足。生物之丰歉由天，用物之多少由人。[⑥]

---

① 郝经：《陵川集》卷十八，《思治论》。
② 同上。
③ 郝经：《陵川集》卷三十二，《河东罪言》。
④ 许衡：《鲁斋遗书》卷十三，《附录》，《国学事迹》。
⑤ 许衡：《鲁斋遗书》卷二，《语录下》。
⑥ 许衡：《鲁斋遗书》卷四，《大学直解》。

人君于百工技艺能招来安辑他，则百工每将他工作互相换易，以生货财，国家用度自然充足。故曰：来百工则财用足。[①]

综上，宋元经济伦理思想的一大特点，就是由宋“不抑商”的空前举措与工商业的高度发达，以及元游牧民族天然的商业意识与开放精神所决定的。这使得先秦以来的义利之辨在宋元后获得了更加丰富实在的思想内容，特别是对“利”的概念，除了二程比较决绝地否定以外，争辩各方的思想家都作了更多元的解析，大都倾向认为与从商密切相关的“实利”越来越接近于现代经济伦理学所界定的、作为社会主体驱动力的经济利益概念。更有一部分儒者提出了面向经济、面向社会、面向行动的“义利和合”的经济伦理策论和主张，对宋元经济的发展起到了伦理导向的作用。

二、新儒学经济伦理思想中的人格选择与道德修养

考察宋元经济伦理思想史，必须承认，作为新儒学的理学自始至终占据着主导地位，宋史中被称为大师的思想家都是理学家。可以说，宋元经济伦理思想基本上就是理学的经济伦理思想。

理学又称道学。之所以是新儒学，在于宋儒改变了汉儒治经侧重于名物训诂的传统，而重在阐释义理、兼论性命。北宋肇始，即有“理学三先生”胡瑗、孙复、石介；而理学的实际创始人是“北宋五子”周敦颐、邵雍、张载、程颢与程颐，至朱熹集大成，达到理学的高峰，建立了相对完整的理学思想理论体系。其间分出陆九渊心学一派，提出“心即理”，与程朱派分庭抗礼，但仍可说是理学的变种和分支，属于新儒学这一大范畴。

理学的发端与兴起，使中国经济伦理思想史发生了根本性的转折，即由注重国家经济政策和社会经济政治生活规范的层面，转向更加关注个人生活，主要是儒者士大夫个人生活德行的层面。理学家对义理的阐释，多指向自身的道德人格修养。因此他们的经济伦理思想主要不是用来教化大众，而是用来培育精英或自我欣赏。

理学的思想渊源为儒、释、道三家。周敦颐少时曾师从禅师，参禅问道；

① 许衡：《鲁斋遗书》卷五，《中庸直解》。

张载在研习儒家经典后，又遍访释、老；程颢自十五六岁始，泛滥于老、释者几十年；而朱熹也自称出入释、老十余年。所以，宋儒的思想或多或少受到了佛学禅宗“直指人心，见性成佛”的悟道之说的影响。但是，最大的影响还是来自先秦孟子之学。先秦以降，儒学的发展有两个基本方向，一个是荀子之学，重在考察国家和社会问题，力图提供现实的社会经济政治治理方略，谋求建立理想的合乎礼义的经济伦理秩序，这一方向被汉唐儒者所承续；另一个是孟子之学，强调以内心信仰为根据的个人德性品行，追求安身立命的生命价值和意义，并由此发散引领社会风气，这一方向被宋儒理学所发扬。

所以，经济伦理之道，首先在学做人，塑造君子人格，重实轻名：

> 实胜，善也；名胜，耻也。故君子进德修业，孳孳不息，务实胜也。德业有未著，则恐恐然畏人知，远耻也。小人则伪而已矣。故君子日休，小人日忧。[①]

其次要藐视身外的富贵，财富是有限的，永远不能满足人们贪得无厌的欲望，只有内心特立的道义才是人生真正取之不尽的至贵：

> 天下之富贵，假外者皆有穷已，盖人欲无厌而外物有限，惟道义则无爵而贵，取之无穷矣。[②]
>
> 无道而得富贵，其为可耻，人皆知之而不处焉，惟特立者能之。[③]

朱熹在《论语集注》《孟子集注》等著作中，更全面系统地阐发了在经济与伦理的关系中，人格方向的选择至关重要：

> 言君子所以为君子，以其仁也。若贪富贵而厌贫贱，则是自离其仁，而无君子之实矣，何所成其名乎？[④]
>
> 谄，卑屈也。骄，矜肆也。常人溺于贫富之中，而不知所以自守，故必有二者之病。无谄无骄，则知自守矣，而未能超乎贫富之外也。……乐则心广体胖而忘其贫，好礼则安处善，乐循理，亦不自知其富矣。[⑤]

---

① 周敦颐：《周子通书》第二十三，上海：上海古籍出版社2000年版，第36页。

② 《学大原下》，《张载集·经学理窟》，北京：中华书局2010年版，第282页。

③ 《二程集·河南程氏粹言》卷一，北京：中华书局2004年版，第1174页。

④ 朱熹：《论语集注》。

⑤ 同上。

恒，常也。产，生业也。恒产，可常生之业也。恒心，人所常有之善心也。士尝学问，知义理，故虽无常产而有常心。民则不能然矣。[①]

如此强调反求内心，岂不是与经济伦理相去甚远？其实不然，这仍然是宋元经济伦理思想最重要的内容和特色。在朱熹们看来，最重要的不是经济制度的伦理合理性和经济行为的伦理规范，更不是财富的多寡和恒产的有无，而是在社会经济关系中，个人的伦理素质与个人的自守。有则善，无则恶；有则贵，无则耻；有则恒，无则失。同时，他们所强调的个人伦理素质，是针对社会精英阶层而言的。对于一般社会芸芸众生，他们承认财富和"利"的作用，承认"仁义未尝不利""民有常产而有常心"的道理。

三、经济伦理矛盾加剧和经济伦理思想交锋

宋代是继汉唐以后第三个持续绵延跨越四个世纪的长命的朝代，一般看来，宋所面临的社会矛盾总体上与汉唐差不多。但仔细考察可以发现，宋代的经济与伦理之间发生了前所未有的深刻矛盾和冲突。

如前所述，在经济上，宋以前的历朝历代都是典型的以农耕生产方式为主的自然经济，重农抑商、农本商末，每一家农户就是一个生产单位，除赋税之外，粮食与经济作物均自耕自种、自产自销、自给自足。如果没有天灾人祸、兵荒马乱，千千万万个一家一户就可以祖祖辈辈与人无争、与世无争地生活下去。这种生活方式就决定了，在这些朝代，经济和伦理总体上处于一种基本和谐的状态。宋元则不然。

从宋到元，发生若干重大的社会矛盾，直接导致经济与伦理之间的和谐与平衡被打破。

首先，宋朝"不抑商"的经济政策使工商业有了突飞猛进的发展，而商业与农业、商贾与农人的处世方式以及处理财富与人际关系的方法是根本不同的。所谓"在商言商""亲兄弟明算账"，是商人的信条和规则。商业的本质决定了商人一定要在流通领域里逐利和竞争，激烈竞争的商业领域如同冷酷无情的战场，只信奉优胜劣汰、成王败寇，唯一的标准就是取得赢利的

① 朱熹：《孟子集注》。

优势和胜势。由此，原来以农为本、以家为业、以血缘为纽带的小农经济伦理关系被撕裂，新兴商业的不稳定的竞争伦理与传统农耕的超稳定的“不争”伦理发生了尖锐对立。

其次，宋代中期特别是南宋时期，民族矛盾上升和激化，中原汉族在与北方少数民族的冲突对抗中屡屡受挫，一退再退，偏安一隅，直至被元所灭。在这一段历史时期，持有正统伦理观念的中原人士倍感屈辱。在大敌当前、内忧外患的态势下，儒者莫衷一是，昔日那些唯我独尊的儒家伦理思想体系似乎显得空泛无力、不堪一击。由此，儒者迅速分化，形成了春秋诸子百家以来难得的又一次广泛深入的思想争鸣和交锋的局面。

再次，元统一中国前后，游牧和农耕两大生产方式及其所蕴含的两种伦理精神也产生了巨大的摩擦和碰撞。总的来说，蒙古游牧民族是马背上的民族，天生富有开放、扩张、勇猛、进取、自由的伦理精神，世代在辽阔的草原迁徙流动，伦理规范简单实用，从未受过中原礼教的束缚，相应的文明和文化程度低于汉族。而占人口大多数的汉族，则偏于守成、因循、安分、忍让、稳定，并受到一千多年儒家伦理思想的熏染和礼教的约束。两种经济形式、两种伦理生活方式交叉易位，形成复杂多元的经济伦理矛盾。

这些前所未有的矛盾，反映在宋元经济伦理思想史上，就是此起彼伏的思想交锋。这使得这一时期的经济伦理思想充满着活力，并通过不同学派不同思想观点的相互批判和较量，不断产生出新的思想成果，有的达到了思想史上的高峰。

最有价值的并且为后人所瞩目的思想交锋有：

张载与王安石关于恢复“井田制”的争论。其经济伦理意义在于，土地制度安排中的公平与效率何者优先的问题，以及公平能否实现的现实合理性问题。

王安石与司马光、二程等儒者关于熙宁新法的争论。这一争论主要围绕国家安全和政治稳定展开，但也大量涉及经济政策和理财方略的伦理合理性问题。

朱熹与陈亮关于王道霸道的争论。这一争论以直接对话的书信方式持续近三年之久，成为思想史上的一段佳话。在经济伦理思想上，王霸之辨涉及正确的义利观能否实现和如何实现的问题，也涉及判断“求利”的经济行为是否符合义的道德评价标准，是看其行为动机还是看其实际功效的问题。

朱熹与陆九渊关于天理人欲的争论。这一争论是最具理论深度的，直接宣示了理学与心学的分野。在经济伦理思想上，则进一步撇清了公私及其善恶利害关系。

贯穿两宋始终的理学与功利学派的争论。严格地说，这不是争论，是思想界两大流派相反相成、蔚为壮观的分立。前者以北宋二程、南宋朱熹为代表，后者以北宋王安石、南宋永嘉永康诸子为代表。前者致力于重塑精神信仰，坚信无信仰的社会即使再富有也是不能持久的，但却对现实社会危机束手无策。后者力戒清谈，努力寻求富有实效的经济伦理对策，以维护国家富强、社会富足，但其结果仍然是于事无补。

四、经济伦理思想的实学转向

有学者认为，在宋儒中唱主角的，“不在理学，而在与理学相反抗之功利思想。此派之特点在斥心性之空谈，究富强之实务”。是谓“儒学之革命运动”[①]。

宋代功利学派以其“务实”的特点可称为实学，即“实体达用之学”。但广义的实学并不仅限于功利学派，更泛指所有戒空疏重实效的思想倾向和政策取向。实学应运而生的社会根源在于宋元经济政治发展变化的时势，而其思想背景正在于其反对的理学。物极必反，否极泰来，当理学发展到极致时，其思想流于空疏虚浮、无济于事的弊端暴露无遗，而实学的转向也就顺理成章、实至名归了。

实学的发轫最早在北宋欧阳修、李觏、王安石那里已有端倪。王安石强调，再好的理念和法度也要因“时变”而变：

> 圣人所以贵乎权时之变者也。[②]
>
> 圣人之心不求有为于天下，待天下之变至焉，然后吾因其变而制

---

① 萧公权：《中国政治思想史》，北京：新星出版社 2005 年版，第 296 页。

② 王安石：《临川集》卷六十七，《非礼之礼》。

之法耳。[①]

南宋陆九渊，虽不是功利学派，但他却洞悉了理学的致命弱点在不践履，并有针对性地提出了“实学”概念：

为学有讲明，有践履。……然必一意实学，不事空言，然后可以谓之讲明。若谓口耳之学为讲明，则又百圣人之徒矣。[②]

依陆九渊的理解，实学包括“讲明”和“践履”，是二者的统一。不讲明就践履，是“冥行”；只讲不践，是“空言”，而且也讲不明。

南宋功利学派薛季宣、吕祖谦、陈傅良、陈亮、叶适等人，更是步步落实在实行、实效上，“教人就事上理会，步步著实，言之必使可行，足以开物成务”[③]。

功利派的实学转向是从抨击理学空疏麻木萎靡的流弊开始的，如陈亮就痛陈，在国家危难、世风日下、百姓水深火热、国恨家仇交织之际，儒者仍然无动于衷，痴迷于心性修养一类废话，“相蒙相欺以尽废天下之实”[④]，实属可恶：

今世之儒士自以为得正心诚意之学者，皆风痹不知痛痒之人也。举一世安于君父之仇，而方低头拱手以谈性命，不知何者谓之性命乎！[⑤]

本朝以儒立国，而儒道之振独优于前代。今天下之士烂熟委靡，诚可厌恶。[⑥]

陈亮向南宋朝廷进言，提出了大量“不可苟安”，积极作为，大权独揽，小权分散，官民一家，农商互补的改革变通之策，招招落在实处，而“非以空言动人”。

与陈亮的强烈的批儒以挽危治世的倾向不同，叶适则强调在儒学内部恢复经世致用的事功态度：

读书不知接统绪，虽多无益也；为文不能关教事，虽工无益也；笃行

① 王安石：《临川集》卷六十七，《夫子贤于尧舜》。
② 《与赵咏道》，《陆九渊集》卷十二，北京：中华书局2010年版，第160页。
③ 黄宗羲原著，全祖望补修：《艮斋学案》，《宋元学案》卷五十二，北京：中华书局1986年版，第1696页。
④ 《送吴允成运干序》，《陈亮集》（增订本）卷二十四，北京：中华书局1987年版，第271页。
⑤ 《上孝宗皇帝第一书》，《陈亮集》（增订本）卷一，北京：中华书局1987年版，第9页。
⑥ 《上孝宗皇帝第三书》，《陈亮集》（增订本）卷一，北京：中华书局1987年版，第14页。

而不合于大义，虽高无益也；立志而不存于忧世，虽仁无益也。[①]

叶适认为，实学，既指事理功效之用，也指道德修养之义：

学，实而已，实善其身，实仪其家。移以事君，实致其义，古今共之，不可改也。[②]

但是，二者之间，功效为实。"既无功利，则道义者乃无用之虚语尔。"[③]

至宋末元初，理学式微，几成"无用之学"代名词。儒者由宋金入元，痛定思痛，开始积极反思理学"学用脱节""繁文缛节""清高迂阔""不识时务""丧身亡国"的教训，群起而责之：

穷之所学，非达之所用；达之所用，非穷之所学。[④]

圣经一言，训释百言、千万言，愈博而愈不知其要，……临事懵然者众矣。[⑤]

浮诞补缀之词章，清高虚旷之议论，垢玩姑且之政事，百五六十年后亡，独非幸耶？[⑥]

高者谈性理，卑者矜诗文，略不知兵财政型为何物。卒致万事不理，丧身亡国。[⑦]

自宋末年尊朱熹之学，唇腐舌弊，止于《四书》之注。……请谈危坐，卒至亡国而莫可救。[⑧]

即使是坚持理学立场的儒者，如刘因、郝经、许衡，也反躬自省，尝试将理学实学化。而此时的实学，即从"实体"之学，进到了"达用"之学。如郝经就提出学习"名教有用之学"的主张：

谓夫虚无惚恍而不可稽极者，非道也；谓夫艰深幽阻高远而难行

① 《赠薛子长》，《叶适集》卷二十九，北京：中华书局1961年版，第608页。
② 《郭府君墓志铭》，《叶适集》卷十二，北京：中华书局1961年版，第246页。
③ 叶适：《习学记言序目》卷二十三，北京：中华书局1977年版，第324页。
④ 吴澄：《草庐吴文正公文集》[明成化二十年(1484)抚州刻本]。
⑤ 胡祗遹：《紫山大全集》卷二十六。
⑥ 陆文圭：《墙东类稿》，《送曹士宏序》。
⑦ 周密：《癸辛杂识》，《续集下》，《道学》。
⑧ 袁桷：《清容居士集》，北京：中华书局1985年版；参见周少川《元初对宋末空疏风气的反正》，载《北京师范大学学报》2003年第5期。

者，非道也；谓夫寂灭空阔而恣为诞妄者，非道也。[①]

他对理学流弊敢于说"不"：

不学无用学，……不作章句儒。[②]

不溺于训诂，不流于穿凿，不惑于议论，不泥于高远。[③]

衡量所学的唯一标准就是"必有用"：

必有用，故亦必有为。必有为，故天下无不可为之世，亦无不可为之时。[④]

为有用之学，待有用之几，行有用之事。[⑤]

许衡则进一步把有用之学解释为"道不远人""身体力行""日用常行"：

君子之人中庸之道身体而力行之，日用常行无不是这个道理。[⑥]

凡事排得著次第，大而君臣父子，小而盐米细事，总谓之文；以其合宜，又谓之义；以其可以日用常行，又谓之道。[⑦]

除了理论上删繁就简、由虚而实以外，郝经、许衡确实为元初恢复重建社会秩序，包含经济伦理秩序，提出了许多"达用"可行的对策建议。

元代实学最彻底的表现，在于其推行的货币制度和农业制度中体现出来的大量"达用"的货币伦理思想和农业伦理思想。本卷第六章专辟一章作了详述，此处不赘。

宋元的实学转向，在思想史上是带有"革命"（萧公权语）意义的，也使得中国经济伦理思想发生了由古代到近代的转折。当下中国重提"空谈误国，实干兴邦"，其思想之源可以追溯到此。

① 郝经：《陵川集》卷十七，《道》。

② 郝经：《陵川集》卷二十，《志箴》。

③ 郝经：《陵川集》卷十九，《经史》。

④ 郝经：《陵川集》卷十九，《立志》。

⑤ 郝经：《陵川集》卷三十七，《与宋国两淮制置使书》。

⑥ 许衡：《鲁斋遗书》卷五，《中庸直解》。

⑦ 许衡：《鲁斋遗书》卷一，《语录上》。

结　语

本卷所论述的宋元经济伦理思想史，处于中国经济伦理思想史的中段。此时的欧洲正处在神学统治下的中世纪，中国的发展无论在经济政治领域，还是在思想道德领域，都居于世界领先位置。单就经济伦理思想的发展轨迹来说，也达到了继先秦、两汉、盛唐以后的又一峰值。

宋元经济伦理思想史从时序上可以划分为北宋、南宋和元代三个时期。

北宋是中国经济最发达的时期，其工商业得到了前所未有的发展，繁荣程度远超汉唐，并在世界上遥遥领先。这使得北宋社会的经济伦理关系也发生了巨变，商贾的地位显著提高，世俗商业伦理已经突破传统家庭伦理和乡土伦理的界限，成为相对独立的伦理形式。伴随寺院经济发展而来的以新禅宗为主流的佛教经济伦理也得以兴盛。北宋的思想界异常活跃，产生了超越汉儒传统的新儒学，“北宋五子”周敦颐、邵雍、张载、二程，五峰并峙，使理学独树一帜，其影响力至今犹存。以王安石为代表的功利学派也横空出世，比欧洲功利主义早了600多年。王安石熙宁变法虽然失败了，但其功利主义思想却一直被继承下来，成为经济伦理思想的重要流派。

南宋在经济上虽然保持着强势，但在政治军事上已经陷入内忧外患，其末期更是朝不保夕。可是，忧患动荡的时期恰恰就是思想最开放多元、禁锢最少、成果最多的时期。南宋出现了整个宋元时期最伟大的思想家朱熹，他在中国哲学史和中国经济伦理思想史中占据着非常显著的地位。但朱熹在把程朱理学推向高峰的同时，也使其空疏虚浮的弊端暴露无遗，理学从此开始走下坡路。同时期，陆九渊创立心学，提倡实学，成为影响后世的又一个大的学派。而以薛季宣、陈亮、叶适为代表的永嘉、永康学派诸子则继承了北宋功利派传统，将其发扬光大，成为显学。

元在中国历史上创造了多个第一。“一代天骄，成吉思汗”，元代是第一个由少数民族统治者登基的中央政权，是史上国土面积最大的朝代，也是中原传统经济结构和正统伦理秩序受到冲击最大、破坏最严重的时期。与宋代的辉煌相比，元代思想界显然黯淡许多。但这一时期的经济伦理思想也有亮点。以郝经、许衡为代表的元儒，勉力于实体达用之学，一扫宋末儒学近乎无用的颓势。而更有实用价值的经济伦理思想，体现在元代推行的新货币管理体制和颁布的多部农书之中。

宋元经济伦理思想史在内容上主要是围绕三大命题展开的，即“义利之辨”“王霸之辨”和“理欲之辨”。

义利之辨始终是中国经济伦理思想发展的主线，宋元也不例外。宋儒各派对义和利都作了更为详尽的阐释，对先秦以来的义利观作了全面的解读，大多数论述不再把义利绝对对立起来，尽管对义利孰轻孰重、孰先孰后、孰出孰入仍有分歧和争议，但都承认在社会经济层面上，义利的相合和统一是不争的事实。

王霸之辨是义利之辨向外伸展，在“外王”层面的展开。由于两宋特别是南宋时期，国家处于亦强亦弱、动荡不安的状态，王道霸道之争论显得格外突出和激烈。

理欲之辨是义利之辨向内收敛，在“内圣”层面的展开。这是宋代所特有的辨析，程朱提出的“存理灭欲”，成为经济伦理思想史上争议最大的命题，也是被后世曲解和抨击最多的命题。

宋元经济伦理思想史在表现形式上呈现出多样性，百花齐放，异彩纷呈。

理学在整个宋元时期是思想主流，一改汉儒重名物训诂，继承荀学的传统，把重心放在阐释义理、继承孟学的理路上，改变了儒学发展的轨迹，特别是朱子之学成为影响明清儒学的最大思想源泉。

理学本身又细分出许多派别，如周敦颐的濂学、张载的关学、二程的洛学，以及由理学分化出的陆九渊的心学。理学之外，也产生了影响深远的学派，如北宋王安石的荆公新学，南宋的永嘉学派、永康学派等。他们都为宋元经济伦理思想提供了异彩纷呈的学术资源和成果。

宋元经济伦理思想史在走向上可以概括为由外而内、高开低走、虚极实来。

所谓由外而内，是指宋代新儒学把对“义利之辨”的论说，由社会生活规范层面，转向了个人生活修养层面；由世俗民众层次，转向了儒者士大夫层次。这是自北宋即开始的一个基本走向。

所谓高开低走，是指宋代经济伦理思想起点很高，至朱熹达到最高点，而后由于南宋时局由盛而衰，由强而弱，加之程朱理学自身的弱点日益显现，至宋末，逐渐失去了活力。而元代则进入了低潮期。

所谓虚极实来，是指占主流的理学思想疏离社会现实生活，虚到极致，整个宋元思想就转向了实学，为学力求“实体达用”，把“事功”“有用”作为学问的有效标准。

综上，宋元经济伦理思想史蕴含着丰富而宝贵的思想资源，对于当代中国社会经济伦理建构和经济伦理学研究具有不可或缺的借鉴和启示作用。

主要参考文献

中文文献

1. 马克思恩格斯文集. 1—10卷. 北京:人民出版社,2009

2. 马克思恩格斯选集(第三版). 1—4卷. 北京:人民出版社,2012

3. 马克思. 资本论. 三卷. 北京:人民出版社,2004

4. 二程集. 北京:中华书局,2004

5. 陈柄德修,赵良霨纂. 旌德县志. 民国十四年(1925)重刊本. 台北:成文出版社,1975

6. 陈淳. 北溪字义. 北京:中华书局,2009

7. 陈高华等点校. 元典章. 天津:天津古籍出版社,北京:中华书局,2011

8. 陈亮. 陈亮集增订本. 北京:中华书局,1987

9. 陈秋平,尚荣译注. 金刚经·心经·坛经. 北京:中华书局,2007

10. 程钜夫. 雪楼集. 湖北先正遗书本

11. 郭成伟点校. 大元通制条格. 北京:法律出版社,2000

12. 郝经. 陵川集. 吴广隆编,马甫平点校. 太原:山西古籍出版社,2006

13. 胡宏. 胡宏集. 北京:中华书局,1987

14. 胡祗遹. 紫山大全集. 四库全书珍本

15. 黄榦. 勉斋集. 上海:上海古籍出版社,1989

16. 黄淮,杨士奇编. 历代名臣奏议. 上海:上海古籍出版社,2012

17. 黄宗羲著,沈芝盈点校. 明儒学案. 北京:中华书局,2008

18. 黄宗羲原著,全祖望补修. 宋元学案. 北京:中华书局,1986

19. 焦循. 孟子正义. 北京:中华书局,2004

20. 黎靖德编. 朱子语类. 北京:中华书局,2007
21. 李觏. 李觏集. 北京:中华书局,1981
22. 李士瞻. 经济文集. 湖北先正遗书本
23. 刘宝楠. 论语正义. 北京:中华书局,1957
24. 刘敏中. 中庵集. 四库全书本
25. 鲁明善. 农桑衣食撮要. 王毓瑚校注. 北京:农业出版社,1962
26. 陆九渊. 陆九渊集. 北京:中华书局,2010
27. 陆文圭. 墙东类稿. 永乐大典本
28. 吕祖谦. 吕祖谦全集. 杭州:浙江古籍出版社,2008
29. 马端临. 文献通考. 北京:中华书局,1986
30. 欧阳修. 欧阳修全集. 北京:中华书局,2001
31. 钱大昕著,陈文和点校. 十驾斋养新录. 上海:上海书店,1983
32. 阮元校刻. 十三经注疏. 北京:中华书局,1980
33. 释道原. 景德传灯录. 扬州:广陵书社,2007
34. 释赞宁. 宋高僧传. 北京:中华书局,1987
35. 双全修,顾兰生纂. 广丰县志. 清同治十一年(1872)刊本
36. 宋濂等撰. 元史. 北京:中华书局,1976
37. 苏轼. 苏轼文集. 北京:中华书局,1986
38. 苏天爵编. 国朝文类. 北京:社会科学文献出版社,2015
39. 苏天爵编. 元文类. 北京:商务印书馆,1936
40. 苏天爵. 滋溪文稿. 北京:中华书局,1997
41. 苏天爵辑撰,姚景安点校. 元朝名臣事略. 北京:中华书局,1996
42. 苏洵. 苏洵集. 北京:中国书店出版社,2000
43. 苏舆. 春秋繁露义证. 北京:中华书局,1992
44. 孙希旦. 礼记集解. 北京:中华书局,2007
45. 陶宗仪. 南村辍耕录. 北京:中华书局,1959
46. 脱脱. 宋史. 北京:中华书局,1977
47. 脱脱等编. 宋史全文. 北京:中华书局,2016
48. 王安石. 王安石全集. 长春:吉林人民出版社,1996
49. 王夫之. 船山思问录. 上海:上海古籍出版社,2000
50. 王夫之. 读四书大全说. 北京:中华书局,1975
51. 王夫之. 读通鉴论. 北京:中华书局,1975

52. 王夫之. 宋论. 北京：中华书局，2009
53. 王聘珍. 大戴礼记解诂. 王文锦点校. 北京：中华书局，2004
54. 王圻. 续文献通考. 山东：齐鲁书社，1997
55. 王伟. 王文忠公集. 金华丛书本
56. 王先谦. 荀子集解. 北京：中华书局，2008
57. 王恽. 秋涧先生大全文集. 四部丛刊初编本
58. 王祯. 王祯农书. 王毓瑚校. 北京：农业出版社，1981
59. 王梓材，冯云濠. 宋元学案补遗. 北京：中华书局，2012
60. 魏源. 元史新编. 邵阳魏慎微堂清光绪三十一年(1905)刻本
61. 吴澄. 草庐吴文正公文集. 明成化二十年(1484)抚州刻本
62. 许衡. 鲁斋遗书. 钦定四库全书本
63. 许衡. 许衡集. 北京：东方出版社，2007
64. 许衡. 许文正公遗书. 清乾隆五十五年(1790)刻本
65. 薛季宣. 薛季宣集. 上海：上海社会科学院出版社，2003
66. 姚燧. 牧庵集. 顾氏秀野草堂清康熙三十三年(1694)刻本
67. 叶适. 习学记言序目. 北京：中华书局，1977
68. 叶适. 叶适集. 北京：中华书局，1961
69. 道润梯步. 新译简注《蒙古秘史》. 呼和浩特：内蒙古人民出版社，1978
70. 佚名撰，郭成伟点校. 大元通制条格. 北京：法律出版社，2000
71. 佚名撰，余大钧译注. 蒙古秘史. 石家庄：河北人民出版社，2001
72. 虞集. 道园学古录. 四部丛刊初编本
73. 元大司农司编，马宗申译注.《农桑辑要》译注. 上海：上海古籍出版社，2008
74. 元大司农司编撰. 农桑辑要. 北京：中国书店，2007
75. 袁桷. 清容居士集. 北京：中华书局，1985
76. 张之翰. 西岩集. 影印清乾隆文渊阁钞本. 上海：上海商务印书馆，民国二十三至二十四年(1934—1935)
77. 张金城修，杨浣雨纂. 乾隆宁夏府志. 银川：宁夏人民出版社，1992
78. 张载. 张载集. 北京：中华书局，2010
79. 真德秀. 大学衍义. 上海：华东师范大学出版社，2010
80. 周敦颐. 周子通书. 上海：上海古籍出版社，2000
81. 周密撰，吴企明点校. 癸辛杂识. 北京：中华书局，1988
82. 朱熹，吕祖谦. 近思录. 上海：上海古籍出版社，2008

83. 朱熹.四书章句集注.北京:中华书局,2005

84. 朱熹.周易本义.北京:中国书店,1994

85. 朱熹.朱子全书.上海:上海古籍出版社,2010

86. 朱熹撰,黄坤点校.四书或问.上海:上海古籍出版社,合肥:安徽教育出版社,2001

87. 白寿彝.中国伊斯兰史存稿.银川:宁夏人民出版社,1983

88. 蔡美彪,周良霄,周清澍等.中国通史.七册.北京:人民出版社,2009

89. 蔡元培.中国伦理学史.北京:商务印书馆,1999

90. 常乃悳.中国思想小史.上海:上海古籍出版社,2005

91. 陈得芝.蒙元史研究丛稿.北京:人民出版社,2005

92. 陈高华,史卫民.中国风俗通史(元代卷).上海:上海文艺出版社,2001

93. 陈高华,史卫民.中国经济通史(元代经济卷).北京:经济日报出版社,2000

94. 陈高华,史卫民.中国政治制度通史.第八卷元代(修订版).白钢主编.北京:社会科学文献出版社,2011

95. 陈高华,吴泰.宋元时期的海外贸易.天津:天津人民出版社,1981

96. 陈谷嘉.元代理学伦理思想研究.长沙:湖南大学出版社,2010

97. 陈焕章.孔门理财学.翟玉忠译.北京:中央编译出版社,2009

98. 陈来,杨立华,杨柱才,方旭东.中国儒学史(宋元卷).北京:北京大学出版社,2011

99. 陈来.宋明理学.沈阳:辽宁教育出版社,1991

100. 陈来.中国近世思想史研究.北京:商务印书馆,2003

101. 陈苏镇,张帆编.中国古代史读本.北京:北京大学出版社,2006

102. 陈瑛.中国伦理思想史.贵阳:贵州人民出版社,1985

103. 陈勇勤.中国经济思想史.郑州:河南人民出版社,2008

104. 陈勇勤.中西方经济思想的演化及比较研究.北京:中国人民大学出版社,2006

105. 陈垣.元西域人华化考.上海:上海古籍出版社,2000

106. 陈正夫,何植靖.许衡评传.南京:南京大学出版社,1995

107. 邓广铭.北宋政治改革家王安石.北京:生活·读书·新知三联书店,2007

108. 邓广铭.宋史十论.北京:中华书局,2015

109. 邓小南.祖宗之法(修订版).北京:生活·读书·新知三联书店,2014

110. 董小苏主编.郝经研究集.太原:山西古籍出版社,1998

111. 杜维明.现代精神与儒家传统.北京:生活·读书·新知三联书店,1997

112. 方旭东.吴澄评传.南京:南京大学出版社,2011

113. 冯友兰.中国哲学史新编.北京:中华书局,1982

114. 傅筑夫.中国古代经济史概论.北京:中国社会科学出版社,1981

115. 葛荣晋.中国实学思想史.上卷.北京:首都师范大学出版社,1994

116. 葛兆光.中国思想史.上海:复旦大学出版社,1998

117. 耿世民.回鹘文社会经济文书研究.北京:中央民族大学出版社,2006

118. 桂栖鹏.元代进士研究.兰州:兰州大学出版社,2001

119. 郭小东.中国经济精神.广州:广东人民出版社,2007

120. 韩儒林主编.元朝史.北京:人民出版社,1986

121. 何炳松.浙东学派溯源.桂林:广西师范大学出版社,2004

122. 侯外庐主编.中国思想通史.第四卷下册.北京:人民出版社,2011

123. 侯外庐,邱汉生,张岂之主编.宋明理学史.北京:人民出版社,1997

124. 胡寄窗,谈敏.中国财政思想史.北京:中国财政经济出版社,1989

125. 胡寄窗.中国古代经济思想的光辉成就.北京:中国社会科学出版社,1981

126. 胡寄窗.中国经济思想史.上海:上海人民出版社,1981

127. 黄海涛.明清实学经济伦理思想研究.昆明:云南大学出版社,2007

128. 翦伯赞.中国史纲.上海:上海生活书店,1947

129. 姜广辉主编.中国经学思想史.北京:中国社会科学出版社,2003

130. 姜国柱.中国思想通史(宋元卷).武汉:武汉大学出版社,2011

131. 姜锡东.宋代商人与商业资本.北京:中华书局,2002

132. 赖永海.中国佛性论.上海:上海人民出版社,1988

133. 李幹.元代社会经济史稿.武汉:湖北人民出版社,1985

134. 李剑农.宋元明经济史稿.北京:生活·读书·新知三联书店,1957

135. 李剑农.中国古代经济史稿.武汉:武汉大学出版社,2006

136. 李泽厚.中国古代思想史论.北京:人民出版社,1986

137. 梁启超.论中国学术思想变迁之大势.上海:上海古籍出版社,2001

138. 梁启超.王安石传.任浩之译.武汉:武汉出版社,2013

139. 梁漱溟.中国文化要义.上海:上海世纪出版集团,2003

140. 刘可风主编.企业伦理理论与实践.武汉:湖北人民出版社,2007

141. 刘可风,龚天平,冯德雄主编.企业伦理学.武汉:武汉理工大学出版社,2011

142. 刘可风.当代经济伦理问题的求索.武汉:湖北人民出版社,2007

143. 刘晓.元史研究.福州:福建人民出版社,2006

144. 刘迎胜.蒙元帝国与 13—15 世纪的世界.北京:生活·读书·新知三联书

店，2013

145. 鲁奇. 中国古代农业经济思想——元代农书研究. 北京：中国科学技术出版社，1992

146. 陆晓禾，[美]乔治・恩德勒编. 发展中国经济伦理. 上海：上海社会科学院出版社，2003

147. 路兆丰. 中国古代农书的经济思想. 北京：新华出版社，1991

148. 罗国杰主编. 中国伦理思想史. 北京：中国人民大学出版社，2008

149. 马伯煌主编. 中国经济政策思想史. 昆明：云南人民出版社，1993

150. 马一浮. 复性书院讲录. 南京：江苏教育出版社，2005

151. 么书仪. 元代文人心态. 北京：文化艺术出版社，2001

152. 蒙思明. 元代社会阶级制度. 上海：上海人民出版社，2006

153. 蒙文通. 儒学五论. 桂林：广西师范大学出版社，2007

154. 牟宗三. 从陆象山到刘蕺山. 上海：上海古籍出版社，2001

155. 牟宗三. 心体与性体. 上海：上海古籍出版社，1999

156. 牟宗三. 政道与治道. 桂林：广西师范大学出版社，2006

157. 牟宗三. 中国哲学的特质. 上海：上海古籍出版社，1997

158. 牟宗三. 中国哲学十九讲. 上海：上海世纪出版集团，2005

159. 潘清. 元代江南民族重组与文化交融. 南京：凤凰出版社，2006

160. 漆侠. 宋学的发展和演变. 北京：人民出版社，2011

161. 钱穆. 国史大纲（修订三版）. 香港：商务印书馆（香港）有限公司，1995

162. 钱穆. 国史大纲（修订本）. 北京：商务印书馆，2005

163. 钱穆. 宋明理学概述. 北京：九州出版社，2010

164. 钱穆. 中国文化史导论. 上海：上海三联书店，1988

165. 钱穆. 朱子学提纲. 北京：生活・读书・新知三联书店，2002

166. 乔洪武. 正谊谋利——近代西方经济伦理思想研究. 北京：商务印书馆，2000

167. 秦鸿昌. 郝经传. 北京：新华出版社，2010

168. 秦志勇. 中国元代思想史. 北京：人民出版社，1992

169. 任继愈主编. 中国佛教史. 三卷. 北京：中国社会科学出版社，1988

170. 阮航. 儒家经济伦理研究. 北京：中国社会科学出版社，2013

171. 商聚德. 刘因评传. 南京：南京大学出版社，2011

172. 尚衍斌. 元代畏兀儿研究. 北京：民族出版社，1999

173. 申万里. 理想、尊严与生存挣扎——元代江南士人与社会综合研究. 北京：中华

书局,2012

174. 施正一主编.中国历代经济思想家百人小传.北京:中央民族大学出版社,2003

175. 石世奇.中国传统经济思想研究.北京:北京大学出版社,2005

176. 孙文学主编.中国财政思想史.上海:上海交通大学出版社,2008

177. 汤用彤.魏晋玄学论稿.北京:生活·读书·新知三联书店,2009

178. 唐凯麟,陈科华.中国传统经济伦理思想史.北京:人民出版社,2004

179. 唐力行.商人与中国近世社会.北京:商务印书馆,2003

180. 唐庆增.中国经济思想史.北京:商务印书馆,2011

181. 唐宇元.元代与明代前期理学思想研究.北京:中国新闻联合出版社,2011

182. 陶希圣.中国政治思想史.北京:中国出版集团,2011

183. 陶一桃.中国古代经济思想评述.北京:中国经济出版社,2000

184. 万国鼎编.王祯和农书.北京:中华书局,1962

185. 万俊人.道德之维——现代经济伦理导论.广州:广东人民出版社,2011

186. 汪丁丁.经济学思想史讲义.上海:上海人民出版社,2012

187. 汪洁.中国传统经济伦理研究.南京:江苏人民出版社,2005

188. 王大庆.本与末——古代中国与古代希腊经济思想比较研究.北京:商务印书馆,2006

189. 王德忠.中国历史统一趋势研究——从唐宋五代分裂到元朝大一统.北京:商务印书馆,2010

190. 王福霖,刘可风主编.经济伦理学.北京:中国财政经济出版社,2001

191. 王瑞明.马端临评传.南京:南京大学出版社,2011

192. 王寿南总编,赵振绩等.中国历代思想家(三二).台北:台湾商务印书馆,1979

193. 王小锡,朱金瑞,汪洁主编.中国经济伦理学20年.南京:南京师范大学出版社,2005

194. 王小锡.中国经济伦理学.北京:中国商业出版社,1994

195. 王亚南.中国官僚政治研究.北京:中国社会科学出版社,2005

196. 王玉生.言强必先富——中国传统经济伦理思想的近代演变.北京:中国社会科学出版社,2007

197. 王泽应.义利观与经济伦理.长沙:湖南人民出版社,2005

198. 翁独健.中国民族关系史纲要.北京:中国社会科学出版社,2001

199. 巫宝三主编.中国经济思想史资料选辑(宋、金、元部分).北京:中国社会科学出版社,1996

200. 吾淳.中国社会的伦理生活——主要关于儒家伦理可能性问题的研究.北京：中华书局，2007

201. 吴慧.中国历代粮食亩产研究.北京：农业出版社，1985

202. 吴立群.吴澄理学思想研究.上海：上海大学出版社，2011

203. 吴松等.中国农商关系思想史纲.昆明：云南大学出版社，2000

204. 项斌等编著.中国古代财政思想史稿.北京：中国财政经济出版社，1993

205. 萧公权.中国政治思想史.北京：新星出版社，2005

206. 萧清.中国古代货币思想史.北京：人民出版社，1987

207. 熊十力.原儒.北京：中国人民大学出版社，2006

208. 徐规.叶适研究.北京：人民出版社，2008

209. 徐远和.理学与元代社会.北京：人民出版社，1992

210. 阎步克.士大夫政治演生史稿.北京：北京大学出版社，2015

211. 晏智杰主编.西方市场经济理论史.北京：商务印书馆，1999

212. 杨国荣.善的历程.上海：上海人民出版社，1994

213. 杨念群.儒学地域化的近代形态(增订本).北京：生活·读书·新知三联书店，2011

214. 姚遂.中国金融思想史.上海：上海交通大学出版社，2012

215. 叶世昌.古代中国经济思想史.上海：复旦大学出版社，2003

216. 叶世昌.中国经济思想史.上海：上海人民出版社，1980

217. 叶世昌主编.中国古代经济管理思想.上海：复旦大学出版社，1990

218. 叶坦.传统经济观大论争——司马光与王安石之比较.北京：北京大学出版社，1990

219. 叶坦.富国富民论——立足于宋代的考察.北京：北京出版社，1991

220. 瀛泳.元初三朝辅臣——耶律楚材. 金河等编.上海：上海大学出版社，2007

221. 余英时.人文与理性的中国.程嫩生，罗群等译.上海：上海古籍出版社，2007

222. 余英时.士与中国文化.上海：上海人民出版社，2003

223. 余英时.宋明理学与政治文化.长春：吉林出版集团有限责任公司，2008

224. 张大可.许衡评传.南京：南京大学出版社，2011

225. 张岱年.中国伦理思想研究.南京：江苏教育出版社，2009

226. 张岱年.中国哲学大纲.北京：中国社会科学出版社，1982

227. 张德胜.儒商与现代社会——义利关系的社会学之辨.南京：南京大学出版社，2002

228. 张帆. 元代宰相制度研究. 北京:北京大学出版社,1997

229. 张鸿翼. 儒家经济伦理及其时代命运. 北京:北京大学出版社,2010

230. 张家骧,万安培,邹进文. 中国货币思想史(古代卷). 武汉:湖北人民出版社,2001

231. 张岂之. 中国思想学说史(宋元卷). 桂林:广西师范大学出版社,2008

232. 张义德. 叶适评传. 南京:南京大学出版社,1994

233. 章太炎. 国故论衡. 上海:上海世纪出版集团 2006

234. 章太炎. 国学概论. 曹聚仁整理. 上海:上海古籍出版社,2003

235. 赵靖. 中国经济思想史述要. 北京:北京大学出版社,1998

236. 赵靖. 中国经济思想通史(修订本). 北京:北京大学出版社,2002

237. 赵靖主编. 中国古代经济思想名著选. 北京:北京大学出版社,2003

238. 赵晓雷主编. 中国经济思想史(修订版). 大连:东北财经大学出版社,2010

239. 赵益. 王霸义利——北宋王安石变法批判. 南京:南京大学出版社,2000

240. 中国经济思想史学会. 中国经济思想史研究. 上海:上海财经大学出版社,2008

241. 钟祥财. 中国农业思想史. 上海:上海社会科学院出版社,1997

242. 钟祥财. 中国土地思想史稿. 上海:上海人民出版社,2014

243. 周良宵,顾菊英. 元史. 上海:上海人民出版社,2003

244. 周梦江,陈凡男. 叶适研究. 北京:人民出版社,2008

245. 周中之,高惠珠. 经济伦理学. 上海:华东师范大学出版社,2002

246. 朱高正. 从康德到朱熹——白鹿洞讲演录. 杭州:浙江大学出版社,2011

247. 朱高正. 近思录通解. 上海:华东师范大学出版社,2010

248. 朱鸿林. 中国近世儒学实质的思辨与习学. 北京:北京大学出版社,2005

249. 朱林,温冠英,罗蔚. 中国传统经济伦理思想. 南昌:江西人民出版社,2002

250. 朱贻庭主编. 中国传统伦理思想史. 上海:华东师范大学出版社,2009

251. 邹进文. 民国财政思想史研究. 武汉:武汉大学出版社,2008

252. [波斯]拉施特主编. 史集. 余大钧译. 北京:商务印书馆,2014

253. [德]傅海波,[英]崔瑞德编. 剑桥中国辽西夏金元史. 史卫民等译. 北京:中国社会科学出版社,1998

254. [德]科斯洛夫斯基. 伦理经济学原理. 孙瑜译. 北京:中国社会科学出版社,1997

255. [德]马克斯·韦伯. 经济通史. 姚曾廙译. 上海:上海三联书店,2006

256. [德]马克斯·韦伯. 经济与社会. 阎克文译. 上海:上海人民出版社,2010

257. [德]马克斯·韦伯.儒教与道教.王荣芬译.北京:商务印书馆,1995

258. [德]马克斯·韦伯.新教伦理与资本主义.康乐等译.南宁:广西师范大学出版社,2010

259. [法]雷纳格·鲁塞.蒙古帝国史.龚钺译.北京:商务印书馆,2009

260. [法]沙海昂注.马可波罗行记.冯承钧译.上海:上海古籍出版社,2014

261. [加]秦家懿.朱熹的宗教思想.曹剑波译.厦门:厦门大学出版社,2010

262. [美]艾尔曼.从理学到朴学.赵刚译.南京:江苏人民出版社,2012

263. [美]德·乔治.经济伦理学(第五版).李布译.北京:北京大学出版社,2002

264. [美]德·乔治.企业伦理学(第七版).王漫天等译.北京:机械工业出版社,2012

265. [美]费正清.中国:传统与变迁.张沛等译.长春:吉林出版集团有限责任公司,2008

266. [美]杰克·威泽弗德.成吉思汗与今日世界之形成.温海清等译.重庆:重庆出版社,2006

267. [美]刘子健.中国转向内在——两宋之际的文化转向.赵冬梅译.南京:江苏人民出版社,2012

268. [美]牟复礼.中国思想之渊源.王立刚译.北京:北京大学出版社,2009

269. [美]斯塔夫里阿诺斯.全球通史——从史前史到21世纪.吴象婴等译.北京:北京大学出版社,2006

270. [美]田浩.功利主义儒家——陈亮对朱熹的挑战.姜长苏译.南京:江苏人民出版社,2012

271. [美]田浩.旁观朱子学——略论宋代与现代的经济、教育、文化、哲学.上海:华东师范大学出版社,2011

272. [美]杨联陞.中国制度史研究.彭刚,程刚译.南京:江苏人民出版社,2007

273. [美]约瑟夫·熊彼特.经济分析史.朱泱等译.北京:商务印书馆,2015

274. [日]高桥弘臣.宋金元货币史研究——元朝货币政策之形成过程.林松涛译.上海:上海古籍出版社,2010

275. [日]沟口雄三等主编.中国的思维世界.孙歌等译.南京:江苏人民出版社,2006

276. [日]杉山正明.游牧民的世界史.黄美蓉译.北京:时代华文书局、中华工商联合出版社,2014

277. [日]田崎仁义.中国古代经济思想及制度.王学文译.台北:台湾商务印书馆,1972

278. [瑞典]多桑. 多桑蒙古史. 冯承钧译. 北京:中华书局,1962

279. [瑞士]乔治·恩德勒. 面向行动的经济伦理学. 高国希,吴新文等译. 上海:上海社会科学院出版社,2002

280. [伊朗]志费尼. 世界征服者史. J. A. 波伊勒英,何高济译. 北京:商务印书馆,2009

281. [印度]阿马蒂亚·森. 伦理学与经济学. 王宇,王文玉译. 北京:商务印书馆,2000

外文文献

1. Morris Rossabi. *Khubilai Khan: His Life and Times*. University of California Press, 1988

2. Richard John Lufrano. *Honorable Merchants: Commerce and Self—Cultivation in Late Imperial China*. University of Hawaii Press, 1997

后　记

本书是国家社科基金重大项目“中国经济伦理思想通史研究”(11&ZD084)子课题“宋元经济伦理思想研究”的最终研究成果。子课题组负责人为刘可风(经济学博士,中南财经政法大学博士研究生导师、教授),主要参加人员有:阮航(哲学博士,湖北大学硕士研究生导师、副教授)、解丹琪(女,经济学博士,中南财经政法大学硕士研究生导师、讲师)。本书提纲由刘可风拟订,经重大项目组成员集体讨论定稿。具体研究和写作分工如下:引言、第七章、结语,刘可风;第一章、第二章、第三章、第四章,阮航;第五章、第六章,解丹琪。本书初稿在子课题组成员集体统稿、修改的基础上,由刘可风最终审改,并由王小锡完成全书统改工作。

在本书撰写成稿过程中,重大项目组首席专家、各子课题负责人及全体成员和许多专家学者给予了重要的学术支持,同时,成果参考、借鉴了国内外有关专家学者的研究成果,在此一并表示由衷的感谢。

刘可风

2021 年 6 月 10 日